近代日本を創った男たち

索·恩·人物档案馆

003

伊藤博文 （1841 年 10 月 16 日—1909 年 10 月 26 日）

改变**伊藤博文**形象的
决定性著作

伊藤

〔日〕伊藤之雄 —— 著　　　张颖 —— 译

近代日本奠基人博文

社会科学文献出版社

SSAP
SOCIAL SCIENCES ACADEMIC PRESS (CHINA)

人物档案馆丛书序

　　斑驳的旧物埋藏着祖先的英勇事迹，典礼仪式上演的英雄故事传颂着古老的荣光。从司马迁的《史记》、普鲁塔克的名人合传到莎士比亚的历史剧，乃至今天风靡世界的传记电影和历史同人小说创作——我们不断切换视角、变换笔触，力图真切地理解当事者的生活时代，想象其秉性和际遇，勾勒更丰满的人物形象。无限还原的愿望与同样无限的想象力激烈碰撞，传记的魅力正蕴藏在真实性与艺术性的无穷张力之中。

　　今天我们仍然喜欢描写和阅读伟人的故事，一方面是因为他们的存在和行为对社会发展起了关键作用，塑造着历史潮流，其人生值得在"作为艺术作品的传记"中延续下去并承载教化的功能；另一方面，人们的思想、情感、需求很大程度是相通的，传记从一些重要人物的人生际遇中折射普遍的人性，有让读者感同身受的能力。置身新时代，今人和前人面对着同样的问题：如何决定自己的命运，如何改变世界。过去与现在的鸿沟被不变的人之本性和深厚的思想传统跨越，这使历史可与当下类比。

　　索·恩人物档案馆丛书和已推出的历史图书馆丛书一道坚持深度阅读的理念，收录由权威研究者撰写的重要政治人物、思想家、艺术家传记。他们有的是叱咤风云的军事领袖、外交强人、科学奇才，有的则是悲情的君主，或与时代格格不入的哲学家……无论如何，他们都是各自领域的翘楚，不仅对所生活的社会，而且对后世及世界其他地方也造成了深远持久的影响。因而，关于他们的优秀的传记作品应当包含丰富而扎实的跨学科研究成果，帮助我们认识传主性格、功过的多面性和复杂性，客观地理解个体映射的时代特征，以及一个人在其社会背景下的生活和行为逻辑，理解人与社会结构是如何相互联系的。同时，这些作品当以前沿研究为基础，向读者介绍最新发现的档案、书信、日记等一手资料，且尤应善于审视不同阶段世人对传主的认识和评价，评述以往各种版本传记之优劣。这样的传记作品既能呈现过往时代的风貌，又见证着我们时代的认知和审美旨趣。人物档案馆丛书愿与读者共读人物传记，在历史书写中思考人类命运和当下现实。

社会科学文献出版社

索·恩编辑部

中译本导言

从下级武士到帝国政治家：伊藤博文和他的"明治幕府"

李永晶 *

一　未竟的事业

1909 年 10 月 21 日，卸任"韩国统监"不久的伊藤博文（1841~1909）从旅顺出发，乘火车一路北上。在漫长的旅途中，伊藤透过车窗，一路观望"满洲"的风景。中国东北平原秋天的苍茫、寥廓与萧瑟，或许让他回忆起了自己超过半个世纪波澜壮阔的政治人生。触景生情，他写下了这样一首五言绝句："万里平原南满洲，风光阔远一天秋。当年战迹留余愤，更使行人牵暗愁。"伊藤有写"汉诗"的爱好，这让我们多了一个观察他精神世界的窗口。

诗中所言的战事，是指爆发于 1904 年至 1905 年间的日俄

---

* 李永晶，东京大学社会学博士，现为华东师范大学政治学系副教授、世界政治研究中心研究员；研究领域包括古典政治哲学、近代国际关系与现代社会理论。著有《马克斯·韦伯与中国社会科学》《正眼看世界：国家、历史与文明新论》《友邦还是敌国：战后中日关系与世界秩序》《分身：新日本论》《变异：日本二千年》等。

战争；日本在付出巨大的伤亡代价后，勉强迫使俄国求和，双方在中国东北形成了新的均势。他此行去哈尔滨的目的，就是要和俄国财政大臣科科夫佐夫商讨朝鲜半岛的问题。近代日本一直将俄国视为心腹大患，这应该是伊藤心怀"余愤"与"暗愁"的原因，但还有其他：日本的政治家们一直在盯着东亚大陆日渐动荡的局势。伊藤曾对身旁的人说，他打算明年"作为清国顾问去北京"（第 615 页）；此时他已经 68 周岁，在当时的日本已算是少有的高龄，可谓"烈士暮年，壮心不已"。其实，这里面也有不得已的因素：历史事实早已表明，东亚大陆权力结构的每一次变动，都足以在日本感到震动，甚至让其伤筋动骨。1850 年代后江户幕府体制逐渐瓦解，实际上可视为 1840 年中英"鸦片战争"造成的巨大冲击的结果。而此时日本已经上升为东亚世界大舞台的主要角色。他无法不为自己领导的明治建国事业感到担忧。

这首诗成了他的绝笔。25 日晚 7 时，他抵达长春；在参加完中国道台为其准备的晚宴后，深夜，他登上火车继续北上，于翌日上午 9 点抵达哈尔滨站；此时，科科夫佐夫早已在月台守候。两人一同走下月台后，开始检阅俄国的守备队，然后与列国领事一一握手寒暄。9 时 30 分，当他走到日本欢迎队列前时，军队侧后方冲出一个年轻人。他迅速接近伊藤，连开数枪。刺客是韩国人安重根，半个小时后，伊藤被宣告死亡。这位在 1862 年以暗杀国学者塙次郎——传言他正在奉幕府命令研究废除天皇一事——登上历史舞台的最下级武士，最终倒在了同样的暗杀当中。

或许是看多了维新志士和政治对手接二连三殒命的结局，伊藤已经意识到自己可能会有这样的终局，为此他曾两度留下遗嘱。但与他此前的同志不同，此时倒下的伊藤早已经名满天下：

明治维新的元勋、大日本帝国宪法的创制者、先后四次组阁、主导"日清战争"（即中日甲午战争）、出任韩国统监、获封贵族最高的"公爵"尊位……本书作者称他为"近代日本的奠基人"与"政党内阁和议会政治之父"。如果作者用"朝为田舍郎，暮登天子堂：一位帝国政治家的诞生"这样的说法，既接近事实，又更符合一般读者传奇故事的预期——伊藤本姓林，出身于当时地位卑下的农民家庭，因成为身份为"足轻"（江户时代武士级别中的最下级）的伊藤直右卫门的养子，他获得了武士的身份。

伊藤遭暗杀身亡，他领导创建的帝国失去了一位最稳健的舵手。首先，以山县有朋（1838~1922）为首的殖民主义者、帝国主义者们进一步得势。山县与伊藤虽然同属于长州派，但晚年二人在政治上多处于对立状态。伊藤的离去使得山县成为对天皇、对日本政坛最有影响力的元老，他图谋侵略大陆的步伐陡然加速，为此后军国主义势力掌控日本政治蓄积了能量。在他的谋划下，1910 年 8 月 29 日，日本正式吞并韩国。其次，明治天皇（1852~1912）因他最为倚重的老臣身亡，遭受到巨大的冲击；据记载，他听到消息后，"好像突然间变成了老人"，二年后就驾崩了。"伊藤—天皇"的这种明治政治体制勉强经受住了"大正时代"的动荡后，一头扎进了"暗黑的昭和时代"。这是后话，且不掩如下事实的光辉：以他们君臣二人为核心的政治家，用了仅仅一代人的时光，就将日本从欧亚大陆的边缘带到了东亚世界秩序的中心。那么，伊藤如何在个体和国家的两个层面上完成了"从边缘到中心"的耀眼事业？

作为政治家的伊藤博文，他主导制定《大日本帝国宪法》，为近代日本确立"立宪体制"，这无疑是最值得书写的功业。本书作者用意也在于此，在涉及这一体制确立的关键点上不惜笔墨。不过，我们今天重新阅读伊藤，显然不是要再次确认这种与我们平时感觉相去不远的结论；当然，我们也不会仅仅把本书视为"演义"去阅读，满足于历史剧本给我们带来的心灵波动。

关键的问题依然是：伊藤博文何以取得了成功？假若他未命丧哈尔滨，而是得以成为"清国的顾问"，他会留下什么值得期待的功业吗？包括本书在内的历史叙事并不直接回答这样的问题，但它们却是我们训练自身观察历史与现实时的眼光、格局与心灵的必不可少的材料。我们要盯紧几个关键的节点。

二 现实主义的智慧

1877 年，维新元勋西乡隆盛（1827~1877）领导的叛乱（史称"西南战争"）遭到镇压后，明治维新政府消除了旧幕府体制留下的最后的障碍，中央集权的近代政治体制形式上得以完成。但新问题随之出现：在野的力量不满意以长州、萨摩二藩为主的藩阀政权，要求开设国会，确立立宪政体。时任参议山县有朋于 1879 年向天皇上奏了关于立宪政体的意见书，提出了包括制定"国宪"、严格执行"行政、议政、司法"三权分立等内容在内的构想。当时实力派政治家，诸如右大臣岩仓具视、太政大臣三条实美、参议黑田清隆等都相时而动，纷纷附议。1880 年 12 月，伊藤向天皇提出了自己的意见书，主张"政府需要根据国家所处的发展阶段，讲究轻重缓急，不急不躁，逐渐接近'标准'状态"。不过，民间立宪的呼声日益高涨。1881 年 3 月，参议大隈重信（1838~1922）秘密上奏的意见书，可谓一石惊起千层浪。意见书的主要内容是采用英国模式，即议会多数党的领袖负责组织内阁，实现"君民共治"，并于 1883 年初开设国会。这个以英国为模板的激进立宪论，与当时执民间言论之牛耳的启蒙思想家福泽谕吉（1834~1901）的主张几乎一致。

伊藤博文辗转看到这份上奏书后"勃然大怒"，认为大隈背叛了此前与自己达成的共识。本书作者伊藤之雄写道："对于大隈来说，如果事态能像建议书那样发展，自己作为政府领导人之一，获得开设国会的主导权，与民权派进行合作，那么当选首相组阁的可能性非常大。这可以说是大隈对以伊藤为中心的藩阀政府的背叛"（第163页）。这里之所以要引述这段评论，是因为它在本书节奏舒缓的叙事中有强烈的异色：作者绝大多数时刻对政治家的内心都不动声色，更鲜少从这种旨在获取"权力"的政治现实主义的角度去描述本书登场的十数位主要政治人物。那他为何要插入这样一段说法？

这种评论当然得益于历史学家的后见之明。1872年，在维新政府实施"废藩置县"后，出身于肥前藩的大隈重信就与长州藩的木户孝允（1838~1877）、萨摩藩的西乡隆盛和土佐藩的板垣退助（1837~1919）共同成为"参议"，是当时大久保利通（1830~1878）体制下的核心人物。这四位参议代表当时的四个强藩，反映、代表了一种力量的均衡（伊藤之雄《元老》）。然而，当木户孝允病故、大久保利通遇刺身亡后，长州藩的领导权转到被大隈重信视为后辈的伊藤博文手中。此前大隈追随木户孝允，且获得了萨摩一派的支持，但在权力结构的这次变化中，他的内心可能产生了一种被疏远的感觉。

意味深长的是，日本的历史叙事几乎毫无例外地将大隈重信的这次行动所引发的一系列后果描述为"明治十四年政变"，本书作者也蹈袭了诸如"政变""背叛"的说法。这种做法不禁让人疑窦丛生：大隈只是在天皇的要求和催促下，提出了一份要求保密的意见书而已，何以就被扣上了"政变"的帽子？这里面可能包含着日本历史叙事者固有的认知——比如对政治权力斗争的某种厌恶之情等，因为大隈的意见书非常另类，无法不让人联想到他个人的政治"野心"。说政治家没有任何"权力欲"或"政治野心"，这显然不符合真理，但在日本特殊的政治传统中，将它们显露出来，无疑会让人侧目。历史叙事的这种褶皱往往意味深长；处于权力中枢的大隈的这次行动，确实蕴含着挑战既存秩序的政治能量。

事实上，伊藤博文作为政治家的本领由此开始发挥了出来。首先，他充分利用了当时民间对政府的批判，运用政治手腕，与萨摩派联手展开了"驱逐"大隈的运动，最终迫使他离开了中央政府。其次，他反过来吸收了大隈展现的政治能量，将创制立宪政体纳入自己最主要的政治议程当中。所以，这里要强调的是，伊藤"驱逐"大隈并不是出于权力政治的考量，而是要将他的建国事业最重要的任务，即创立立宪政体纳入自己设定的轨道上来——在欧洲君主国家宪法的基础上，"制定适用于日本政治和文化的宪法"。这次事件结束后，日本决定在九年后的1890年开设国会。

1882年3月，伊藤动身去欧洲进行宪法调查，第二年8月返回日本，期间他与德国宪法专家"探讨宪法的优劣得失，如入废寝忘食之境"（第187页）。从他书信中的这一说法中，我们可见伊藤是一个"为政治而生"（马克斯·韦伯语）的人。他在书信中尤其强调说，针对那些把"英美法自由过激论者的著述"当作"金科玉条"的人，他已经找到了相应的"理论和方法"，所以"死而无憾"了（第191页）。1882年9月，他在给时任大藏卿松方正义的信中这样写道："青年书生渐唷洋书，苦思书上之理论，将其视作万古不易之定论，若欲施行之于实地，则为浅薄浮浅之见，却置自国之国体历史于度外，无人之境地创立新政府，不过一般之陋见。"后来，他在回顾宪法制定的情境时还不忘说，"民间之政治家未能理解实际政治之责任，徒扬扬得意地心醉于孟德斯鸠、卢梭等法兰西学者之痛快学说、奇巧言论；""顺利运用宪法需要见识和气魄，如热爱言论自由，热爱议事公开，或如宽容反对自家的意见之精神，更积累几多经验后始得之也"（泷井一博《伊藤博文》，第二、三章）。他当时面临的来自民间的立宪论的压力，由此可见一斑。

伊藤的这次宪法调查的努力，最终结晶为 1889 年 2 月 11 日发布的钦定宪法，即《大日本帝国宪法》；翌年 11 月 29 日，日本第一届帝国议会如约召开，宪法随之生效。后世的历史学家对伊藤在这个过程中展现出的"渐进主义"多赞誉有加，他确实显现了出色的现实主义感觉。作为现代政治制度的后发国家，一举实现英国式的议会民主政治，这在言论市场中非常有竞争力。英国是当时最强大的国家，自然会引发学者以及民权活动家的关注。然而，在必然是混沌的政治现实面前，理念的清澈与纯粹往往会成为持有者的盲点；政治并不是纸上谈兵，而是"战争"的一种特定形态，它起因于人们对观念、利益必然不同的感知，以及基于各自感知的现实行动。

日本政治思想史学者丸山真男（1914~1996）在分析战后日本的言论状况时曾指出，在日本议论政治和社会问题时，"用抽象的意识形态和图式先设框架再来考察现实问题"的做法非常危险；在面对混沌的现实时，仅仅抓住一个理念教条而不知变通，或者仅盯着现实的某个侧面而无视其他，实践中往往会产生荒谬的效果。他嘲讽说，有些人觉得"宛如只要高举出反共的大旗就是民主主义的象征！（若如此，希特勒、墨索里尼、弗兰克、东条英机乃至其亚流都是最大的民主主义者。)"丸山还进一步警告说，在日本"政治方向容易仅凭引人注目的'政治'现象——国会讨论啦，街头演讲啦，或游行、学生运动、署名活动等来判断，在小范围的知识阶层里出现的倾向俨然认定为是主导性的动向，这样会遭到现实的惨痛的报复"(《现代政治的思想与行动》)。

伊藤博文在主导日本走向立宪体制时，就是要防止将小范围、特定阶层里出现的倾向"俨然认定为是主导性的动向"，避免遭到现实的"报复"。那新的问题也随之出现：什么是大范围、非特定阶层共有的倾向呢？伊藤在这里展现了他的洞察：日本要成为欧美主导的新世界秩序的一员，成为近代文明的优等生；为此，日本必须实行立宪政体，而其要害不仅仅在于约束君主，更在于约束议会即国民代表的权力。这里面有着他对日本传统权力结构的理解。

三　开设国会与创造"天皇"

伊藤还在宪法制定过程中就已经意识到，如何制定宪法和如何让国会政治运作起来，它们其实是两件完全不同的事情：一部观念上、结构上再完备的宪法，在实际政治运作中也可能出现意外的问题，甚至引发"宪法危机"。为克服可能出现的危机，完成他的建国大业，伊藤事先做好了准备。

首先，他围绕"天皇"做足了功课。在中国传统的权力政治观念中，"挟天子以令诸侯"是任何有权力欲望的人的基本常识，它源于人们对"权威"作用的本能感知："权威"有着加持或减损"权力"的巨大效果。伊藤博文对此当然了然于胸，而日本封建时代"天皇—将军"天然的政治结构，为他提供了最为便利的条件——发动明治维新的各路豪杰们以"王政复古""尊王攘夷"为大义名分，尊重天皇的权威和潜在的权力，这其实构成了随后创制宪法的共识和底层逻辑。在这种共识面前，前面提到的"明治十四年政变"中的大隈重信，可以说是有勇无谋，在政治感觉上甚至不如日本的普通民众。

天皇的这种潜在的角色，其实是一把双刃剑。伊藤目光如炬，他既要让这把利剑能随时展现锋芒，又要将其置于剑鞘当中，避免伤人；他主导制定的德国式立宪君主的宪法，就是这样的剑鞘。但新的问题是，如何让这把剑保持它的锋芒？本书作者描述了伊藤的想法："伊藤在欧洲进行宪法调查时，学到的不仅是宪法知识，还有如何塑造符合宪法运作的君主（天皇）。符合宪法运作的君主不是专制君主，而是一个平时尽可能不干涉政治、在需要时对藩阀（行政权）内部对立进行调停，并在组成议会的在野势力日趋成熟之后，能对内阁与议会的对立进行调停的天皇"（第227页）。

伊藤认为天皇必须接受宪法教育。为此，他先派遣天皇信赖的侍从藤波言忠亲自去德国学习宪法课程，时间长达两年多。1887年11月藤波回到日本，随即开始为天皇和皇后讲授宪法知识。同时，伊藤还邀请德国人莫尔夫妇，"让他们作为宫内省顾问，以德国等欧洲立宪君主国家为范本，对日本宫中仪式和制度进行改革。"事后看来，这是一种创造"天皇"的过程。

1888年4月，日本政府设立"枢密院"，这是专门为审议宪法、皇室典范等重要法律而创设的机构。伊藤为此辞去首相职务，出任枢密院的首任议长。5月8日，天皇莅临枢密院，举行开院仪式。然而，就在前一天，发生了一件"让明治天皇感到盛怒的事件"：伊藤直到前一天才向天皇递交了天皇要朗读的敕語草稿，"这等于让35岁的天皇没有时间思考自己即将颁布的敕语内容，仅仅是朗读伊藤的敕语草稿而已"。据说，天皇非常生气，宣布不出席开院仪式。这其实是明治天皇权力本能的反映。伊藤得知此事后，"诚惶诚恐立即进宫拜见天皇，并对自己未将敕语草稿详细上奏一事致歉，发誓今后绝不会出现类似的事情。"结局非常完美："因为伊藤诚心道歉，天皇也消了气，并按原定计划出席了开院仪式"（第231页）。

如上所见，这个"事件"在传记中得到了异常生动的再现，但它在历史叙事中的作用可不是"实录"一段插曲，而是一个意味深长的"象征"——天皇必须出席枢密院的开院仪式，而他要扮演的角色也必须是宣读一份事先拟定的草稿！问题似乎出在"只是前一天"才拿到草稿的时间问题，这果然如伊藤宣称，是他自己疏忽吗？外人实在不得而知；不过，"诚心道歉"这种礼仪形式上最终解决了问题。经此一事，天皇对自己所接受的宪法教育，当获得了真实的感受。这或许是作为"立宪君主"的天皇的心智结构最终得以成立的瞬间：天皇亲政的冲动得到了驯化和转化。

在枢密院审议宪法草案时，伊藤对宪法草案的主旨进行了清晰的阐述。他说，欧洲的"宪法政治"在千余年前开始形成，人民并不陌生；但更重要的是，欧洲有宗教的存在，"宗教作为'机轴'，深入人心、团结人心。然而日本的宗教力量相当薄弱，没有形成国家机轴。……在日本能成为'机轴'的唯有'皇室'"（第232页）。诚然，日本没有欧洲式的宗教的存在，但天皇的存在足以发挥类似的功能。政治的智慧在于，为政者要基于既定的条件成就自己的事业，而不是抱怨条件的不足，或者全然不顾现实条件的约束而仅凭理念行动。

宪法生效后，伊藤将他的政治热情投入到如何让国会政治健全展开的现实问题上；其中最让人惊讶的是，面对藩阀政治家们几乎集体的反对，他毅然组建了自己的政党：1900年8月25日，他发表创建新党宣言；一个月后，他领导的"立宪政友会"宣布成立。伊藤期待为日本国民、为大隈重信和板垣退助等领导的在野党提供一种政党表率，让立宪政治健全地运作起来。伊藤的这一政治行动，得到了天皇的理解和支持；天皇甚至直接下赐巨额资金，供伊藤的新党使用。在这里，我们再次看到了明治政府的这种"伊藤—天皇"二元权力体制。

其实，从1890年第一届国会开始，在野党就充分利用了宪法赋予议会的法案审议权，尤其是对政府预算的审议权，展开了对行政权的监督和制约。结果，藩阀政权不得不多次依据宪法规定，宣布解散议会，进行重新选举。但长此以往，国会就将形同虚设，立宪政体也就失去了意义。所以，尽管明治宪法有着这样那样的缺点，但议会被赋予了至关重要的预算审议权，并在政治实践中成为政治斗争的场所，在这个意义上明治宪法就是一部名副其实的宪法。政党方面时常表现出的不合作的态度，让藩阀政权的政治家们大为光火，甚至发出了"停止宪法"的威胁。伊藤在这个过程中展现出了信念的力量：他确信议会政治为文明正道，不会容忍他的建国事业偏离这个正道。

在伊藤的政府或宪法陷入危机时刻，"伊藤—天皇"这种二元体制的重要性显现了出来，天皇开始扮演"调停君主"的关键角色。比如，1900年10月19日伊藤以政党的身份第四次组阁后，引发了山县有朋一系的政府官员和贵族院的反感。他们联合起来，在贵族院一再否定议会通过的增税法案。伊藤于是向天皇寻求帮助。天皇心领神会，向贵族院下诏，要求贵族院议员"庙谔翼赞"，也就是为政时要考虑帮助天皇。贵族院接到诏书，自然不好违背，顺利通过了相关法案（第485页）。天皇的这种角色，可以说完全是按照伊藤的建国剧本展开。

当然，天皇在明治宪法中的这种暧昧的地位，不能无弊：它为军人干政留下了通道。晚年，伊藤尝试将军部置于文官体系的控制之下，但很快以失败告终。军人的天职要在战场上展示出来，而越俎代庖，由他们来当政，难免荒腔走板。伊藤博文用一代人的时光建立了让世界感到惊艳的立宪政体，但他身后的政治家和军人们，也只是用了同样的时间，就将帝国带入了万劫不复的深渊。

四　政治的真实品性

其实，追问伊藤博文何以成功，我们还间接回答了明治日本何以"成功"的问题。后者虽然是老生常谈的问题，但重读明治时代的历史，我们多半还是会心生感慨：历史诚然有其自然运行的轨道，世界各国、各民族都在沿着各自的道路前行，而不可能发生长久的偏离；在这个意义上，历史的确会给后世提供经验和教训。然而，如同我们在伊藤的传记中所见一样，历史舞台中的那些个体，往往都有着独一无二的心智结构，那是他们的激情、欲望和抱负自我实现的隐秘舞台。那么，这种历史人物心智结构的特殊性，是否意味着我们读史时抱有的获得普遍启示和意义的期待不合时宜？其实也并非如此。

伊藤博文得以成功的首要原因，在于他洞察到了日本历史运行的必然轨道，并能将自己的全部生命热情投入其中。明治维新以"王政复古"为口号，确立了以天皇为中心的立宪制中央集权制政府，这就是近代国家、近代政治文明的必由之路。明治维新的政治家们高人一筹的地方在于，他们大都把握了这个文明的大势。但同样重要的是，维新政府事实上继承了此前幕府时代权力—权威的分配结构。在幕府时代，武士政治家从天皇那里取得"征夷大将军"的称号，代理天皇进行统治；明治政治家能够迅速完成建国大业，名义上同样是执行天皇的意志。在这个意义上，伊藤博文主导创建的这个明治日本，还可称为"明治幕府"，而他自身俨然就是这一幕府的"将军"。因此，伊藤博文的明治建国事业之所以显得顺风顺水，成果斐然，其实深深得益于他所打破的那个日本传统政治结构。

另外，伊藤自身展现的独一无二的心智结构，成就了他个人"从边缘到中心"的跃迁。和他的同侪相比，伊藤展现了一个"为政治而生"的人格的全部属性。为政治而生，而不是靠政治而生，也就是说不谋求满足个人的私利私欲——无论是权力欲望还是物质利益，这其实是明治政治家群体的精神底色，但伊藤无疑表现得更胜一筹。如本书作者注意到的一样，伊藤对自己工作的公共属性，有着最高的自觉：他自始至终自觉自己是在为"天皇"效忠、为日本国家尽忠。在历史与政治认识上，反过来说或许更有启示意义：因为有了这个高度的"忠诚"观念，他才能获得超越当时派阀体系的支持，获得天皇近乎无限的信任，当然同时也获得了日本国民的认同。

那什么是"忠诚"？宋代新儒学的伟大代表朱子言"尽己之谓忠"，言"诚者实也"，又言"诚者，真实无妄之谓，天理之本然也"（《四书章句集注》）。这可以说是"忠诚"的本义：一个人将个体的生命能量纳入作为"天理之本然"的正道与事业当中；他能时刻把握住自己的内心，不为私利私欲所左右，所谓"存天理，去人欲"是也。如果说我们能在具体的历史人物身上获得普遍性的启发和认知，那么，儒学文明本义上的这种"忠诚"的观念、潜能和现实的呈现，可能就是让我们的心灵为之震动的原因。

李永晶

2021 年 8 月 26 日

于江苏省昆山市花桥镇寓所

前言　伊藤博文是肤浅草率的人吗？

两种评价

伊藤博文，天保十二年（1841）九月二日生于长州，是日本的第一位首相，而且曾四次出任首相。他还是日本第一位枢密院议长、第一位贵族院议长，曾担任许多重要职务。伊藤在任期间，领导制定了《大日本帝国宪法》（明治宪法），奠定了日本的国家形态。他辞去首任韩国统监后，于1909年（明治四十二年）10月26日，因遭韩国民族主义者安重根暗杀离世，享年68岁（本书中提到的年龄均为足岁）。

近几年，我经常有机会以"伊藤博文——近代日本奠基人"为题演讲，这是因为大家对这个内容很感兴趣。曾询问到场观众是如何看待伊藤的，他们的回答大致可以归为两种。

一种看法认为，伊藤肤浅草率，没有政治家所应具备的理念，不过是乖巧游走于长州出身的木户孝允、萨摩出身的大久保利通和公家出身的岩仓具视等掌权者之间，一步步爬上去的。

伊藤虽然是起草德国式保守的明治宪法的中心人物，但那不过是因为当时佐贺出身的大隈重信等人要求尽快开设国会，并以英国式政党内阁制度相逼，所以伊藤不得已而为之。而且井上毅等法制官员在明治宪法起草一事上所发挥的作用要大于伊藤。与井上毅相比，伊藤缺乏法律方面的知识。为制定宪法，伊藤在德国、奥地利等国进行了一年半左右的调查，不过镀了层金而已，并没有什么实质性成果。

这种看法非常普遍，因为在历史学、政治学、宪法学等学术界，有许多著作对法制官员井上毅给予了高度评价，但对伊藤的评价过低或是不确切。

另一种看法认为，伊藤是日本的第一位首相，是制定保守反动宪法的中心人物，制约了近代日本的民主化进程，在其就任韩国统监期间，镇压韩国民族运动，最后被安重根暗杀。几乎在所有初高中的历史教科书中，都有类似的阐述。恐怕有许多初高中也就是按照这一评价来授课的。

在以上两种评价的基础上，还有不少人对其女性关系问题持批评态度。但是，很多被用作史料的依据并不都可信。有意思的是，追究政治家的女性关系，经常会与反权势思想重合。但我认为，女性问题应该在事实确凿的基础上，与反权势问题分开讨论。

为什么没有伊藤博文的正式传记？

伊藤博文，在日本是著名的历史人物。从中国、韩国等亚洲各国来日本学习的留学生也大多听说过伊藤的名字，知道他的简单经历。

但在第二次世界大战之后，几乎没有历史学家或政治学家写过伊藤的一生。可以提及的也就是中村菊男的《伊藤博文》(『伊藤博文』時事通信社、1958 年)、冈义武的《初代首相伊藤博文》(「初代首相·伊藤博文」『近代日本の政治家』文藝春秋新社、1960 年、岩波書店、1979 年)。

上述两本著作所使用的史料，主要是伊藤相关人员所编纂的《伊藤博文传》（『伊藤博文伝』上·中·下卷、春畝公追颂会编纂、1940 年），以及二战前出版的传记、回忆录、政治评论等二手资料。

二战后，日本成立了国立国会图书馆宪政资料室、外务省外交史料馆、防卫省防卫研究所图书馆等近代文书馆，收集积累了许多与伊藤有关的书信、日记、文件等新史料，涉及政治、外交、军事等诸多领域。而且，二战后也出现了大量使用一手史料的政治史、外交史研究，这些领域都与伊藤的生平相关。

尽管如此，仍然尚未出现运用这些新的一手史料和新研究成果，在确认事实的基础上创作的涵盖伊藤整个人生的著作。

其最主要的原因是，年仅 32 岁的伊藤从 1873 年（明治六年）开始就任参议兼工部卿，成为太政官制内阁成员，直到 1909 年（明治四十二年）在 68 岁离世时，始终身居要职，处于政界中心。要书写伊藤的整个人生，就必须阅读各领域的大量史料，研究最新成果。由于近年，日本近代史研究成果不断增加，学者要单独完成以上所有工作，是十分困难的。

时代左右着对伊藤的评价

与上文提到的史料问题有关，不同时代对于伊藤博文的评价是不同的。

1909 年（明治四十二年）10 月 26 日，伊藤遭暗杀之后，他在国民心中的地位高涨（见本书第二十四章）。其原因在于，自由民权运动开始之后，批判藩阀当权者伊藤的那股势力，也由于日本成为立宪国家、政党势力抬头、日本获得日清战争[①]和日俄

---

① 即甲午中日战争。——译者注

战争的胜利，开始对伊藤的"功绩"给予高度评价。当时著名的《太阳》杂志，也出版了以"伊藤博文公"为题的临时增刊（第十五卷第十五号，1909 年 11 月 10 日）。其中《伊藤公爵略传》认为伊藤是一个具有非凡才能的人，对他的死表示惋惜，评价他的一生与近代日本的发展同呼吸共命运。文章开头是这么写的：

> 回顾当今为世人所公认的政治家——伊藤博文一生的事业，人们一定会想起那句古话："王侯将相宁有种乎！"（中略）伊藤坚信，只有摆脱自身的境遇，走上世界大舞台，吸引欧美列强的目光，在〔日俄战争结束后〕东西方文明的融合成为一股洪流的今日，就定能发挥"非凡的才能"。

在伊藤担任韩国统监时期，英国外交官也高度评价了他与列强协调的韩国统治（伊藤之雄『昭和天皇と立憲君主制の崩壊』第Ⅱ部第二章1·4節。水野直樹「植民地朝鮮における伊藤博文の記憶」），欧美列强对于伊藤的评价也相当高。

在大约 20 年后的昭和初期，日本迎来了政党政治时代，近代化发展迅猛，尤其是将形成立宪政治的明治时期和明治天皇理想化的"明治热潮"高涨。当时，哈尔滨还制作了伊藤铜像，首尔还创建了博文寺等，伊藤继续受到好评（奈良冈聰智「イギリスから見た伊藤博文統監と韓国統治」）。

过了几年，1931 年（昭和六年）9 月的满洲事变[①]后，军部势力大增，政党政治时代结束，议会势力衰退。于是，出现了一种动向，即通过彰显伊藤与明治天皇共同制定的宪法以及"宪法政

---

① 即九一八事变。——译者注

治"来保护议会政治，希望多少能对军部无法无天的行径起到抑制作用。所以，由伊藤相关人员编纂的《伊藤博文传》（上、中、下三卷本）在1940年出版，也与当时的局势有关。马场恒吾撰写的《伊藤博文》（1942年出版）和铃木安藏撰写的《评传伊藤博文》（1944年出版），也基本出于相同的目的。

然而，1945年日本战败后，对于伊藤的评价也发生了很大的变化。原因在于，1947年5月开始施行的日本新宪法强调主权在民，就要否定提倡"天皇主权"的明治宪法，后者被视为太平洋战争的起因之一。

例如，1953年出版的阿部慎之助的《伊藤博文》（『近代政治家評伝』），就对伊藤制定的明治宪法持否定意见，具体论述如下。

/ 008

> 伊藤"被称为日本立宪之父"，人们认为他在日本民主化渐进提升的过程中，"留下了'不朽的功绩'，但其实他连做梦都不曾想过民主化"。他真正的目的是想尽可能地保留"君主专制"。
>
> 他被派往海外，学习调查宪法制度，却对议会政治的鼻祖英国不屑一顾，一路直奔德国。当时的德国正处于威廉一世的统治之下，是欧洲君权最为强大的国家，虽有国会，但形同虚设。伊藤想以德国为典范进行效仿，不知他的意图何在。
>
> （第114~115页）

阿部在文中提到伊藤为制定明治宪法，前往欧洲进行了大约一年半的考察，却有意不提伊藤曾在英国考察两个月（见本书第九章）。阿部还对遭安重根暗杀的伊藤进行了严厉批评。

我们从未对韩国人成为伊藤统治的牺牲品进行过反思。"我们战败亡国之后，才真正知道无法独立的民族是多么不幸。"伊藤临死前说"你这个蠢货"，这个蠢货究竟是那个暗杀者，还是被征服欲望蒙蔽双眼的日本人呢？我们必须对此进行认真的反思。

（同前，第100~101页）

于是，把伊藤定性为恶人的阿部认为，伊藤是一个为维护权势而"不辞辛劳"的人，他的"心中混杂着""报效君国的至诚、保护自我的狡猾、爱惜伙伴的真情、打倒敌人的冷酷"，所以无法理解"伊藤究竟伟大在哪里"。阿部说他曾经偶遇伊藤任韩国统监时纳的一个"小妾"，从其口中听闻了不少有关伊藤的不知真伪的奇闻怪事，并以此为依据，认为"伊藤对女人下手极快，且不问美丑"，"还经常利用自己的高官权势"（同前，第95~99页）。

阿部笔下的伊藤，可以说是二战后形成的一个较为典型的伊藤形象。

此后，中村菊男在其撰写的《伊藤博文》（1958）中提出，"从日本在19世纪中后期到20世纪初期所处的环境来考虑的话，能取得如此业绩的政治家绝对是最优秀的"。

但是，冈义武的《初代首相伊藤博文》基本沿用了阿部的笔调。二战后，阿部慎之助对于伊藤的评价成为主流。[①]

---

① 此外，美国学者乔治·秋田（George Akita）曾撰写《明治立宪政治与伊藤博文》（『明治立憲政治と伊藤博文』1971年），还有佐佐木隆曾从情报战的角度撰写过《伊藤博文的情报战略》（『伊藤博文の情報戦略』、1999年），但都没有涵盖伊藤的整个人生，而且对伊藤的评价也不全面。

以此为源头，对于伊藤的评价又细分为前文所提到的两种普遍看法。

本书的目的

本书希望通过伊藤本人以及与其直接相关的政治家、家人之间的书信、日记、文件等一手史料，以及他们的回忆录、当时报纸杂志等的报道，让大家来认识并了解真正的伊藤博文。

相信在阅读过程中，一个具有政治理念、"刚强正直"的伊藤形象会越发清晰。"刚强正直"，这是从幕府末期就对伊藤多方关照的木户孝允，在明治六年（1873）对 32 岁的伊藤给予的评价。他具有高度的觉悟与坚定的信念，可以随时舍弃自己的地位和性命；他满腔热情为明治维新四处奔波，还肩负对壮志未酬却在途中倒下的同志们的责任。

1892 年 8 月，年过半百的伊藤第二次组阁。从那时开始，其政治手腕更加成熟。但是由于就任第一代韩国统监，艰辛的工作令其折寿不少，而他始终坚持"刚强正直"，直至生命的最后一息。

在伊藤逝世百年之际，用这种方式来回顾伊藤的一生和那个时代，既可以让我们开阔视野、重新思考始于明治维新的日本近代巨变历程、现代改革；也可以通过人生经历跌宕起伏的伊藤博文这个人物，来切身感受人生的喜怒哀乐、成长亲情、青春希望、成熟自信、高估错判，以及步步逼近的衰老，重新审视我们自己的人生。

第六章　参议兼工部卿的实力——西南战争

第三部　热斗篇

第七章　伊藤领导体制逐渐形成——大久保利通的接班人

第八章　怒气直冲大隈重信——明治十四年政变

第九章　对宪法调查倾注的热情——日本的传统与欧化

第十章　内治为先、日清协调——就任第一代内阁总理大臣

第十一章　构建日本的国家形态——《大日本帝国宪法》与明治天皇

第十四章　维护明治宪法——第二次大选

第十五章　与民党合作、修改条约——第二次伊藤内阁

第十六章　伊藤领导体制的巅峰——文官首相的日清战争

第五部 夕阳篇

第十七章 元老的自负——第三次伊藤内阁

第十八章 休养与充电——漫游清国、游说西日本

第十九章 体力衰退与"宪法政治"理想——创建立宪政友会、
第四次伊藤内阁

第二十章 国际协调、政府与议会的协调——避免日俄对立

第二十一章 吾与陛下之事不容置喙——日俄战争

第六部 老境篇

第二十二章 统治韩国的理想——伊藤就任韩国统监

第二十三章 "沧浪阁"之梦——韩国民众与大矶町的民众

第二十四章　暗杀

第一部　青春篇

第一章

幸遇伯乐木户孝允
——从束荷、萩到京都、江户、英国

伊藤博文生于天保十二年（1841）九月初二，是周防国熊毛郡束荷村（现在的山口县光市）的林十藏（后更名为重藏）、琴（后更名为琴子）夫妇的长子。十藏夫妇婚后三年一直没有生育，后来琴去村里的天满宫求子，终于如愿。伊藤是他们的第一个孩子，幼名林利助（后更名为利介、利辅），生日换算成阳历是 1841 年 10 月 16 日。伊藤出生的时候，父亲 24 岁，母亲22 岁。

父亲十藏的本家林惣左卫门是束荷村的庄屋①，十藏是其辅佐"畔头"。但十藏只有水田五段②、旱地二段、山林六段，生活并不富裕（『伊藤博文伝』上卷、5頁。末松謙澄『孝子伊藤公』復刻版、12 ～ 13頁）。正如"五段（反）百姓"这一蔑称所示，自给自足的农民家庭要想过得自在，至少需要五段的两倍，即一町的田地。

伊藤出生的前一年，英国与清国之间爆发了鸦片战争。在即将迎来 1 岁生日的时候，战争以英国的胜利落幕，香港岛被割让给英国。伊藤 12 岁生日的 3 个月前，佩里船队驶入浦贺。伊藤就成长在这西方列强进军远东的时代。

在伊藤出生前的约 10 年间，长州藩相继诞生了许多后来活跃在幕末维新时代的英杰：比伊藤大 11 岁的吉田松阴、大 8 岁的木户孝允、大 6 岁的井上馨、大 3 岁的山县有朋、大 2 岁的高杉晋作，还有大 1 岁的久坂玄瑞（后来成为禁门之变的总指挥，

① 即村长。——译者注
② "段"又称"反"，是丈量土地面积的单位，1 段（1 反）=990 平方米。——译者注

自刃而死）。领导明治维新及其后诞生的明治国家的人们年龄都十分接近，伊藤是其中最小的。

萩藩当时统治着包括长门、周防（现在的山口县）在内的三个支藩，但因为在本书的叙述中并无特别区分的必要，故而将其整体称为长州藩，将出生在那里的人统一称为长州人。

伊藤的父亲十藏，在弘化三年（1846）因为"引负"而破产。"引负"是指原本应作为年贡的糙米由于被挪用等原因而未能储存下来。十藏身体健壮、头脑灵活、处事果断、性格好胜。但"引负"的原因究竟是为了救助穷人，还是天灾不幸，又或是出手阔绰，就不得而知了。

破产后的十藏不甘屈辱，把妻儿留在束荷村妻子的娘家（秋山家），离开束荷村前往萩（现在的山口县萩市）谋生。那年伊藤5岁。

/ 032

父亲十藏来到萩后，侍奉"足轻"①伊藤直右卫门，深得其信赖。3年后，十藏将妻儿从束荷村接到萩。年老的伊藤直右卫门即将迎来80虚岁寿辰，却后继无人。于是在嘉永七年（安政元年）元旦，十藏被伊藤直右卫门和元②夫妇收为养子，琴带着13岁的伊藤住到了伊藤直右卫门家。就这样，出身于农民家庭的伊藤博文，身份升为足轻（『伊藤博文传』上卷、4～15页。古谷久纲『藤公余影』20～32页。末松谦澄『孝子伊藤公』12～18页）。

少年时代的伊藤，在束荷村、萩的生活如何，性格又是怎样的呢？

早伊藤9个月出生的林丑之助是伊藤儿时的玩伴。据他所

---

① 底层武士，平时务工务农，战时作为步兵出征。——译者注
② Moto，音译。——译者注

说，在束荷村的时候，他们俩常常玩相扑、爬树、钓鱼、游泳。伊藤的体力比他好，相扑总能取胜。而且伊藤从小好胜心就很强，常常以武士自居，把捡来的木条、竹子插在腰间，和普通的农家子弟不太一样。

这或许是因为伊藤的身上流淌着祖先淡路太守林通起的血液，林通起是 16 世纪后期的武将。相传林通起承蒙毛利家家老的好意，成为"目代"，代管熊毛郡内束荷村等五个村落的事务。因为定居在束荷村，林家代代担任"庄屋"和"畔头"。

伊藤在回忆往事时曾谈及 8 岁随父母一同前往萩之前，在束荷村一直跟随书法老师三隅勘三郎习字。

他"十一二岁时"进入久保五郎左卫门的私塾，和其他长州藩子弟一起学习。久保塾当时有 70～80 位门生，伊藤成绩优异，但唯独比不过吉田稔麿（长州藩士雇［准士］的长子，池田屋事件后自刃）。吉田稔麿后来进入吉田松阴的松下村塾学习，与久坂玄瑞、高杉晋作并称"松阴三秀"。

伊藤在回忆往事时说，塾长久保是一个做学问的人，虽然只教学生读书、诗文、习字，但非常认真用心，无疑对长州藩子弟的成长起到了良好的影响（『藤公余影』26～31、52～54 頁）。

回顾伊藤的少年时代，其中有两件大事值得一提。一是父亲的不幸破产。全家共同克服，由此改变了伊藤的命运。全家迁往萩，成为足轻子弟后的伊藤，才得以进入优秀的私塾，在学业方面崭露头角，这也为他后来作为长州藩士参与维新打下了良好的基础。

另一件大事，是前往萩谋生的父亲在 3 年后把妻儿都接了过去。这件事对于少年伊藤的人生观和性格的形成影响颇大，造就了他不畏困苦、不懈努力的乐观态度和相信他人的个性。伊藤原本是父母期盼已久终于降生的一棵独苗，必然从小就得到父母的宠爱。萩的新祖母元也非常喜欢伊藤。据说祖母担心伊藤瞌睡感冒，常常特意到起居室去探望。

对于伊藤来说，相信他人的乐观个性，是其作为政治家成就大业时的宝贵财富。后来，伊藤获得了木户孝允、岩仓具视、大久保利通、明治天皇等身份地位完全不同的人的信任。井上馨成为他的终生好友，陆奥宗光、西园寺公望、原敬等都是他的心腹。诚实守信、高瞻远瞩、灵活应变、信念坚定，伊藤所拥有的这些吸引人的魅力，将会在本书后文具体阐述。也正因为伊藤信念坚定，所以时而会有些大动作。同时，伊藤的用人不疑、刚柔相济也极具魅力。

/ 034

/ 幸遇伯乐来原良藏

嘉永六年（1853）美国海军将领马休·佩里的舰队于浦贺入港。第二年，日美签署了《日美和亲条约》（中文通称《神奈川条约》），下田和箱馆（函馆）两港开埠。此后，幕府与英国、荷兰、俄国、法国签署了同样的条约。在此期间，幕府命令各藩加强江户湾内海、相模（现神奈川县）、房总（现千叶县）沿岸的警戒。

长州藩负责相模镰仓郡部分地区，以及整个三浦郡的警备。安政三年（1856）九月，14岁的伊藤作为"手付"被派往相模国宫田御备场，与同辈三十四五人，一同前往宫田赴任，造板屋安营扎寨。"手付"是身份低微的随从，主要跟从并侍奉上级官员。

安政四年（1857）二月，伊藤在那里遇到了"作事吟味役"来原良藏，成为来原的随从。来原发现伊藤聪颖能干，开始在值班室教他读书。

后来，伊藤在回忆往事，评价来原良藏时，称其"胆量过人、临危不惧""克己奉公、学识渊博，真正称得上文武双全"，并说他的意志极其坚定，自己后来再也没有遇到过比他意志更为坚定的人了。此外，伊藤在写给父亲十藏的书信中也提到自己近来热衷读书，跟从来原学习，胃口极好，身体康健，过得十分充实（『藤公余影』54～56页，『孝子伊藤公』30～35页）。

但是，伊藤在相模的任期仅有一年，安政四年秋就结束了。来原让伊藤回到萩之后去吉田松阴那里继续学习，并给他写了介绍信。伊藤回到萩之后，就顺利进入了吉田松阴的松下村塾。

　　松下村塾里有伊藤在久保塾的同窗——优等生吉田稔麿。稔麿每读完一本家藏书，就会把书送给伊藤。被父亲责问，稔麿却答道：我读一遍就足够了，没有必要读两遍，所以送书之举是用"无用之物""帮助有用之才"（『伊藤博文传』上卷、23 页）。这不仅是一个表现稔麿心胸宽广的逸事，同时也说明了稔麿和伊藤的关系极好。伊藤性格率真，对于比自己优秀的稔麿深怀敬意。

　　松下村塾开办于伊藤入塾的前一年，位于萩城下东部。由于松阴对于教育的热情、注重实践的姿态以及入塾不论身份的方针，松下村塾渐受好评。

　　伊藤入塾后的第二年，即安政五年（1858）七月，长州藩选派了六个年轻人前往京都学习"时势"。六人中的四人是由松阴从门生中选荐的，分别是伊藤博文、杉山松介（后在池田屋事件中受重伤而死）、伊藤传之辅和冈仙吉。松阴在评价自己的得意门生时说道，杉山松介有"才"，伊藤传之辅有"勇"，冈仙吉"沉着冷静"并有"志"（『吉田松陰全集』五卷、181 页）。

　　伊藤博文在进入松阴门下之后，又被选派去京都，成为受人瞩目的长州藩年轻人才。那么松阴是如何评价他的呢？

　　同年六月，松阴在给得意门生久坂玄瑞的书信中写道，"利介〔伊藤博文〕① 又有进步了，今后定能成为'周旋家'②"（同前、八卷、64 ～ 65 页）。

　　同年十月，松阴向轰木武兵卫介绍伊藤时说，"虽然才疏学浅，但耿直朴素，我非常喜欢这个弟子"（「轟木武兵衛に復す」

---

①　直接引文中的六角括号内的内容均为本书作者注。——译者注
②　即长于幹旋之人。——译者注

同前、四卷、427～428 頁）。

与同样被派往京都、较伊藤年长的杉山松介等人相比，16岁的伊藤被松阴认为才能略弱、尚未成熟是非常自然的。但是松阴极其喜欢伊藤耿直率真的性格，并发现他具有极强的交涉能力。①

安政五年（1858）七月到十月初，伊藤作为长州藩选派的六人之一，来到京都学习。他遇到了同样是长州藩选派的山县有朋（小介、狂介），初次见面两人就意气相投。山县比伊藤年长3岁，但不是松阴的门生。伊藤身高五尺三寸（约160.6厘米），虽然比当时的平均身高略高，但比高大的山县要矮10厘米。他对山县的印象是高大、认真、话不多。从此以后，直到伊藤离世，两人的友情持续了50多年。

从京都回到长州之后，伊藤作为随从，和约20位同僚一起跟随来原良藏前往长崎，在那里练兵、学习炮术，过着充实的生活，直到第二年即安政六年六月。

此后，来原将伊藤托付给自己妻子的哥哥木户孝允（桂小五

---

① 松阴在评价伊藤时使用了"周旋家"一词，说明松阴认为伊藤具备的并不是"英雄豪杰的资质"，而是"通情达理的政治家资质"，这种解释肇始于第二次世界大战期间（馬場恒吾『伊藤博文』11 頁）。究其原因，一是受著名评论家马场恒吾解释的影响，二是因为有关伊藤的著作非常少。但是，持这种观点的人并没有充分查找并阅读关于伊藤的一手史料。这里所说的"周旋家"含有受人爱戴、善于交涉的意思，与本书前言中提到的木户对于伊藤的评论"刚强正直"并不矛盾。从幕末到维新，以西乡、大久保、木户、岩仓等人为中心的志士们，打破了近代日本的古老体制。然而，即便在第二次世界大战之后，出现了很多打破亚非旧体制的革命政府，但真正建立议会制度，并使之向现代化发展的国家少之又少。由此可见，伊藤博文在明治维新之后成为构建近代国家日本（即伊藤所说的"使宪法政治扎根于日本"）的中心人物，完成了比维新第一代人更加艰巨的工作。从这一意义来说，伊藤是当之无愧的"英雄"。

郎），想让他去江户学习。同年九月，伊藤成为木户的随从，离开了萩，十月中旬开始与木户一起住在江户城里的长州藩邸。

木户孝允生于长州藩医（俸禄 20 石）之家，7 岁前成为中级藩士桂九郎兵卫的养子。桂家原来每年有 150 石的俸禄，但为了将木户收为末期养子，被减少到 90 石。尽管如此，木户从小就获得了将来在长洲藩身居要职的机会。而且，木户"明辨是非"，又精通"和汉学问"（「木戸孝允」〔直話〕『伊藤公全集』三卷、30 頁），非常顺利地走上出人头地之路。伊藤由于来原的介绍，受到木户的器重，他的未来之路也因此越发宽广了。

伊藤在江户还遇到了终身挚友井上馨（志道闻多），后者在伊藤人际关系中占据的重要地位不亚于木户。两人的这次相遇成为后来政治结盟的契机（『伊藤公直話』284 頁）。井上馨比伊藤年长 6 岁，生于中级武士家庭，曾在藩校明伦馆学习，虽然两人原本都在萩，但来江户之前并不相识。

/ 松阴的影响

　　安政六年（1859）十月二十七日，伊藤跟随木户来到江户还不足半月，吉田松阴就被幕府判为死罪，并于当日在江户小传马町（日本桥北边一点）的监狱内遭到处决。原因是他企图偷渡到外国，批评幕政等。

　　二十九日，伊藤跟随木户，与松阴的另外两个门生一起前往小冢原的回向院收尸。

　　棺椁里的松阴全身赤裸，尸首分离，头发凌乱，血流满面。伊藤等人见状悲愤不已，立即上前为松阴梳头结发，用清水洗去血迹，还想用勺柄将其尸首连接起来，但被官吏阻止。于是木户等人脱下自己的贴身衣物给松阴穿上，为他扎上伊藤的腰带，将其头部放在尸身之上一同收入瓮棺，暂时安葬在同月七日被处决的桥本左内（越前藩士）之墓的左边（『孝子伊藤公』57～58 頁。『伊藤博文伝』上卷、31～32 頁）。从松阴被斩首之后 18 岁伊藤的这些举动来看，他无疑对松阴无比敬重。

　　那么，伊藤博文究竟从吉田松阴那里学到了什么呢？由于伊藤对此没有多言，我们可以比较思考一下松阴与伊藤的思想和行动。

　　首先，为否定原有体制、进行变革，将藩主、天皇设定为某种绝对性的存在。

　　松阴建立起必须对藩主绝对"忠诚"的理论。但这并不意味着要对藩主毛利敬亲一味服从，而是让毛利敬亲醒悟，明白"尊王攘夷的大义"。松阴敌视"俗论派"，因为他们服从幕府，为了保全长州藩和自家而不顾藩主的意愿。与其说松阴具有近代性意识，不如说他的这种想法源于复古的封建意识。但是，松阴提出的"藩主—松阴"的直接"忠诚"与"俗论派"及"家臣团"

的对立，和"天皇—松阴"与"幕府"的对立，在结构上是相同的（桐原健真「吉田松陰における『忠誠』の転回」）。

正如本书后文将述，伊藤偷渡到英国后，为西欧近代文明所倾倒，摈弃攘夷思想，逐渐开始与长州藩藩主、长州藩对立，将天皇作为"忠诚"的对象。他从明治初年就开始主张废藩置县，目标是建立立宪国家（即伊藤所说"宪法政治"）。伊藤摈弃攘夷，不是将藩主而是将天皇作为"忠诚"的对象。虽然伊藤在这一点上与松阴不同，但是正因为有了松阴，不将长州藩以及藩士自家的存续视为绝对之物的思想才得以在长州藩普及。因此当伊藤接触到西欧文明之后，由此出发，很快就摈弃了以藩为主的意识，开始形成创建立宪国家的想法。

伊藤从松阴那里学到的第二点，就是无需对天皇言听计从，而应教育天皇了解"世界大势"成为明君，并发掘天皇的明君潜质，与天皇建立起相互信赖的关系，由此开展国家政治。

未曾直接体验西欧文明的松阴，主要强调的是"日本的大势"与藩主的关系。在幕末时期的长州藩，木户孝允等"有司"（官员）集团根据藩主的"意思"指导藩政（井上勝生『幕末維新政治史の研究』180頁），除特殊情况以外，藩主并不积极表明自己的"意思"，实际由"有司"集团决定藩的方针。这反映了松阴思想，当然伊藤是知晓这一点的。

如果对于松阴思想一无所知，或是未曾经历"有司"集团的政治，伊藤博文在构想君主有限涉足政治的天皇制度，并将此反映到《大日本帝国宪法》（明治宪法）中去时，将会更为艰难。①

---

① 也有人认为，松阴虽然在理念上认为必须绝对服从天皇，但其实是将实际统治者天皇看作一个国家机构，他的天皇观与天皇机构说极其接近（川口雅昭「吉田松陰の天皇観」）。

/ 来原良藏的自刃

后来，伊藤在江户作为木户的随从与各地志士往来，交际甚广。回忆起那个时期时，伊藤说道，"我受到的待遇和普通随从不一样。木户公待我非常好，就像兄弟一样，甚至可以说比兄弟更好"（「木戸孝允」〔直話〕『伊藤公全集』三卷、14 頁）。伊藤随木户去过京都两次，截至文久三年（1863）五月，他主要待在江户。

这时，伊藤想要去海外学习的想法越发强烈。万延元年十二月七日（1861 年 1 月 17 日），他写信告知来原良藏"去年开始就想去英国学习"，文久元年（1861）在写给朋友的信中也明确表达了想去英国的想法（『伊藤博文传』上卷、84 ～ 86 頁）。伊藤认为应该充分了解并学习攘夷对象国之后再进行攘夷。

文久二年（1862）三月，掌握萨摩藩实权的岛津久光率领约 1000 名将士离开鹿儿岛抵达京都。久光希望通过公武合体①建立一个全国体制。率兵进京之举，使日本国内的尊王攘夷论迅速升温（佐々木克『幕末政治と薩摩藩』第二章。高橋秀直『幕末維新の政治と天皇』第二章・三章）。从那时候开始，伊藤用俊辅（春辅、舜辅）取代从小使用的利助（利介、利辅）之名。此外，他还经历了三件事，这些事与 3 年前松阴遭处决一样令他终生难忘。

第一件事发生在同年八月二十九日，其恩师来原良藏在江户藩邸的自己房间里自刃。原来，引领长州藩的长井雅乐（担任中老）一直主张公武合体、开放门户、武力扬威海外。来原也支持长井的这一政策。然而，长州藩的方针转为尊王攘夷之后，来原

---

① "公家"指京都的朝廷与天皇，"武家"指江户幕府，二者的联合称"公武合体"。——译者注

十分苦恼，这被认为是他自杀的原因。

有一次，伊藤对高杉晋作说，"为人处世，无人能比得过木户或是来原。但若要比较学识、见识、人格的话，来原远在木户之上"。后来，伊藤还曾表示，来原若是能保全天寿，维新之后"定会成为肩负国家重任的政治家"（「恩师来原良藏」〔逸话〕、『伊藤公全集』三卷、8 ～ 11 页）。① 伊藤将来原遗发送至萩后，向来原的内兄木户汇报了葬礼和入墓事宜（木户孝允宛伊藤书状、文久二年闰八月二十一日、『木户孝允关系文书』〈東〉一卷）。

第二件事同样发生在文久二年。十二月十三日，伊藤听说高杉晋作等人计划烧毁位于品川御殿山的英国公使馆，立即决定参加。就这样，伊藤获得了高杉的信任，高杉与木户一样具有进入藩政中枢的身份和能力。

第三件事发生在同年十二月二十一日，伊藤打探到幕府命令国学者塙次郎研究废帝事宜，于是与山尾庸三（长州藩士，后与伊藤一同偷渡到英国，后来成为工部省的长官）一起埋伏在塙次郎回家的路上并将其斩杀（小松绿宛田中光显书状、一九三三年一月三一日、『伊藤博文传』上卷、977 ～ 978 页）。

就如吉田松阴被处决导致第二年三月井伊直弼在江户城櫻田门外遭到暗杀一样，流血事件频繁上演，不仅是长州藩的伊藤博文及其周围的人，而且整个日本都充满了血腥味，就连 21 岁的伊藤也亲手杀了人。

---

① 后来，伊藤将来原良藏和吉田松阴进行对比时说，"松阴还是很极端的，他让政府相当为难。似乎松阴并不清楚，其实政府一方知道他的某些所作所为"（「吉田松陰・長井雅楽」〔直話〕『伊藤公全集』三卷、43 页），可见他对松阴的评价并不高。但这并不是伊藤在松阴尚在人世时的想法，而是他在不知不觉中加入了自己偷渡到英国、摈弃攘夷思想之后的想法。

/ 听从井上馨之言偷渡英国

文久三年（1863）三月二十日，伊藤因"通晓尊王攘夷的正义"并为此做出贡献而晋升为"准士雇"。"士雇"是为优待那些由于没有空缺而无法晋升为正式武士的人而特设的等级，只要一有空缺就可以得到晋升。伊藤的"准士雇"比士雇还要低一级，但伊藤从足轻向准武士的身份走近了一步。

在文久元年（1861）之后的两年，伊藤根据自己的尊王攘夷思想，开始给山县写信，告诉他江户的情况（『山县有朋関係文書』一卷、90～93頁）。正如前文所述，文久二年（1862）十二月，伊藤参与的烧毁英国公使馆事件以及刺杀塙次郎事件，都是尊王攘夷思想的表现。同年十一月二日，幕府决定遵从攘夷敕旨，伊藤等人决心发起攘夷行动的热情越发高涨。

到了文久二年九月，长州藩为了攘夷，从英国公司手中购买了汽船，将其命名为"壬戌丸"。井上馨成为该船的一名士官，但船员们都不具备航海技术，他们连连遭遇失败。于是，井上馨和前一年一同在箱馆（函馆）进修英学的山尾庸三及井上胜（野村弥吉，后来成为日本铁道厅长官）一同向长州藩提出申请，希望前往英国学习海军知识。

由于幕府当时禁止日本人前往海外，所以文久三年四月十八日，长州藩内部决定以给予5年休假的形式批准他们的申请，由藩主毛利敬亲出钱，发给他们每人200两（『世外井上公伝』一卷、42～86頁）。这其实就是偷渡。

此前，井上馨也强烈劝说伊藤一起前往英国。但由于伊藤加入了攘夷行动志士团，他去与久坂玄瑞商量，结果被其阻止，说是唯有攘夷，别无他法。但是伊藤从吉田松阴被处决的1859年开始就一直希望能够偷渡到英国。四月十三日，他终于与井上馨约定一同前往（『伊藤博文伝』上卷、86 頁。『伊藤公直話』122 ～ 124 頁）。

此后，长州藩决定使用江户藩邸的资金，在横滨购买开展攘夷行动的武器。伊藤负责购买，被派往江户。但是他到横滨拜访外国商人，商人们都说要是不打仗就可以卖给他，但一旦打起仗来，武器就会被英国"抢走"，所以没有武器可买（木戸宛伊藤書状、文久三年五月二日、『木戸孝允関係文書』〈東〉一卷）。

另一方面，井上馨等人从英国商人那里听说一个人在英国待一年需要 1000 两，但三个人拿到的资金合起来也不过 600 两，还不够一人一年的花费，所以既吃惊又不知如何是好。

还有一个名叫远藤谨助（后来成为造币局局长）的人也非常想去英国。于是，井上馨从长州藩购买武器的资金中抽调了 5000 两，向包括伊藤在内的五人提议一同前往英国。伊藤同意，决定五月二日乘坐英国船出发。出发前一天，由井上馨提笔，五人联名向毛利登人等藩政中枢的四位要人写了告别书，告知此事经过。

伊藤还写了请愿书，讲述了和井上馨等人一同前往英国的事由，恳请得到藩主的许可。给父亲十藏的书信中则写到三年之内一定回国。因为事出紧急，伊藤出发时只带了一本日本人写的错误百出的英语辞典，以及他非常喜欢的赖山阳所著的《日本政记》（『伊藤博文伝』上卷、94 ～ 104 頁。『世外井上公伝』一卷、86 ～ 90 頁。『伊藤公直話』122 ～ 128 頁）。

伊藤等人的行为，用现在的话来说就是"盗用公款"。但在幕末动荡的时代，他们之所以会这么做，一是因为对藩政中枢四位要人之一木户孝允的信赖与期待，二是因为偷渡到英国这一行为本身要是被幕府知道，他们就是死罪。所以与头顶死罪相比，"盗用公款"就算不了什么了。

伊藤偷渡时带的那本英语辞典，是堀达之助（幕府洋书调所的老师）于前一年出版的日本第一本英语辞典。当时，日本的英学水平并不高。喜欢历史的伊藤还带了一本赖山阳的《日本政记》，可见他拥有一双识别历史重大变革的慧眼。伊藤的这些资质，再加上纵观历史的视角，对于他深入理解西欧的文明、政治和各类制度发挥了非常重要的作用。

/ 伦敦冲击

伊藤等一行五人从横滨港出发，航行数日后抵达上海。他们从甲板上看到了无数的军舰、蒸汽船、帆船等，井上馨认为攘夷是错误的。但伊藤并不赞同，觉得离开日本几天就改变攘夷之志是十分可耻的。

五个人从上海分乘两艘船前往伦敦。伊藤和井上馨乘坐的是一艘300吨左右的小帆船"飞马号"，可能因为不懂英语，他们被误认为是水手。最难堪的是，船上没有水手专用厕所。伊藤拉肚子，就只能双腿横跨在船侧的横木上。为防止伊藤被巨浪卷走，井上馨用绳子一头拴住伊藤，一头绑在船柱上。

文久三年（1863）九月二十三日，伊藤和井上馨终于抵达伦敦，和其他三人也顺利会合，他们分别寄宿在两户人家，先学习英语。伊藤、井上馨和远藤住在伦敦大学学院的化学教授亚历山大·威廉姆逊家中。

伊藤等人在与英国学生进行交流的同时，也参观博物馆、美术馆，访问制造海军设备及船只的各种工厂。伊藤非常钦佩英国的先进文明和强大国力，很快就摈弃了攘夷思想。

/ 047

根据帮助伊藤等人留英的英国商人休·麦迪逊所言，抵达英国的时候，五个人中只有井上胜能说一点英语。这是因为井上胜曾在箱馆稍微学过一点英语。

此外，据英国人米特福德（后来成为驻日英国公使馆书记官）的回忆，伊藤"精悍质朴，就像隼鸟"，喜欢冒险，性格十分开朗，工作时非常"精准""机敏"（『伊藤博文传』上卷、105～114頁。『世外井上公传』一卷、90～99頁）。就像这样，伊藤很快就能与外国人打成一片，获得他们的信任。伊藤因其少年时代在日本的经历，养成了信赖对方的乐天派性格。21 岁时的英国之旅，则使他在潜移默化之中，形成了不对外国人过度设防的态度。

在伦敦大学学院的学生名单中，留有伊藤等五人的名字。他们主要学习数学、地质矿物学、土木工程、数理物理学等理科课程（宫地ゆう『密航留学生「長州ファイブ」を追って』17 頁）。这不仅是因为他们希望学习海军方面的知识，可能还因为他们的英语能力尚且不够，无法听懂法律、政治学、历史学等文科课程。但是，即便他们五人无法完全理解英国的政治、经济制度，只要看看眼前的建筑物、交通工具和机器，就很快会转变思想，认为攘夷是不可行的。

话说回来，伊藤等人从横滨出发前往英国的两天前，也就是文久三年（1863）五月十日，长州藩在下关炮击美国商船，开始依据攘夷敕旨行动。同年七月二日萨摩藩也开始在鹿儿岛湾与英国舰队开战，这是英国对上一年发生的"生麦事件"的报复行为。1862 年，大名岛津久光一行途经生麦村（位于现神奈川县）时，负责守卫的萨摩藩士与闯入队伍的英国人发生冲突，造成英国人一死二伤。

时隔数月，伊藤等人才从寄宿的英国人那里听说此事，看到相关的新闻报道。伊藤与井上馨决定，让另外三人继续学业，他们两人迅速回国，阻止长州藩的攘夷行动。当然，他们是做好赴死的心理准备回国的。

就这样，伊藤和井上馨于元治元年（1864）三月中旬从伦敦出发，六月十日前后回到横滨。两人虽然只在英国待了半年，但基本的英语日常会话已经没有问题了（『伊藤博文伝』上卷、115 ～ 120 頁。『世外井上公伝』一卷、99 ～ 120 頁。『伊藤公直話』130 ～ 132 頁）。

第二章

"外交"舞台大显身手
—— 列强与萨摩藩

/ **乘坐英国军舰回到长州藩**

元治元年（1864）六月十日前后，伊藤与井上馨从英国回到横滨的时候，英国公使阿礼国与美国、法国、荷兰的代表正在商讨准备发起四国联合行动，并于六月十九日签署了包括军事行动在内的联合备忘录。

伊藤和井上馨去见了英国公使阿礼国，告知公使他们将马上返回长州藩，并会将自己在英国的所见所闻，包括他们看到的英国强大的军事实力和经济实力等向藩主汇报。两人确信一定能说服藩主不再采取排外政策，所以请求英国军舰尽可能将他们送到山口附近的港口。其实，英国等列强也希望避免不必要的战争，扩大通商。于是，阿礼国接受了他们的请求。六月十八日，伊藤和井上馨乘坐"巴罗萨号"军舰，并带了一艘炮舰从横滨出发，六月二十三日抵达国东半岛以北的姬岛（属于现大分县）。两人承诺回到山口之后 12 天之内拿到回复并返回。在这次航程中，伊藤与英国人萨道义（Ernest Mason Satow）成了朋友。萨道义比伊藤小两岁，当时还是驻日英国公使馆的翻译生，日清战争[1] 结束后成为驻日公使（萩原延壽『遠い崖』[2] 一卷、90～147頁，二卷、118～136頁。『伊藤公直話』132～136頁、159頁。『伊藤博文伝』上卷、120～125頁）。伊藤能很快与外国人成为朋友，是因为他的才能，也可见他的为人。与伊藤年龄相仿的萨道义来日本一年左右，非常努力地学习日语。他的日语应该比伊藤的英语好得多。

---

[1] 即甲午中日战争。——译者注
[2] 该书引用了萨道义的日记，从英国人的角度来讲述日本幕末及明治维新的历史，很有价值。

六月二十四日傍晚，伊藤和井上馨抵达山口，二十五日被叫去政事堂。他们向家老等掌权者讲述了西方见闻，建议停止攘夷并通知英、美、法、荷四国公使。但是，藩方面的回答是，藩主只有在接到将军、天皇的命令之后才可行动，所以准备去京都面见天皇，希望四国的军事行动能延缓3个月。同时，其他藩士要求斩杀他们两人的呼声也逐渐高涨。

结果，伊藤和井上馨于七月五日回到姬岛，口头转述了长州藩的回答（萩原延壽『遠い崖』二卷、138～141頁。『伊藤公直話』136～141頁）。

在此期间，七月二日，伊藤被命负责"应对外国舰队"，并因英国之行获得了10两犒赏（比伊藤身份高的井上馨则获得了15两犒赏）。伊藤将赏金随附书信寄给了母亲琴（「伊藤博文履歷」、『伊藤博文伝』下卷、1頁、同上卷、130～132頁）。

/ 051

大约一个月前的六月五日，京都旅馆池田屋遭到新选组袭击，萨摩藩和长洲藩共有7名志士被杀、23名被捕。松阴门下的俊英、杉山松介也因此丧生。消息传到长州，藩中人人义愤填膺，纷纷叫嚷要起兵进京。在前一年八月十八日发生的政变中，由于萨摩和会津等公武合体派的运动，长州在京都的势力一落千丈，所以也想借此机会挽回劣势。六月十五日，长州藩开始向京都派兵，久坂玄瑞（义助）、入江九一（杉藏）等松阴门下的高徒也出发进京。

伊藤和井上馨就是在这样的局势下，乘坐英国船回到长州藩的。所以，藩政府无法简单地撤回攘夷命令。尽管藩政府没有采纳两人的建议，但是命令伊藤负责"应对外国舰队"，并对两人的英国之行进行了犒赏，公开认可了他们的行动和立场，为今后与外国进行交涉打下了基础。这么一来，伊藤等人也没有被问

"盗用公款"之罪。

　　但是对于伊藤来说，回了国却没有达到目的，他很是沮丧，于是给在京都的木户孝允（桂小五郎）写了一封信。伊藤去英国之后，就没有与木户联系过，但从这封信来看，伊藤对木户是相当信任的。

　　　　我从海外归来，有许多事情想当面告诉您。但您在京都，我却没有完成回国的目的。并非没有遗憾，但也不想去死。如今就这么活着，虽有愧于世间体面，但尚有欲望，还不能绝世。

　　　　　　　　（木戸宛伊藤書状、元治元年七月十日、

　　　　　　　　　　『木戸孝允関係文書』〈東〉一卷）

　　七月十九日，抵达京都的长州藩兵围攻京都御所，在御所周围各个入口与支持幕府的会津、萨摩等藩的军队交战，这就是历史上的禁门之变。但由于兵力不足，长州藩大败，入江战死，久坂负伤自杀，原本就在京都的木户则逃到了但马（位于现兵库县北部）隐藏起来。同月二十四日，幕府得到讨伐长州的天皇敕命，向西南二十一藩下达了出兵命令。

/ 负责长州藩的外交

禁门之变失败的消息传到萩不久，长州藩就接到了英法美荷联合舰队即将发起攻击的报告。于是，藩政府派伊藤等人与联合舰队方面进行交涉，以确保关门海峡的安全为条件，避免开战。但交涉破裂，未能如愿。

元治元年（1864）八月五日，四国联合舰队的17艘舰艇炮轰马关（下关），攻击长州藩炮台。八月六日战斗越发激烈，联合舰队派遣陆战队登陆，使用旧式武器战斗的长州藩节节败退，炮台被一一占领。

八月七日，藩政府决定派出议和使团，高杉晋作任议和使，另两名藩士为副使，伊藤和井上馨担任翻译。八日，高杉等人登上"欧律阿罗斯号"旗舰进行议和，提出将大炮作为战利品交给联合舰队等条件，议和成功。

其实，首先是伊藤一人先到"欧律阿罗斯号"，与此前将他从横滨送到姬岛的驻日英国公使馆翻译生萨道义见面，做好交涉的准备工作。而且，伊藤和萨道义在议和交涉中的作用，并不仅仅是翻译。在他们共同努力之下，议和获得了成功（萩原延寿『遠い崖』二卷、143～175頁。『伊藤公直話』159～161頁。『伊藤博文伝』上卷、153～160頁）。

八月十四日，四国联合舰队最终与长州藩签订了议和条约，内容如下：①要礼貌对待通过马关（下关）的外国船只；②外国船只可以购买煤炭、食物、木柴、水等物品；③允许外国船只上的人员在遭遇大风浪时上岸避难；④长州藩不可新设炮台，不得在旧炮台设置大炮；⑤长州藩从马关向外国舰艇开炮，但四国联军并没有行使烧毁马关的权利，所以日本方面必须向四国进行赔款并承担军队杂费，这一点将由江户幕府方面决定。除家老等人以外，高杉、伊藤也参加了谈判（井上馨没有参加）。

长州藩方面，尤其是高杉对赔款十分抵触，他认为：①攘夷行动是奉朝廷以及幕府之命，所以四国应向幕府方面要求赔款；②长州藩没有支付巨额赔款的财力，如果强行要求赔款，藩主恐怕也无法制止要去拼命的藩士。据说，伊藤将萨道义带到甲板角落，告诉他藩内的情况，希望四国去向幕府要求赔款（萩原延壽『遠い崖』二巻、183～192頁。『伊藤博文伝』上巻、165～171頁）。

此后，长州藩向横滨派遣使节拜访四个国家的代表，请求减免赔款。正使由家老井原主计担任，伊藤是三名随从之一。所以，只要长州藩有外交需要，伊藤肯定就会出现。虽然伊藤的英语水平并不算好，但他与外国人的沟通能力极强。

萨道义在日记中记录了以下两件事。一件事发生在八月二十七日，四国舰队的三位舰长为将家老井原等四位使节送到横滨一事造访马关，伊藤为招待萨道义吃一顿西餐费尽心思。"磨得无比锋利的长餐刀"让萨道义大吃一惊，烤鳗鱼和炖甲鱼则让萨道义吃得眉开眼笑。

另一件事发生在八月二十九日，萨道义想买东西，于是伊藤陪他逛马关。天色渐暗，萨道义正准备回去的时候，伊藤想留他住一晚再走。但萨道义约好了要回军舰吃晚饭，婉拒了伊藤的邀请（萩原延壽『遠い崖』二巻、206～209頁）。

这两件事，让萨道义充分感受到了伊藤的心意。①

---

① 此后，估计是在几年之内，伊藤在给梅子（幕末维新时期叫作"梅"）夫人的书信中写道：①我虽挂念梅子的病，但今晚受人之邀，得去"国龟"〔料理店？〕，你别担心；②明天有"异人"（外国人）要来，记得把房间收拾一下（梅子宛伊藤書状、年月未詳、二日、伊藤公資料館所蔵）。伊藤擅长待人接物，虽然多少有点任性，但不会让人生厌，从书信来看，他很早就开始请外国人到自己家来做客了。

　　九月十日，家老井原正使和伊藤等人组成的使节团乘坐军舰抵达横滨的时候，四国已经决定要求幕府支付赔款，于是他们又马上乘坐军舰返回了马关。九月二十三日复命后，藩政府给了四人犒赏，伊藤得到了 10 两。九月二十二日，幕府签署了向四国赔偿 300 万美元的协定。

/ 元治内乱的胜利

禁门之变大败，再加上败给四国联合舰队，长州藩内主张应该顺从幕府的"俗论派"逐渐得势。对此，元治元年（1864）九月六日，山县有朋（奇兵队军监，职位仅次于奇兵队总管）和奇兵队干部一同向藩政府递交了建议书，称如果顺从幕府，不仅会让周防、长门的志士失去方向，还会让全国的志士失去方向，提出应向幕府开战。

此事发生在伊藤等四人为赔款一事而启程前往横滨拜访四国代表的一天之后。其他队伍也都表态，支持山县有朋。

但是，藩政府逐渐被"俗论派"掌控。九月二十五日，山县等人所属的"正义派"代表周布政之助（麻田公辅），因一连串的政治事件而引咎自杀。

长州藩"正义派"原本属于尊王攘夷派，但伊藤、井上馨等人认为，如果顺从幕府，日本的变革就无法进行，所以厌恶"俗论派"。

于是，井上馨就计划，利用曾在四国联合舰队交战时指挥过的第四大队和力士队，夜袭"俗论派"。打击"俗论派"之后，"正义派"就可以重新夺回在藩政府内的主导权。但是，由于计划泄露，"俗论派"在九月二十五日夜晚，半路袭击了从政事堂回家的井上馨，井上馨身负重伤，命悬一线。井上馨对"俗论派"的反击以失败告终。

伊藤听说井上遭到了"暗杀"，立即赶往山口，此时"俗论派"宛若"蜂拥"。井上馨奄奄一息，告诉伊藤"我可能活不了了，但如果我们两个人都死了，长州就会陷入茫茫黑夜"，恳请伊藤不要久留，速回马关，至少要有一个人活着。伊藤觉得马关也存在危险，于是向藩政府的力士队借了约40人护送自己回到马关（『伊藤公直話』165～166页）。

与此同时，幕府正在准备讨伐长州（第一次讨伐），决定在十一月二十八日向长州发兵。十一月十一日，长州藩为禁门之变向幕府谢罪，让三个家老切腹自杀，将四个参谋处斩。藩主毛利敬亲父子也搬出萩城蛰居，对幕府表示恭顺。

对此，十二月十五日深夜，高杉晋作在长府（现在的下关市长府）的功山寺利用奇兵队举兵，想逼迫长州藩改变方针。奇兵队是文久三年（1863）六月高杉应藩主父子的要求而编制设立的志士新部队。足轻、仲间组等武士阶层占了一半，来自农民、商人、渔民等阶层的也占到一半，一共几百人。除奇兵队以外，不拘泥于长州藩原来军事编制的新部队不断设立，总称"诸队"。此前，伊藤向山口借用的力士队就是诸队之一。

高杉十分器重山县有朋，所以让他担任奇兵队的军监。但是，奇兵队中也有很多人认为高杉起兵无法成功，就连山县也没有参加。但是，伊藤率领由他指挥的十几个力士队队员，立刻就表示参加。即便如此，一开始就参加的游击队、奇兵队的有志之士加起来也不过80人左右（伊藤之雄『山县有朋』28～42页）。

从英国回来的伊藤和井上馨主张停止攘夷，但孤立无援。那时候，高杉就支持井上馨，两人仰天长叹，推心置腹。立即响应高杉举兵的伊藤，也是性情中人，为朋友两肋插刀，不畏生死。

十二月十六日清晨，高杉、伊藤等人的军队进入马关（下关），占领藩会所，赶走官员。"俗论派"藩政府听闻高杉举兵，决定于十二月十九日，将前田孙右卫门等"正义派"要人斩首问罪。这件事激起了奇兵队等诸队对"俗论派"政府更加强烈的反抗。

元治二年（1865）一月五日，奇兵队的实际首领山县等人下定决心要同"俗论派"藩政府战斗到底。一月六日，在向萩进兵的途中，在秋吉台附近的绘同、大田（位于现山口县美祢市）等地，打败了人数占优的"俗论派"部队。

此后，奇兵队及诸队屡战屡胜，一月末罢免了"俗论派"所有官员的官职，二月初正式停战。三月中旬，长州藩一致决定，对内加强武装，对外向幕府表示顺从，并遵从"敕旨"。

这其实是与幕府进行交锋的方针。于是幕府在庆应元年（1865，元治二年更改年号）四月十三日，命令各藩再次讨伐长州。

在此期间，"正义派"逐渐掌握藩政主导地位，高杉获得了很高的声望。但高杉认为"功名富贵"非长久之计，叫上伊藤一同去留洋。于是两人前往长崎，借宿在英国领事馆。但以前就认识的英国外交官劝他们说，现在不是留洋的时候，应该为马关开港尽一份力。两人觉得有理，马上又回到马关。根据长崎代理领事加沃的报告，高杉和伊藤曾询问是否有办法让马关在不受幕府干涉的情况下，为开展海外贸易而开埠。

两人为促进马关开埠，与长府和清末两个支藩进行交涉，希望将两个支藩在马关拥有的领地全都编入萩藩，将隶属萩藩的其他土地与之交换。作为外国接待员驻在马关的井上馨也给两人帮忙。然而，长府和清末两个支藩的藩士却认为萩藩想独占马关利益，因此产生逆反情绪，甚至寻找机会刺杀高杉、伊藤、井上馨三人。

于是，高杉去了四国，井上馨隐藏在别府。伊藤原本想去对马躲躲，后来藏身于马关一名商人的家中。结果，面对幕府即将再次讨伐长州，萩藩政府为增进本藩与支藩之间的合作，于庆应元年（1865）四月二十二日宣布无意开放马关（『伊藤博文传』上卷、194～200 頁。『伊藤公直話』194 頁。萩原延壽『遠い崖』二卷、332～337 頁）。

/ 059

这段时间伊藤跟随高杉行动，虽并非出于本意，但其行为确实偏离正轨、有违初衷。究竟是什么原因呢？

伊藤后来回忆时曾叙述道，"攘夷论再起，我们的想法无法朝着希望的方向发展"（『伊藤公直話』194 頁）。虽然以高杉和伊藤为中心的志士们拼着性命扳倒了"俗论派"，成立了"正义派"掌握的反对政府，但获胜后的兴奋或许反而让"正义派"内的攘夷论调高涨起来。

而且前一年，伊藤和井上馨从英国回来以后，虽然希望中止攘夷的意见未被采纳，但藩政领袖对于他们的意见还是有所考虑的。然而那些领袖，有的因禁门之变引咎自杀，有的则被"俗论派"杀害，无人幸存。所以，无论伊藤还是井上馨，都陷入了绝望的境地，高杉定然也是如此。

对于伊藤等人来说，唯一的希望就是值得信赖的木户孝允回到长州，执掌藩政实权。伊藤知道木户潜伏在出石（现兵库县丰冈市），而且大村益次郎［村田藏六，后来担任兵部大辅（即次官）］、野村靖（靖之助，后来担任内务大臣）等人已经去见了木户。

大村和野村在与木户取得联系的同时，确认藩政府方面的意向。伊藤请木户的侍从转告木户，希望他能回到长州藩。四月二十六日木户回到马关，次日伊藤就前往拜访。从出石回到长州藩的木户孝允，宛如"大旱望云霓"①，受到热烈欢迎。

五月十四日，木户在山口见到藩主，提出施政建议；二十七日，就任"政事堂内用挂"和"国政方用谈役心得"这两个要职（『松菊木戸公伝』上卷、「木戸孝允公年譜」〔其二〕、465～474页。『伊藤公直話』182页）。

---

① 仿佛大旱之时看到了彩虹，即降雨的征兆。——译者注

　　木户孝允执掌长州藩政后，庆应元年（1865）五月十二日，幕府任命纪州藩藩主为讨伐长州藩的先锋总督。所以，长州藩必须应对幕府对其再次发起的讨伐，而且这次真正打起来的可能性很大。

　　木户先让支藩长府的藩士中计划暗杀伊藤的主谋去给伊藤赔罪，然后派人接回高杉和井上馨（『伊藤公直話』182 ～ 183 頁）。就这样，木户将藩内的攘夷论压了下去。

　　此外，为迎战幕府方面军，闰五月二十七日，木户提拔掌握西洋军事学的大村益次郎，命其负责军事改革。长州藩花了一年时间开展军事改革，实现了用当时最新式的米涅步枪来武装部队（保谷徹『戊辰戦争』40 ～ 43 頁）。

/ **061**

　　另一方面，脱离土佐藩的坂本龙马和中冈慎太郎等人，建议萨摩藩和长州藩联手。两个藩里都有不少他们的朋友。坂本走访鹿儿岛后，于闰五月五日见到了木户。

　　那时，伊藤向老朋友萨道义（驻日英国公使馆翻译官），打探幕府军方面的情况以及英国的态度。

　　萨道义在闰五月四日的信件中写道：五月十六日，德川方面的人员开始出动，但不过51000人，其中炮兵队约1000人，野炮也只是小型炮，不会起什么太大的作用。英国有一两艘军舰停泊在马关港，但不是为了帮助德川幕府，而是为了监视英国商船的武器买卖。英国不会出手帮助长州藩或是德川幕府任何一方。

　　伊藤认为一旦和幕府打起来，长州藩的步枪就会不够用，于是主动向前原一诚（彦太郎，政务座兼藏元役）提出自己去上海、香港买枪。六月二日，伊藤告诉木户，他与来京都的坂本龙马、中冈慎太郎商量，想借用其他藩的名义购买蒸汽船，山县有朋也同意。如果可行，龙马答应来马关为此事牵线（『伊藤博文传』上卷、208～219頁。木戸宛伊藤書状、慶応元年六月二日、『木戸孝允関係文書』〈東〉一卷）。

伊藤早已见过坂本、中冈等知名志士，而且为负责武器采购到处奔波。那时，山县担任奇兵队军监，负责加强马关方面的军备。但是，因为没有与列强交涉的工作，伊藤就闲了下来。

七月十四日，伊藤和井上馨受命去长崎购买武器。月末，他们借用萨摩藩的名义，花费92400两购买了7300支步枪（其中4300支是新式步枪）。又在八月上旬，决定购买1艘商船和2艘炮舰。在萨摩家老小松带刀的好意相待之下，伊藤和井上馨扮作萨摩藩士，利用萨摩的船只将步枪运至马关。就这样，伊藤等人通过购买武器的方式，为长州的军事改革做出了贡献。但是到了七月末，萨摩藩也开始受到幕府方面的怀疑（木戸ら宛井上馨・伊藤書状、慶応元年七月一九日、二十六日、二十七日〔二通〕、『木戸孝允関係文書』〈東〉一卷。『伊藤博文传』上卷、220～239頁）。

这次长崎出差，伊藤还见到了萨摩藩的大久保利通（一藏）。而且，伊藤向外国公使介绍木户是"马关奉行"（官职名称）。因为见外国人的时候，每次都换人的话就无法获得对方的信任（木戸宛伊藤書状、慶応元年八月九日、『木戸孝允関係文書』〈東〉一卷）。告诉外国人木户是马关奉行，目的是提高自己作为木户代理的威望以及外国人对于长州藩的信任。

伊藤偷渡英国的时候，还不怎么能说英语，而且主要看到的是物质层面的伦敦。回国之后的一年时间里，他将在英国的经历和学到的英语运用到与外国人的交涉之中，逐渐掌握了西欧外交习惯。而且，由于伊藤和井上馨等人在长崎通过萨摩藩成功买到了武器，同年秋天，萨摩藩和长州藩的合作逐渐水到渠成。庆应二年（1866）一月二十一日，木户与西乡隆盛（吉之助，萨摩藩士）秘密约定，萨摩藩在幕府再次讨伐长州藩的时候，不出手帮助幕府，对长州藩采取友好的态度，由此结成萨长同盟（高橋秀直『幕末維新の政治と天皇』一部五章）。

/ 高杉、伊藤再次迷失

此后，伊藤为购买步枪和船只，在长崎逗留期间，听英国商人哥拉巴说，萨摩藩邀请驻日英国公使巴夏礼访问鹿儿岛，将要举行萨英会盟。于是，庆应二年（1866）二月二十一日，伊藤给藩政掌权者木户写信，请求让高杉和他一同前往鹿儿岛，参加萨英会盟。二月二十七日，长州藩批准此事，任命高杉为正使、伊藤为副使，派他们前往萨摩。木户心里很清楚，萨摩藩让长州藩参加萨英会盟的可能性并不大，但理解伊藤他们希望出力的心情，而且如果事情顺利，就能皆大欢喜。

但是对于萨摩藩来说，长州藩提出的要求太突然了。三月下旬两人抵达长崎后，向当地萨摩藩邸留守居役递交藩主的亲笔书信和礼物之后，这件事就没有回音了。

在此期间，幕府方面也没有再次发兵讨伐长州的迹象。所以高杉向伊藤提议去海外考察，只在伦敦待了半年的伊藤就欣然同意了。这件事在三月十七日也获得了木户的同意（『伊藤博文伝』上卷、249～260頁。伊藤宛木戸書状、慶応二年三月十七日、『伊藤博文関係文書』四巻）。

对于高杉和伊藤来说，让长州藩参加萨英会盟和进行海外考察这两件事是可以同时进行的。他们想当然地觉得，要是能参加萨英会盟，结束后再去海外也可以，可谓是贸然行事、毫无计划。而且萨英会盟一事不过是从英国商人那里道听途说的，他们却即刻付诸行动，就算长州藩的情况非常糟糕，他们也实在是太心急了。

高杉和伊藤在与外国人进行外交谈判、通过其他藩购买武器等方面起到了举足轻重的作用。但是，当长州藩的对外交涉告一段落，开始进入全力准备与幕府军交战的阶段时，就没有能发挥他们特长的工作了。尤其是伊藤，身份虽低，但年仅 22 岁，就成为与四国联合舰队进行外交交涉的长州藩中心人物。他们两人的经历实在是太精彩、太丰富、充满刺激，所以普通工作对他们来说就索然无味了，这也是他们迷失的原因之一。另外，将在下一节具体讲述的伊藤于同年三月与第一位妻子澄①离婚的事情，也多少对伊藤的行动有所影响。

然而同年四月，幕府军开始出现向长州发起进攻的迹象。高杉和伊藤的海外考察计划便不了了之。

六月七日，幕府再次起兵，开始讨伐长州。各藩人马约有 10 万，是长州藩兵力的近 10 倍。尽管如此，幕府军队在各地连战连败。七月二十日将军德川家茂去世，幕府决定停止对长州的讨伐。幕府威望也一落千丈，很难继续维持原有统治。

那时，伊藤对一些有意思的信息做了分析。

首先，四月十八日，伊藤向木户和井上馨提议，战争开始之后，是否可以让英国船只帮忙护卫马关（木户·井上馨宛伊藤書状、慶応二年四月十八日、『木戸孝允関係文書』〈東〉一卷）。如果这么做的话，有可能会导致英国及其他列强加强对日本的干涉。

六月二十四日，木户在与驻日英国公使巴夏礼进行会谈时明确表示，长州藩非常自信，而且十分团结，所以不会求助于外国（萩原延壽『遠い崖』三卷、300 ～ 304 頁）。木户作为执掌藩政的领袖，在与其他藩交流交涉方面的经验相当丰富。直觉告诉他，接受外国的支援会十分危险。但伊藤还年轻，没有意识到国

---

① Sumi，音译。——译者注

与国外交层面的严酷，而且与萨道义等英国友人私交甚好，所以抱有幻想。

其次，六月十八日，伊藤分析认为，萨摩藩不会与幕府开战。这件事对长州藩十分不利，但可以说是幕府方面运筹得当的结果。从一桥庆喜（主导朝廷和幕府关系的核心，半年后成为第 15 代将军）的一贯言行来看，他是一位不可小觑的人物（木戸宛伊藤書状、慶応元年六月十八日、『木戸孝允関係文書』〈東〉一巻）。由此可见，伊藤对英国的判断还很不成熟，但对国内局势的判断相当精准。

/ 第一位妻子澄

在这里想讲讲伊藤的婚姻，让我们把时间的指针拨回到几年前。前文就曾提到，文久二年（1862）十二月，21 岁的伊藤博文（俊辅）血气方刚，烧毁了在品川御殿山刚建成的英国公使馆，并刺杀了国学者塙次郎。

在这些事件发生的时候，家里人开始为伊藤的婚事操心。父亲十藏在十二月二十二日写给伊藤的书信中，问他什么时候回萩，是否有意娶妻。伊藤在文久三年一月二十二日的信中回复，短时间内还回不了家，至于娶妻一事，听从父母决定。

于是，父亲十藏和母亲琴，将入江九一的妹妹澄作为伊藤的妻子接进了家门。入江九一是吉田松阴门下的高徒，后来在元治元年（1864）七月的禁门之变中战死。

为了在江户等远方供职的儿子，父母先将儿媳迎进门，然后等儿子回来。这种现象在长州藩并不少见，叫作"御待受"。伊藤与澄的婚事也是"御待受"，孝子伊藤对此并无异议。

伊藤听到澄的名字的时候，也没有什么特别的反应。他在文久三年（1863）三月二十二日的书信里告诉祖母和母亲，有什么事情叫澄做就好了，"祖母和母亲，你们早晚不要忙碌，多歇息"。虽然伊藤家和入江家都在萩，彼此直线距离不过 800 米，但伊藤本人可能完全不认识澄，即便多少听说过，也不知道该对澄说些什么。

伊藤连澄的面都没有见，就于同年五月十二日，和井上馨等人一同启程偷渡英国，原本计划去三年。伊藤在五月十一日（写给父亲）、五月二十五日（从上海写给父亲）的信中都没有提到澄。

为了阻止长州藩攘夷，元治元年六月，在伦敦仅仅待了半年的伊藤就和井上馨匆匆回国，前往山口去说服藩政干部和藩主父子。六月二十九日，接到藩政府的回复，说是现在无法改变攘夷方针。此后，为躲避攘夷主义者的追杀，伊藤听从井上馨的劝说，请了一天假回到萩。父亲十藏正巧去京都出差，伊藤见到母亲琴和祖母，告诉她们自己回国的始末。也就是这次，伊藤第一次见到了澄，而澄嫁进伊藤家已经一年半了。

此后，因为井上馨要去萩，七月十七日伊藤写了一封信让井上带给澄。伊藤在信中嘱咐澄，井上一直很照顾我，我们一起去了国外，回国之后也"情同手足"，你要准备好酒和鲜鱼"好好招待他"。

澄的哥哥入江九一在禁门之变中战死的消息传来之后，伊藤在七月二十七日写信给澄说，我知道你一定非常伤心，所以更要好好安慰你的母亲。

同年十二月十五日，伊藤参加了功山寺的起兵，该事件后来发展为元治内乱。十二月二十三日伊藤写信告诉澄，自己平安无事（『伊藤博文伝』上卷、74～189页。『孝子伊藤公』89～136页）。

伊藤见到澄后过了半年，对她也没有产生什么特殊的感情。后来，伊藤想要离婚，但母亲琴始终不答应，可见澄与伊藤的父母处得非常好。总之，伊藤没有爱上澄。澄应该是一位很好的女子，勤于家务，又孝顺公婆，但是她过于克制自己的感情，对待伊藤太过拘谨，所以对于喜欢机智谈笑的伊藤来说，就显得十分无趣了。

/ 与梅子相遇、与澄离婚

在这种情况下，伊藤遇到了梅子（梅）。前文讲到高杉、伊藤和井上馨为实现马关（下关）开埠，计划将所有土地都纳入本藩领地，结果遭到支藩长府藩士的追杀。庆应元年（1865）四五月，在危难之中帮助伊藤藏身的就是梅子。梅子生于嘉永元年（1848）十一月八日，比伊藤小 7 岁，当时年仅 16 岁。其亲生父亲是海岸仲仕（搬运货物的装船劳工），那时梅子已成为艺者屋的养女（中尾定市『伊藤博文公と梅子夫人』3 ～ 6、10 ～ 11 页）。

伊藤遇到梅子之后，可能觉得有点对不住妻子澄。六月二十五日，伊藤给澄写信，提到给澄的姐姐寄了做腰带的布料。后来他又在十月二十日的信中，告诉澄给她寄了她想要的发簪。但这封书信写得枯燥乏味，结果成为伊藤写给澄的最后一封信（『孝子伊藤公』156 ～ 162 页）。

/ 069

庆应二年（1866）三月十四日，伊藤在写给木户孝允的信中表达了想与澄离婚的意思，而且还和山县有朋（狂介）、片野十郎、林友幸（半七，后来担任枢密顾问官）等人商量离婚事宜。伊藤拜托木户直接听取山县等人的汇报，并告诉他们该怎么做。此外，他还请木户适当地帮忙劝说自己的父母（木户宛伊藤书状、慶応二年四月二十八日、『木戸孝允関係文書』〈東〉一卷）。

因为澄是入江九一的妹妹，所以伊藤觉得必须得到木户、山县等人的理解之后才能离婚，而且还要木户亲自去劝说伊藤父母，说明伊藤父母非常不愿意让澄离开。

同年四月二十八日，伊藤在写给木户的信中感谢木户接待自己的母亲前去拜访，平时也总是"真心实意"地对待自己，不仅体谅自己的"痴情"，还帮忙劝说安慰母亲（木戸宛伊藤書状、慶応二年四月二十八日、『木戸孝允関係文書』〈東〉一卷）。而且，此事就发生在幕府即将再次讨伐长州之时，可见木户相当照顾伊藤。

伊藤的母亲，特别喜欢澄这个儿媳，不希望他们离婚。虽然木户亲自劝说，但伊藤母亲直到六月中旬才消了气（木戸宛伊藤書状、慶応二年六月十八日、同前、一卷）。但在六月七日，幕府军就已经开始攻打长州藩了。

起初，伊藤想得很简单，只要娶父母喜欢的女子为妻就能尽孝。后来，伊藤才真正意识到这种想法大错特错。离婚这件事对于澄来说是一种不幸，但伊藤得到了能理解自己的梅子，两人在漫长的人生中，风雨同舟、生死与共。

后来在明治维新初期，澄与一个姓长冈的在神户海关奉职的长州人结婚。据说这段姻缘，与伊藤暗地牵线有关（『孝子伊藤公』90 頁）。

第三章

倒幕战争
——不尽如人意的情报搜集

庆应三年（1867）正月初五，伊藤给木户孝允写了一封饶有兴味的书信，内容大致如下（「年度別書翰集」山口県文書館所蔵）。

（1）京都现在如何，事态是否有变，伊藤颇为担心。两三天前，美利坚合众国的军舰在从兵库驶往长崎的途中经停马关（下关）一日，他去打探了"浪华风景"（大坂附近的情况）。听说德川庆喜宣称自己决不会辞职，希望"对日本的政体进行改革"，并传令各地大名进京，开会商讨之后再做决定。但只有三四个藩的大名进京，其他藩都没人去。德川庆喜觉得这样根本无法改革，说是必须由自己掌握"大权"执政。外国人的说法虽然不足为信，但伊藤觉得也有可能是事实。

（2）风传加贺藩率领大队人马抵达大坂附近，准备帮助幕府。虽说加贺藩原本就是弱藩，但天下人心向"勤王"（效忠天皇）者并不多，大家都根据各方的势力强弱来决定自己的方向。

但面临国家"危急存亡之境"，看到（所有日本人）都那么优柔寡断、一副事不关己的旁观者模样，伊藤感到十分"愤慨"。

（3）"美国独立"之时，与日本的现状不同。"美国人民"就连毫无"兵权"者（民兵）也都齐心协力，打倒了（英国等）强敌。这是因为每一个国民都拼着性命精忠报国、团结一致，这才造就了今日强大的美利坚合众国。

（4）与美国相比，日本人数千年以来承蒙"天子"恩惠，却忘此"大恩"，尽想着讨好（幕府等）。如果失去这次机会，就会让人觉得完全没有诚意。我们有何颜面面对那些被我们叫作"夷狭"（野蛮人）的美国人？如此下去，根本无法实现"王政复古"，木户您觉得呢？

（5）由此想象，长州人要做到"则天去私"非常困难。人们常说，若不把德川当作"仇敌"就不算长州人，但如今长州人不应口出此言。我认为"把关原之战以来，长州藩的仇恨联系起来"进行阐述，虽说可以使家臣与藩主之间的关系更加牢固，但也可能失去"公论"的支持。正因为现在天下人心向勤王者少，我们更要强调"公平至当之议论"，否则无法真正贡献"天朝"。

伊藤的这封书信中，有以下几点值得注意。第一，在鸟羽、伏见的倒幕战争开始的一年以前，伊藤就已经摆脱了效忠长州藩和藩主的意识，认为应该创建以天皇为中心的现代国家（4）（5）。

第二，伊藤在信中列举了美利坚合众国独立革命的例子，感叹日本不存在美国那样的国家主义（2）（3）（4）。由此可见，在幕府末期，伊藤对美国的理解就如此深刻。而且，伊藤认为必须学习西欧的历史和现状，在日本推行改革，其前提就是要改变日本国民的意识，促使国民意识进入成熟阶段。伊藤后来的一贯态度，在庆应三年一月就已经出现了。

第三，从向美国军舰打探大坂方面的消息一事来看，伊藤不仅英语能力有所提高，而且毫不胆怯，主动接触外国人，具有很强的行动能力（1）。伊藤能正确理解美国独立革命的本质，也与他这样不断与美国人等外国人进行接触有着很大的关系。

/ 侦察京摄

庆应三年（1867）三月九日，由于伊藤自吉田松阴以来，明晓"尊王攘夷之正义"并不断坚持活动，由"准士雇"晋升为"士雇"。如此一来，还有一步他就能获得真正的武士身份了。伊藤和品川三郎（后来担任内务大臣）、野村靖（靖之助，入江九一的弟弟，后来担任内务大臣）等四人同时晋级。

九天之后，伊藤受命前往京都，侦察京摄（京都、大坂、神户）方面的情报。

前一年春天，伊藤与梅子（梅）成婚。当年年末，女儿贞子出生，那时一家三人都住在马关。因为母亲琴生病，从庆应二年年末到三年正月，伊藤回萩照顾母亲。父亲十藏、母亲琴和祖母元都住在萩，但母亲的病后来也没有好转。三月二十五日，伊藤在给父亲十藏的信中写道，贞子健健康康的，请父亲放心；他一个月左右就回来（『孝子伊藤公』168～175頁）。

长州藩侦察的最主要目的，一是打探幕府的动向，二是确认萨摩藩是否会和长州藩联手倒幕，三是促使萨摩藩为倒幕开始行动。

伊藤在出发前，给长州藩的掌权者，也是伊藤的庇护人木户孝允写了一封信。可能他在信里写得过于意气风发，木户回信提醒他绝不可"鲁莽"行事。三月二十六日，伊藤回复木户时写道，自己绝不会鲁莽行事，请他放心（木戸宛伊藤書状、慶応三年三月二十六日、『木戸孝允関係文書』〈東〉一卷）。木户很清楚伊藤干劲十足，但那时没有适合他的工作。

三月二十七日，伊藤从马关出发，四月十三日抵达京都，住在前一年就潜伏在萨摩藩邸的品川弥二郎处。他在京都见了中冈慎太郎（土佐藩士）、萨摩藩的大久保利通（一藏）和黑田清隆（了介）等，探听朝廷和幕府的关系以及各大藩的动向，四月二十九日离开京都返回山口（『伊藤博文伝』上卷、294～295 页）。

四月十四日，伊藤还在京都的时候，一直把伊藤当作亲弟弟般疼爱的高杉晋作死于肺结核，年仅 27 岁。

关于那次在京都打探消息一事，后来伊藤回忆说，"品川弥二郎等人先去了京都，我是在他们之后去的"，"我只在京都待了几天就很快回去了。那时，与西乡等人见了面，我们一直在讨论开国，无论走到哪儿，讨论的都是这个话题"（『伊藤・井上二元老直話 維新風雲録』112 页）。

从京都之行未给伊藤留下深刻印象来看，他在京都并没有获得什么消息。那是因为萨摩藩不可能马上就举兵。他们考虑到将来不得不举兵之时需要长州藩的协助，所以采取暗地里与长州藩保持友好关系的态度。长州藩已经与幕府（德川家）开战，别无他路；而萨摩藩还可以选择不战，进行体制改革。

伊藤离开京都大约两个月之后，六月二十二日萨摩藩与土佐藩秘密结盟。其目的是迫使成为第 15 代将军的德川庆喜大政奉还，如果他不答应，萨土就准备起兵。因为萨摩藩不想冒着失败的风险，与仍拥有强大军力的德川家开战（高桥秀直『幕末维新の政治と天皇』第七章、八章）。

伊藤从山口到萩待了四五天，照顾生病的母亲，然后又回到马关继续负责应对外国人的工作。

/ 出差长崎

庆应三年（1867）七月二十日，伊藤受命和木户一起去长崎侦察外国情况。此行的另外一个目的是和坂本龙马等人一起加强与萨摩藩的合作。八月七日，伊藤和木户从山口出发。两人在长崎见到了坂本龙马等人。

伊藤还见了几次与自己关系很好的萨道义（驻日英国公使馆翻译官）。萨道义在八月十五日到长崎之后待了一个月左右。萨道义曾试探木户和伊藤，提议他们建立萨摩、长州和土佐的三藩合作新体制。但木户十分慎重，回答从未想过要推翻幕府（萩原延寿『遠い崖』五卷、294～297頁）。伊藤通过萨道义了解到，英国支持萨、长、土三藩；同时通过木户对萨道义的回答学到了在肩负国家和藩政重任时，必须谨慎行事。

此外，八月中旬，萨摩藩的小松、西乡、大久保与长州藩的柏村数马（担任直目付一职）等人在京都会晤。萨摩藩决心政变，但并未明确言及倒幕事宜（佐々木克『幕末政治と薩摩藩』第六章三）。

九月三日，木户回到长州藩。由于京都局势吃紧，伊藤又被派去京都侦察。伊藤认识的英国人多，那时木户要求伊藤利用英国军舰来往于横滨、京摄和长崎，侦察幕府采取的对策和法国对幕府的支援程度，伊藤欣然答应。九月十三日，身在京都的伊藤，接到长州藩要求其登上英国军舰的命令。

此后，长州藩为了运送士兵，决定从外国购买或者租借船只。于是，伊藤被派往长崎执行任务，同时去英国军舰上探听外国内情。

九月二十六日，伊藤出发前往长崎。在此之前，他与坂本龙马见面，获得了土佐藩的消息，以及熊本藩倾向于支持幕府等情报（木戸宛伊藤書状、慶応三年九月二十一日、二十二日、『木戸孝允関係文書』〈東〉一卷）。但是，伊藤未能打探到长州藩最想要的萨摩藩、幕府和法国方面的情报，而且也没能获悉土佐藩有关大政奉还的动向。那时，伊藤还未能发挥出重要的作用。

伊藤抵达长崎之后，与哥拉巴商会进行谈判。庆应三年十月四日，他们签署了为期两个月租借汽船一艘的合同（『伊藤博文伝』上卷、307～315頁）。伊藤完成这项工作之后松了一口气。六日，他给夫人梅子写了一封充满感情的信，还随附了一条和服腰带（梅宛伊藤書状、慶応三年十月六日、伊藤公資料館所蔵）。

/ **倒幕战争中无所事事**

庆应三年（1867）九月下旬，长州藩想用萨摩藩的船只将奇兵队等诸队部分兵马运送到大坂方面。但是到了十月，萨摩的船只也没有出现；被认为会帮助长州藩的广岛藩也毫无动静。

十月十四日，第15代将军德川庆喜听取了前土佐藩藩主山内丰信（容堂）的建议，向朝廷提交了大政奉还的请求。因为这样不仅可以避开来自倒幕派的批判，德川庆喜还可以加入新政府掌握实权。对此，15岁的天皇（明治天皇）的祖父——作为公家中坚力量的中山忠能与岩仓具视商量之后，当天就对萨摩和长州两藩下达了倒幕"密诏"。

摄关等能够决定朝廷决策的重要人员都没有参与制定这份"密诏"。也就是说，这封"密诏"是岩仓和中山私造的假文书。这封假"密诏"只有萨摩和长州两藩的相关人员知晓，但足以煽动萨长两藩藩士倒幕了。

十一月十七日，岛津忠义（茂久，萨摩藩主）率领的萨摩藩兵终于进入三田尻港（位于现山口县防府市），与毛利敬亲父子会合。这样，两藩藩兵决定在西宫登陆。

十一月二十五日，长州藩的奇兵队等部分部队成为先遣队，近500人分乘7艘船装作广岛藩兵出发。长州藩的先遣队于二十九日抵达后，萨摩和长州的部队相继抵达。

上文提到那时在长崎的伊藤，在十月四日与哥拉巴商会签订了租借一艘汽船合同之后，就没有什么事情干了。他遇到了医学学生芳川显正（贤吉，德岛藩士，后来成为内务大臣），伊藤的英语会话还不错，但阅读还不行，于是请芳川教授英语阅读。

后来，伊藤从长崎乘坐英国军舰航海，于十二月上旬到达兵

库（『伊藤博文伝』上卷、315～323頁）。关于这次乘坐英国军
舰的航海之旅，伊藤后来回忆说：

　　那时，我在长崎遇到了英国海军司令，他说："既然你
没什么事情，那就来坐我们的军舰吧。"于是我就坐着军舰
"从长崎到朝鲜的延坪岛，转了一圈之后靠近下关海岸，然
后去了兵库"。

　　　　　　　（『伊藤・井上二元老直話 維新風雲録』114頁）

　　可能对于一些细节的回忆并不完全准确，但毫无疑问，在京
摄方面局势吃紧的情况下，伊藤却无所事事。

抵达兵库之后，伊藤想加入长州藩的诸队，却被队长拒绝了。恰巧，为成立三田尻英语学校，受邀来日的美国医生温迪尔到了兵库，于是伊藤就陪着他回到长州。所以，伊藤并没有亲身经历庆应四年（1868）一月三日到四日发生在鸟羽、伏见的战斗。

结果，伊藤听闻新政府军在鸟羽、伏见战斗中大获全胜的消息之后，一月十日搭乘英国军舰并于十二日抵达兵库（『伊藤博文伝』上卷、323～335页）。伊藤到达兵库的前一天，也就是一月十一日，日本人与外国人发生冲突，是为"神户事件"。冈山藩的家老日置带刀率领的部队奉新政府之命，负责西宫的警卫工作。队伍路过神户外国人居留地时，有一个法国人不听劝告强行通过，队伍中的泷善三郎就用枪①戳了那个法国人。

在场的外国人见状，就向日置的队伍开枪，日置部队应战。偶然路过此地的外国公使团认为这是对公使、公使馆以及国旗的攻击，就命令军队追击，占领神户，扣留了各藩船只。

事件发生后的第二天，日置前往京都，向新政府的参与②后藤象二郎报告此事；一月十四日，又以冈山藩藩主的名义向新政府递交了报告（鈴木由子「慶応四年神戸事件の意味」）。

伊藤抵达兵库后得知此事，就马不停蹄地去见了"交情甚好"的驻日英国公使巴夏礼。巴夏礼十分生气地说，本以为长州

---

① 此处是指长柄的一端装有尖锐金属头的旧式兵器，与下文外国人使用的热兵器不同。——译者注

② 1967年12月王政复古后新设的三个职位之一，至翌年5月被废除。——译者注

是朋友，却发生了此类事件，"所有日本人依旧还是持攘夷论"；而且说是结束了幕府统治，成立了新政府，却不见任何一位新政府成员来打招呼，简直太无礼了。

于是，伊藤向巴夏礼保证"三天之内解决此事"，立即前往大坂。伊藤向大坂负责调查外国事务的东久世通禧汇报了与巴夏礼见面的情况，建议首先要向各大国代表通告王政复古的事实，然后必须处理神户事件。东久世马上采纳了伊藤的建议，于次日即一月十三日就任命伊藤在新政府中负责外国事务（『伊藤公直話』200 ～ 202 頁。『伊藤博文伝』上卷、335 ～ 337 頁）。

就这样，新政府于一月十三日宣布，继续履行幕府与各国签订的各项条约（但落款日期为一月十日）。

伊藤认为，为了在戊辰战争中取胜，要打败德川军，就必须获得外国公使团对于新政府的支持（鈴木由子「慶応四年神户事件の意味」）。木户也支持伊藤的这一方针（伊藤宛木户書状、慶応四年一月十九日、『伊藤博文関係文書』四卷）。

/ 081

二月九日，新政府认可外交使节团的意见，承认是冈山藩的人员不当袭击了外国公使等外国人，并对此事道歉。当天，泷善三郎因此引咎切腹。

伊藤对于冈山藩士的所作所为持批评意见，认为他们的行为与不愿改变幕府时代传统的"攘夷"行动毫无区别。但是，外国公使团采取的行动也让他认识到了现实的严酷。神户事件解决后不久的二月十五日又发生了堺事件，土佐藩兵与法国水兵发生冲突，造成人员伤亡。这两起事件发生后，与伊藤有着心灵相通的木户，在给伊藤的书信中这么写道：

　　虽说是"世界文明之国"，但还是有"粗鲁之人"。在发生非常事件的时候，政府如能迅速采取"至当之所致〔最为恰当的对策〕"，就能自扬国威，也能获得世人的信赖。

（伊藤宛木戸書状、慶応四年二月二十日、

『伊藤博文関係文書』四巻）

无论如何，神户事件对于刚刚起步的新政府来说是一次危机，但伊藤在此事中处理得当，从而在新政府中有了立足之地。

庆应四年（1868）一月二十五日，伊藤就任参与一职；同年二月二十日，成为拥有针士参与职位的外国事务局判事。新政府当时由三职（总裁、议定、参与）八局组成。外国事务局就是后来的外务省，有宫督（长官）、辅佐（次官）2～4人以及判事7～11人。伊藤在神户事件中处理得当、获得认可，由此担任新政府外交部门的要职。伊藤也参与了堺事件的处理。

按照国际惯例，国王等国家元首应在新的外国公使（大使）赴任之时，允许他们前来觐见，并接受国书。所以，新政权成立之后，作为元首的明治天皇，必须接受各国公使的觐见。

到那时为止，从来没有西欧人进入过御所（皇宫），更不要说西欧人觐见天皇了。所以，木户孝允（总裁局顾问）等人通过努力改变原有习惯，终于使之实现（伊藤宛木户书状、慶応四年二月二十日、『伊藤博文関係文書』四卷）。

终于，天皇定于二月三十日（农历）接见英国公使巴夏礼、法国公使罗什、荷兰公使博尔斯布罗克。由于天皇没有专属翻译，当天就命伊藤负责翻译。但是，英国公使巴夏礼在前往御所的途中，遭到攘夷派的袭击。幸好有后藤象二郎（土佐藩）、中井弘（弘三，萨摩藩）以及五代友厚（才助，萨摩藩）等人陪同，后藤与中井击退了袭击者。巴夏礼虽然没有受伤，但取消了觐见，并写了信想要将此事告知法国公使。

信使将巴夏礼的那封信交给伊藤，请他转交，伊藤思量之后，未将巴夏礼遇袭一事告诉已经进入御所的法国公使、荷兰公使，而是让他们先去觐见了天皇。天皇于三月三日重新接见了巴夏礼（『伊藤博文伝』上卷、363～368 页。『伊藤公直話』204～

／083

206 頁）。

就这样，天皇顺利接见了三国公使，新政府获得了列强的认可，也减轻了天皇及其周围的公家们对于洋人的过度敏感。

伊藤在庆应四年一月至三月约两个月内开展的活动，不仅让他获得了木户的信赖，也确保其在新政府中站稳脚跟，并且为他于五月二十三日被任命为兵库县知事奠定了基础。兵库县知事是管辖神户开埠地的要职，这对善于与外国人打交道、处理纠纷的伊藤来说，简直就是如鱼得水。

第二部　飞翔篇

第四章

与列强的交涉、知性的飞跃
—— 就任兵库县知事和大藏官员

/ 就任兵库县知事

庆应四年（1868）四月十九日，伊藤被委派管辖神户开埠地的所有外国事务，即成为处理神户港所有外事关系的负责人，他得以运用其擅长的英语和高超的交际能力。

具体而言，例如管理各开埠地的贸易，根据日本政府与外国列强交涉的结果来确定日本的金银货币与洋银的换算等，都是他的工作。由于兵库被认定为全国模范港口，所以伊藤也要负责与其他港口负责人之间的联络工作（『伊藤博文伝』上卷、380～395頁）。

五月三日，伊藤又被任命为大阪府判事兼外国官判事，来往于兵库、神户两地。府判事一职，相当于现在的副知事。伊藤在担任原幕府领地大阪府副知事的同时，依旧负责兵库和神户两个开埠地的工作。

20 天后，政府在原幕府领地设置了兵库县。五月二十三日，年仅 26 岁的伊藤被任命为兵库县知事。

当时的兵库县，只是以神户和兵库开埠地为中心的狭小地区，并不像现在的兵库县那样包括当时的姬路藩、明石藩、赤穗藩等西部地区，也不包括尼崎藩等东部地区，以及福知山藩、出石藩、丰冈藩、宫津藩等北部地区。

但是，知事经常需要与外国列强接触，做出外交决策，所以是地方官员中最为重要的职务。其好友井上馨在给伊藤的信中写道，听说伊藤当上兵库县知事，非常羡慕，因为知事是"独任"职位，也可以开展民政等其他改革（伊藤宛井上馨書状、慶応四年七月二十、『伊藤博文関係文書』一卷）。

对于出身于足轻的伊藤来说，能就任与中小藩主同一级别、执掌实权的重要职位，其欣喜之情恐怕终生难忘。六月二十七日，伊藤在给父亲十藏的信中表达了自己就任兵库县知事、加入"大臣之列"的欣喜，以及绝对不会忘记"朝廷""高恩"的决心。早在一年半之前，伊藤的自我意识就已经超越了长州藩范畴（见本书第三章）。因此，他在这封信中表达忠诚的对象，并非仍然存在的长州藩藩主，而是朝廷。伊藤还随信给父亲寄去了100两（约为现在的500万日元）。

此前不久，在四月二十八日，疼爱伊藤的祖母元不幸亡故。伊藤与夫人梅子、女儿贞子一同生活在神户。贞子生于庆应二年（1866）年末，"活泼健康"，那时差不多一岁半（『孝子伊藤公』173、201頁）。同年八月四日，夫人梅子生下了第二个女儿生子。

伊藤的家庭生活幸福美满，同时他作为兵库县知事，日理万机地处理着开埠地发生的各类事件。

/ 提议废藩置县

庆应四年（1868）九月八日，日本改年号为明治，是时为明治元年九月八日。天皇在位期间不更改年号的规定，就是从这时候开始的。那时，发生了这样一件事。一个烂醉如泥的美国商船船夫，不但用小刀刺伤神户港警卫德岛藩士，还闯入正在建设中的兵库县政府大楼，甚至反抗伊藤知事。美国商船船夫最后被制服，但那名德岛藩士因伤势过重，不治身亡。

那时的中央政府位于京都。伊藤一边与政府外交部门的负责人（即外国官）联络，一边就如何处理美国船夫与美国领事、公使进行交涉。因为这是开埠以来发生的第一起外国人杀害日本人的犯罪事件，其处理方式会成为今后的先例。所以，伊藤希望将犯人处以死刑。但由于不平等条约，美国公使通知日本外国官，美国方面决定判处船夫一年徒刑并将其遣送回国。日本外国官进一步要求美国政府道歉，美国公使承诺道歉，但这件事就此了结（『伊藤博文伝』上卷、396 ～ 408 頁）。

通过此事，伊藤深切地感受到所谓"文明国家"的列强的蛮横，并决心修改不平等条约。

在此事发生之前的庆应四年三月，伊藤写信给盟友井上馨（外国事务局判事）说：（日本）虽为小国，但秉承"公法"；如若列强采取与"公法"相悖的行动，则会不惜亡国与之战斗到

底。伊藤十分愤怒，坦言他们是"名副其实的外夷"（伊藤宛井上馨書状、慶応四年三月二十八日、宛先不明、同年月日、『伊藤博文関係文書』一卷）。

伊藤和井上馨，都对列强的蛮横感到非常愤怒。但是日本国力甚微，尤其毫无军力，完全无能为力。因此需要废除藩制，创

建近代中央集权国家，将军事部门集中到政府手中。

明治二年（1869）四月十日是伊藤担任兵库县知事的最后一天。因为公家保守派的抵制，四月十二日，伊藤被降至辅佐公家知事的判事（副知事）。

在此期间，伊藤为贯彻改革思想，努力加强与以下两个派系的关系。

一派以岩仓具视为首。伊藤在担任大阪府判事兼外国官判事时，曾向岩仓具视（议定兼辅相）递交了"废除封建，设置郡县"（废藩置县）的书面建议。岩仓十分赏识伊藤，甚至写下"你如同我的兄长，是我真正的师长"的"过奖之言"（「岩倉具視」〔直話〕、『伊藤公全集』三卷、6～7頁）。

另一派以长州藩要人木户孝允（参与）为首，包括井上馨、大隈重信（佐贺藩）、陆奥宗光（和歌山藩）等人。

伊藤与后一派系的关系日益密切，终于在明治元年十月十七日向东京的太政官办事处提议，将攻打会津、若松等北方地区后返乡的将士改编为朝廷的常备军队。

同年十一月，伊藤向太政官建议废藩置县，认为各藩应将土地和人民返还朝廷，挑选"强壮"的藩士成为朝廷士兵，挑选具有"为政才能"的人才担任朝廷官吏。伊藤还主张告知"天下列藩"（全国各藩）举行"一次大会"，根据"天下公论"来决定日本的根本大业（『伊藤博文伝』上卷、415～419頁）。伊藤很清楚，这一切肯定会遭到来自新政府内部的强烈反对，如前文所述，伊藤果然就因此事不得不辞去兵库县知事一职。

/ 090

除伊藤的上述建议以外，木户派的讨论中值得注意的是，明治元年十月伊藤写给木户的信中提及"很难效仿欧洲以外的共和政治"（木戸宛伊藤書状、明治元年十月二十二日、『木戸孝允関係文書』〈東〉一卷）。

明治二年二月，井上馨在信中高度评价了伊藤提出的藩政归还朝廷的构想，认为与"英国之国势"基本相似（伊藤宛井上馨书状、明治二年二月十二日、『伊藤博文関係文書』一卷）。

伊藤等木户派在明治元年、明治二年这一阶段就已将英国的立宪君主制和欧洲的共和政治列为日本近代化的参考模式。虽然伊藤等人完全没有立即把共和制、英国的立宪君主制引进日本的想法，但毫无疑问，他们是以高瞻远瞩的广阔视野来思考日本的未来。

/ 091

此后，明治二年（1869）五月十八日，伊藤晋升为会计官权判事（相当于现在的大藏省局长级别），调任东京。伊藤和木户、井上馨等人一起从神户港出发经由横滨港，于五月二十九日抵达东京。

因为伊藤的工作是制定"商律"（商法），所以他拥有相当广泛的权力：①指挥商人；②统计物价平均流通；③设立外币兑换处；④统计金银货币的流通，控制市价；⑤统计开埠地进出口贸易量，指挥各类物品的买卖；⑥监管船运；⑦监管商社和商税等与商业、贸易、运输相关的工作。（『伊藤博文伝』上卷、451頁，下卷「伊藤博文履曆」3～4頁）。

然而，伊藤最为关心的，并不是会计官权判事的工作，而是六月之后逐渐成为焦点的"版籍奉还"改革。"版籍奉还"就是各地藩主将"版"（土地）和"籍"（人民）奉还给以明治天皇为中心的"朝廷"（新政府）。"版籍奉还"之后，各地藩主究竟是按照传统世袭知事，还是由朝廷委派任命新知事，成为争论的中心。

伊藤在前一年就提出，"版籍奉还"之后应授予藩主爵位和俸禄，给予他们和公卿同等的贵族待遇，并学习外国列强的议会制度，让他们成为上议院议员，还要不拘一格地起用人才。

参与木户同意伊藤提出的激进意见，强烈反对藩主世袭知事，但同为参与的大久保利通（萨摩藩出身）、副岛种臣（佐贺藩出身）却觉得为时尚早，不同意木户的意见。结果在六月十二日的会议上，基本决定仍然采用世袭制，藩主则继续担任知藩事。

六月十三日，木户给伊藤写信表示"无比痛惜"，希望他能与鸟尾小弥太（长州藩出身，原奇兵队干部）一同去说服大久保、黑田清隆（萨摩藩，在戊辰战争中担任总督参谋）等人（伊藤宛木戸書状、明治二年六月十三日、『伊藤博文関係文書』四卷）。伊藤接到信后，立即去见了木户，第二天即六月十四日，就递交了会计官权判事的辞呈，井上馨（造币局知事）也同样递交了辞呈。

岩仓和大久保大吃一惊，拜访木户进行协商妥协，决定去除"世袭"二字。各藩提出"版籍奉还"奏折，六月十七日以政府准奏的形式，任命各藩藩主262人为知藩事；同时，废除公卿和诸侯（藩主）的称呼，统称为华族。

就这样，同年七月八日，政府宣布开展政治体制大改革。新制度为二官六省的太政官制，将原来的"行政官"改为"太政官"，设太政大臣、左大臣、右大臣、大纳言以及数位参议。国家的大致框架由三职（总裁、议定、参与）会议决定。太政官之下还新设了民部、大藏、兵部、刑部、宫内、外务六省，其最高负责人为"卿"（长官）。神祇官与太政官同级，掌管神事、祭祀等。

木户为推动改革，提议让大隈重信担任参与（参议），结果未能实现，反而是木户不喜欢的前原一诚（长州藩出身，在戊辰战争中担任总督参谋，越后府判事）当上了参议。木户非常气愤，他本来就体弱多病，索性就称病要求休假（伊藤宛木戸書状、明治二年七月七日、『伊藤博文関係文書』四卷）。结果，太政大臣和左大臣职位空缺，三条实美任右大臣，岩仓具视和德大寺实则任大纳言，木户讨厌的副岛和前原任参议。大久保、广泽真臣（长州藩出身，大总督参谋、民部官副知事）也相继于七月二十二日、二十三日被任命为参议。

被木户寄予厚望的大隈，在七月八日只被任命为大藏大辅（次官），七月二十二日转为民部大辅，八月十二日开始兼任大藏大辅。伊藤在七月十八日被任命为大藏少辅（次官级），八月十一日开始兼任民部少辅。

木户在七月七日曾向伊藤表达了"已经无能为力"的悲观情绪；但到了八月七日，又写信告诉伊藤，即便自己"愚昧老实"，也一定会庇护"正直"之人，让他们加入"我党"（伊藤宛木戸書状、明治二年七月七日、八月七日、『伊藤博文関係文書』四巻）。

八月上旬，木户情绪大好，因为有希望让大隈、伊藤就任大藏省、民部省这些最重要机构的中枢职位，负责财政和地方行政。而且木户想着早晚也要让井上馨身居要职。八月，井上馨被任命为"造币头"，十月就任民部大丞（局长）兼大藏大丞等要职。

木户早在跟随明治天皇迁居东京的明治元年九月，就已经向天皇建言，要开展公平的政治，就应不拘一格地提拔人才，并推荐了井上馨和伊藤博文（『木戸孝允日記』明治元年九月二十二日）。就这样，木户将大隈重信、伊藤博文和井上馨这三个心腹安排到最为重要的国家机关大藏省、民部省就任次官或局长等中枢职位。

而且，通过版籍奉还，木户对伊藤越发信赖并寄予厚望，两人的关系更加密切（同前、明治二年七月～十一月）。木户对伊藤评价迅速提高的原因是伊藤对于日本的未来有非常具体的构想。明治二年八月上旬，木户与伊藤会面后给他写了一封信：

"听君一夜高论，实在是佩服之至。"若"人主（领袖)"安于以往"旧习",不改变统治方策,那么在这万国林立的世界上,人民就无法日趋走向文明,日本就会摈弃文明,举国上下绝不可采取这样的态度。

然而,由于长年"旧弊"的存在,人民之中又很少有人能从中获得利益,所以万人之中几乎无人能够理解上述道理。

（伊藤宛木戸書状、明治二年八月七日、
『伊藤博文関係文書』四卷）

伊藤懂英语,又具有与欧美人进行交涉的能力,所以应该是当时日本人中对于欧美的政治和文明最具洞察力的一人。而且,通过实际工作,他也知晓日本政治和行政的现状。所以,木户十分佩服伊藤的思考深度,对他寄予厚望。木户与伊藤,两人对于将来立宪制度的引进和改革的目标意见一致,而且对于如何根据国民现有水平开展改革的想法也十分相近。

就这样,伊藤成了井上馨的上司。伊藤出身足轻,所以在幕末的长州藩,其地位始终处于出身中坚武士的井上馨之下。但是,在明治维新后的新政府中,在参加维新的志士中,旧藩原有的等级秩序瓦解了。

大隈重信和伊藤的态度一致,认为应迅速开展改革,他不但具有政治行政能力,也比伊藤年长3岁半,又是维新之后佐贺藩的代表之一,所以地位比伊藤高许多。照理说,大隈在木户派中的地位应该仅次于木户。然而,伊藤不仅稳坐木户派第二把交椅,而且是木户最为信任的第一心腹。

伊藤在担任大藏少辅（次官级）兼民部少辅的明治二年（1869）八月到十月之间，先与造币头井上馨进行协商，对造币寮进行整改，兑换外国人持有的赝币，征收租税，还参与了大阪、河内、堺、奈良各府县的分离合并等工作。

然后，为推动实施在东京与横滨之间架设铁路的计划，明治三年（1870）六月一日，伊藤在伦敦与英国东洋银行成功签订了募集 100 万英镑（相当于当时日本的 488 万两）外债的合同。合同规定，100 英镑的票面实际支付 98 英镑，年利为 9%，前三年暂缓偿还，后分十年还清。

七月一日，伊藤去关西出差，勉励地方官，并制定了土地征收计划，其中包括选定阪神之间的铁道路线、制定设置车站所需征用多少土地的计划。此外，他还与担任造币头的井上馨和技师长金德尔见面，协商修改《造币法》（『伊藤博文伝』上卷、482～511 頁）。

其间，大隈（大藏大辅）和伊藤（大藏少辅兼民部少辅）两人跳过兼任两省卿（长官）的伊达宗城（原伊予和岛藩主）动用实权一事被视作不妥。因为这两个省是最为重要的国家机关，行政实权却基本掌握在大隈和伊藤的手中。

明治三年六月，三条实美（右大臣）、岩仓具视（大纳言）和大久保（参议）就提拔大隈当参议，解除他在民部省和大藏省的兼任，也就是说，他们在实施"民藏分离"事宜上达成了一致。但是，木户（参议）的理想是让大隈在当参议的同时管辖民部和大藏两省，进一步加快改革的步伐。

然而，大久保、广泽真臣、副岛种臣和佐佐木高行四位参议

／ 096

表示不接受木户的想法。六月二十二日，四人同时提出辞呈，木户只能让步。结果七月十日，民部省和大藏省分离，大隈和伊藤专管大藏省。九月二日，大隈保持大藏大辅（次官）的身份，晋升为参议。

虽然"民藏分离"问题避开了伊藤这位少壮官员，最终由位于权力中枢的三职来决定；但大隈和伊藤作为木户手下的改革派新人，受到了政府中枢机构的瞩目。大约四年之后，围绕出兵台湾的问题，伊藤支持了主导政府的大久保利通。但在此时大约一年的时间里，大久保仍然有意阻碍木户派大隈和伊藤的改革。

其实，伊藤作为大藏省和民部省的少辅，不仅使用实权推动两省的行政改革，还参与了兵部省的人事安排等。兵部省就是后来的陆军、海军两省。在废藩置县之前，各藩各自拥有自己的军队，兵部省属下的陆军只有长州兵两个大队，工作就是护卫皇宫，所以算不上重要的国家机关。兵部省的实权掌握在公家岩仓具视（大纳言、兵部省御用挂）、长州派的木户、萨摩派（海军）的大久保这三个文官手中。

兵部卿一职由有栖川宫炽仁亲王等皇族担任，但具体由长州派的前原一诚兵部大辅统领。前文曾讲到，前原也兼任过参议，此前于庆应四年（1868）九月与木户交恶。木户派的山县有朋（长州藩出身，在戊辰战争中担任征讨军参谋），从明治二年（1869）六月到明治三年（1870）八月在欧美游学，前原是其继任。明治三年（1870）八月二十八日，山县被任命为兵部少辅（次官级）。前原于同年九月辞去兵部大辅一职（伊藤之雄『山县有朋』78 ～ 80 页）。

明治二年八月，木户告诉伊藤，他与前原交恶。明治三年二月，木户听说前原大为不悦，写信让伊藤去询问山田显义〔长州藩出身，兵部大丞（相当于现在的局长）〕等人的意见（伊藤宛木户书状、明治二年八月十五日、明治三年二月十五日、『伊藤博文関係文書』四卷）。

另一方面，伊藤甚至向兵部省推荐人才。明治三年十月，伊藤请求木户为"三浦五郎"（三浦梧楼，长州藩出身，奇兵队干部）在兵部省谋个一官半职（木户宛伊藤书状、明治三年十月九日、『木戸孝允関係文書』〈東〉一卷）。不久，三浦以兵部权少丞（相当于现在的课长）的身份进入兵部省。

前文提到，伊藤在明治二年七月十八日就任大藏少辅。伊藤好像就是在那个时候开始使用"博文"之名的。"博文"最早出现在伊藤于明治二年八月十四日写给木户的书信中（出处同前）。伊藤与大隈一样，已经成为木户派内最有威望的实权人物，努力推动改革。可能是出于这一考虑，幕末之后一直使用的名字"俊辅（俊助、俊介）"，以及"春亩"的号都不太合适，所以改名为"博文"。

根据伊藤的回忆，"博文"这个名字是高杉晋作推荐的，选自《论语》中的"博文约礼"（「改名の事情」〔直話〕、『伊藤公全集』三卷、167～168頁）。伊藤在明治二年夏季之前并没有使用"博文"之名，可能是觉得不太符合自己的年龄和实情。但是成为少壮官员之后，对于欧美的情况有了更为深入广泛的了解，开始根据日本的国情推动改革的时候，他发现"博文"这个名字十分贴切。

/ 美国考察、建立自信

　　明治三年（1870）秋，日本市面上流通的货币相当混乱，既有原幕府和各藩发行的各种货币，也有新政府当时为渡过难关而发行的多额不兑换货币等。同时，还有大量假币流入市场，导致物价涨落剧烈，对国民生活和对外贸易造成了恶劣的影响。

　　伊藤大藏少辅已经对美利坚合众国的国债偿还法及货币条例等进行了书面研究，认为其方法简单、逻辑清晰、十分可行，可以同时确保官民的"自身权利"（『伊藤博文传』上卷、516～519頁）。幕末以来，伊藤的英语阅读能力与实务知识有了大幅提升，这发挥了重要作用。

　　同年四月二十八日，伊藤向政府提出前往美国考察的请求。目的是对美国理财相关的法令、国债、纸币，以及汇率、贸易、货币铸造等进行调研，为建立日本的财政制度提供参考。

　　这一请求很快就获得批准，闰十月三日，政府命伊藤前往美国考察。21名随行人员中有芳川显正（德岛藩出身，经伊藤的介绍进入大藏省工作，后来担任内务大臣等职）、福地源一郎（樱痴，后来经营《东京日日新闻》等官方新闻报刊）。伊藤等人于明治三年十一月二日从横滨乘坐美国汽船"美国号"出发，于第二年五月九日回国。

　　伊藤在美期间就向大藏省递交了调查结果和意见方案，其中包括采纳金本位制度的建议；又在回国后于六月二十三日之前，向大藏省提出了职务编制改革方案，目的在于进一步扩大大藏省的作用，大力推动日本近代化发展。

　　该方案内容包括：大藏省应该管理全国财政，统一支出政府各部门经费，开展内外税法改革，决定金银货币的质量，募集公债，发展农业，鼓励商业，并使日本成为不受他国支配的独立政体，监管国家所有基础"财政"。

那时，大藏卿一职空缺，但内部有木户派的大隈大辅、井上馨少辅、涩泽荣一权大丞（局长级）等支持伊藤改革的实力派官员。

此外，伊藤在美国考察期间，还在华盛顿购买了有关美国制定宪法方面的书籍。书中讲到，美国独立后，有三个人协助华盛顿总统制定宪法，他们是詹姆斯·麦迪逊、亚历山大·汉密尔顿和约翰·杰伊。三位都是一流的学者，为使美国成为共和制国家，查阅了古今内外共和政府的宪法。

然而，共和制以前仅在小范围内实行，并未曾在美国那样的大国付诸实施。共和制在美国"那样的大国"成功施行，打破了原有的惯例。"这要归功于那些人的非凡策略"（「憲法立案の経過と其の理論と概説」〔直話〕、『伊藤公全集』三卷、181～182頁）。

/ 100

伊藤此次访美的初衷是调查与大藏省实务相关的工作，以及大藏省的职务编制改革。同时，他还对美国宪法的制定过程进行了研究，不仅了解到用宪法来决定国家基本形态的艰难过程，还知晓了美国这一成功案例。

伊藤此次美国考察，不仅为大藏省的改革提供了参考方案，还让他对日本的近代化发展充满信心。这些可以从明治四年（1871）六月二十日，伊藤写给木户的信中看出。

信的开头提到前几日拜访的时候，由于"各种讨论非常激烈"而使木户动怒，他对此深表歉意。然后伊藤写道，因为知道木户具有接纳他人不同意见的度量和选择良物的慧眼，所以就"直言不讳"地阐述了自己的真实意见。而且，各人想法不同乃天之所赐，"现今文明各邦"提倡不勉强迁就，应各抒己见（『木戸孝允関係文書』〈東〉一卷）。

木户与伊藤激烈争论的具体内容不得而知，可能与废藩置县及其后的制度改革，或是将来引进立宪制度有关。伊藤的思维跳跃得过快，被木户制止，于是导致了伊藤的"争论"。这不仅与伊藤"刚强正直"的性格（木户对伊藤的评价）有关，还与他开始对改革充满信心有关。

明治二年（1869）七月，伊藤就任大藏少辅，仕途一帆风顺，家里却发生了不幸。

八月七日，与夫人梅子和母亲琴子一起住在神户的大女儿贞子病逝。贞子那时只有两岁半。贞子一直非常活泼健康，而二女儿生来体弱多病，所以据说伊藤得知女儿病逝的消息时，还以为说的是二女儿生子。

木户派的陆奥宗光（和歌山藩出身，兵库县知事）平时就对伊藤的家人照顾有加，贞子病逝的消息也是他写信告诉伊藤的。

九月末，伊藤去了神户，一是为贞子扫墓，二是为举家搬迁，他把母亲琴子、夫人梅子和女儿生子带回了东京。那时，伊藤住在筑地本愿寺别院附近。

伊藤原本想把父亲十藏也接到东京来，但是父亲需要时间收拾萩的家宅，没能一起来。后来，父亲在年内也搬到了东京（『孝子伊藤公』199～201页。『伊藤博文传』上卷、475～477、491～492頁）。

父亲十藏来到东京后，与妻子琴子、儿子伊藤、儿媳梅子以及孙女生子一起住在筑地。后来，十藏和琴子借住到今户的一个小别墅去了。

伊藤在前往美国考察的时候，让夫人梅子、女儿生子以及十藏夫妇搬进高轮南町购置的家宅。高轮的宅院非常宽敞，伊藤回国后在宅院里为十藏夫妇建了一个小小的隐居之所。十藏原本就喜欢务农，于是在院子里打理田地，安享晚年（『孝子伊藤公』203～204页）。

／ 102

伊藤就任大藏少辅，身份地位有所提高，也更为自信，所以将双亲、夫人以及女儿接来同住。但是，因为伊藤荣升高官，生活方式也开始欧化，所以十藏夫妇与伊藤夫妇的生活节奏就出现了不同。在自己的宅院内给双亲另建房屋分开居住，可以看出伊藤对于双亲和夫人梅子的良苦用心。

此后，伊藤家又有一件大事发生，那就是伊藤将井上馨兄长的儿子勇吉（后来改名为博邦，继承了伊藤家业）收为养子。勇吉出生在山口，1873（明治六年）1月6日，梅子夫人将他带到东京，21日邀请井上馨夫妇来家中做客，并举行了庆贺仪式（伊藤宛井上馨書状、1837年1月22日、『伊藤博文関係文書』一卷）。那时，伊藤正作为岩仓使节团的全权副使访问欧洲（见本书第五章）。

勇吉生于明治三年（1870）二月二日，被伊藤家收作养子的时候才2岁半，伊藤的女儿生子那时4岁。

勇吉在母亲去世后，一直由井上馨的母亲，也就是勇吉的祖母照看，但祖母也病逝了。收为养子的事情，是因为井上馨的母亲生前曾托付梅子夫人照顾勇吉。这件事在明治五年（1872）八月十九日伊藤的书信中有所提及（『孝子伊藤公』211～215页），说明这事发生在更早些时候。

伊藤收到夫人梅子的来信，得知夫人已经将勇吉从山口接到了自己家里，回信叮嘱夫人要好好照料勇吉，就像对待亲生孩子一样教育他（梅子夫人宛伊藤書状、1873年1月29日、同前、223～224頁）。①

---

① 那时，伊藤在写给夫人梅子的书信中大多使用假名，汉字用得很少。这是伊藤考虑到夫人梅子的阅读能力。但从1882年4月开始，伊藤在信中使用的汉字多了起来，和写给其他人的信差不多。由此可见，梅子夫人十分努力好学（同前、174～272页）。

收勇吉为养子一事，源于井上馨的母亲很喜欢梅子夫人，于是将孙子托付给她。可见梅子夫人性情温和，待人亲切。多年后，勇吉为维护伊藤和井上馨在政治上的合作发挥了很大的作用。

但是，伊藤并不是因为眼前的得失而把勇吉收为养子的。勇吉被接到伊藤家的时候，井上馨（大藏大辅）因被木户孝允嫌弃，认为"即使被抛弃也无可奈何"，正处于绝望和孤立之中（伊藤宛井上馨書状、1873 年 1 月 22 日、『伊藤博文関係文書』一卷）。而且，井上馨在同年五月不得不辞去了大藏大辅之职。

尽管井上馨处境相当艰难，伊藤仍然按照原定计划将勇吉收为养子。就这样，井上馨为伊藤的人品和仁义所感动，后来两人结成了终生的政治同盟。

此后，1874（明治七年）6 月末 7 月初，伊藤的儿子诞生了，但遗憾的是不久就夭折了（伊藤宛井上馨書状、1874 年 7 月 8 日、伊藤宛木戸書状、1874 年 7 月 17 日、『伊藤博文関係文書』一卷、四卷）。从井上馨和木户体谅伊藤的心情来看，儿子应该是夫人梅子所生。前一年 10 月，伊藤就任参议兼工部卿，成为太政官制度下的内阁成员，可谓官场得意（见本书第六章）。然而，期盼已久的儿子不幸夭折，失意难过的他终日忙于工作。

第五章

岩仓使节团特命全权副使
—— 废藩置县与征韩论政变

/ 废藩置县的局限性

第四章讲到，明治三年（1870）十月二十八日，伊藤大藏少辅为建立日本的财政制度，向政府提出希望赴美考察的建议。

此前的九月，大久保利通（萨摩藩出身，参议）为执行废藩，先是获得了公家实力派人物岩仓具视（大纳言）的同意，然后又取得了三条实美（右大臣）的许可。由于中央政府财政困难，大久保也不得不考虑废藩。木户孝允（长州藩出身，参议）根据伊藤的提议，在一年前版籍奉还的时候就认为必须废藩，所以持赞成意见。

要成功废藩，有两点十分必要：第一，必须把已经回到鹿儿岛的西乡隆盛叫来东京；第二，以萨摩和长州为中心的强藩必须保持精诚团结。为把西乡叫来东京，政府于十月十四日让其弟弟西乡从道（信吾，兵部大丞）返回鹿儿岛。伊藤是在看到这些状况之后，向政府提出访美要求的。他希望根据在美国获得的新知识和见闻，将大藏省转变为废藩后中央政府的轴心。

明治四年（1871）五月九日，伊藤回到日本的时候，废藩准备工作的框架都已基本完成。六月中旬，约 8000 名从萨摩、长州和土佐三个藩抽调的兵士集结在东京，组成御亲兵。

接下来的问题是，谁是政府的核心。

当时，公家的三条是右大臣、岩仓是大纳言，原藩士中的大久保、木户、大隈重信等六人是参议。这些人组成了太政官制度下的国家最高决策机构——三职（内阁）。

当时，明治天皇不过 18 岁，政府的决策由内阁会议决定，除了与天皇有关的宫中事宜，通常默认天皇自动批准内阁的决定。

六月二十四日，伊藤作为新币铸造的总监，出差前往位于大阪的造币寮。为使大藏省在废藩之后成为政府的中心，进一步推动近代化改革，伊藤在出发之前，向大藏省递交了职务编制改革方案（见本书第四章）。

从六月末到七月中旬，为执行废藩改革，以木户孝允为首，井上馨（民部少辅）、山县有朋（兵部少辅）、鸟尾小弥太［前奇兵队干部、兵部省出仕（即后来的将官级别）］等木户派，为进行最后的意见调整，与西乡、大久保等萨摩的实力派进行了交涉。但在大阪出差的伊藤对于此事仅持观望态度。

七月十四日，天皇发布了废藩立县的诏书。十五日，200 多名藩知事（原藩主）被免职。由于有来自萨摩、长州以及土佐的御亲兵作为军事后盾，废藩置县基本没有发生什么大的混乱。

七月末的人事情况如下：三条担任太政大臣，岩仓担任外务卿（十月八日就任右大臣），木户、西乡隆盛、板垣退助和大隈担任参议。起先，大隈兼任大藏大辅。但到了六月二十七日，大久保利通就任大藏卿。大隈参议原本兼任的大藏大辅一职，于七月二十七日由井上馨担任（伊藤之雄『山县有朋』80 ～ 89 页）。

不让萨摩的大人物大久保就任参议，而让其担任大藏卿，是为了牵制大藏省内快速推动近代化的木户派，包括大隈大辅、伊藤少辅、涩泽荣一权大丞等人。

对于伊藤来说，看着自己的"废藩"心愿逐步实现，他无比高兴。但他亲自去美国考察，希望建立能推动日本近代化的大藏省体制，却遭到了来自新大藏卿大久保的极力阻碍。对此，他非常生气。大久保就任大藏卿那天，盟友井上馨从大藏少辅被调任民部少辅。

东京有人提出让大隈大藏大辅辞职，岩仓有点动摇，此事在政府内外传得沸沸扬扬，后来在井上馨等人的努力之下终于被压了下去。在大阪出差的伊藤是七月十三日从山田显义（长州藩出身，兵部大丞）那里听说此事的。

伊藤在给井上馨的信中写道，大隈进入政府工作已有四年，经常与自己热烈讨论"国事"，共同肩负"危急"关头的国家重任，其（大隈）是忠是奸、有无才能在这四年里难道还无法判断吗？真不知该笑还是该哭。伊藤最后写道，本来大隈若留在大藏省，定会开展制度改革，自己也不会草率地离开现在的职位。但（若大隈被迫辞职）制度改革就很难推动，事已至此，希望自己能直接转到造币寮任职。此外，伊藤还拜托井上向木户转达书信所写内容（井上馨宛伊藤書状、明治四年七月十四日、『井上馨文書』）。

造币头的级别比大藏少辅略低，可见伊藤想要对大藏省进行制度改革的希望逐渐暗淡，甚至快要熄灭，他通过井上馨请求木户的帮助。

/ 绝望

然而，伊藤的愿望没有实现。大隈离开了大藏省，专任参议。明治四年（1871）七月二十七日，井上馨调任大藏大辅。井上馨虽是盟友，且同为木户派，但在推进改革的力度和能力上明显低于大隈。而且同一天，伊藤大藏少辅被命兼任租税头，这显然就是降职。

大约一年前，大藏省的中枢由大隈大辅、伊藤少辅和井上馨大丞等组成。明治三年（1870）一月，井上馨升任与伊藤同级的少辅职位。显然，大藏省是由正在访美的伊藤与大隈一同领导的，但现在伊藤被降到井上馨大藏大辅之下。当然，伊藤与井上馨之间并没有什么矛盾，他的怒气都对准了大久保大藏卿。

正在大阪造币局出差的伊藤，收到了七月二十七日发布的大藏省制度改革通知。八月二日，伊藤在写给大隈参议、井上馨大藏大辅和涩泽大藏权大丞的信中，强烈批评了该项改革措施。

"通知中有一条与我大藏省的创立有关。十分惊讶的是，该条款与我的意见相去甚远，我定要对此进行反驳。"七月二十七日发布的改革通知决定废除大藏省内的监督司，新设统计司，这与六月下旬我起草的《大藏省创立概略》，以及与各位协商的内容完全不同。而且，我在大阪造币局出差时，就已经根据《大藏省创立概略》草案制作了大藏省内需要使用的簿册类，部分已经开始制版〔印刷的准备工作〕。如此制度改革，就会浪费这些簿册，为此所付出经费和"心力"也将变得毫无意义。恳请将此信上呈"庙堂"〔内阁〕，

/ 109

讨论大藏省创立法的是非，尽快给我回复。

（大隈·井上馨·涩泽荣一宛伊藤書状、
明治四年八月二日、「井上馨文書」）

　　这是写给大隈等三人的信，但没有"读后请立即焚毁"一文，也就是说没有请勿告知他人的语句，所以矛头明显直指大久保大藏卿。虽说伊藤的个性一直很强，但这次可能是因为绝望而过于感情用事了。

　　更糟糕的是，八月五日，伊藤被命暂时兼任造币头一职。七月十四日伊藤怀着逆反情绪给井上馨写信说希望就任造币头一职，竟然变成了现实。

伊藤是木户的心腹，木户十分担心他，于是在明治四年（1871）八月十五日给他写信说明政府内情。对于这次改革，木户认为人事方面也需要进行调整，曾向大藏省提出委以伊藤"全权"的建议。但是暗地里出现了各种反对意见，情况相当复杂，无法在信中一一写明。此外，木户还认为无论如何伊藤都应私下回一次东京，并征求其意见。但他又写道，考虑到大阪的工作很多，希望伊藤在大阪待一段时间的呼声越来越高，所以他也希望伊藤能认真负责租税头和造币头的工作（伊藤宛木戸書状、明治四年八月十五日、『伊藤博文関係文書』四卷）。

／ 110

木户希望由伊藤来执掌大藏省"全权"的意思估计是让大久保当参议，伊藤任大藏卿，大藏大辅井上馨作为伊藤的部下，以此来推动改革。但是，这个设想遭到了大久保等人的反对，因而并未实现。于是，木户为将伊藤调任大藏大辅，提出将井上馨调任新设的工部省大辅，但也因遭到大久保大藏卿的反对而未能实现（井上馨宛木戸書状、明治四年八月十御五日、『伊藤博文関係文書』四卷）。

反对伊藤的势力比预想的要强大得多。实在是不得已，木户努力将伊藤调任到工部任大辅，后者于九月二十日就任。工部省是为开展殖产兴业政策而新设的政府部门，工部卿一职空缺，因而伊藤就成为最高负责人，姑且在面子上过得去。①

---

① 关于伊藤就任工部大辅的原因，大致有以下几种说法：①明治四年八月以后，工部省内产生对立，为解决这一问题（笠原英彦『明治国家と官僚制』96 頁）；②由于井上馨与三井财阀等政商关系紧密，对官营企业产生了兴趣，于是后藤象二郎工部大辅（土佐藩出身）就被长州派调到左院任议长　（转下页注）

山县担任兵部省大辅，也因为卿一职空缺，实为兵部省最高负责人。废藩置县后过了两个月，伊藤、山县和井上馨分别就任工部省、兵部省和大藏省（大久保为卿）的大辅，无论卿空缺与否，从政府机构的重要性来看，三人地位基本相同。但是，从废藩置县前的明治四年六月来看，三人之中伊藤的地位相对有所下降。这是因为伊藤动作过快，大久保等当权者对他产生了反感。

两年前，伊藤在版籍奉还时就希望废藩。这次他原想乘着废藩置县的机会，迅速推动大藏省的制度改革，并想以大藏省为轴心迅速推行近代化政策。当时，他期待木户的政治斡旋以及大隈、井上馨等木户派官员的帮助。但是这些设想都遭到了大久保等人的阻碍。估计伊藤已经考虑到，必须让大久保理解什么是近代化，否则就无法迅速推动改革。于是，通过参加岩仓使节团，伊藤开始与大久保进行近距离的接触。

（接上页注①）（大桥昭夫『後藤象二郎と近代日本』168 页）；③民部省与大藏省分离后，技术官员山尾庸三等人被寄予厚望（中西洋『日本近代化の基礎過程』中卷）；④后藤象二郎工部大辅同意兵部省希望接管横须贺造船所的要求，与技术官员山尾等人发生矛盾，为解决这一问题，后藤被调离工部省（柏原宏纪『工部省の研究』92～96 页）。以上这些将伊藤就任工部省大辅的原因都归结为工部省内部出现的问题。但其实是因为伊藤未能如愿就任大藏省要职，木户、伊藤等人在不得已的情况下随意找了工部大辅这一职位的。①③④发生的时间凑巧，但都是次要原因。

/ 岩仓使节团启程赴美

废藩置县进入改革正轨之后，明治四年（1871）九月，日本国内开始要求向欧美派遣全权大使以便修改条约的提议渐多。安政五年（1858）幕府与美国签署的《修好通商条约》等为不平等条约，存在治外法权（领事裁判权），日本没有关税自主权等。明治五年，条约修订时机成熟。

此前，在美国考察的伊藤大藏少辅等人，就曾强烈督促政府做好修订条约的准备。但是，日本并不存在欧美那样的既定法律，所以没有缔结有利新条约的环境。

于是，为对条约进行修订，政府决定派遣使节团与欧美各国进行协商。根据岩仓使节团的"事由书"，日本计划向欧美各国毫无隐瞒地报告日本的现状和问题，希望能从他们那里获得有关国家改革方针和方法的建议。可见当时的日本政府还相当稚嫩，依赖欧美各国。包括伊藤在内，当时的日本政要还不具备为维护国家利益而进行冷静交涉的外交策略（高桥秀直「廃藩政府論」。瀧井一博『文明史の中の明治憲法』20 ～ 25 頁）。

使节团的中心人物应该是岩仓具视外务卿。伊藤是这样回忆当时情况的：

〔政府有意让岩仓作为特派大使前往欧美时〕，公〔岩仓〕先找我谈了一次，恳请我在他巡游欧美的时候作为副使与他同行。因为他觉得，就他一个人的话什么都做不了。我当然非常乐意。但是，考虑到考察结果的执行，我认为需要更多的政府内部实力派人物同行，于是进言推荐了木户和大久保。公立即就同意了（中略）〔岩仓使节团回国后〕公对我始终非常信任，一直到他去世为止。

（「岩倉具視」〔直話〕、『伊藤公全集』三卷、8～9頁）

伊藤的这段回忆包含两个重点。一个是在废藩置县时，围绕大藏省的改革问题，尽管伊藤对政府（大藏省）提出了极其强烈的批评，但从明治元年（1868）向岩仓书面提交废藩建议以来，岩仓就一直对伊藤信赖有加，而且这种信赖关系在他们回国之后更加牢固，其具体情况会在后文阐述，如发生征韩论政变时岩仓作为太政大臣代理所采取的行动，以及1881年（明治十四年）授权伊藤制定宪法等。

另一个重点是，伊藤不仅向岩仓推荐了木户，还推荐了在废藩置县时妨碍伊藤开展大藏省改革的大久保。伊藤通过大藏省改革的失败经验，对自己的自负进行了反思。而且，他希望大久保能在亲自考察欧美之后有所转变，并希望借此机会与大久保进一步沟通。所以，伊藤对于岩仓使节团成员的建议，并不是只安排了改革派和好友，而是考虑到了今后改革的执行。由此可以看到伊藤的成长和他对于维新改革的责任感。

然而，太政大臣三条实美，以及参议西乡隆盛和板垣退助等人表示反对。因为在国内尚不稳定的情况下，就让木户、大久保等实权派人物离开日本，不甚稳妥。但大久保很想参加使节团，于是在九月十七日请岩仓去说服西乡和板垣（岩倉宛大久保书状、明治四年九月十七日、「岩倉具視文書」〈对岳〉）。木户（参议）最晚也在九月十九日提出了自己的意见，即使节团的主要成员由岩仓、木户、大久保（大藏卿）、伊藤（工部大辅）、山口尚方（佐贺藩出身、外务少辅）组成，希望听取伊藤的意见，如果伊藤同意的话便请他转告岩仓（伊藤宛木戶書状、明治四年九最终，主要成员就是由这些人组成的。岩仓可能考虑到，如果由自己和伊藤决定大致人选的话，木户会不高兴，于是先去征求木户的意见，然后逐步确定人选。而且，板垣直到九月二十七日还对木户出国一事表示不满。但木户、大久保、伊藤等人按计划行事（伊藤之雄『山県有朋』95 頁）。

十月八日，政府正式决定，为修改不平等条约而派遣使节团前往欧美。团长即特命全权大使由当日升至右大臣的岩仓担任，特命全权副使则由木户、大久保、伊藤和山口担任。岩仓、木户和大久保三位不懂外语；山口懂英语、荷兰语；伊藤不仅懂英语，而且拥有与木户、岩仓等人良好的人际关系，还具有官员的实务经验。所以，可以想象使节团的主导权，实际掌握在伊藤的手中。

此外，还有 7 名理事官受命随团出访，包括佐佐木高行（土佐藩出身，司法大辅，后来升任侍辅，成为天皇亲信）、侍从长东久世通禧（公家）、山田显义（长州藩出身，陆军少将）等人。安排公家的侍从长随团出访，是为了加快宫中的改革步伐；安排木户派的山田，是为了引进征兵制度，开展军事制度改革。

木户、伊藤系的大隈（参议）、井上馨（大藏大辅）和山县有朋（兵部大辅）等人留在日本。目的是为了监视留守政府，并与木户等人保持联络。

/ 115

十一月十二日下午 1 点，岩仓使节团一行 48 人，同行留学生 54 人乘坐"美国号"轮船，从横滨港出发前往旧金山。留学生中有 5 个女学生，其中一个名叫津田梅子，时年仅 6 岁。11 年后，津田结束留美生活回到日本，曾住在伊藤家教授英语（见本书第十一章）。

/ 与木户的关系出现微妙的变化

明治四年十二月六日（1872年1月15日），岩仓使节团一行抵达旧金山，受到了热烈欢迎。后来他们在美国、英国、法国、德国、俄国分别停留了半年、四个月、两个月、一个月、半个月，一共花了约一年半的时间考察了欧美各国。

抵达旧金山时，只有团长岩仓梳着丁髷发髻、身着和服（羽织和袴），但在美国待了大约一个月后，他也换上了洋装。1872年1月17日的《纽约时报》是这样评价伊藤的："虽然只有30岁左右，但思想进步开明，是一位前途似锦的政治家"（田中彰『岩倉使節団の歴史的研究』43頁）。

明治五年（1872）一月二十一日，使节团抵达美国首都华盛顿；二月三日，就修订条约开始正式谈判。但是，美国国务卿指出使节团没有日本政府的全权委任状，于是大久保和伊藤为取委任状返回日本，六月十七日，两人携带委任状再次抵达华盛顿（瀧井一博『文明史の中の明治憲法』27～46頁）。

在两人为取委任状返回日本期间，岩仓和木户等人得知，美国有意在治外法权和关税自主权方面稍微做出让步，以换取允许美国人在日本国内自由旅行、与日本人进行商贸交易，以及购买不动产等更多的权利。此外他们还得知，根据原有条约中的"最惠国待遇"条款，如果日本与美国缔结新条约，也会自动赋予欧洲列强相同的权利（石井孝『明治初期の国際関係』38、50頁）。

对此，岩仓使节团向美国方面提出在欧洲邀请所有列强代表开会，共同商讨修订条约事宜，但未得到美方应允。于是，在大久保和伊藤返回华盛顿那天，使节团向美国提出中断谈判，交涉因此止步（『木戸孝允日記』明治五年六月十七日）。

这一连串情况，使木户对组织条约修订交涉的中心人物伊藤和森有礼［中办务使（代理公使）］产生了不信任感，对推崇美国习俗、贬低日本的森有礼尤其反感（同前、明治五年二月十八日、三月八日）。

而且，木户对和伊藤一起回日本去取委任状的大久保也深感不满，觉得他办事不力，让使节团在美国等了四个多月，与当初的约定大相径庭。此外，木户还对让大久保和伊藤往返遥远的日本和美国，六月十七日却向美国提出中断谈判这些事情感到非常失望，认为这"百余日苦心"都"化作泡影"；同时，他也自我反省，觉得为国家办事一开始就必须"极其谨慎""考虑周全"。

此后，木户越发自责。例如，他在同年七月二日写给杉孙七郎［长州藩出身，秋田县令（知事）］的信中讲道，原本他们就是在"陌生无知"的情况下接受大任，实在是难以推卸责任，正如俗话所说"一知半解吃大亏"。他还在九月十四日给井上馨（大藏大辅）的信中写道，欧美各国的确十分先进，但那不是"一朝一夕"就可成就的，其根源相当深厚，所以日本所谓的"开化"，大多不过是"表皮"而已。他强烈地感受到了日本与西方的巨大差距（『木戸孝允関係文書』四卷）。

让木户更为抑郁的原因是他不懂外语。明治五年（1872）二月，他在信中写道，从抵达华盛顿的时候开始，他就因为不懂"洋语"而无法了解各地的详细情况，感到什么都不如意，心虽有志却力不从心。他还认为自己成为使节一事是其"一生之误"，"事到如今，无比后悔"（杉山孝敏宛木戸書状、明治五年二月十一日、『木戸孝允関係文書』四卷）。

生性认真的木户，在压抑的精神状态下，无法适应海外生活。

这些也令原本关系极好的木户与伊藤之间出现了微妙的裂痕。伊藤回忆道，"我从日本再次抵达美国，又从美国前往欧洲，去见了木户公。但是发现木户公对我的态度发生了变化。我不知道究竟发生了什么"（「木戸孝允」〔直話〕、『伊藤公全集』三卷、15 ～ 17 頁）。

明治五年（1872）九月十四日，围绕大藏省的工作等事宜，木户的怒火甚至蔓延到留守日本的井上馨（大藏大辅）身上。次年一月二十二日，井上馨在给盟友伊藤的信中写道，如果被木户先生"离弃"，那也是没办法的事情，也不想辩解，虽然无奈但也接受（见本书第四章）。

大久保和木户一样也不懂外语，但他对于自己作为岩仓使节团成员在海外的经历，态度十分积极。这从以下书信的内容就可看出，这封信是大久保于 1873 年（明治六年）1 月从巴黎写给正在俄国留学的西德二郎（萨摩藩出身，后来担任外务大臣）的。

　　我也获得了出访欧美的机会，去了许多地方，看了不少东西，收获丰厚。但是无论到哪里"我就像一个木头人，听不懂，看不懂，也不会说话"，实在是不知如何是好。（中略）麻烦你帮我调查并用日语介绍一下俄国的政体以及地方官员制度。我们需要广泛收集英、美、法等国的信息，但"它们的近代化领先好几个阶段，日本怎么追也追不上，很难进行参考"。所以，我认为德、俄两国，定有不少能成为我们的参考"标准"，所以特别留意这两个国家。

／ 119

（西宛大久保书状、一八三七年一月二十七日、
『大久保利通文书』四卷）

伊藤认为大久保是一个"沉着冷静、忍耐力强"的人。伊藤回忆说，"就是从明治四年一同作为岩仓使节团成员出访外国时开始对大久保感到放心的。后来直到大久保去世，几乎所有事情都会与他商量"（「大久保利通」〔直話〕、『伊藤公全集』三卷、31 ～ 40 页）。

对于伊藤在出国前未能察觉委任状一事，大久保的意见与木户不同，他认为这是由于明治时期日本的整体水平低下。所以，

他并没有对伊藤生气也没有感到自卑。而且，这是大久保第一次出国，游走欧美各国见闻颇多，不仅摈弃了原有的保守思想，还希望效仿德国、俄国模式。就这样，大久保和伊藤的关系越来越密切。

从偷渡英国，到以大藏官员的身份在美国调研半年，伊藤虽然有过出国经历，但在英国的时候他年纪还小、时间也短，在美国的时候美国又比英、法等国要落后一些。所以，这次作为岩仓使节团成员出访，对他来说是第一次广泛深入地了解欧美。此次出访，再次给他带来震撼和冲击，让他重新感受到日本与欧美差距之大。直到几十年后，由他负责制定《大日本帝国宪法》时，就决定以德国的保守风格为轴心。

关于岩仓具视，伊藤评价他是一个"豪迈果断""贤德知理""明鉴是非得失"的人。岩仓也在经历使节团出访之后，与伊藤的关系更为密切（「岩倉具視」〔直話〕、『伊藤公全集』三卷、8～9頁）。岩仓和大久保一样，冷静地面对使节团的各类情况，与伊藤的亲密关系变得更加深厚。

通过岩仓使节团的出访，伊藤和木户、大久保、岩仓都感到日本与欧美的差距比想象的更大。①而且，他们都清晰地感受到，欧美列强的外交官、政治家从表面上来看对日本十分友好，但是

---

① 伊藤在随岩仓使节团访问期间，购买了大量有助于实务的西方书籍。根据外务少辅山口尚芳在1875年4月的书信，伊藤向好友芳川显正（德岛藩出身，大藏省、工部省官员，后来担任内务大臣）赠送了540册洋书。此外，除了已经寄给正院、外务省的书籍以外，还有不少与外国事务相关的书籍留在伊藤手中（芳川顕正宛伊藤書状、年月日未詳、「芳川顕正文書」国立国会図書館憲政資料室所蔵）。通过阅读西方书籍，伊藤对所见所闻有了深刻的理解，这成为其思考欧美的源泉。

暗地里都在为本国的利益考虑。① 要与欧美列强抗衡，首先就要脚踏实地地努力实现近代化。

对于伊藤来说，虽然在海外考察期间对木户的感情用事多少有些不解，但获得了对他一直反感的大久保的信任，还加深了与岩仓的关系。1873 年（明治六年）9 月 13 日，伊藤与岩仓大使等人一同回到横滨港。

---

① 岩仓使节团回国后，1873 年 10 月到 1879 年 9 月期间，霍乱在东京大肆流行，根据规定，从地方来航的船只必须在长浦（现在的横须贺市）停留 10 天，确认船上是否有患者。然而，驻日英国公使巴夏礼要求缩短停留时间。伊藤认为要是因为英国公使的压力而缩短规定停留时间，日本政府就会丧失"威权"。于是，他告知寺岛宗则外务卿，准备向神奈川县警视局发出通知，如果航海途中没有患者，检疫医生也确认安全，只要船只停泊 5 天以上，就可以放行（寺島宛伊藤書状、年末詳、七月八日、「伊藤博文文書」国立国会図書館憲政資料室所蔵）。伊藤切身感受到列强的飞扬跋扈，即便日本制定了严格的规定，欧美列强也不会遵守，就连旧知巴夏礼公使也利用英国强大的国力在日本为所欲为。

/ 征韩论政变的开始

　　1873 年（明治六年）1 月 19 日，留守政府命令岩仓使节团的副使木户孝允（参议）和大久保利通（大藏卿）两人回国。因为在日本国内，不仅井上馨大藏大辅领导的大藏省和其他省矛盾不断，还有与俄国的库页岛（日本称桦太岛）领土纠纷，中国台湾、朝鲜等地的问题也逐渐突出。

　　大久保于同年 5 月 26 日、木户于 7 月 23 日回到日本。留守政府认为朝鲜不回应打开国门的要求，是对日本的侮辱。就在大久保和木户回到日本的时候，利用军事威慑力进行交涉的意见高涨。

　　那时，留守政府的内阁会议基本赞成西乡隆盛的意见，即先向朝鲜派遣全权使节说服朝鲜开国，如果朝方不同意，就将"其罪"告知天下，征讨朝鲜。

　　木户回国后，太政官制度下的内阁会议成员共有 9 名：太政大臣三条实美，左大臣（空缺），右大臣岩仓具视（正在访欧），参议西乡隆盛、木户孝允、板垣退助、大隈重信、后藤象二郎（土佐藩出身）、大木乔任（佐贺藩出身）和江藤新平（佐贺藩出身）。大久保虽然担任大藏卿这一要职，但因为不是参议，所以并非内阁会议成员。

　　此后，根据西乡的决定，三条于 8 月 17 日召开内阁会议，以岩仓回国后重新讨论为条件，暂定向朝鲜派遣使节。此外，他还前去箱根拜见了天皇，天皇在 8 月 23 日前批准了内阁会议的决定（高橋秀直「征韓論政変の政治過程」）。

　　如前文所述，9 月 13 日，岩仓和伊藤等人一同回到日本。岩仓、木户和大久保都认为应该先根据使节团的出访体验优先开展日本的内政改革，反对向朝鲜派遣使节，而且朝鲜当时是清国的属国，这么做可能导致日本与清国开战。伊藤也持相同的意见。

但是，岩仓、木户、大久保三人都明白，要改变内阁会议决定是极其困难的。参议木户称病不出席内阁会议，而大久保则不愿就任参议，可能是因为他不想与同乡西乡隆盛发生正面冲突。

/ "刚强正直"的伊藤大显身手

1873 年（明治六年）9 月 22 日，伊藤拜访了大久保，23 日表示愿意与岩仓联手改变事态的发展（岩倉宛伊藤書状、1873年 9 月 23 日、「岩倉具視文書」〈对岳〉）。同月 24 日，伊藤拜访了卧病在床的木户，黑田清隆（萨摩藩出身，开拓次官）也见到了岩仓。黑田告诉伊藤，让大久保再和西乡隆盛好好商量，也不是没有改变的可能性（木戸宛伊藤書状、1873 年 9 月 25 日、『木戸孝允関係文書』〈東〉一卷）。就这样，伊藤和岩仓最为积极地采取行动，最终促使大久保做出决断（下文将述）。直到这次政变结束，两人始终保持着良好的合作。

岩仓认为，必须首先说动大久保就任参议来改变局势。9 月25 日，伊藤获得了黑田的帮助，正式开始行动。9 月 27 日，岩仓与伊藤商量之后，决定将目标定为让大久保就任参议，但他也告诉伊藤，万一不成功，就让西乡从道当参议（伊藤宛岩倉書状、1873 年 9 月 27 日、『伊藤博文関係文書』三卷）。从征韩论政变的始末可以知晓，岩仓、伊藤和黑田对于西乡从道非常信赖。西乡从道是西乡隆盛的弟弟，和大久保的关系相当好，三人将希望寄托在从道身上。

10 月 10 日，大久保终于同意就任参议，并于 12 日赴任。这件事让木户很高兴（『大久保利通文書』五卷、5～35 頁）。

10 月 14 日，内阁会议召开。除了卧病在床的木户以外，所有大臣和参议都出席了会议。西乡主张派遣使节，但岩仓和大久保表示反对，双方僵持不下。第二天，会议继续召开，西乡和木户两人缺席。大久保的意见和前一天相同，主张派遣使节一事必须延期，但其他参议表示应该遵从西乡的意思行事。结果，三条太政大臣为避免西乡隆盛提出辞职，决定按照西乡的建议，立即向朝鲜派遣使节。大久保决定退出，并辞去参议一职。

10月17日，大久保向政府递交了参议辞呈，并奉还品秩（外史宛大久保書状、1873年10月17日「岩倉具視文書」〈対岳〉）。右大臣岩仓也递交辞呈，参议木户也表示了辞职的意思。"胆小"的太政大臣三条再次动摇，18日一早，就派人拜托岩仓上奏天皇提出辞呈，但此后就突患疾病昏迷不醒了。

得知此事后，岩仓于18日写信通知伊藤，请他今晚或明晨7点前来见他，若是今晚哪怕10点之后都可以（伊藤宛岩倉書状、1873年10月18日、『伊藤博文関係文書』三巻）。由此可见，岩仓在采取行动前将伊藤看作最为重要的商量对象。

其后，估计岩仓是通过大久保，于19日请黑田通过吉井友实［萨摩藩出身，宫内少辅（次官级）］，再让吉井通过德大寺实则宫内卿（公家）去说服明治天皇，让岩仓就任太政大臣代理。天皇当时年仅20岁，只能听从岩仓和大久保的计策。

同一天，伊藤也向参议大隈重信进行了大致的说明，获得了大隈的支持。伊藤确认天皇也支持他们之后，在给木户的信中写道，"即便是火，也要跳入"（木戸宛伊藤書状、1873年10月19日、『木戸孝允関係文書』〈東〉一巻）。

第二天，天皇行幸三条家，又突然去了岩仓家，并对岩仓下旨，要求其代理生病的三条辅佐自己（伊藤之雄『明治天皇』148～149頁。「勅語」〔写〕1873年10月20日、「岩倉具視文書」〈対岳〉）。同一天，木户向岩仓推荐"刚强正直"的伊藤就任参议（『大久保利通文書』五巻、82頁）。由此可见，岩仓使节团出访海外时，木户对伊藤产生的不信任感已完全消失。

10月21日，伊藤拜访了岩仓，据说言辞相当激烈。当天，好脾气的岩仓也认为伊藤的想法"过于短浅"。但很快岩仓就意识到那是伊藤为了避免自己犯错而在"深思熟虑"之后表现的"忠情"，于是第二天立即要求与伊藤见面。两人见面后，岩仓告诉伊藤一定不会辜负他一直以来的"良苦用心"，坚持"一步不让"（伊藤宛岩倉書状、1873年10月22日の二通、『伊藤博文関係文書』三卷）。

10月23日，岩仓拜见天皇并向其汇报了内阁会议的经过和结论；同时也呈上自己亲笔写的有关朝鲜问题的"奏闻书"。他向天皇陈述，如果现在向朝鲜派遣使节，就有可能在内政未稳之时卷入战争，所以反对派遣使节。

岩仓以太政大臣代理的身份来否定内阁会议的决定，此举极其大胆，而且可能有违制度。此举定是伊藤的主意。

10月24日，岩仓根据前一天天皇下达的命令，上午9时进宫，获赐天皇亲笔谕旨。谕旨的内容是，为期永久成功，调整国政、滋养民力，准许岩仓的奏请（『明治天皇纪』三卷、150页。「宸翰」〔写〕1873年10月24日、「岩倉具視文書」〈对岳〉）。

10月23日，西乡隆盛就已经称病提出辞官。24日，板垣、江藤、后藤、副岛4位参议也以生病为由提出辞呈。

就这样，在征韩论政变中，由于岩仓的刚毅和韧性，以及与岩仓拥有同等激情的伊藤的帮助，岩仓、大久保、木户等人虽是少数派，但最终取得了胜利。①

---

① 关于征韩论政变，出现了一种"新见解"。具体而言，西乡隆盛虽然希望向朝鲜派遣使节，但其实并未考虑征伐朝鲜，而且大久保和西乡都没有坚决反对派遣使节。此事后来变成大政变，是由于长州派因为山城屋和助事件、尾去泽铜山事件等而遭到江藤新平（佐贺藩出身，参议兼司法卿）　（转下页注）

此外，在西乡提出辞职意向约 20 天后，11 月 12 日，伊藤参议写信询问大久保参议，后来是否与"西乡先生"联系过（大久保宛伊藤書状、1873 年 11 月 12 日、『大久保利通関係文書』〈立〉一卷）。由此可见，伊藤并没想到此次政变结束后，西乡隆盛仍然会对他们持敌对态度，所以要求岩仓采取了强硬态度，但事实与他的设想完全相反。

（接上页注①）和司法省的追究而陷入困境。木户和伊藤等人为打倒江藤和司法省，利用了朝鲜使节问题，将其变为征韩问题（毛利敏彦『明治六年政変の研究』、同『明治六年政変』）。高桥秀直在《征韩论政变的政治过程》一文中进行了周密的考证，再次确认派遣朝鲜使节与征韩是结合在一起的，毛利敏彦的新见解由此遭到否定。本书会在后文讲到，即便是萨摩派中没有因征韩论政变而下野的那些人，在出兵台湾、江华岛事件、壬午事变、甲申事变等事情上，始终主张对朝鲜和清国采取强硬态度。毛利敏彦剥离这些背景，把这次政变看作当时相关人员围绕征韩论的对立，这一"新见解"十分牵强。另外，本书明确阐述了伊藤在政变过程中发挥的重要作用。

第六章

参议兼工部卿的实力
—— 西南战争

/ 32 岁入阁

由于征韩论政变，西乡隆盛、板垣退助等 5 位参议辞职，1873 年（明治六年）10 月 25 日，工部大辅伊藤就任参议兼工部卿，海军大辅胜海舟（安芳，幕臣）就任参议兼海军卿。28 日，驻英公使寺岛宗则（萨摩藩出身）就任参议兼外务卿，成为太政官制度下的内阁成员。

三人原本都是次官级别的大辅或公使（当时的日本还是无法交换大使的小国，公使相当于现在的大使），比卿要低一级。伊藤尤其是参议的第一人选，他在征韩论政变中推动岩仓采取行动，与木户孝允、大久保利通保持联络，在政变的幕后发挥了实质性的领导作用。

但是，从 6 月起就担任陆军卿的山县有朋却没有当上参议。征韩论政变之后，除了陆军卿山县与负责宫中事务的宫内卿以外，各省长官（卿）全都兼任参议。唯有陆军卿没有兼任参议，不仅对山县而且对整个陆军省来说，都显得有些不自然。

这是因为山县为了表示一直对自己照顾有加的西乡隆盛的尊敬，在征韩论政变时，没有协助木户等人积极采取行动。所以木户反对提拔山县当参议。山县虽然没有当成参议，但获得了大久保、岩仓及伊藤的支持，稳坐陆军卿的这个位置一直到翌年 2 月。木户身体不佳，在此期间其工作基本都由伊藤代理。因此，西乡隆盛等人辞职后，针对动荡不安的陆军人事情况，也是伊藤与木户商量之后决定的（伊藤之雄『山县有朋』110 ~ 116 页）。

和歌山藩出身的陆奥宗光属于木户派，和伊藤的关系也很好。他在担任大藏省租税头（局长）之后，于 1873 年 6 月 17 日被任命为大藏少辅。但由于大藏省的人际关系问题，陆奥在

1874 年 1 月初就决心辞职。伊藤觉得"失去如此优秀的人才非常遗憾"，就拜托木户给他找一个合适的职位。

木户请大久保帮忙，希望能把陆奥调到司法省去，但是遭到参议兼司法卿大木乔任（佐贺藩出身）的反对（木户宛伊藤書状、1874 年 1 月 7 日、『木戶孝允関係文書』〈東〉一卷。伊藤宛木戶書状、1874 年 1 月 19 日、『伊藤博文関係文書』四卷）。结果，1 月 15 日陆奥辞去了大藏省的职务。

伊藤用人不问出身，只要对方是有才能和胆识的改革派。后来，陆奥虽然曾因参与西南战争而入狱数年，但出狱后就在伊藤和井上馨手下工作。在经历了日清战争的第二次伊藤内阁中，井上馨任内务大臣，陆奥则任外务大臣，两人均为支持首相伊藤的核心阁僚。

陆奥离开大藏省约半个月后，心怀不满的士族（原来的武士阶层）等于 2 月 1 日在佐贺袭击了银行小野组佐贺办事处，佐贺之乱由此开始。2 月 3 日，内务省接到了佐贺局势不稳的电报，大久保利通内务卿立即着手处理。

大久保与三条和岩仓两位大臣以及参议木户商量，并主动请缨前往九州。9 日，大久保接到了批准他前往九州的命令，次日就被授予镇压、赏罚的全权。

/ 130

管辖佐贺军队的是熊本镇台，司令是谷干城少将（土佐藩出身）。2 月 10 日，伊藤在给大久保的信中写道，谷干城肯定会叛变，但不知道镇台的军队究竟会跟政府走还是跟叛军走，于是建议下令让谷干城返回东京，大久保带一名将军（野津镇雄少，萨摩藩出身）一起去佐贺，这样就可以在熊本镇台与谷干城进行交接。伊藤还担心，从大阪镇台仅调集一个大队比较危险，建议派两个大队前去支援。此外，他还希望大久保略微控制一下自己

"只身闯入"战区的冲动，请他为国家好好"保重"自己（大久保宛伊藤書状、1874 年 2 月 10 日、『大久保利通関係文書』〈立〉一卷）。

伊藤对谷将军极不信任，但其实谷干城并没有参与叛乱，只是伊藤和他气场不合而已。19 世纪 80 年代，围绕陆军军政改革和条约修订，两人依旧处于对立状态。

虽然伊藤对谷干城叛变的判断有误，大久保还是听取了伊藤的建议。12 日，大久保向大阪镇台下达了组编大队的出兵命令，并向熊本、广岛、大阪三个镇台下达了临时召集准备令。大久保根据陆军大辅西乡从道（陆军卿空缺）和伊藤的建议，与被派往熊本镇台的野津少将等人商量后，14 日从东京出发。

/ 131

2 月 19 日，大久保带领大阪镇台的两个大队从福冈登陆，安营扎寨。约有一万多人参与了叛乱，政府军则以大久保为中心进攻佐贺，3 月 1 日夺回佐贺城。4 月 13 日，江藤新平（前参议兼司法卿）和其他首谋一同被处以死刑。在大久保内务卿的领导下，佐贺之乱被"文官统帅"镇压下去，文官伊藤也通过大久保对作战施加了影响。

顺便一提，明治四年（1871）九月，伊藤虽在废藩置县后就任工部大辅（卿空缺），但由于岩仓使节团的派遣计划很快成形，十一月就作为副使前往欧美，基本没有参与工部省的工作。

过了大约两年，征韩论政变结束，伊藤就任参议兼工部卿后，根据工部省技术系官员的方针，带领工部省积极推行殖产兴业政策。伊藤上任后追加认可了架设东京和长崎之间第三条电信线路的工程，启动生野矿山新道的建设工程等，工作开展得较以往更为顺利（柏原宏纪『工部省の研究』198 ～ 212 頁）。

　　如前文所述，伊藤的工作并不局限在工部卿范畴之内，他还要代替身体不佳的木户管理陆军的工作及人事、处理佐贺之乱等，其工作范围甚广。在工部省内，伊藤尊重技术系官员的专家意见，进行合理判断。

/ 出兵台湾，木户盛怒

对于明治政府来说，比佐贺之乱更为棘手的是出兵台湾问题。事情的起因是明治四年（1871）十一月，54 名琉球渔民漂流到台湾后，被当地住民杀害。日本希望与清国政府签订条约，规定琉球为日本所有，并划定国界线，所以不能对琉球渔民被杀一事置之不理。

对此，清国官员表示，台湾当地住民乃化外之民。因此，在征韩论的讨论告一段落的 1874 年（明治七年）2 月 6 日，日本政府决定一边与清政府进行交涉，一边出兵台湾、讨伐当地住民头领。

反对征韩的岩仓、大久保和伊藤等人，在不到四个月的时间里就决定出兵台湾，是因为担心发生类似佐贺之乱的事变，然后引发全国性的士族叛乱。但是，参议木户 2 月 6 日没有出席决定出兵台湾的内阁会议，他担心这会导致与清国开战，反对出兵台湾。

此后，英国和美国也对日本出兵台湾提出了抗议。所以，政府向在长崎准备出兵的西乡从道司令官（台湾蕃地事务都督、陆军中将）发出了延期出兵的命令。但是 5 月 2 日，西乡从道擅自命令约千名将士乘坐军舰向台湾进发。西乡从道做出如此决断的理由是，如果强行延缓出兵，就有可能导致比佐贺之乱更为严重的问题，所以用出兵的方式倒逼日本政府认可。

对西乡都督（司令官）此举感到最为愤怒的是参议兼文部卿木户。木户原本就反对出兵台湾，4 月 18 日以生病为由递交辞呈，5 月 13 日获得认可。但是，他继续负责宫内省事务，在出席宫廷等举行的仪式时排列的席次也不变。大久保、右大臣岩仓和太政大臣三条等人，拼命挽留长州派领袖木户。

参议兼文部卿木户的辞呈获得批准之后，井上馨写信问伊藤今后打算如何"进退"，并承诺保守秘密（伊藤宛井上馨書状、1874 年 5 月 18 日、『伊藤博文関係文書』一卷）。井上馨在前一年的 5 月被迫辞去大藏大辅一职，离开了政府，所以对于政府的内情并不知晓，以为跟随木户的伊藤也有可能辞职。

/ 与木户逐渐疏远

虽然伊藤、山县有朋（近卫都督、前陆军卿）对西乡从道擅自率队出兵台湾表示反对，但其后二人为了支持大久保，迫不得已对出兵这一事实采取了追认的态度（伊藤之雄『山県有朋』119～121頁）。伊藤在参加岩仓使节团出访海外时，就因为木户对自己和井上馨过于感情用事而感到十分失望；山县也因为在征韩论政变后触怒木户而差点被踢出陆军。所以两人都开始认为木户不适合领导国政。

所以，木户提出辞呈后，伊藤仅向他转达了三条的担忧，自己并没有向其表达全力挽留的意思（木戸宛伊藤書状、1874年4月22日〔二通〕、25日、5月14日、24日、『木戸孝允関係文書』〈東〉一卷）。

这是因为伊藤与木户相识已久，知晓他的脾气。如果不停止出兵台湾，仅仅劝说几句，木户是不会撤回辞呈的。而且，与木户逐渐疏远的伊藤，开始期待岩仓、大久保等人能领导国政。

日军出兵台湾后，1874年（明治七年）6月上旬就基本结束了讨伐。其间，清国曾向日本提出抗议，认为日本侵犯了清国的主权，要求日本撤兵。

然而，就在台湾问题如何解决尚不明了之时，又出现了一个问题。肇因是4月27日岛津久光（手握原萨摩藩实权之人）出任原本空缺的左大臣一职。

5月23日，久光提出八条建言，否定了大久保和岩仓等人的近代化路线，其中包括恢复租税（反对地租改革）、否定征兵令等内容。同时，他还要求让西乡隆盛、板垣退助官复原职，罢免曾有"非行"的参议兼大藏卿大隈重信，将参议兼工部卿伊藤降至大藏大辅。

久光提出，如果大久保反对，那就罢免大久保；如果自己的建议不被采纳，他自己就辞职。在佐贺之乱发生时，是久光去劝说西乡隆盛保持冷静的。所以，从防止原萨摩藩士叛乱的角度来说，上策是尽可能让久光与政府保持关系。但是久光的建言实在让大久保、岩仓及伊藤无法接受。

25日，大久保与久光会面，告知其意见不妥。但久光根本听不进去，还向大久保提出了辞呈。对此，最支持大久保并果断采取行动的是担任参议的伊藤。5月27日，伊藤与山县近卫都督一同，为寻求久光建言对策召开了"集会"。他们明确表示，如果大久保的意志无法贯彻，天下事就无法解决，所以无法接受久光的建言。

最终，久光做出妥协，决定等出兵台湾问题解决之后再看政府如何处理。6月6日，大久保官复原职，久光问题也暂时搁置。经历此事，伊藤和山县的友情更为深厚，大久保也更为信赖伊藤，而且也开始信任山县。

即便遭到木户反对，大久保仍坚决重新起用山县（伊藤之雄『山县有朋』121～123頁）。当然，伊藤对此毫无异议，并获得了长州派军人的同意（大久保宛伊藤书状、1874年6月22日、29日、『大久保利通関係文書』〈立〉一卷）。获得大久保和伊藤支援的山县于6月30日重新就任陆军卿。

1　回应大久保的信任

　　1874 年（明治七年）6 月上旬，日本对台湾当地住民的讨伐告一段落。接下来，日本政府必须做出决定，究竟是立即从台湾撤兵还是继续驻兵。由于清国已经对日本出兵台湾提出了抗议，如果继续驻兵很有可能引发日清战争。

　　伊藤极力主张撤兵，因为无论是否与清国开战，暂时撤兵都能消除清国的忧虑，可以对应"万一之无事"（即没有引发战争）。但是，三条实美太政大臣等人反对撤兵。因为一旦撤兵，清国就可能乘虚而入，所以他们最终决定与清国谈判结束后再撤兵（木戸宛伊藤書状、1874 年 8 月 13 日、『木戸孝允関係文書』〈東〉一卷）。

　　此外，大久保也征询了山县陆军卿等 8 位军官有关日清开战的意见，包括山县在内的 6 人都认为兵备尚未完成，反对开战。

　　然而，7 月 8 日的内阁会议决定，为应对与清国的谈判决裂而开始备战，并于 9 日决定了宣战程序。大久保为避免开战，于 7 月 13 日主动向三条请缨前往清国谈判。但是，三条、岩仓以日本国内局势不稳定为由拒绝。然而，日本驻清国公使柳原前光与清国的谈判没有任何进展。7 月 17 日，清国通过重臣李鸿章再次向柳原提出日军撤出台湾的要求。

　　大久保感到危机四伏，26 日之后又向三条和岩仓提出派自己前往清国的请求，但到 29 日傍晚两人也未同意。因为三条和岩仓预定 30 日一早与伊藤商量此事，所以大久保提前给伊藤写信，恳请他说服两人。

　　　　去年 10 月〔征韩论政变〕之后，国内外诸多事宜我无不与你商量，至今始终"患难"与共。即便我们之间存在意见分歧，但都是为了国家，相信你能理解我的心情，所以写信给你〔希望你能说服三条和岩仓派我去与清国政府谈判〕。

（伊藤宛大久保书状、1874 年 7 月 30 日、

『伊藤博文関係文書』三巻）

从这封信可以看出，大久保希望利用岩仓对伊藤的高度信赖，而且他本人也对伊藤抱有极大的期望和信任。另外，三条和岩仓就是否派遣大久保一事找伊藤商量，则说明在木户离开政府的情况下，伊藤在长州派中的地位就相当于木户了。

7 月 30 日一早，三条、岩仓和伊藤进行了会谈，估计是伊藤力主让大久保去清国谈判，于是当天举行的会议决定派大久保前往清国。8 月 1 日大久保被任命为与清国谈判的"全权辩理大臣"。

/ 代理大久保兼任内务卿

　　1874 年（明治七年）8 月 2 日，为填补木户辞职后的参议空缺，以及在征韩论政变中辞职的参议空缺，山县以及萨摩派的黑田清隆被任命为参议。伊藤受大久保之托，说服山县就任参议。

　　包括长州的山县在内的三个参议缺补人选，并没有与木户进行商量，而是以大久保和伊藤为主，再加上三条和岩仓做出的实质性决定。而且 8 月 1 日，伊藤在大久保前往清国出差期间，还兼任内务卿。由此可见，伊藤深受大久保的信任，得以不断巩固作为大久保接班人的地位（伊藤之雄『山県有朋』125 ～ 126 頁）。

　　半年之后，伊藤在大久保的住处喝得烂醉（大久保宛伊藤书状、1875 年 1 月 27 日、『大久保利通関係文書』〈立〉一卷）。他们一个是长州人，一个是萨摩人，出身不同，两人也已不算年轻，通常是不会在他人面前醉酒失态的，所以可见他们两人之间的信任非同寻常。

　　1874 年 9 月 14 日，大久保在北京就台湾问题与清国开始谈判；10 月 31 日，终于达成一致。清国承认日本出兵台湾事出有因，并同意向日本政府支付 50 万两白银，作为给琉球渔民的补偿。这样的结果不仅避免了与清国开战，也使日本保足了面子。所以上到明治天皇及参议等阁僚，下到普通老百姓都相当满意。

　　可以说，无论是强烈主张从台湾撤兵、避免与清国开战，还是说服三条和岩仓派大久保去谈判，伊藤的决断在其中发挥了很大的作用。

　　11 月 15 日，伊藤将大久保谈判成功的喜讯告知木户。伊藤在信中写道，此事非常出乎意料，但无疑是最好的结果，是"国家之大幸"。大久保也为此煞费苦心，终于消除了"启衅之忧"（与清国发生战争的忧虑），可谓立了"大功"。此外，伊藤还特意拜托木户，请他顺便给大久保写一封信，"盛赞"他这次的"特殊功勋"，同时希望木户向大久保坦言今后的希望，这对彼此都有好处（木戸宛伊藤書状、1874 年 11 月 15 日、『木戸孝允関係文書』〈東〉一卷）。

台湾问题终于没有发展成战争，下一部分将会讲到三条、岩仓和大久保等人也希望木户尽快回到政府工作，所以伊藤也积极配合。虽然伊藤与木户疏远已经有些时日，但是他深得岩仓和大久保的信任，回到政府任职的木户也依靠他。所以，伊藤身处一个相当理想的环境。由于以上原因，伊藤能够抗衡回到鹿儿岛的西乡隆盛，以及全国各地的不满士族，并能创建更为脚踏实地、推动改革的政府。

/ 大阪会议的事前沟通

因征韩论政变下野的板垣退助（土佐藩出身）、后藤象二郎（土佐藩出身）、副岛种臣（佐贺藩出身）等人，于1874年（明治七年）1月17日，向负责立法的左院递交了设立民选议院的建议书。4月10日，板垣等人在高知成立了自由民权运动政治团体"立志社"。

在野派的这个动作相当大，但政府方面为处理出兵台湾一事竭尽全力，所以无暇顾及。10月31日，由于大久保的努力，日清之间签订了解决台湾问题的条约。11月开始，政府内外对立宪政体的关注度逐渐增加。

同年7月，木户回到下关，也开始对立宪政体产生兴趣。11月1日，木户接到伊藤口信，说三条太政大臣希望木户能回到东京（松尾正人『木戸孝允』175～180頁）。

12月19日，伊藤在给木户的信中写道：由于距离上次下关会见时日尚浅，如果自己再次前往下关，定会遭到他人怀疑，所以会派人去见木户。伊藤还告诉木户，他与从清国回国的大久保进行了会谈，听取了其对于政治的基本构想，觉得与木户的"宿论"（一贯观点）并无差异，而且大久保也很迫切地想与木户见面，深入交换意见。

伊藤在信中还写道：大久保原想到三田尻（现为山口县防府市）附近与木户见面，但这反而有可能出问题。所幸木户也希望前往京阪神地区，所以想商讨以偶遇的形式安排两人在大阪附近见面。12月23日大久保从水路进入大阪，等候木户（木戸宛伊藤書状、1874年12月19日、『木戸孝允関係文書』〈東〉一卷）。

伊藤与大久保商量决定，为使木户回到政府任职，想安排大久保与木户在大阪进行会谈。伊藤认为大久保所持观点与木户的"宿论"相同，多少有点夸张，目的还是请木户出山。

11月到12月，井上馨也积极配合伊藤，协助木户前往大阪并助推木户复职；同时，还想方设法让板垣退助前往大阪（木戸宛井上馨書状、1874年12月1日、5日、18日、同前、一卷）。

1875年1月5日，木户进入神户港后，大久保就在黑田清隆等人的陪同下前往迎接，大阪会议就此拉开了序幕。1月7~8日，大久保与木户进行了会谈，但木户的态度并无太大变化。

23日，从东京抵达大阪的伊藤与木户见面。27日，木户与伊藤继续进行了会谈。29日，大久保、木户和伊藤三人进行了会谈，似乎就是在这天，木户同意前往东京。

1月30日，木户与板垣等人见面，就将来的"立法会议"等事宜进行了协商，虽然意见多少有些不同，但基本达成一致。随后，木户与伊藤在神户见面。2月4日，伊藤向大久保说明了木户与板垣达成的共识，大久保对此没有异议。木户从伊藤那里得知大久保的意见后，于2月9日与伊藤一同拜访了大久保，阐述了自己的意见，即成立"民会"等，逐渐打造"国会基石"，大久保对此表示同意。

2月10日，木户和板垣等人在井上馨府上会谈。伊藤向大久保和木户阐述了自己的构想，即设立类似上议院的元老院，类似下议院的地方官会议以及大审院（现在的最高法院），这成为木户和板垣达成共识的基本框架。

2月11日，木户在料理店"加贺伊"宴请大久保和板垣，伊藤和井上馨也同席。这是征韩论政变之后，大久保与板垣首次相见。就这样，木户和板垣两人决定再次出山，就任参议。

木户和板垣分别于3月8日、3月12日重新就任参议。尽管想要立即将政体转变为英式立宪制的板垣与大久保、木户之间的意见相差甚远，但 4 月 14 日，逐步确立立宪政体的诏书颁布，决定设立元老院、大审院，召开地方官会议（松尾正人『木戸孝允』179 ～ 185 頁）。

就这样，在伊藤的尽力安排之下，大阪会议基本成功。而且，元老院及地方官会议也由官选成员组成。提出这一构想的伊藤，在参加岩仓使节团出访欧美之后，强烈意识到日本与西欧国民状况的差距，对于快速建立民选组织采取了极其慎重的态度。

如上所述，1875 年（明治八年）的日本政治是从大阪会议开始的。根据大阪会议的成果，即逐步确立立宪政体的诏书，6月 20~28 日召开了地方官会议。参议木户作为政府代表担任议长。地方官会议没有采纳民权派的要求，府县和（东京、大阪、京都等大城市的）区议员并非普通公选，而决定由区长、户长组成。木户负责领导这一工作，支持渐进论的伊藤也表示赞成。

废除太政官左院和右院后，相当于上议院的元老院成立。4月 25 日，元老院任命了 13 位议官，其中包括板垣推荐的后藤象二郎（土佐藩出身）等 3 人，木户推荐的三浦梧楼（长州藩出身，陆军少将）、陆奥宗光等 3 人。

5 月 30 日，元老院方面要求增补新章程：未经元老院通过的决议，不可作为法律实施。对此，大久保和伊藤要求删除这一增补案，板垣则表示反对。三条太政大臣没有表态。虽然存在章程的增补问题，但元老院还是在 7 月 5 日迎来了开院典礼。

／ 143

从设立地方官会议、元老院来看，政府多少采纳了民权派的意见。但另一方面，6 月 28 日，政府制定了有关报纸的条例，目的在于控制民权派对政府的批判。

有关元老院的权限问题，后来也无法顺利解决。虽然木户对于板垣采取的行动持批评态度，但更让他后悔的是在大阪会议期间充当板垣与大久保之间的中介人，这让他处境艰难。木户对于大久保和伊藤等人违背大阪会议共识，袖手旁观地让自己一个人背负难题的态度感到十分失望（松尾正人『木戸孝允』185 ～ 196 页）。

木户希望伊藤能够理解自己处于激进派板垣和渐进派大久保

之间的艰难处境并且能够采取措施（伊藤宛木戸書状、1875 年 7 月 21 日、8 月 1 日、『伊藤博文関係文書』四卷）。但是，伊藤原本就决心与大久保保持一致。

此外，木户前一年身患大病之后，一直没有完全康复，始终为"脑病"所困扰，这也是 9 月 27 日木户向伊藤提出希望辞去参议一职的原因之一（植村正直宛木戸書状、1875 年 9 月 24 日、伊藤宛木戸書状、1875 年 9 月 27 日、9 月 29 日、『木戸孝允文書』六卷）。

虽说有疾病的影响，但伊藤没有想到木户变得如此怯懦，因而感到无比失望。但是，政府内部发生了左大臣岛津久光的问题，又出现了江华岛事件等许多棘手的问题。因此，政府无法同意木户就这么辞职。这些在后文将会详细叙述。结果直到第二年，即 1876 年 3 月 28 日，木户提出辞去参议一职的请求才得到批准（但此后木户就任内阁顾问）。

话说左大臣岛津久光一直对政府表示不满。1875年（明治八年）8月下旬，中山忠能（公家、明治天皇的祖父）、伊达宗城［原宇和岛藩主、前外国官知事（长官）］等8人协同岛津久光，想就时事问题上奏天皇。他们在幕府末期、维新初期曾经发挥了非常重要的作用，但对后来被调任闲职而感到愤愤不平。久光问题不仅与萨摩的动向有关，还有可能产生更为广泛的影响。

此外，9月20日，日本的一艘军舰在接近朝鲜汉城附近的江华岛炮台时，因船员乘坐的小艇遭到炮击，便于次日占领了炮台。这就是江华岛事件（"云扬号"事件）。如果此事处理不当，日本出兵朝鲜的话，就很有可能引发日清战争。无论是征韩论政变，还是出兵台湾谈判，日本一直努力避免与清国开战。

然而，板垣态度强硬，开始要求内阁与各省分离，认为参议不应兼任各省长官，因为这是大阪会议决定参议复职的合意条件。于是10月19日，江华岛事件发生约一个月之后，明治天皇召集大臣参议会议，希望按照以往惯例进行决策。天皇的这一判断是根据三条和岩仓两位大臣，以及木户、大久保、伊藤、大隈等参议的意见。

但是，尽管天皇已经做出"宸断"（天皇圣裁），但久光依旧在当天向天皇呈上封缄书信。他在信中批评三条大臣，认为如果三条不退，日本就会成为西洋各国的奴隶。

22日，天皇召见久光，否决了其建言。结果，久光和板垣分别提出了辞呈。25日内阁会议决定，同意久光和板垣的辞职。经天皇批准后，两人于27日正式辞职（伊藤之雄『明治天皇』168～177頁）。

关于江华岛事件，10 月 27 日，在三条府邸举行的大臣参议会议决定向朝鲜派遣使节，对其"暴行"进行质问。12 月，黑田清隆（萨摩藩出身，参议兼陆军中将）和井上馨（长州藩出身，元老院议官）分别被任命为正副使节。在决定由黑田担任正使的内阁会议上，大多数与会者都认为这样会导致开战，但木户持反对意见。其实，就连正使黑田清隆也认为很有可能爆发战争（伊藤之雄『山県有朋』129 頁）。

木户期待，即便正使黑田倾向开战，副使井上馨也要努力用"和平"方式解决。他还拜托井上馨将他的这一愿望告知伊藤和山县（伊藤宛木戸書状、1875 年 12 月 30 日、『伊藤博文関係文書』一巻、142 ～ 143 頁）。虽然伊藤和山县或许也认为避免战争为好，但考虑到国内不平士族等不稳定局势，没有像木户那样否定得那么彻底。

1876 年 1 月 18 日，黑田抵达釜山，发现当地局势并不稳定，于是发电报要求派遣两大队兵马。大久保与伊藤和山县商量后拒绝了他的请求。因为他们认为，如果派两个大队前往朝鲜，反而有可能引发战争。木户也同意他们的想法，后来他们的方针获得了内阁会议的追认。

结果 2 月 27 日，黑田动用军舰进行威慑，迫使朝鲜签订了不平等条约《日朝修好条规》，成功打开了朝鲜的国门。就这样，日朝没有开战，再次避免了日清战争的爆发（伊藤之雄『山県有朋』130 頁）。

伊藤、井上馨和山县等人，虽然在以和平方式解决江华岛事件的方针上与木户保持一致，但就连曾为木户心腹的伊藤和井上馨也开始对打算离开政府的木户感到棘手。1876 年 1 月，井上馨在向伊藤确认木户辞职一事有何着落之后，在信中写道，"恐怕其心中早已决定末路"。所以，下次"有变之时"（即木户提出希望离开政府的要求时），就让木户出差，最后认可其辞职，让其"疗养"为好（伊藤宛井上馨書状、1876 年 1 月 16 日、『伊藤博文関係文書』一卷）。因为伊藤和井上馨是盟友，所以才能这样谈论如何处置老上司木户。

　　3 月，伊藤和井上馨两人商量后，决定由伊藤去劝说木户，但伊藤直到最后也下不了决心。井上馨对此也表示理解（伊藤宛井上馨書状、1876 年 3 月 18 日、『伊藤博文関係文書』一卷）。3 月 28 日，木户辞去了参议一职，开始担任内阁顾问。

/ 拥有超越木户的权力

木户辞任参议之后，伊藤和大久保的关系比以往更为密切。就在这时，井上馨奉命出访欧美。1876年（明治九年）6月，井上馨出发前往美利坚合众国。因为井上馨非常看好伊藤，所以特意从旧金山写信忠告他：

> 伊藤你与大久保关系很好，但若是"依靠"他，双方都超越一个度的时候，弊就有可能大于利。所以，每一件事你都要深思熟虑。如果不注意处理好与大久保的关系，你就会失去"让世人倾倒"的"英气"。切记谨慎再谨慎。
>
> （伊藤宛井上馨書状、1876年7月17日、
>
> 『伊藤博文関係文書』一卷）

而且，井上馨在出发前夕与伊藤商量决定，如果长州派分裂为木户和伊藤两派就会产生诸多问题，所以由井上向木户提出请他自重的忠告。

但直到7月中旬，井上馨也没有向木户提出忠告。7月24日，木户给岩仓写信，要求免去他内阁顾问的职务，派自己出访海外（岩倉宛木戸書状、1876年7月24日、「岩倉具視文書」〈対岳〉）。但由于健康问题，木户表示9月不出访海外。于是，井上馨从英国写信忠告木户，希望木户不要与伊藤出现"两立之机"（即长州派分裂为木户和伊藤两派）（伊藤宛井上馨書状、1876年7月17日、8月28日、9月20日、『伊藤博文関係文書』一卷。木戸宛伊藤書状、1876年7月2日、『木戸孝允関係文書』〈東〉一卷。木戸宛伊藤書状、1876年7月29日、井上馨宛木戸書状、

1876 年，伊藤开始在长州派中拥有超越木户的权力，成为团结长州派的核心人物。

/ 指挥西南战争

同年秋，即1876年（明治九年）10月24日，熊本的保守派士族神风连发动叛乱，27日福冈爆发秋月之乱，28日爆发了前原一诚（前兵部大辅）领导的萩之乱。实权者大久保参议兼内务卿与山县参议兼陆军卿联手指挥平乱。为了不延误镇压内乱，山县向伊藤提出亲往战地的请求。11月5日，前原一诚在岛根县被捕，内乱由此趋于平息。12月3日，前原被处决。

在此期间，11月7日木户写信向大久保、伊藤和山县表示了与他们一样尽忠报国的心愿，并写道，目前改革大方向基本确定，自己由于患病等原因，希望辞去政府公务（伊藤之雄『山县有朋』132～133頁）。木户人品极佳，也是为了避免长州派出现两派之分的混乱状况，认真思考了9月井上馨提出的忠告。在士族叛乱告一段落的时候，他正式开始考虑自己隐退的事情。

此后，从11月末到12月，在茨城县、三重县、爱知县、岐阜县、堺县（现在属于大阪府），由于地租改革、赋税加重，爆发了农民起义，日本国内局势摇摆不定。于是，大久保建议减轻地租。从第二年1877年1月4日起，地租从政府最初设定的地价的3%减至2.5%。

同年1877年1月29日夜，拥护西乡隆盛的部分"私学校派"人士在鹿儿岛袭击了鹿儿岛陆军省火药库。私学校方面在夺取弹药后势力大增，甚至连西乡也无法控制他们。2月12日，西乡隆盛与桐野利秋（陆军少将）、筱原国干（陆军少将）三人联合签署了举兵文书，旨在质问政府，率领愿意同行的老兵出发。2月14日至17日，他们率领约16000人从鹿儿岛向熊本进发。

这时，伊藤为出席明治天皇的父亲孝明天皇10周年祭祀，以及京都神户铁道开通仪式，与三条实美（太政大臣）、木户孝允（内阁顾问）以及山县有朋（参议兼陆军卿、陆军中将）等人一起陪同明治天皇抵达京阪神地区。

2月12日，山县向早已待命的近卫、东京镇台、大阪镇台等下达出兵命令。2月18日，伊藤与三条、大久保、木户以及山县在京都开会，其实就是内阁会议。会议决定了讨伐方针，将西乡等人定性为暴徒。19日，获得天皇批准后，"讨伐暴徒令"正式颁布。

同日，征讨总督大本营在大阪设立，以大久保和伊藤两位参议为中心决定了军队的动员、编制，以及整体战略。

有栖川宫炽仁担任征讨总督，山县和川村纯义（萨摩藩出身，海军大辅、海军中将）分别就任参军，负责陆军和海军的现场作战指挥。

/ 150

有关战地动向以及所有重要军事情报，山县参军都要报告大久保和伊藤两位参议。身在大阪的大久保和伊藤虽为文官，却发挥了在后来的战争中由陆军参谋本部主导的大本营的作用。

西南战争中，西乡军包围了熊本城，并在北部田原坂顽强抵抗南下的政府军，双方发生激战。大本营为此进行了个别战略部署，编制别动第二旅团在熊本南部登陆，从身后包抄西乡军。

大久保通过与山县参军同样出身于长州的伊藤、鸟尾小弥太中将与山县商讨这一战略，于3月5日获得了山县的同意。此外，让山县交出别动第二旅团的指挥权，并将其实际委托给黑田清隆（参议兼开拓长官、陆军中将）一事，也是大久保与伊藤通力合作，命鸟尾中将与山县商量后决定的。3月14日，内阁会议决定任命黑田为征讨参军。就这样，伊藤与大久保联手指挥西南战争的人事安排和作战框架。

3月18日到22日，黑田麾下的别动第二旅团从熊本南部八代（现在的熊本县八代市）附近登陆，北上击退西乡军。4月15日，黑田率领的部队主力攻入熊本城，西乡军开始败退。16日政府军从北面攻入熊本城。

此后，西乡军在九州各地继续抵抗，最后只剩一小部分回到鹿儿岛，在城山守城不出。9月24日，政府军发动总攻，西乡隆盛自杀身亡，西南战争由此结束（伊藤之雄『山县有朋』五章。小川原正道『西南战争』）。

战争期间，5月26日，木户因患胃病去世，享年43岁。当时正值西南战争最为激烈之时，伊藤无暇悲伤。

即便如此，伊藤为联络感情，在写给山县参军的书信中也提到了"木户之死实在令人痛惜至极"，并说在举行葬礼的时候，自己会代替身在战地的山县，以山县和品川弥二郎（长州藩出身，内务大书记官）两人的名义在佛前供奉祭品（山县宛伊藤书状、1877年6月5日、『山县有朋関係文書』一卷）。

由此可见，在战争最为激烈的时候，伊藤在执行重要政务的同时，也努力协助木户家处理"家事"（井上馨宛伊藤书状、1877年10月6日、「井上馨文書」）。

伊藤对于木户之死感到无比难过。虽然明知是不得已，但也对自己在恩人晚年之时的失礼言行感到懊悔，所以尽力帮忙组织葬礼、协助处理"家事"。

西南战争造成政府军和西乡军一共有约 11800 人阵亡、约 19200 人受伤，伤亡总数约为 31000 人。双方在战争中共花费了约 4292 万日元（约为现在的 15000 亿日元）。这导致后来发生了通货膨胀和政府财政困难。尤其对于萨摩来说，同乡自相残杀，还失去了西乡隆盛、桐野利秋、筱原国干、别府晋介等诸多人才，遭到了几乎难以恢复的沉重打击。

西乡隆盛在城山自杀身亡之后，出身于萨摩的人们开始产生这样的想法：为什么会爆发这样的战争？与其日本人之间、萨摩人之间自相残杀，还不如去讨伐朝鲜，或是与清国开战。这种强烈感情的爆发很正常，其实就连政府中枢机构也受到这种想法的影响，那种怨恨开始指向伊藤。1877 年（明治十年）9 月 29 日，三条太政大臣写给岩仓右大臣的书信中就有这样的内容（「岩倉具視文書」〈対岳〉）：

／ 152

①本想请您来我处商讨"枢要一事"，您似乎无法前来，所以我就提笔写信给您。

②这件事绝非易事，所以我想先与黑田参议进行"内谈"。

③关于把伊藤降为大辅一事，估计他本人绝不会表示不满，反而如其所愿。然而木户去世后，继承木户长州派地位的就是伊藤。而且，让山县当参议，却把伊藤降为"次官"，这不太合理。而且伊藤如果不是内阁成员，今后有关"枢密"的事宜，都有可能产生问题。

④第一希望是让大久保升任"右大臣等职"。但因为不

知世人的感情和时势会做何反应，我还无法做出决断。

⑤由于都是极其重大的决策性问题，为此这两天我寝食难安。明日我整日都会在家中，希望您能有时间来陋宅商议。

这封书信的内容极具冲击性，提及要将与大久保并肩指挥西南战争的伊藤降为次官。而且从字里行间可以知晓，三条无法决断是否要将伊藤降为大辅，岩仓也没有积极劝说三条执行之意。由此可见，提议将伊藤贬官的并不是三条，也不是岩仓。

可以判断，能向三条、岩仓提出如此重大建议的实力派人物只有大久保。而且，三条在信中写道，希望能先与在萨摩位居大久保之下的第二号人物黑田进行"内谈"，这也佐证了此事是由大久保提起的。

恐怕是因为西乡隆盛之死和西南战争终结之时，包括大久保在内的萨摩人，开始感到为之付出的牺牲实在太巨大了，想要找到制造战争起因的人问罪。大久保、黑田以及西乡从道都十分清楚，伊藤在征韩论政变时积极活动，把岩仓推到前面。所以他们认为伊藤是导致政府一分为二的罪魁祸首，理所当然地把他当作怨恨的箭靶子。

大久保是一个十分理性的人，但在萨摩派感情用事的战争责任追讨声之中，在西乡隆盛之死的打击之下，可能是一时间头脑发昏，提出了这个建议。关于伊藤降职一事，岩仓没有参与，大久保心中的伤痛也随着时间的流逝而逐渐愈合，此事也就不了了之了。

第三部　热斗篇

第七章

伊藤领导体制逐渐形成
——大久保利通的接班人

/ 就任参议兼内务卿

1878 年（明治十一年）5 月 14 日，西南战争结束 8 个月后，参议兼内务卿大久保利通（萨摩藩出身）在前往太政官的出勤途中，在东京麴町纪尾井坂下遭到石川县士族 6 人袭击身亡，享年 47 岁。

大久保惨遭杀害的原因是人们对藩阀"专制"的不满。根据犯人供述，其行凶的首要理由是目前日本的法令并非出于天皇意向或是人民"公议"，而是部分身居要职的官吏的独断专行。

继大久保之后，伊藤博文成为政府的中心人物。至此为止，伊藤曾于 1874 年（明治七年）在大久保为解决出兵台湾一事前往北京谈判时兼任内务卿代理；西南战争时，与大久保一同部署人事和战略。就这样，伊藤在大久保政府中拥有仅次于大久保的稳固地位（见本书第六章）。

伊藤参议，在大久保遭到暗杀的次日即 5 月 15 日辞去了工部卿一职，开始接手原由大久保担任的内务卿。年仅 36 岁的伊藤，由此成为执掌藩阀政府实权的领袖。

由于大久保被杀，伊藤希望补充一位萨摩出身的参议，于是与岩仓具视右大臣商量。5 月 24 日，西乡从道被任命为参议兼文部卿（伊藤宛岩倉书状、1878 年 5 月 16 日、三条实美宛岩倉书状、1878 年 5 月 20 日、『伊藤博文関係文書』三卷。岩倉宛伊藤书状、1878 年 5 月 16 日、「岩倉具視文書」〈対岳〉国立国会図書館憲政資料室所蔵）。西乡从道曾经是陆军中心人物之一，但因为独断发兵台湾，与山县有朋不合。在获得大久保的认可之后，他被左迁，担任费城万国博览会事务副总裁（伊藤之雄『山县有朋』130 ～ 131 頁）；西南战争期间回到陆军，但于第二年

4 月受命担任驻意大利特命全权公使，再次离开陆军。

黑田清隆参议，是萨摩派中仅次于大久保的第二号人物，他认为提拔西乡从道为时过早，但伊藤和岩仓决定起用西乡。1885 年（明治十八年）12 月，西乡从道成为日本第一位海军大臣，统领海军，以萨摩派长老的身份协助伊藤。

伊藤辞职后空缺的工部卿由谁接替也成问题。因为当时各省卿同时兼任参议，如果成为工部卿，就意味着作为参议进入太政官制下的内阁。

明治天皇两度催促三条实美太政大臣，想让负责"君德辅导"的侍辅佐佐木高行（土佐藩出身）就任工部卿，但内阁无动于衷。大久保遭暗杀之后，佐佐木等宫中亲信，希望以天皇亲政、要求内阁进行政治改革为契机，让天皇更为实质性地参与政治。

所以，如果让佐佐木入阁，毫无疑问，天皇亲政势力就会增强。出于这个原因，伊藤和岩仓等人拒绝佐佐木就任工部卿（入阁）（伊藤之雄『明治天皇』221 ～ 226 頁）。

伊藤希望盟友井上馨（元老院议官、前大藏大辅）担任工部卿，目的是大力推动日本近代化。

但是，听说井上要入阁，佐佐木侍辅等宫中亲信就开始阻挠。不仅向三条、岩仓谏言，甚至还上奏天皇。天皇因为自己提议的佐佐木这一人选遭到内阁无视而情绪不佳。所以，井上获得任命的希望也变得渺茫，伊藤陷入困境。

于是，伊藤拜托大隈重信参议兼大藏卿，于1878年（明治十一年）7月19日上奏天皇提议任命井上；同时，也恳请山县有朋参议兼陆军卿、三条和岩仓协助，并根据情况考虑请山县直接上奏天皇（山县宛伊藤书状、1878年7月19日、『山県有朋関係文書』一卷）。

结果，三条和岩仓两位大臣都上奏天皇要求任命井上。7月29日，井上就任参议兼工部卿，进入内阁。伊藤在大久保死后约两个半月内，就击退了侍辅等发动的天皇亲政运动，基本巩固了走向近代化的权力基础。

就这样，大久保遭到暗杀之后，以伊藤博文为中心的政治体制开始逐渐形成。其中的一根支柱是伊藤与岩仓右大臣的联手。庆应四年（明治元年，1868），伊藤因提出相当于废藩置县的"置郡县"过激言论而与岩仓不谋而合。从那时开始，岩仓就十分器重伊藤。明治四年（1871）岩仓使节团出访海外时，据说岩仓一开始就考虑让伊藤担任副使（见本书第五章）。但是，岩仓生于文政八年（1825），比伊藤年长16岁，那时已经52岁了，开始步入暮年，经常生病。

另外一大支柱就是伊藤与盟友井上馨及山县组成的长州派。井上就任参议兼工部卿，对于伊藤权力基础的形成极其重要。大约一年后的 9 月，井上升任更为重要的参议兼外务卿。而且，伊藤对内务省、山县对陆军都拥有直接影响力，基本掌控了国内的行政和治安。

大隈重信参议兼大藏卿，虽然协助伊藤等人让井上入阁，但后来与伊藤之间的裂痕逐渐加深。1881 年 10 月，大隈因发动明治十四年政变，被政府流放。由于大隈在这次政变中攻击了萨摩的一号人物黑田清隆参议，所以政变之后，伊藤与西乡从道、松方正义等萨摩出身的参议的关系更为密切，伊藤领导体制得到进一步巩固。就这样，伊藤领导体制基本稳定。

此外，1881 年 7 月至 10 月，明治天皇曾在巡幸奥州和北海道的途中批评黑田、西乡从道、井上馨等参议，认为唯有伊藤参议值得信赖（『保古飛吕比』十卷、1881 年 10 月 20 日）。1885 年夏天之前，天皇虽然也因对自己参政方式的误解而对伊藤发过怒，但随后不久就对伊藤深信不疑。这也是伊藤的一个强大后盾。

在后面各章中也可以看到，在伊藤领导体制之下，伊藤不仅影响了宪法的制定、人事调动[1]，而且对军事、外交、财政等诸多领域产生强大的影响力。但与此同时，反对伊藤的势力也不少。尤其是 19 世纪 80 年代后半期，一时之间要求"伊藤下台"的呼声相当高。但是，从明治十四年政变之后，到 1896 年第二次伊藤内阁总辞职为止，伊藤领导体制持续了十多年。伊藤努力有序渐进地推动近代化进程，使"宪法政治"（立宪政治）在日本逐渐扎根。

/ 160

---

[1] 正如这里以及后文所述，伊藤对内阁级别的人事具有强大的影响力。而且，大木乔任参议兼司法卿（佐贺藩出身）向伊藤参议兼内务卿建议，让小野梓兼任法制局事务，伊藤欣然同意（大木宛伊藤书状、年月未詳、30 日、「大木喬任文書」国立国会図書館憲政資料室所蔵）。由此可见，伊藤对于官员的人事任免具有跨部门的强大影响力。

/ 掌控陆军

伊藤继大久保之后担任参议兼内务卿约三个月的时候，1878年（明治十一年）8月3日，发生了竹桥骚动。驻屯在皇居大门之一竹桥门内的近卫炮兵大队士兵发生叛乱。三名军官遇害身亡，叛军前往明治天皇居住的赤坂临时皇居强行申诉，数小时后就被镇压。

事件的起因是西南战争结束后财政恶化，兵卒待遇不佳，下级军官和普通士兵并没有获得西南战争的犒赏。

山县参议兼陆军卿是陆军最高责任人，负责制定西南战争犒赏制度，因此被追究承担竹桥骚动的责任。9月之后，山县由于精神压力太大而患上自律神经失调症，被迫疗养。

11月7日，山县终于重新回到陆军省。14日，伊藤参议和岩仓右大臣就陆军问题进行了对话，他们得出的结论是，将参议西乡从道从文部卿调任陆军卿，让山县担任陆军参谋局局长，这样就能让山县免遭批评。

执掌内阁实权的伊藤和岩仓认为统领陆军绝非易事，所以在竹桥骚动发生后，仍然让山县继续担任陆军卿。伊藤希望尽可能采取不让山县受到伤害的方式平息此事。此前，参谋局局长一职由次官级的鸟尾小弥太中将担任，要是让参议山县去当参谋局局长不太合适。于是，伊藤想辞去自己担任的内务卿，让工部卿井上馨就任内务卿，让山县就任空缺出来的工部卿或者原本由西乡从道担任的文部卿。

但是，关于伊藤辞去内务卿一事，三条太政大臣和岩仓都觉得事关重大，无法妄下决断。

其实几个月前，陆军军官就开始呼吁扩大参谋局。因为反思西南战争，大家都认为需要负责作战和战略的专门机构。同年6月，岩仓右大臣就已经向大隈（参议兼大藏卿）提出增加陆军参谋局定额经费的要求，大隈很为难，没有同意（伊藤宛岩仓书状、1879年6月、「岩仓具视文书」〈对岳〉）。估计此事伊藤和岩仓是商量过的，由岩仓向大隈提出。

再加上山县危机发生，这时代替患病的山县兼任陆军卿的西乡从道，再次提出了增加参谋局经费的建议。因为这些经费在和平时期可以用来调查地理、政情，以备战时使用；在战争时期，则可用于制定战略、作战方案等。当然，这对山县来说是一个正中下怀的提案。而且这时，伊藤也得到大藏省的回复，获得了大隈在财政上的保证。

伊藤作为政府一把手，在山县危难之时，仍然坚持与他一同创建近代国家，并全力支持山县。而且，从此事可以看出，伊藤对于陆军的人事问题也拥有极大的影响力。

大约在11月中旬之后，伊藤、井上、岩仓和三条达成一致，希望将参谋局扩大为参谋本部，从陆军省独立出去，并由山县担任第一任本部长。内阁会议采纳了扩充参谋局的建议并决定，除原定的经费8万日元以外，再增加25万日元，用以让参谋局独立。

为什么伊藤等掌权派要在财政吃紧的时期，积极推动参谋本部从陆军省独立呢？

因为在当时的太政官制之下，陆军卿的人事是由伊藤、岩仓等文官参议和大臣等决定的，所以新设的参谋本部长人选，也是文官说了算。当时，内阁文官实力派对陆军重要人事具有发言权是理所当然的，而且伊藤对山县一直都非常信任。

此外，西南战争期间，伊藤就和大久保一起在大阪负责指挥、制订战略计划、配备人员物资等。所以，军队需要一个正式机构来负责战略和作战。这一点对于理性主义者伊藤来说是毋庸置疑的。

然而，也有人对参谋本部的独立提出异议。那就是26岁的明治天皇，因为他担心将来陆军省有可能与参谋本部产生对立。

对于伊藤、岩仓来说，因为受到佐佐木等人发动的天皇亲政运动影响，年轻、尚不成熟的天皇居然会对内阁会议的决定提出异议，实在是不可理喻。对此，岩仓、伊藤和西乡从道（参议兼文部卿，内定为下一任陆军卿）等人决定，为消除天皇的忧虑，让预定就任参谋本部长的山县作为参议留在内阁。

12月5日，废止参谋局、成立参谋本部的条例出台。7日，与山县意气相投的大山岩中将（萨摩藩出身）就任参谋本部次长。24日，山县辞去陆军卿，在继续兼任参议的同时，成为首任参谋本部长。陆军卿一职，按照预定计划，由参议西乡从道中将辞去文部卿后就任。

就这样，伊藤在山县陆军卿危难之时出手相救，由此通过山县等人实现了对于陆军的掌控（伊藤之雄『山县有朋』170～183頁）。①

---

① 关于参谋本部独立、山县就任参谋本部长，一直以来都有以下论点：①由于自由民权运动的迅速发展及竹桥事件，山县等人担心军队内部也会受到政治运动的影响，希望把军人和政治分开；②文官伊藤让参谋本部长成为新内阁成员，目的在于"让非职业军人优先使用兵权"（藤田嗣雄『明治軍制〔一〕』144～160頁。梅渓昇「『増補版　明治前期政治史の研究』補論〔二〕）。笔者关于这方面的见解，请参考伊藤之雄『山県有朋』178～179頁。

/ 设置冲绳县

江户时代，琉球在受到日本萨摩藩支配的同时，也维持着向清国朝贡的臣下之礼。当时的琉球，处于既属于日本又属于清国的两属关系。

明治维新之后，日本于明治五年（1872）将琉球王国改为琉球藩，国王尚泰则为藩王，将琉球编入日本版图。台湾发生杀害琉球渔民事件之后，1874 年，清国政府同意向日本赔款，所以在琉球的归属问题上，日本占据了有利地位。

然而，由于琉球希望保持日中两属关系，所以日本无法对琉球实施废藩置县。1875 年，日本政府聘请法国人布瓦索纳德（Gustave Émile Boissonade de Fontarabie），让他提交有关日本领有琉球的建议书等，开始为废藩置县做准备（「琉球島見込案」「伊藤博文文書」国立国会図書館憲政資料室所蔵）。

官至内务卿的伊藤，同时在事实上掌控了陆军，所以他希望将琉球的所属问题确定下来。1878 年（明治十一年)12 月 27 日，内阁会议决定废除琉球藩，设置琉球县，内务大书记官松田道之担任使节。

松田的工作就是前往琉球，向藩主尚泰交付"由于要废藩置县，请移居东京"的政府通知，并在一星期之内获得尚泰的从命回信。

伊藤内务卿告诉前往琉球的使节松田，基本期限为一星期，如果藩主请求延长，也可以放宽。岩仓右大臣也认为，应该尽可能获得藩主的理解。大隈大藏卿的态度最为强硬，他主张一星期一过，一个小时也不可以拖延（伊藤宛松田道之書状、1879 年 1 月 3 日、1 月 7 日、『伊藤博文関係文書』七巻）。

　　1879 年 1 月 26 日，松田向藩王尚泰代理交付了政府通知。但 2 月 3 日，藩王表示拒绝。松田于次日启程离开琉球，13 日回到东京复命。

　　3 月 11 日，天皇颁布诏书，废除琉球藩，设置冲绳县，尚泰移居东京，列入华族。3 月 25 日，松田带领 160 多名警官、半个步兵大队，共 600 余人抵达那霸。

　　藩主尚泰以生病为由拒绝前往东京。松田就让军队以迎候的方式，施压催促。5 月 27 日，尚泰终于走出首里，6 月 9 日抵达东京，17 日进宫。此前的 4 月 4 日，锅岛直彬（佐贺藩藩主锅岛家支系）就已经被任命为冲绳县县令，琉球问题就此解决。

　　看到琉球问题即将解决，4 月 17 日，伊藤在给山县中将（参谋本部长）的信中写道，直至今日"未砍一人头，未流一滴血，实为大幸"（山県宛伊藤書状、1879 年 4 月 17 日、『山県有朋関係文書』一卷）。

　　就这样，伊藤以其坚定的原则和灵活的态度，不流一滴血就成功设置冲绳县，也暂时解决了与清国之间的国界问题。

/ 取消参议与卿的兼任制度

伊藤和大隈，虽然一个是长州人，一个是肥前（佐贺）人，但在维新之后，两人跟随木户及大久保一同推动改革，彼此关系一直不错。

然而，1874 年（明治七年），左大臣岛津久光认为，参议兼大藏卿的大隈有"不当行为"，要求将其罢免。此外，参议板垣退助和久光也要求各省长官不再兼任参议，将内阁和各省分离。

这是因为大隈身兼大藏卿和参议两职，一人执掌财政大权，对各省影响力太大，从而引发了反抗。板垣和久光等人的要求，因为岩仓等大臣和参议的主流派意见，以及江华岛危机的发生，被天皇"圣断"否决。结果，板垣和久光辞职（伊藤之雄『明治天皇』160 ～ 177 頁）。

/ 166

然而此后，要求内阁与各省分离的呼声依旧不断，大隈兼任参议和大藏卿，遭到众人反感。因此，成为藩阀政府中心人物的伊藤，也不得不开始面对这个问题。

伊藤将参议山县从陆军卿调任参谋本部长，以这样的形式化解了山县危机，估计就在此后的 1879 年 12 月，他着手解决参议和卿的兼任问题。①

在这个问题的处理上，伊藤也是与岩仓右大臣及井上馨参议兼外务卿联手推动的（伊藤・井上馨宛岩倉書状、1880 年 2 月 10 日、伊藤宛岩倉書状、1880 年 2 月 18 日、20 日、26 日、27 日、『伊藤博文関係文書』三卷。『明治天皇紀』五卷、25 ～ 28 頁）。

---

① 《明治天皇纪》第五卷中载，伊藤"认同参议应与各省卿分离，去年〔1879〕就开始与各位大臣和参议商议此事"（第26页）。

　　1880 年 2 月 28 日，宣布取消参议兼任各省卿的制度。松方正义（萨摩藩出身，前大藏大辅）受命就任内务卿，佐野常民（前元老院议官）受命就任大藏卿。由于修改条约等外交问题关系重大，最后唯有井上馨一人兼任参议和外务卿。

　　此外 3 月 3 日，参议的工作开始被分配到法制部、会计部、军事部、内务部、司法部、外务部共六个部。大隈作为太政官会计部主管参议，依旧对大藏省拥有巨大的影响力。

/ 阻止大隈发行国家外债

1880 年（明治十三年）5 月，为解决因西南战争增发的不兑换纸币引发的问题，大隈发行了 5000 万日元的外债。发行外债是一项积极举措，这非常符合乐天派大隈的做法。但是当时日本的经济状况十分脆弱，如果经济重建失败，列强要来取担保，日本就很有可能沦为殖民地，所以这项政策的危险性相当大。

黑田清隆、西乡从道、川村纯义等萨摩出身的参议支持大隈。但执掌大权的参议伊藤表示反对，他的意志非常坚定。他告诉三条实美太政大臣，"即便是政府全力支持做出了决定，也恕难从命"（三条宛伊藤書状、1880 年 5 月 21 日、「三条家文書」国立国会図書館憲政資料室所蔵）。为此，包括伊藤在内，岩仓右大臣、三条太政大臣、有栖川宫炽仁左大臣、山县、井上、大木乔任、山田显义 8 人表示反对。以伊藤为中心的领导体制核心成员伊藤、岩仓、山县、井上均反对此事。

此外，在天皇亲政运动中，与伊藤等内阁成员对立的佐佐木高行（宫内省御用挂）、侍讲元田永孚等天皇亲信也反对发行外债，并于 5 月 29 日上奏天皇。这对伊藤相当有利。

6 月 2 日，政府内阁将大臣、参议以及各省卿的意见详细上奏天皇，恳请 27 岁的天皇"宸断"。次日，天皇下令，不许发行外债（『明治天皇紀』五卷、70～75 页）。

/ 168

但是，年轻天皇做出的"宸断"并不能完全平息此事。于是 6 月 6 日，伊藤和岩仓决定了解决问题的方向（伊藤宛岩倉書状、1880 年 6 月 7 日、『伊藤博文関係文書』三卷）。

7 日，伊藤对天皇私下通过有栖川宫询问他的问题做出了回答，内容和他与山县的对话一致。6 月 8 日，天皇通过有栖川宫要求内阁停止发行外债，制定"勤俭为本"的经济政策；并要求经过内阁及诸省的充分审议之后上奏，随附报告书。那时，在有栖川宫递交的资料中，有天皇命令大隈、寺岛宗则、伊藤（都是负责会计部门的参议）和佐野常民（大藏卿）调查经济政策的记载。伊藤将前一日告诉山县的大致内容回复天皇。10日上午，岩仓拜访了伊藤，问他会计方面是否稳妥，伊藤回复必须尊重负责人的意向；同时根据大致推算，除财政支出以外，每年还能有1000万日元（相当于现在的3600多亿日元）的盈余（山县宛伊藤书状、1880年6月10日、『山県有朋関係文書』一卷）。虽然不清楚伊藤与山县之间的具体对话内容，但可以知晓两人之间的意见交换十分频繁。

7日，有栖川宫去拜见天皇时，天皇对经济问题非常担忧，但到了9日，天皇已经放下了心。岩仓告诉伊藤能"贯彻初志"，他也感到很高兴（伊藤宛岩倉书状、1880年6月9日、『伊藤博文関係文書』三卷）。

就这样，大隈发行外债的问题得以解决。从这件事情的始末可以知晓，伊藤与岩仓携手，并得到了山县、井上的协助，主导了整件事情的发展方向。天皇尚不具备解决问题的协调能力，由于威信不足，所以还只能根据伊藤、岩仓等内阁主流意见行事。

接下来要解决的就是因为外债受阻而产生的大隈的情绪问题。执掌实权的财政通大隈，在1880年2月省卿分离之际辞去了大藏卿之前，担任参议兼大藏卿长达六年零四个月，拥有极强的自尊心。

岩仓右大臣也十分担心大隈，6月7日，他在给伊藤的信中写道，知其"遗憾万千"，但此事也是万不得已。知道要让大隈消气绝非"朝夕"之事，但希望伊藤也能尽量帮忙（伊藤宛岩倉書状、1880 年 6 月 7 日、『伊藤博文関係文書』三卷)。

此后，内阁中的伊藤系参议，希望将大隈调离中央的意见越发强烈。1880 年 8 月，井上馨告诉伊藤，其他参议提出是否可以派大隈担任驻俄国公使。伊藤将此事告知岩仓，并征询岩仓意见，看看是否可以让黑田把开拓使长官一职让出来给大隈（岩倉宛伊藤書状、1880 年 8 月 29 日、「岩倉具視文書」〈对岳〉）。估计岩仓不同意，结果都不了了之。

然而，发行外债失败以后，大隈本人在伊藤、岩仓、山县、井上等人主导的藩阀政府中感受的疏离感越发强烈。结果，9 个月后，大隈为早日开设国会提出建议，这导致藩阀政府发生了更为剧烈的动摇（见本书第八章）。

在野人士发起的开设国会运动，除士族以外，由于实力派农民和商人也纷纷加入，势力大增，1879 年（明治十二年）发展为全国规模。11 月，爱国社在大阪召开了第一届大会，决定向天皇请愿要求开设国会。

对此，参议山县有朋中将于 12 月向天皇上奏了关于立宪政体的建议书。其基本构想包括：①制定"国宪"（宪法）；②严格执行"行政、议政、司法"三权分立；③从皇族、官吏组成的元老院和府县议员中挑选能人成立"特选议会"，审议"国宪"条件并组织立法；④"特选议会"的召集和解散在刚开始时应由政府决定，但会议决定的内容并非必须落实等。

岩仓右大臣和三条太政大臣上奏天皇，要求所有参议递交各自意见，由天皇进行取舍，加快制定宪法的步伐，天皇准奏。

主要参议的意见如下。

1880 年 2 月，黑田参议认为开设国会为时尚早。

7 月，井上馨参议上奏，认为应采取以下措施：①首先制定民法及其他各类法律法规，制定宪法、开设国会；②民法等法律的编纂和宪法的制定，应从内阁挑选部分委员进行调整，交"上议院"决议；③废除元老院，成立"上议院"，从华族、士族中

挑选 100 人，但部分为公选、部分为敕选，学术优异或为国家做出巨大贡献的平民也有可能得到敕选，这些人组成"上议院"；④"上议院"审议的范围包括国家财政预算、财政支出以及各类制度和法律。

包括山县在内的这些人提出的建议，与接下来要介绍的伊藤提出的建议相比，几乎没有关于当时日欧情况的对比和认识。他

们对于欧洲情况只有少量听闻，却没有深入的思考（山县、井上馨），或是没有具体提案，就得出为时尚早的结论（黑田）。当时日本与欧洲相比，处于一个怎样的阶段？要在对此有一个清醒认识的前提下对日本进行改革，其程度如何、具体怎么改？这些需要深入思考并尽快解决的问题，都没有在他们的建议书中体现。本书第四章就曾提到，明治四年（1871），伊藤就已经购买美利坚合众国采取的共和制、宪法制定等方面的西方书籍，开始研究基于各国历史的关于宪法制定的制度设计。伊藤的英语能力和近 10 年的研究，使他的建议与其他参议的建议有着明显区别。①

---

① 稻田正次的《明治宪法成立史》（上下卷）是一本具有实证性的优秀研究书籍，但在评价立宪政体提议和宪法案时，以第二次世界大战后制定的《日本国宪法》等民主宪法为基准，对与其宗旨相接近的理想提议给予了高度的评价。例如，书中对于山县参议的评价如下，"当时，山县作为藩阀政治家提出了较为进步的意见，这与他后来所持意见不同"（上卷，第 427 页）。虽然山县在上奏建议书中提到要严格执行三权分立，但他认为从府县议员中挑选组成的"特选议会"的召集和解散在刚开始时应由政府决定，而且会议决定的内容并非必须落实等。由此可见，他并未充分理解三权分立的意义。而且，他也没有对"行政、议政、司法"三权与君主权究竟是怎样的关系进行思考，虽然明确了由元老院与"特选议会"制定宪法，却没有明确宪法与君主权的关系。

/ 伊藤的立宪政体构想

伊藤参议让井上毅（太政官大书记官）起草立宪政体相关建议书，并于1880年（明治十三年）11月19日，让其送交草案。此后，伊藤与井上毅进行讨论修改（伊藤宛井上毅書状、1880年11月19日、29日、井上毅宛伊藤書状、1880年11月22日、『井上毅伝　史料編』四卷、五卷）。12月14日，伊藤将完成的建议书上奏天皇。

伊藤在建议书的开头写道，日本还未能培养出具有独立自主思想的个人，在这样的情况下，就引进法国革命后形成的欧洲政体新说，结果导致了不少奇怪现象的出现：①士族争先恐后地"谈论政治"，平民也受其影响；②大约100年前爆发的法国革命，影响了欧洲所有的国家，甚至部分国家至今仍然处于混乱状态，当然也有出现明君或是贤臣的国家，他们在混乱发生之前就确保了国家的稳定；③无论哪种情况，所有国家无可避免地要废除专制、与人民分享政治权利；④如今，欧洲的文化产物不断进入日本，政体新说也开始在民间传播，无法进行压制，甚至有人故意散布容易产生歧义的言论，"轻躁妄作"却不知天皇之意究竟如何；⑤所以，政府需要根据国家所处的发展阶段，讲究轻重缓急，不急不躁，逐渐接近"标准"状态。

总而言之，伊藤首先提出，必须按照日本的实际情况进行有序发展，进而实现近代化。

伊藤的具体构想如下。

第一，设立"国会"、形成"君民共治"大局虽是众望所归，但"变更国体"是史无前例的大事，绝不可在混乱的状态下急于行事，也不应立即开设国会。这是因为伊藤还没有完全把握天皇与国会之间的关系、宪法（国家）中天皇的政治作用。这也是伊藤认为开设国会必须慎之又慎的重要原因。①

第二，"欧洲立宪制国家"采取的是上、下两院形式。就如同两个车轮，互相制衡；而"帝王制国家"则需设立"元老院"（上院）来确保平衡，这十分重要。伊藤清楚地知道，如果日本要成为立宪政体，就必须设立上、下两院。

第三，伊藤认为在开设国会之前，需要对现在的元老院进行扩充，使其逐渐名副其实。计划从"华族和士族"中公选元老院议官，挑选对国家有功之人、学识渊博之士，名额为100人，规定任期、支付酬劳。元老院的工作就是审议法律文案。

从"华族和士族"中公选元老院议官，是因为明治二年（1869）版籍奉还之后，原来的公家和大名改为华族，而伊藤、黑田清隆、山县有朋等维新功臣仍为士族，所以公选以这两个群

① 关于伊藤的立宪政体建议书有以下疑问：究竟是伊藤因为公务繁忙，所以指示井上毅起草大致框架，具体由伊藤和井上讨论后调整的；还是伊藤因知识方面的欠缺，而在井上立案后加入自己的意见制作完成的？这在考虑伊藤与井上毅此后的关系上十分重要。但稻田正次的《明治宪法成立史》中只提到了井上毅参与起草，并没有明确主导权究竟掌握在谁的手中（上卷，第430～431页）。

关于这份草案，井上在给伊藤的信中写道：①因为时间仓促，所以还很不完善；②此类重要文书，希望进行反复的修改，但先请伊藤过目；③如果大体可以或是基本符合伊藤的意思，井上将于翌日早上前往伊藤府上请教修改指示，制作新稿（伊藤宛井上毅書状、1880年11月19日、『井上毅伝 史料編』四卷）。对于井上的草案，伊藤建议加入"起草宪法、开设民选议院的时期以及方法，都必须由天皇圣裁，并以敕书的形式公示国民"（井上毅宛伊藤書状、1880年11月22日、同前、五卷）。这也是因为伊藤觉得国民的自觉和自立尚不充分，所以需要通过"圣裁"来决定，由政府主导推动的姿态必须贯彻始终。由此可见，有关立宪政体的伊藤建议书，主导权掌握在伊藤手中，反映的也是他本人的意见。

体为对象。

扩充后的元老院，可以说是为后来的贵族院做准备。

第四，设置公选检察官。从府县议员中挑选公选检察官，使其作为检察院员外官负责审计。公选检察官为将来对财政进行"公议"开了一个口子，是立宪政体的初步尝试，但不允许他们参与财政政策的制定。设置公选检察官的目的在于为今后设立下院做准备。

第五，伊藤认为，为实现以上构想需要天皇"圣裁"。直到大约9年后，《大日本帝国宪法》即钦定宪法（由天皇制定的宪法，未经民选机构审议的宪法）终于完成。伊藤的这一想法贯彻始终。

然而，1876 年（明治九年）之后，与大久保、伊藤、岩仓等政府领导人的想法不同，元老院审议了相当于日本宪法草案的国宪案。元老院的成员与大臣和参议（卿）等政府成员相比地位较低，不属于主流派。

1880 年 7 月，就是在伊藤递交建议书的 5 个月前，元老院完成了国宪第三份草案。这照理说应该成为元老院的最终方案，但并未在元老院全体会议上获得一致通过。

该草案是根据德国、比利时、荷兰、意大利四个国家以及奥地利、西班牙、丹麦等国的宪法条文编撰而成的。有人评价这部宪法草案在天皇大权、议会组织与权限、财政、宪法修改、皇室制度等方面，与后来制定的明治宪法相比，民主主义色彩更为浓郁（稲田正次『明治憲法成立史』上卷、332 頁）。

但问题在于这部草案从始至终都带有被参考国家原有的体系性，并不适合在当时的日本施行。

伊藤在回忆此事时说道，元老院案"翻译了各国宪法，其实不过是评价各国宪法的好坏，并不能起到什么作用"。此外，他对日本人写的类似宪法的草案也进行了全面调查，但没有发现有价值的草案。

／ 176

伊藤认为，"原来〔日本国民也〕希望实现宪法政治，提出了所谓的建议书。但是，他们要求的宪法政治和在欧洲实际产生的宪法政治完全不同。在日本嚷嚷着希望实行宪法政治的人，其实连宪法政治究竟是什么都没有弄明白。要是明白的话，就应该开展更为深入的讨论。尽是些不顾日本国情甚至根本不了解欧洲宪法的人"。由此可见，伊藤并不信任元老院和在野人士展开的讨论（「憲法立案の経過と其の理論との概説」〔直話〕、『伊藤公全集』181 ～ 188 頁）。

/ 如何定位天皇大权？

伊藤认为，日本的"宪法政治"不仅与欧洲的宪法论完全不同，具体情况也不一样。其中之一就在于君主大权。"如何充分运用不可分割的主权，其答案是通过委任方式发挥主权作用，所以设置立法部让其参与立法。这里所说的参与，具体参与的是什么？参与的是天皇的大权。行政如此，司法亦然。当然，这些都是从主权派生出来的权力，所以主权是可以剥夺这些权力的。但是规定不允许肆意剥夺这些权力的，就是宪法。"（「憲法立案の経過と其の理論との概説」〔直話〕、『伊藤公全集』194 頁）

/ 177

伊藤认为，应制定制约君主权的宪法。在宪法中规定，主权在于君主，以委任方式分权给立法部、行政部、司法部。君主不得取消委任。

伊藤认为，主权应掌握在君主手中。因为若是"主权在民"，国民就可以随意废除君主；但若主权在于君主的话，这种情况就不会发生（同前，第 192 ～ 193 页）。制约君主权，从如何定位君主权这一角度来看，与当时欧洲最先进的"君主机构说"在功能上几乎相同。君主机构说认为：主权在于国家，君主是其中最为重要的机构之一，君主权由国家来制约。

其实，1880 年（明治十三年）元老院提出国宪案时，伊藤对于日本宪法与君主权的关系、与欧洲君主权的比较，还未形成上述明确的想法。但是，伊藤那时就已经开始思考这个问题，他也清楚地知道，待在日本是无法找到答案的。

第二年，发生了明治十四年政变。1880 年决定开设国会之后，伊藤就为学习和制定日本宪法的基础而前往欧洲开展宪法调查。1880 年 12 月 21 日，伊藤批评元老院的国宪案不过是对西方各国宪法的收集、整理、模仿，完全没有考虑日本自身的国情和国民情绪等问题，并向岩仓提出回国请求。

岩仓的想法与伊藤是相同的，所以他将元老院的国宪案进行了形式性的上奏，但实际上他与三条已经决定不采纳这一方案。就这样，元老院的国宪案被否决了，元老院国宪调查局也于第二年即 1881 年 3 月 23 日正式关闭（稻田正次『明治宪法成立史』上卷、333 ～ 337 頁）。

/ 体弱多病的夫人梅子和女儿生子

1873 年（明治六年），伊藤完成岩仓使节团工作回国，后来又经历了西南战争。来看一下 1873 年到 1880 年之间伊藤的家庭生活。

1877 年西南战争发生时，正如前文所述，伊藤协助大久保在大阪负责与战争相关的人事安排和战略制定等，并指挥战斗。那时，夫人梅子和女儿生子也都住在京都。梅子夫人的眼病虽早在明治五年（1872）就已确诊，却未见好转。由于主治医生是宫内省的御医，跟随天皇行幸京都，所以梅子夫人也到京都看病。

末松谦澄在 1875 年年末就见过伊藤，并开始在政府工作，大约 13 年后娶生子为妻。1877 年 6 月中旬，他奉命前往战地，途经京都。据说那时，梅子夫人端坐在如同暗室的屋子里，两眼缠着绷带。梅子夫人和生子较伊藤晚一步，于 8 月从神户乘船回到了东京。

此后，两人因为身体状况一直不太好，在 1879 年后的四五年里，每年都前往热海避寒疗养。就这样，伊藤与梅子夫人分居东京和热海的时间开始增多。1880 年 1 月，生子也患上了眼病（末松谦澄『孝子伊藤公』248 ～ 251、415 ～ 416 頁）。

1878 年 5 月，伊藤成为继大久保之后藩阀政治的第一领袖。但三十多岁的夫人梅子和十几岁的爱女生子体弱多病，让他烦恼不已。

然而，1876 年（明治九年）2 月，伊藤的私生子朝子诞生。那时，伊藤通过支持萨摩实权者大久保利通逐渐确立了自己作为长州领袖、大久保政权接班人的地位。

朝子从出生到 7 岁是怎么度过的，一直是个谜。但是，从美国留学回国的津田梅子证实，7 岁的朝子和 15 岁的生子一起生活在伊藤家。1883 年年末到 1884 年夏天，津田梅子作为梅子夫人和孩子们的英语家庭教师兼翻译就住在伊藤家（大庭美奈子『津田梅子』139 ~ 147 頁），但她完全没有察觉到生子和朝子是同父异母的姐妹。

朝子和生子一样在伊藤家长大，但同为伊藤私生子的两个男孩——文吉（1885 年出生）和真一（1890 年 7 月 1 日出生）直到日俄战争发生前都一直没能进伊藤家门。这主要有两个原因。

原因之一是，朝子是伊藤和夫人以外的女性发生关系后诞生的第一个孩子，夫人梅子实在是没办法，就收留了她。但若再收留文吉，这种事情就会没完没了，估计夫人梅子拒绝了，具体依据可以从书信往来中看出。伊藤在写给梅子的信中经常出现生子、养嗣子勇吉（井上馨的外甥）的名字，但朝子的名字直到1894 年 9 月才第一次出现（『孝子伊藤公』319 頁）。那时，朝子已经是外交官西源四郎的妻子了。恐怕是因为伊藤顾忌夫人梅子的情绪而不敢提起。

/ 180

文吉和真一无法进伊藤家门的另一个原因是，如果让亲儿子进门，就有可能产生动摇养嗣子勇吉地位的误解。伊藤与井上馨结为政治同盟，所以必须避免危机的出现。此外，也有可能是梅子夫人开口，促使伊藤克制。

第八章

怒气直冲大隈重信
——明治十四年政变

/ **热海会议**

正如前文所述，1880 年（明治十三年）12 月 14 日，伊藤上奏立宪政体相关建议书，希望在开设国会之前，先扩充元老院，设置公选检察官。这样做一方面可以在某种程度上满足在野势力参与政治的要求，避免政府与在野势力的正面冲突；另一方面可以给政府和在野势力一个开设国会的练习机会。

伊藤认为，在野势力提出的尽快开设国会的设想并不现实，只会引发混乱。但若依照萨摩实力派黑田清隆参议所提意见，因为为时尚早，所以什么都不做，将该问题搁置下去也不是回事。这时候，大隈还没有递交建议书。

1881 年 1 月 2 日，伊藤一到热海就请大隈和井上馨两位参议过来，黑田也已经抵达热海。从中旬到下旬，他们四个人就立宪政体进行了讨论。但这次热海会议并没有取得预想的成果（大隈·井上馨宛伊藤書状、1881 年 1 月 5 日、『大隈重信関係文書』〈早〉一卷。『伊藤博文伝』中卷、202 頁）。

原因之一是大隈已经开始接受早日开设国会这一激进的立宪政体构想，却没有与持渐进论的伊藤和井上讲清楚，只是敷衍了事。

福泽谕吉以门下弟子的名义，从 1879 年 7 月到 8 月在《邮便报知新闻》报上发表了十篇国会论，掀起了在野势力关于国会开设讨论的热潮（慶応義塾編『福沢諭吉全集』五卷、645 ～ 648 頁）。

根据福泽在 1881 年 10 月写给井上和伊藤书信中的回忆，1880 年 12 月下旬到 1881 年 1 月，文章是大隈、井上馨以及伊藤请福泽在报刊上发表的。此外，1881 年 1 月，井上馨告知福泽，在关于"开设国会"目标的问题上，伊藤、大隈和井上的意见是完全一致的。2 月，从热海回到东京的大隈和井上馨都对福泽表达了相同的意见（井上馨·伊藤博文宛福沢书状、1881 年 10 月 14 日、同前、十七卷）。

然而，与上述福泽八九个月后在书信中的辩解不同，从同一时期井上馨与伊藤的书信往来看，井上是在伊藤认可的前提下，不仅与福泽谕吉接触，也与发行政府方报刊的福地源一郎有所接触。井上馨也和大隈说过这件事（伊藤宛井上馨书状、1881 年 1 月 16 日、『伊藤博文関係文書』一卷）。

对于福泽在书信中的辩解，井上馨承认报刊发行一事的经过基本属实，但他否认曾以早日开设国会论为前提拜托过福泽（福沢宛井上馨书状、1881 年 10 月 16 日、『福沢諭吉全集』一七卷）。

也就是说，福泽辩解的从 1880 年 12 月下旬到 1881 年 2 月伊藤、井上馨、大隈、福泽之间达成了早日开设国会的共识，这一点并不符合事实。伊藤和井上馨认为，在开设国会之前，应以渐进的方式思考政治改革。而大隈在与他们两人接触时，并没有明确表示自己想要早日开设国会的想法。福泽则与大隈联手，为推动早日开设国会开展政治活动，希望参与政治。这样一来，我们自然可以明白这种想法与伊藤在 1880 年 12 月递交的建议书及对于元老院宪法草案的批评之间的关系了。①

---

① 坂本一登在《伊藤博文与明治国家的形成》一书中认为，福泽书信中回忆的大部分内容就是事实。因为有"伊藤、大隈、井上这三位开明派参议"的参与，伊藤在热海"十分积极，想取得国会论的主导权"，但因无法获得黑田等萨摩派的让步，而以失败告终（第 38 ～ 47 页）。但是，在热海会议前后，可以证实伊藤、井上馨与大隈和福泽等人对于国会开设论是志同道合的史料，只有 1881 年 10 月 14 日的福泽书信。而且这封信是福泽在 10 月 1 日大隈参议因发动政变而被罢免后写给井上和伊藤的，他辩解自己并没有参与大隈的阴谋，而是同时受到井上和伊藤之托才参与国会开设一事的。

/ **大隈的背叛**

1881 年（明治十四年）3 月 10 日，福泽以"时事小言"为题，将自己的国会论寄给大隈参议并在书信中写道，大部分内容与大隈的意见没有"龃龉"（大隈宛福沢書状、1881 年 3 月 10 日、『福沢諭吉全集』一七卷）。

但是，由于大隈没有递交有关立宪政体的建议书，明治天皇让有栖川宫炽仁左大臣去催他。于是，大隈于同年 3 月，以不给其他大臣、参议阅读为条件，通过有栖川宫将建议书上奏天皇。

其建议书的主要内容包括：①英国因为开设了国会，政府与议院之争消失了，政党之争只出现在议院；②日本也应采用立宪政体，将立法、司法和行政三权分立，在议会占多数席位的政党党首，应受天皇之命组织内阁（并没有区分上议院和下议院）；③官吏应分为"政党官"和"永久官"两种，政党官包括参议，各省卿、辅，以及各局长、侍讲、侍从长等，"上之政党官"基本都可作为议员列席上下院（大多以英国为例）；④"永久官"包括各官厅的奏任官以及属官等中层以下的职位，"中立永久官"则包括"三大臣""军官、警视官和法官"等维护"公平国益"的职位，不参与政党；⑤宪法制定采取钦定宪法样式，应迅速着手选定内阁委员；⑥希望今年（1881 年）制定钦定宪法，今年年末或 1882 年公布，1882 年年末召集议员，1883 年年初开设国会等（『大隈重信関係文書』四卷 230～246 页）。大隈在建议书中提出将英国制度引进日本，却完全没有考虑日英两国国情和发展阶段的不同。而且，天皇的权力和作用也不明确，只可命令在议会中占多数席位的政党党首组阁。这让人感觉议会甚至有权更替天皇。

　　而且，考虑到宪法、议院法、众议院议员选举法、贵族院令等相关法律、新内阁制度以及官员制度的制定、推广及实施都需要时间，两年后开设国会的这个时间目标也不太现实。

　　但是，对于大隈来说，如果事态能像建议书那样发展，自己作为政府领导人之一，获得开设国会的主导权，与民权派进行合作，那么当选首相组阁的可能性非常大。这可以说是大隈对以伊藤为中心的藩阀政府的背叛。

　　伊藤看到大隈的建议书后勃然大怒，同时觉得自己至今与大隈在热海等地的多次谈话简直就是浪费时间。但是，伊藤并不知道大隈是 3 月递交的建议书，所以他在 3 月写给岩仓右大臣的信函中抱怨大隈不积极协助立宪政体构想（大隈宛岩倉書状、1881 年 3 月 14 日、31 日、『大隈重信関係文書』四卷）。

/ "震惊"

　　有栖川宫炽仁左大臣没有遵守与大隈的约定，而是秘密地将大隈于1881年（明治十四年）3月提出的早日开设国会的建议书给三条太政大臣和岩仓看了。岩仓看后觉得其内容和其他参议提出的立宪政体构想有重大分歧，于是与大隈见面确认其真意，但大隈回复说，其建议构想与伊藤的并没有什么差异。

　　大隈建言提出三个多月后，三条与岩仓商量，为了不出现异议，决定将这份准备上奏天皇的大隈建议书先给伊藤参议一人过目。

　　7月2日，三条去见岩仓，告诉他伊藤看后的反应。伊藤逐字逐句、仔细阅读大隈建议之后，表示非常"震惊"。至今为止，自己有什么事情都会和大隈商量，包括元老院提出的建议，两人也都互通意见。但大隈这份建议在未与同僚商讨的情况下，就要直接上奏天皇，伊藤觉得极其不妥。据三条说，伊藤称病不处理公务，看来是准备辞职了（「岩倉具視日記」、1881年7月15日、『大隈重信関係文書』四卷）。

　　7月1日，伊藤在给三条的信中表达了对大隈的不信任。他怀疑大隈的建议并不是大隈一个人的想法。这样下去的话，他将不得不提出辞呈（三条宛伊藤書状、1881年7月1日、「三条家文書」）。大隈建言提出三个多月后的6月下旬，伊藤才得知其内容，所以对大隈的所作所为极其愤怒，并且对他产生了强烈的不信任感。

　　7月3日，伊藤拜访了岩仓。岩仓请伊藤暂缓提出辞呈，他会去见大隈并确认他的意见。岩仓随后与三条联络，并于4日拜访了大隈，劝他去向伊藤解释。

于是，大隈立即前去拜访了伊藤，然后又特意去了岩仓家，告诉岩仓，伊藤已经消除了对他的怀疑。岩仓从三条那里也听到了同样的内容（「岩倉具視日記」、1881 年 7 月 15 日、『大隈重信関係文書』四卷）。

关于 7 月 4 日，大隈拜访伊藤时两人之间的对话，伊藤在三个月后是这么回忆的。①大隈仅对此次粗暴行事表示了歉意。②大久保遭到暗杀时，大隈曾向伊藤发誓，说是"至死"也要尽自己的微薄之力帮助伊藤。姑且不谈建议的内容，因为伊藤对大隈最生气的并不是建议的内容，而是大隈在提出建议之前，没有和他商量过一个字。③对此，大隈仅仅恳请伊藤原谅，表示自己并无意让自己的个人意见通行天下，说完就走了（『保古飛呂比』十卷、1881 年 10 月 4 日）。

/ 决意驱逐大隈

次日，1881 年（明治十四年）7 月 5 日，伊藤前往政府上班，告诉大隈：①大隈的建议是要将诸省卿官员以及"君主高官"的任命都变为民选，也就是将君权改为民权，他无法同意；②由于自己与大隈的构想差异太大，请大隈行天下事，他本人没有插手的余地；③大隈此事做得实在太过愚蠢，与其平日为人大相径庭，即便所有内阁成员均无异议，也无法令人放心；④大隈身为参议要职，却如同"福泽的代理"，实在可笑，福泽的宪法私案与大隈的建议如出一辙。

对此，大隈解释说，自己提出建议的目的并非实施，而仅仅是想向天皇上奏个人意见，他能够理解伊藤对此事的怀疑，但自己并没有与福泽商量过。

伊藤对大隈的辩解感到十分"愤怒"，但考虑到如果进行反驳，就会导致关系"破裂"，让"内阁出丑"，于是闭口不言（『保古飛呂比』十卷、1881 年 10 月 4 日）。

次日，伊藤也命井上毅告知岩仓，他在 7 月 4 日与大隈谈话后，问题并没有完全解决（岩倉宛井上毅書状、1881 年 7 月 5 日、『井上毅伝 史料編』四卷）。

岩仓希望化解伊藤与大隈之间的对立，以为 7 月 4 日伊藤与大隈已经和解。但其实，伊藤内心并没有原谅大隈，而仅仅是给一直帮助自己的前辈岩仓面子。①

---

① 坂本一登在《伊藤博文与明治国家的形成》中阐述，从 1880 年到 1881 年，"'宫中'开始成为独立于内阁的政策决定中心"。而且，"天皇不再是形式上的决策者，而是事实上的决策者。宫中派也作为天皇的非正式顾问，发挥了重要的作用"。坂本一登还将岩仓右大臣作为"宫中"的代表人物，强调了岩仓等人与"大隈、伊藤、井上馨"的对立（第 41 ~ 57 页）。 （转下页注）

伊藤认为大隈不与自己商量，准备早日开设国会、提出政党内阁制的建议，都与福泽等在野势力有关。至此为止，伊藤事事都与大隈商量，两人保持着良好的关系，也正因如此，伊藤对大隈的背叛感到彻底绝望。于是他觉得目前的首要任务就是要在大隈未曾察觉之时，找准机会，形成支持自己的井上馨、山县等长州派，岩仓与三条等大臣派，以及萨摩派等合作关系网络。7月8日，伊藤又开始上班了。

（接上页注①）但是，大久保遭到暗杀后，佐佐木高行等人发动的天皇亲政运动被大臣和参议等内阁方压制，从1879年秋到1881年逐渐停息（笠原英彦『天皇亲政』）。经历天皇亲政运动之后，二十七八岁的明治天皇开始对政治产生兴趣，但其影响力仅局限于宫内卿的人事以及仪式、勋章等天皇身边的宫中事务，对于国家政治的影响力几乎为零。所以1885年，天皇甚至曾拒绝处理政务，以示不满。直到1889年制定明治宪法前夕，天皇才开始参与国家政治，而且参与原则是以内阁等决策困难时的调停为主，日常基本不进行干涉。这是伊藤根据德国学者施泰因（Lorenz von Stein）的主张，形成的日本近代天皇政治行为方式（伊藤之雄『明治天皇』221～430頁）。由于坂本一登未用长远眼光来考证近代天皇权力，仅从细微琐事进行判断，结果夸大了天皇在1881年前后的权力。

此外，坂本一登将大臣、参议内阁成员之一的岩仓大臣视作"宫中"代表人物，也是错误的。伊藤与岩仓在立宪政体问题、引进外债问题、天皇亲政问题等重大问题上，始终都保持联手合作。坂本一登根据他们之间在一些琐碎小事上的分歧就推断伊藤与岩仓彼此对立，这是不正确的。

/ **岩仓右大臣等人急于制定宪法**

　　1881 年（明治十四年）6 月，岩仓具视右大臣命精通法律的井上毅（太政官大书记官）撰写有关宪法制定的建议书。岩仓根据井上毅的建议书，与三条实美太政大臣、有栖川宫炽仁左大臣等人商讨宪法制定的准备工作。6 月下旬，井上毅向岩仓提议将此事告知伊藤，28 日岩仓回复同意他的建议（井上毅宛岩倉書状、1881 年 6 月 19 日、28 日、岩倉宛井上毅書状、1881 年 6 月 14 日、16 日、22 日、『井上毅伝　史料編』五卷、四卷）。

　　岩仓等三位大臣突然开始商讨制定宪法的准备工作，是为了对抗大隈于 3 月提出的主张早日开设国会、实施英国式政党政治的建议书。

　　6 月 28 日，在获得岩仓同意后，井上毅立即将自己起草的宪法制定建议书呈送伊藤。大致内容是，即便开设民选议会，也不应学习在阁僚人事、征税权等方面为议会所左右的英国式议会，而应开设由国王执掌大权的德国式议会。

　　伊藤通读井上毅建议书之后，觉得与自己的想法基本相同，但由于还无法决定究竟何时开设国会，希望详细听听井上毅的意见。于是，伊藤告诉井上，他明天一天都在家，请他方便的时候过来（井上毅宛伊藤書状、1881 年 6 月 29 日、井上毅「憲法制定意見」1881 年 6 月、『井上毅伝　史料編』五卷、一卷）。

但是，伊藤与井上毅的关系突然发生了变化。1881年（明治十四年）7月4日，井上以"个人原因"为由，向岩仓提出了辞呈。7月5日，井上毅去见了伊藤，告知辞职一事。伊藤认为，如此重大的问题不是"书记官级别"的人可以参与的，井上毅辞去这种涉密工作是正确的决断（岩倉宛井上毅书状、1881年7月5日、『井上毅伝　史料編』四卷）。

/ 191

其间，三条给伊藤看了大隈于3月递交的建议书，此事虽然引起伊藤对大隈的强烈不满，但并不是他辞退井上毅的直接动机。

伊藤不想让井上毅参与宪法制定最主要的原因是，井上毅对制定宪法操之过急。伊藤认为，"开设国会比维新创业更为艰难"（伊藤博文「民権を以て皇室の尊厳を傷つけざるべき意見書」、「伊藤博文文書」国立国会図書館憲政資料室所蔵）。

与伊藤的态度不同，井上毅在7月2日给伊藤书信中写道：①有关宪法调查的大事，希望能由伊藤负责，但负责人原本应从三条、有栖川宫、岩仓三位大臣中选任；②如果第一种方法不合适，则希望在（政府）以外，秘密"私拟宪法草案"上奏天皇；③上述两种方法之中必须实施一种。如果伊藤今日优柔寡断，大业始于他人之手，（井上毅等人）就失去了可以期待的对象。再加上此前就为病痛所扰，所以希望辞职返回熊本，与同志团结合作，报效国家（『井上毅伝　史料編』四卷）。

伊藤是藩阀政府中的掌权人物，大书记官（现在的局长级）井上毅在未被要求的情况下就自发提案，这种做法非常失礼。精通法律的井上毅原本希望通过伊藤在制定宪法中发挥自身作用，但操之过急了。

伊藤否定井上毅的第二个原因是，虽然井上毅对宪法的理解在当时的日本人中已经属于最高水平，但还远远未能达到伊藤的要求。

井上毅除了在1881年6月中旬向伊藤递交宪法制定建议书以外，还留下了《钦定宪法考》等至少八种宪法相关建议书，估计是为了交给岩仓等三位大臣（『井上毅伝 史料編』一卷）。

然而，那些建议书都只介绍了英国国制（宪法）和政治制度、德国宪法和政治制度的概要，最终得出日本不应效仿英国，而应效仿德国的肤浅结论。这与从效仿德国开始的伊藤思维框架基本一致，当然从知识性的角度来讲，多少也有值得伊藤参考的部分。但是，伊藤的目标是要在参考欧洲君主国家宪法的基础上，制定适用于日本政治和文化的宪法。井上毅还仅仅停留在急于制定宪法的水平上，与伊藤的目标相去甚远。[1]

---

[1] 1881年6月前后，从伊藤与井上毅之间的往来书信可以看出，井上毅正在尝试对近代宪法进行初步的基础性解释。很多宪法学家、历史学家都认为"伊藤当时对宪法的认识水平还相当低"（清水伸『明治憲法制定史』上卷、254頁等），井上毅在宪法制定方面比伊藤更高明。他们觉得在1881年前后，以井上毅为代表的日本人对于宪法的理解已经达到了相当高的水准，所以对于第二年伊藤率领大宪法调查团访问欧洲之举百思不得其解。这是因为那些学者没有根据一手史料，充分把握近代天皇政治功能的实际情况，与井上毅一样，仅从表面来探讨宪法和制度。亚洲第一部近代宪法——《奥斯曼帝国宪法》（米德哈特宪法）的制定几乎没有花费什么时间和人力，但在1876年12月公布之后，仅仅施行了14个月就被废除了。伊藤没有特别提及《奥斯曼帝国宪法》，就是因为他担心那样草率地制定宪法会引发混乱。

伊藤认为，单纯地将欧洲的法律和制度进行翻译后就直接为日本所用，既无法适应当时的日本政治，也无法真正在日本扎根。所以，他决定亲自前往欧洲，对其功能进行实地考察，再结合日本国情进行修改，制定真正属于日本的宪法。当时，能站在这一高度进行思考的，唯有伊藤。

例如，关于君主政治权力，井上毅认为英国国王受制于议会多数制，就如同风中旗帜。虽然国王与议会分享主权，但实际主权完全掌控在议会手中，国王拥有的不过是无用的"虚器"。

与此相反，德国国王与议会分享立法权，但行政权基本都掌控在国王手中。所以无论议会政党席位多少，国王都可以任命"执政宰相"（首相及阁僚）。然而实际上，国王基本会任命议会方面所要求的人选，但从权力范畴来看，国王并没有对议会政党唯命是从。

由此可见，井上毅对德国的君主制度给予了高度评价，但日本近代天皇的实际情况并非如井上毅所言。与德国国王不同，天皇并没有对三位大臣、参议等内阁成员进行实质性的任命。当然，日本也与英国不同，并非由议会来决定内阁成员。

伊藤在欧洲对君主、行政、议会、司法等实际情况有了充分的了解。在此基础上，他认为必须制定符合日本国情的宪法。但井上毅连这些都没有理解，就急功近利地把宪法制定工作往伊藤身上推。制定适合日本的宪法，是一项极其艰巨的任务，而井上毅连这一点都不明白，所以伊藤将其辞退，并中断了岩仓等三位大臣的宪法制定准备工作。

/ 开拓使出售政府资产问题

1881 年（明治十四年）7 月 21 日，参议兼开拓使长官黑田清隆申请出售开拓使管辖范围内的北海道政府资产。这一申请于 7 月 30 日获得天皇的批准，8 月 1 日正式公布。但从 7 月 26 日起，自由民权派报纸《东京横滨每日新闻》就发文指责黑田开拓使想利用职权，以不当低价，将政府资产出售给其同乡——萨摩藩出身的政商五代友厚。到了 9 月，批判政府的舆论四起。

在藩阀内部，与福泽谕吉、三菱的岩崎弥太郎交好的大隈参议，被怀疑想趁开拓使出售政府资产问题之机，利用民权运动掌握政府主导权。

伊藤为了保密，先派井上毅前往盟友、参议兼外务卿井上馨所在的广岛县宫岛。从井上馨 7 月末写的书信"那位先生〔大隈重信〕至今为止都是为了赢得声望"来看，他也对大隈重信抱有强烈的不满。不知是否受到井上毅的影响，井上馨也主张根据目前局势，尽快学习德国宪法，制定"周密"的法律制度，开设下议院（伊藤宛井上馨書状、1881 年 7 月 27 日、『伊藤博文関係文書』一卷）。

对此，8 月 6 日伊藤告诉井上馨：①由于自己 3 月阻止大隈上奏天皇一事是秘密进行的，所以此事绝不可泄露给他人；②如发生特殊情况，他决心成为"保护皇室的城墙"，即便牺牲自己也在所不惜（井上毅宛伊藤書状、1881 年 8 月 6 日、「井上馨文書」）。这意味着伊藤要采取强硬行动，将大隈赶出政府。① 此外，

---

① 坂本一登在《伊藤博文与明治国家的形成》中写道，从 1881 年 7 月下旬到 8 月上旬，井上毅希望早日制定德式宪法的想法仍与伊藤对立。坂本认为，这是因为尽管伊藤不同意大隈提出的引进英国国家体制的观点，（转下页注）

伊藤并没有听从井上馨加快制定宪法步伐的建议。

在此期间，大隈向伊藤提出要募集 5000 万日元公债，设立大中央银行，并联名提议对纸币进行整改。该提议于 8 月 1 日获得批准（『大隈重信関係文書』四卷、475 ~ 482 頁）。伊藤让其提议通过并不是为了与大隈联手合作，而是为了让他放松警惕。关于大中央银行的构想，也因两个月后大隈被赶出政府而被中止。

/ 196

伊藤性格耿直，对背叛自己的大隈采取这样的行动，应该是毫不犹豫的。从伊藤写给井上馨的书信中也能看出，伊藤的这种果决也正是他的长处。

（接上页注①）但对于政党内阁制的敌意没有井上毅那么强烈。书中还写道，"伊藤与井上毅都想争取参议们的支持，竞争十分激烈"（第 57 ~ 59 页）。
藩阀政府中最有实力的伊藤与局长级的井上毅之间竞争激烈——这种思维本身就缺乏历史感和政治现实感。而且该书认为伊藤对政党内阁制没有敌意的阐述也与事实不符。

/ 形成对大隈的包围网

　　由于出售政府资产问题，遭到《东京横滨每日新闻》抨击的开拓使长官黑田清隆，原本是大久保利通去世后萨摩派的一把手。但后来，萨摩派的实力人物，都自然而然地聚集到伊藤身边。1881 年（明治十四年）8 月 2 日，内务卿松方正义写道，关于宪法调查一事，伊藤、松方、黑田、西乡从道参议达成一致（井上毅宛松方書状、1881 年 8 月 2 日、『井上毅伝　史料編』五卷）。大局已经从对大隈建议的批判转为制定德国式的宪法，这对伊藤十分有利。

　　此时关键在于实力派人物岩仓具视右大臣的动向。由于头痛的老毛病时常发作，岩仓告假，7 月 6 日从东京出发前往京都养病。太政大臣三条担心时局，于 8 月下旬和 9 月上旬写了两封信，催促岩仓返回东京。

　　为了解岩仓动向，三条派山田显义参议（长州藩出身）前往京都。9 月 18 日，山田与岩仓见面（「岩倉具視日記」1881 年 9 月 18 日、『大隈重信関係文書』四卷。三条宛岩倉書状、1881 年 9 月 27 日、『岩倉具視関係文書』七卷）。

　　两人在会面中就以下内容进行了交流。第一，强调大隈与福泽互相勾结。山田告诉岩仓，大隈提拔了自己的心腹矢野文雄（统计院干事兼太政官大书记官、福泽门生、原庆应义塾分校校长），并且矢野在暑期休假时到九州进行巡回演说，宣传由于日本还未完全开放，所以目前天皇暂时还是一个"方便的摆设"。山田还说，开设统计院的目的就是为开设国会进行调查。从以上动向可以推断，大隈与福泽之间的联系已经密切到如此地步，而且大隈为求辩解而拜访伊藤家一事，翌日就被刊登在《东京横滨每日新闻》上，类似的事情也可以作为例证。

第二，山田告诉岩仓，内阁团结在三条太政大臣的周围，无需担心，而且针对大隈的包围网已经形成。

但是，岩仓并没有立即答应驱逐大隈，而是说会在天皇结束巡幸回京的 10 月 11 日前回去，并会与伊藤商量后决定。7 月 30 日到 10 月 11 日，天皇前往东北地区和北海道巡幸，大隈以及有栖川宫左大臣、黑田参议、松方内务卿等人随天皇出行。

围绕驱逐大隈一事，伊藤还需要解决另一个问题。那就是留守东京的伊藤等参议决心继续出售开拓使政府资产；而跟随天皇巡幸的有栖川宫左大臣，以及大隈和大木乔任两位参议，即便辞职也要阻止此事。因为这个问题，内阁意见出现分歧，岩仓也感到十分担心（「岩倉具視日記」1881 年 9 月 24 日、『大隈重信関係文書』四卷。前揭、三条宛岩倉書状、1881 年 9 月 27 日）。

可能是因为萨摩与长州之间关系微妙，伊藤为确保获得萨摩派参议的支持，而决心继续出售政府资产，但前提是要得到岩仓和有栖川宫两位大臣的同意。

/ 198

到了 10 月初，伊藤开始与松方内务卿、西乡从道等萨摩派参议，以及黑田协调中止出售政府资产一事。他也获得了盟友井上馨（参议兼外务卿）、山县有朋（参议兼参谋本部长）的协助（伊藤宛松方書状、1881 年 10 月 3 日、5 日、7 日，、伊藤宛井上馨書状、1881 年 10 月 5 日、伊藤宛山県書状、1881 年 10 月 6 日、『伊藤博文関係文書』七卷、一卷、八卷。三条宛伊藤書状、1881 年 10 月 5 日、『大隈重信関係文書』四卷）。

10 月 6 日，岩仓返回东京，7 日与伊藤见面。岩仓也不得不同意让大隈辞职。关于出售开拓使政府资产事宜，黑田虽未同意由自己提出取消，但到了 8 日，说是服从天皇的命令，其实就是对中止出售表示同意（「岩倉具視日記」1881 年 10 月 6 ～ 7 日、同前、四卷）。就这样，驱逐大隈的计划终于完成。

与此同时，政府中枢对开设国会一事达成了基本共识。伊藤向岩仓右大臣提议，开设国会的时机不用去计较一年两年，可以暂定"明治二十三年"（1890），"不急不缓正合适"（岩倉宛伊藤書状、1881 年 10 月 8 日、「岩倉具視文書」〈対岳〉）。对于国会一事，伊藤始终保持十分慎重的态度。

那么，大隈方面对于即将遭到驱逐一事，究竟把握了多少？从 9 月末到 10 月初，大隈方面还并没有获得伊藤及萨摩派等人将向大隈发起攻击的消息（「小野梓意見書」1881 年 9 月 29 日、大隈宛北畠治房書状、1881 年 10 月 3 日、『大隈重信関係文書』四卷）。

从继续同意大隈提出的发行公债、创建大中央银行等构想来看，伊藤在包括情报战在内的战略、战术方面比大隈高明许多。

明治天皇对于政府内部已经就驱逐大隈参议一事达成一致的情况一无所知，他觉得，如果大隈不同意出售开拓使政府资产顶多遭受参议们的"攻击"罢了，于是在 10 月 11 日按原定计划返回了皇居。

天皇一回京，大臣和参议们就上奏天皇，要求制定宪法、开设国会，并罢免大隈。对于罢免大隈官职，天皇态度消极，但由于是内阁的意见，也都认可了。伊藤受命前去劝告大隈辞职，西乡从道与其同行。大隈接受劝告，同意提出辞职。所有事宜均获得了天皇的许可（『保古飛呂比』十卷、1881 年 10 月 13 日）。

10 月 12 日，政府宣布中止出售开拓使政府资产、明治二十三年（1890）开设国会，以及承认大隈辞职。此外，宪法由政府中枢机构负责制定，经天皇亲自裁定后作为天皇的钦定宪法发布，此事也是心照不宣的结果。

10 月 13 日，为表示对罢免大隈的抗议，矢野文雄、犬养毅（统计院权少书记官，毕业于庆应义塾）、尾崎行雄（统计院权少书记官，毕业于庆应义塾）、小野梓（会计检查院一等检查官）等大隈派官员纷纷辞职。有人并未提出辞呈，但因与小野梓等人有关，也被革职。由此可见伊藤影响力之大（岩倉宛伊藤書状、1881 年〔11 月？〕4 日、「岩倉具視文書」〈対岳〉）。

/ 200

10 月 21 日，松方正义（萨摩藩出身，兼任大藏卿）、大山岩（萨摩藩出身，兼任陆军卿）、佐佐木高行（土佐藩出身，兼任工部卿）、福冈孝弟（土佐藩出身，兼任文部卿）四人被任命为新参议。就任参议兼大藏卿这一要职的松方正义虽是萨摩藩人，但说服了黑田在中止出售开拓使政府资产问题上妥协，倾尽所能协助伊藤。就任参议兼陆军卿的大山岩，曾与山县合作统率陆军。

此外，因开拓使政府资产出售问题而遭到民权派等人攻击的黑田，于次年1882年1月11日辞去参议兼开拓长官，就任闲职内阁顾问。

就这样，明治十四年的政变，从1881年3月大隈参议提出早日开设国会和政党内阁的建议书开始，到10月以大隈被免职、次年1月黑田辞去参议兼开拓长官而告终。在这次政变过程中，伊藤在政体构想上毫不动摇地坚持自己的理念，在驱逐大隈一事上决策慎重、行事果断。由此，可以从两方面来说明，大久保去世后形成的伊藤领导体制趋于稳定。

一方面，有可能成为伊藤竞争对手的出身其他藩的实力派人物，如大隈（佐贺藩出身）和黑田（萨摩藩出身）不是下台就是遭到重创。当然，从伊藤的性格来看，在1881年上半年这一时间点上，他并不希望他们下台，反而希望与他们合作对抗民权派，以有序的方式建立立宪国家。

另一方面，在政变过程中，萨摩出身的西乡从道参议、松方正义等人受伊藤所托积极活动，相当于伊藤派系的官员。如前文所述，大久保遭到暗杀之后，伊藤力挺西乡从道就任参议，并于1878年12月在设置陆军参谋本部时，考虑到作为少数派的萨摩海军而与西乡从道商讨并采取了具体行动（岩仓宛伊藤书状、1878年11月15日〔二通〕、12月4日、5日、「岩仓具视文书」〈对岳〉）。伊藤做事公平，并具有领导才干，这些都为他赢得了西乡从道等萨摩派官员的信任。

伊藤获得萨摩派的信任，与大久保获得伊藤、山县等长州派人物的信任类似。伊藤的权力横跨萨摩与长州两大势力。

伊藤保持与实力派人物岩仓右大臣的合作，并稳固与盟友井上馨（参议兼外务卿）、山县（参议兼参谋本部长）等长州派官员的关系，通过西乡从道、松方等人将影响力扩展到了萨摩派。

尽管如此，由于萨摩与长州的对抗意识根深蒂固，如果在日清战争之前发生什么变故，导致伊藤伤及萨摩实力派人物，萨摩派就会立刻拥立黑田为盟主，团结一致，对抗伊藤。

第九章

对宪法调查倾注的热情
——日本的传统与欧化

/ "宪法政治"的抱负与重压

　　明治十四年政变的结果是，日本决定在九年后的1890年（明治二十三年）开设国会。为此，不仅要制定宪法，还要制定其他各类法令。制定作为基本大法的宪法，必须要对欧洲君主国家的政治现状进行实际考察，思考政治与法令之间的关系，确立一个大致框架，决定如何来改变日本的国家结构。否则，制定出来的宪法到运作阶段就会举步维艰。

　　为考察宪法，伊藤于1882年（明治十五年）3月14日出发前往欧洲，次年8月3日回国。对于那次调查，他是这样回顾的。

　　　　明治十五年，为研究立宪政体的策划实施，同时进行包含31个课题的研究项目，我受君命出访海外。使命重大，不知自己能否不负圣恩，惶恐不安。但君命已出，我决心竭尽全力回报君命。

　　　　　　（「憲法立案の経過と其の理論と概説」〔直話〕、『伊藤公全集』三卷、179～180頁）

　　如前文所述，包括大隈在内的大臣、参议，甚至连精通法律的井上毅等人都认为制定宪法并非难事，因为他们不像伊藤那样考虑到，要将在完全不同的文化土壤中形成的宪法引进日本，其难点不仅在于制定阶段，而且在于实际运作阶段。正因为伊藤对于西欧文化具有极强的洞察力，他才知晓制定宪法之难。伊藤对于宪法的思考包括制定和运作两个方面，他希望"宪法政治"①
在日本扎根生长。

其实，前往欧洲开展宪法调查一事并非伊藤主动提出的。而
且，关于由伊藤负责宪法调查一事，政府内部意见也并不一致。
这究竟是怎么一回事呢？下面我们将考察其来龙去脉。

---

① 伊藤从《大日本帝国宪法》制定 10 周年的 1899 年前后开始经常使用"宪法
政治"一词，如日本终于通过了"宪法政治"的考试等。伊藤前往欧洲开展
宪法调查，1882 年 8 月师从施泰因教授学习宪法之后信心倍增。他认为，宪
法是大体之事，无需太过劳费心力，但"施治"（宪法的运作实施）和"经
济"两点事关国家兴亡；同时指出，要实现"宪法政治"，"帝家之法"（宪
法）、"政府组织"和"立法府组织"不可或缺（伊藤博文「国会及憲法に対す
る意見主簡案」、「伊藤博文文書」国立国会図書館憲政資料室所蔵）。"宪法政
治"一词，很早就出现在伊藤所写书信之中。例如，1882 年 11 月 30 日写给
三条实美、岩仓具视的书信（『伊藤博文伝』中卷、332 頁），1883 年 4 月 27
日写给井上馨的书信（「井上馨文書」）。

/ "神经衰弱"

伊藤被派往欧洲的直接起因是 1881 年（明治十四年）11 月
6 日寺岛宗则（元老院议长）向岩仓右大臣提出的建议（稲田正
次『明治憲法成立史』上卷、565 ～ 566 頁）。

关于伊藤访欧开展宪法调查一事，当时参议中持怀疑、反对
意见的不少，如佐佐木高行、山田显义、大木乔任三人。岩仓右
大臣一开始的态度也非常消极。可以推测，在这种情况之下，伊
藤访欧得以实现，是因为井上馨参议努力说服了山县、大山、西
乡从道等参议。

根据佐佐木高行的日记，11 月 23 日，井上馨请佐佐木、
大木、福冈孝弟三位参议到其官宅说明情况，请他们同意伊藤
访欧。

　　设立"国会"，最重要的就是"立宪政体"。所有人都
关注并认为这是"美事"，但其实我也听闻有不少弊端。所
以，我希望政府能派伊藤前往欧洲一年，对宪法进行充分研
究，回国后制定各类规范章程。我〔井上馨〕也因为吉田
〔清成〕公使回国，被任命担任美国公使。我也会尽可能地
〔对美国的制度〕进行研究探讨，希望能〔对宪法制定〕起
到参考作用。而且，"最近伊藤也因思虑过度而引发神经衰
弱，连日彻夜不眠，要饮酒一升，方能就寝"。这种"状态"
相当不好，索性"借此机会"让其访欧一年进行疗养。

由此可见，甚至连伊藤的盟友井上馨，也没有从宪法调查本
身的必要性出发，而是希望将伊藤访欧为自己驻美所用，并让伊

藤静养治疗"神经衰弱"。

对伊藤为开展宪法调查访欧一事持怀疑态度的还有官方的《东京日日新闻》、在野派的《东京横滨每日新闻》《朝野新闻》《邮便报知新闻》等拥有影响力的报纸（瀧井一博『ドイツ国家学と明治国制』171～173頁）。

根据本书描述的史实，可以对伊藤这一时期的情况有一定的了解。明治十四年政变将大隈逐出政府。伊藤将当时这个大问题解决之后，很快就在调查与制定宪法、如何让"宪法政治"在日本扎根这些问题上感到了极大的压力。而且，这次调查不是以英语圈为主，而是以德语圈为主。伊藤不懂德语，而且包括盟友井上馨在内，所有人都没有认识到宪法调查的重要性，伊藤自己也没有相应的知识能力向他们解释其意义所在。

种种压力让平日坚强的伊藤也患上了"神经衰弱"，开始酗酒。所以，伊藤首先失去了自己主动提出开展宪法调查的机会。

1882年3月3日，天皇命令伊藤对欧洲立宪国家的组织和实际情况开展调查。调查项目共有31项，包括宪法及其运作、皇室制度、内阁制度、议会制度、司法制度、地方制度等，涉及范围相当广泛，并十分注重各组织之间的关系等具体运作。这些内容可以说是伊藤提出的，调查项目反映的是其本人意见。

/ *206*

3月14日，伊藤乘坐英国"格里克号"轮船从横滨港出发。山崎直胤（太政官大书记官）、伊东巳代治（参事院议官辅）、河岛醇（大藏权大书记官）等人作为随从同行。

其中还有32岁的西园寺公望，他后来成为伊藤的接班人、伊藤创设的真正政党——立宪政友会的第二代总裁。西园寺在巴黎大学等大学学习生活了九年半，精通法国法律，大约一年半前回国。明治十四年政变发生后，他成为为开设国会而设立的参事院议官辅，在伊藤的推荐，三条、岩仓的同意之下，刚刚开始在政府工作。介绍西园寺和伊藤认识的是岩仓具视（伊藤之雄『元老　西園寺公望』第二、三章。岩倉宛三条書状、1881 年 11 月 2 日、「岩倉具視文書」〈対岳〉）。

与西园寺拥有同等资格的岩仓右大臣的嗣子具定（后任宫内大臣），也是伊藤的随行人员之一。此外，岩仓的女婿户田氏共也自费随行，可见伊藤对于岩仓的感情。伊藤临行前几日，岩仓带着美酒佳肴到伊藤的高轮府邸为他饯行。后来，岩仓还特意前往横滨港送伊藤出发（「岩倉具視」〔直話〕、『伊藤公全集』三卷、9 頁）。但未料岩仓在伊藤回国两星期前去世，这一别就成了永别。

1882 年（明治十五年）5 月 5 日，伊藤一行抵达那不勒斯，16 日抵达柏林。他们三天后见到了柏林大学的教授格耐斯特（Rudolf von Gneist），就宪法学习开了一个碰头会。格耐斯特将此事全权委托给其弟子莫斯（Albert Mosse）。宪法课程从 5 月 25 日开始，一直持续到 7 月 29 日。

/ 207

德国首相俾斯麦就在柏林，当时正因烟草专卖法与议会产生对立。伊藤感觉与其和公务繁忙的俾斯麦等政治家见面，不如与学识渊博的老师们闲聊收获更多，所以在柏林待了近两个月，都没有与俾斯麦首相会谈。这让青木周藏公使十分担忧（井上馨宛伊藤書状、1882 年 7 月 5 日、「井上馨文書」）。

但是，由于伊藤不懂德语，也没有学过与德国相关的知识（德国学），所以一开始还是相当艰难的。他在写给盟友井上馨的信中曾坦言，他在对德国宪法和行政进行调查过程中，发现"技术性"用语很多，让他们用英语解释后才能明白，感觉非常困难。

尽管如此，伊藤在信中还写道，"探讨宪法的优劣得失，如入废寝忘食之境"。从这句话可以看出他的兴奋与喜悦。关于条文，伊藤觉得可以基本理解其文意，但无法完全领会宪法的"精神和实施"。如果仅仅做学术分析研究，而不深入探讨其"〔实际〕事项"，就只能停留在表面理解上，而他希望能真正"入其骨""究其源"，为"〔日本制定宪法〕获得启迪"。

由于格耐斯特教授 8 月上旬要到奥地利温泉避暑。于是，伊藤也与他一同前往奥地利，拜访并请教了维也纳大学的著名教授施泰因（同前）。

/ 208

尽管伊藤因不懂德语和德国学而遇到了许多困难，但他在短期内就开始取得成果，其原因如下。第一，至此为止，他在内务省、工部省、大藏省等各部门任职，从中层到上层，拥有丰富的行政工作经验。所以，虽然德国与日本在制度上存在差异，但对于熟悉政治和行政的伊藤来说，解决这一点并非难事。

第二，伊藤曾利用英语学习过美利坚合众国的宪法、宪法制定史、英国国制（宪法）形成史等，所以能够把握法律和行政在学术方面的重点。

第三，明治十四年政变前，伊藤对于井上毅的宪法意见、民间宪法草案等各种私拟宪法案进行过探讨，并研究过分歧焦点。这些都对理解德国宪法等发挥了重要作用。

此外，在和伊藤一同开展宪法调查的随行人员中，也有人并不理解伊藤的宪法调查目的。所以，宪法调查团本身方向并不完全一致（瀧井一博『ドイツ国家学と明治国制』177～179页）。这是因为：一方面，他们中没有人能像伊藤那样对于宪法调查的使命有深入的理解和认识；另一方面，也是因为伊藤自己为理解德国法和德国学倾注了全部心血，所以无暇顾及随从的教育问题，没有对他们进行指导。

然而，伊藤从宪法调查的随行人员中发现了西园寺公望、伊东巳代治等人才，并给予他们学习的机会。他们后来辅佐伊藤开展制定宪法等工作，并成为伊藤的心腹。这可以说是伊藤宪法调查的意外收获。

1882 年（明治十五年）8 月 8 日，伊藤抵达维也纳，并于当日与施泰因见面。

伊藤听了施泰因学说后感触颇深，次日就立即写信给岩仓具视，但这封信没有寄出（稻田正次『明治宪法成立史』上卷、583～584 页）。

信的主要内容是：①英国人认为政府（行政）是由在国会中占多数席位的党派首领负责，法国人认为政府是国会多数意见的侍从，德国人则认为政府虽采纳多数意见，但拥有"独立行为权"；②（德国）君主亲自掌握立法行政大权，没有一个法律可以不通过君主的认可，没有一个"设施"可以不获得君主的许可；③由此可见，"邦国"即"君主"，"君主"即"邦国"也是可以成立的，但这种政治不是（君主）专制。"立宪君主国家"需要立法组织（议员）、行政组织（各大臣的配合）以及所有"政治"遵从一定的"组织纪律"开展工作。

伊藤在与施泰因教授进行的对话中感触最深的是：

第一，尽管德国是君主专制国家，但也采纳国会的多数意见，国会与政府发生对立时，最终决定权在君主手中，伊藤对德国的政治与君主之间的关系有了体系性的了解（①和②）；

/ 210

第二，在此基础上，他将德国案例一般化，理解了君主国家也可以不是君主专制，立宪国家可以通过一定的"组织纪律"，实施包括君主在内的立法、行政等所有"政治"（③）。

也就是说，君主是受国家制约的一个机构，君主可以受到立法府、行政府的制约（君主不可以完全无视立法府、行政府的意见而自由行动）。这种想法否定了君权神授、君主专制的思维方式，是当时欧洲君主制中最为先进的学说——君主机构说。

伊藤通过与施泰因的会谈，理解了这一学说的精髓。他为终于找到制定符合日本国情宪法的突破口而深感喜悦。因为日本天皇自古就不亲政（即非天皇专制）。①

---

① 坂野润治在引用伊藤这封书信时，只引用了①的部分，他对"（伊藤）究竟为研究什么而去欧洲持怀疑态度。因为这些结论在明治十四年政变以前井上毅、福泽谕吉、中江兆民等人的宪法论争时就已经十分明确了"，并认为"伊藤去欧洲当地学习宪法是为了扩张自己的权势"（『日本歷史大系』四卷、612～613頁）。

其实，伊藤从施泰因那里学到的最为重要的是第③点，即君主机构说。政治并非君主专制，而是在立宪君主国家，立法、行政以及所有政治都遵从一定的"组织纪律"。还有一点，就是我接下来要说的，8月11日伊藤在给岩仓右大臣信中提及的想法：君主的地位已经为历史所确保，与宪法制定和国会无关。

然而1882年4～5月，一份由井上毅起草的宪法私案，寄到了访德的伊藤手中。这份宪法私案包括"内阁应由天皇御临、亲裁万机"（第33条）等强烈要求天皇亲政的条款；但皇位继承（第23～24条）、设置摄政（第26～27条）都需要通过"内阁发议""元老院〔上院〕决议"。这就意味着皇位继承排斥臣民干涉的皇室自律原则不复存在（大石眞「井上の憲法私案について」、家永三郎、松永昌三、江村栄一編『新編　明治前期の憲法構想』461～467頁）。

由于井上毅的宪法私案缺乏伊藤从施泰因那里学到的精髓，所以完全无法让伊藤满意。关于井上毅、福泽、中江等人在明治十四年政变以前的宪法讨论，我与坂野持不同观点，因为他们那时不可能知晓伊藤从施泰因那里学到的理论。

1882 年（明治十五年）8 月 11 日，伊藤将之前写给岩仓右大臣的书信寄出（『伊藤博文伝』中卷、294 ～ 299 頁）。伊藤在这封信中表现出了信心。首先，他在德国师从著名的格耐斯特、施泰因学习，对国家组织有了一个大体上的了解，并基本上对稳固皇室基础、确保（天皇）大权不减这个最重要的目标心里有数。他还在信中写道，针对那些把"英美法自由过激论者的著述"当作"金科玉条"，盲目相信、企图颠覆国家的人，他已经找到相应的"理论和方法"，所以"死而无憾"了。

其次，伊藤在 8 月 9 日写给岩仓但未寄出的信中写到"君主国家与专制国家不同"，他没有加入容易引起误解的词句，而是强调"君位、君权建立在立法之上"。

伊藤这样做的目的在于强调政府的行政权。一旦政府与议会发生对立，新法即便在议会决议中通过，如果无法获得政府认可，君主也不会允许发布，该法律就不会成立。这十分符合日本当时的实际情况。从理论上讲，这是行政权对君主权的制约，但在此信中没有明确表示。

此外，信中还强调了君主权，认为君主的地位自古至今已经从历史角度得以确保，不需要通过制定宪法、创设国会来进行认可。

最后，伊藤提出对因西南战争入狱的陆奥宗光等人减刑的建议。陆奥和伊藤交好，两人在明治维新之后常与大隈、井上馨等人出入木户孝允府邸，他们胸怀大志，一同讨论未来。提出早日开设国会和政党内阁制的大隈离开后，伊藤十分希望能有志同道合的人和他一同建设近代国家。多一个人，就能多一份力量。

　　正如泷井在书中所写，伊藤见到施泰因后，完全为其学说倾倒。19 天后，他给山田显义参议兼内务卿（长州藩出身）写信，希望能邀请施泰因访日。

　　8 月 28 日，伊藤在柏林陪同德国皇帝威廉一世进餐；8 月 30 日，与被派参加俄国皇帝即位仪式的有栖川宫炽仁左大臣在巴黎见面；9 月 18 日，听施泰因讲课。这时，伊藤已经向政府提出申请，希望延长在欧洲停留的时间（山县有朋宛伊藤書状、1882 年 9 月 23 日、『山県有朋関係文書』一卷）。由此可见，施泰因对伊藤产生的影响之大。

　　伊藤推荐有栖川宫等人一同听施泰因讲课，栖川宫从 10 月开始和伊藤一起听课。11 月，伊藤邀请施泰因访日，但施泰因以年事已高为由谢绝（瀧井一博『ドイツ国家学と明治国制』175 ～ 182 頁）。11 月 5 日，伊藤离开维也纳，14 日开始在柏林听莫斯授课。

伊藤在欧洲进行的宪法调查，受施泰因的影响最大。施泰因的主要观点有：①虽然行政权应占优，但最好将行政权、君主权和议会权限这三权保持紧张制衡（三权都很重要，反而君主权应受到限制）；②宪法应反映该国固有的历史；③历史在变化，所以宪法运作和制度的变化也是理所当然的。

据此，伊藤将以宪法为依据、对君主权进行限制的想法引进了日本。这就是 19 世纪上半叶，受欧洲革命影响后出现的宪法理论中最先进的学说——君主机构说（瀧井一博『ドイツ国家学と明治国制』第五章、補論。瀧井一博『文明史のなかの明治憲法』第二章）。大约 30 年后，东京帝国大学法律学科宪法学教授美浓部达吉提出的"天皇机构说"，也可以说是这一学说的延续。

/ 214

出访德国之前，伊藤原想以德国宪法为范本，然后按照日本国情进行调整。在见到施泰因之后，伊藤对于原先的想法有了确信。如前所述，伊藤认为，宪法规定君主拥有主权，但该权力委任给各个机构，且无法随意剥夺。他希望根据日本的这一传统进行说明，限制君主权。所以，从限制君主权的意义来说，伊藤将真正的君主机构说引进了日本。

与施泰因的相遇，使伊藤在德国、奥地利开展的宪法调查收获颇多。宪法调查原定为期一年，伊藤提出的延长申请获得批准，政府允许其在 1883 年（明治十六年）6 月中旬前回国。

1883 年 2 月 19 日，伊藤离开德国，途径比利时的布鲁塞尔；3 月 3 日，抵达伦敦，在那里停留了约两个月，对英国的宪政运作开展了研究（『伊藤博文传』中卷、332 ～ 355 页）。

关于在英国停留的日子，伊藤写信告诉盟友井上馨参议兼外务卿，这两个月基本上天天都在调查。关键的地方应该是"彻底"理清了，但感觉"宪法政治"越学越"难"（井上馨宛伊藤书状、1883 年 4 月 27 日、「井上馨文書」）伊藤认为，英国宪政模式十分重要，未来的日本政治应以此为蓝本。

如前文所述，明治四年（1871 年）伊藤开始对美利坚合众国的宪法以及近代历史中首个共和制国家产生兴趣，阅读了大量英语著作。与井上毅等其他德国宪法论者相比，伊藤的整体优势在于，他不仅对德国宪法和德国宪政进行研究，而且并不排斥与之几乎相对的英国国制（宪法）和宪政，对其进行研究、探讨，由此获得了同等的理解。

也就是说，在 1882 年到 1883 年对宪法进行调查时，伊藤就考虑到将来日本宪政时机成熟时，可以像英国宪政那样运用即将开始制定的日本宪法。具体而言，就是对天皇（君主）的政治参与进行控制，行政部门以尊重立法部门意见的方式，形成政党内阁制，天皇对此进行认可即可。

后文将会讲到，伊藤在日清战争之后提出与政党合作。大约 18 年后，伊藤创立其理想中的政党——立宪政友会，希望完成"宪法政治"。这并不是伊藤的失误，而是为实现其理想而迈出的第一步。

1882~1883 年，伊藤在德国和奥地利的宪法调查告一段落之后，开始访问德国各地，考察欧洲局势。

伊藤得出了这样的结论：英国统治埃及，法国统治越南，欧洲各国重新开始扩张殖民地。无论表里，其实没有任何国家真正同情日本。他认为，这与是不是基督教国家有关。因此，日本为保持国家独立，必须扩充军备，绝不可放松防范警戒（松方正義宛伊藤書状、1883 年 1 月 8 日、『伊藤博文伝』中卷、334～339 页）。在那个阶段，伊藤的外交认识还未成熟，认为是基督教将西欧团结在了一起。

/ 216

1883 年（明治十六年）1 月 30 日，伊藤会见了德国首相俾斯麦。关于修订条约，俾斯麦首相向日本表示了友好的姿态，还亲自斡旋替代施泰因赴日的恰当人选（井上馨宛伊藤電報、1883 年 1 月 30 日、『伊藤博文伝』中卷、348～349 页）。

此外，在伊藤和驻德公使青木周藏的努力之下，德国默默地为日本修订条约进行斡旋，向各国发出了通知（井上馨宛伊藤書状、1883 年 1 月 8 日、4 月 27 日、「井上馨文書」）。

欧洲此行，伊藤不仅掌握了有关宪法制定及其运作的基本思想，还亲身体验到了帝国主义时代欧洲列强对亚洲各国的冷酷态度。尽管如此，伊藤在其访欧的最后阶段明白了无论是不是基督教国家，只要根据本国发展国情，开展合理耐心的交涉，也有例如俾斯麦首相那样对日本友好的国家领导人。

也就是说，伊藤知道欧洲列强之间也存在矛盾，充分理解并按照它们的行动规则开展合理的交涉，就有可能开辟新路，这使伊藤信心大增。

　　1883 年 8 月 4 日，伊藤及随行人员乘坐的"泰纳伊斯号"法国轮船驶入横滨港。在离开中转港上海之后，尽管风浪渐强，但伊藤的"气力越发旺盛"（『東京日日新聞』1883 年 8 月 6 日）。但遗憾的是，始终支持伊藤的岩仓右大臣，在两星期前离世。

　　明治天皇特意命人给伊藤送去了大桶美酒和精美料理，以犒其劳。8 月 6 日，伊藤前往皇宫，参见天皇，汇报访欧见闻等，并与三条实美太政大臣、有栖川宫左大臣、山县参议、福冈孝弟参议等人一同享用天皇所赐的午餐（『明治天皇紀』六卷、94 頁）。

　　就在同一天，官方报刊猜测，伊藤将位居参议上席，执掌"Prime Minister"（首相）实权，不知其施政方略会与德国首相俾斯麦相似，还是会与英国首相格莱斯顿相似（『東京日日新聞』1883 年 8 月 6 日）。官方报刊对于伊藤的期望很高。如前文所述，伊藤希望将来日本能成为英国式的立宪君主制国家，但目前先对德国范本加以修改，建立日本的立宪君主制，虽然这个想法还十分模糊，但看来获得了认可。

　　8 月下旬，出狱后的陆奥宗光（前大藏省租税头、元老院副议长）拜访伊藤，两人畅谈。伊藤后来回访陆奥（『東京日日新聞』1883 年 8 月 23 日、24 日）。就这样，为实现"宪法政治"，伊藤与陆奥再次携手。

第十章

内治为先、日清协调
——就任第一代内阁总理大臣

/ 甲申政变

　　明治维新后，走上近代化道路的日本与传统大国清国之间曾围绕琉球的国界等问题产生对立，如前文所述，1879 年（明治十二年），在伊藤参议兼内务卿的主导之下，琉球作为冲绳县被划入日本领土（见本书第七章）。

　　到了 19 世纪 80 年代，日本为促进朝鲜的近代化而积极采取措施。这是因为朝鲜身为清国属国但国力甚弱，日本为防止俄国向南侵略，试图在朝鲜培养亲日派。

　　就这样，朝鲜的高宗王妃闵妃（明成皇后）家族，在日本的支持下开始推动近代化改革。其中包括兵制改革，但 1882 年（明治十五年）7 月 23 日对改革心怀不满的旧军队士兵发生哗变，并与开国之后生活窘困的民众联合袭击了位于首都汉城（现在的首尔）的日本公使馆等地，这就是"壬午兵变"。

　　此事发生时，伊藤正在欧洲进行宪法调查。由于岩仓具视右大臣身体状况欠佳，主要由井上馨参议（外务卿）和山县有朋（参事院议长）负责处理此事。两人否定了黑田清隆等萨摩派的强硬路线，于 8 月 30 日签订了《济物浦条约》，避免了与清国开战的危机（高桥秀直『日清戦争への道』29 ～ 74 页），也就是说伊藤领导体制的中坚力量解决了此事。

　　1884 年（明治十七年）12 月 4 日，也就是壬午兵变 28 个月后，金玉均等朝鲜激进开化派在汉城与竹添进一郎公使和日本驻屯军联合发起政变，"甲申政变"由此开始。金玉均等人拥立国王一时夺取了政权，但 6 日就遭到与清军联手的朝鲜亲清派的反击而惨败。在这场混乱之中，30 多名日本侨民被杀，日本公使馆也被烧毁，金玉均等人逃亡日本。

12 月 19 日，日本政府召开内阁会议决定了今后方针：委派井上馨参议作为特派全权大使出访朝鲜。但为了避免与清国开战，对朝鲜的干预只能采取消极态度。井上馨的意见与伊藤一致，避免与清国交战，推动宪法制定等日本近代化进程。

和壬午兵变发生时相同，萨摩派一把手、担任内阁顾问闲职的黑田清隆，在萨摩派对清强硬论者的支持下，希望成为朝鲜特使，但被伊藤和井上馨强行压下，结果由井上馨出任特使。

井上馨在两个大队（约 1200 名将士）的护卫之下进入汉城。次年，1885 年（明治十八年）1 月 9 日，日本与朝鲜签订了《汉城条约》。内容包括，朝鲜方面向日本道歉，并赔偿日方的损失等（同前、142 ～ 162 頁）。

/ 请愿作为特派全权大使前往清国

虽然日本与朝鲜签订了《汉城条约》，但汉城仍被控制在清军手中。朝鲜虽为清国属国，但只是向清国朝贡等，从属关系比较疏松。然而，如果清国在汉城继续驻兵，清国就会对朝鲜进行实质性的控制。为此，日清之间必须进行交涉。

与甲申政变发生时相同，伊藤和井上馨两位参议都希望避免与清国开战；但萨摩派的将军们主张开战，西乡从道参议兼农商务卿（前陆军卿）、川村纯义参议（海军卿）也受其影响。同时，福泽谕吉开办的《时事新报》也发现了政府内部的这一对立，支持对清开战论，这使萨摩派的主战派势力大增。

1885 年（明治十八年）1 月中旬，身居闲职的黑田清隆请愿作为特使派往清国。1 月末，伊藤和萨摩派、长州派的参议为此事开会讨论，并协调想请黑田参加（黑田宛伊藤书状、1885 年 1 月 29 日、「黑田清隆文書」国立国会図書館憲政資料室所蔵）。但黑田的请愿再次遭到拒绝，令其颜面尽失。由于黑田本人以及萨摩派都无法如愿，结果只能派掌权的伊藤前往清国。

2 月 7 日的内阁会议，经过长时间的讨论之后，做出了派遣伊藤前往清国的决定，并向清国提出撤军并处罚引发日清两军冲突的清国将领。32 岁的明治天皇也莅临这次内阁会议，并发布"与清国之事必须和平解决"的诏令，此举可谓特例。由此可见，天皇也希望避免与清国开战（高橋秀直『日清戦争への道』163 ～ 172 頁）。

这可能是因为伊藤、井上馨获得了长州派的山县、山田显义，以及天皇亲信、亲政论者佐佐木高行参议等人的支持。而且也有可能与松方正义（大藏卿）、山县以及大山岩（陆军卿）等萨摩派参议不是主战派有关。

其实，伊藤和井上馨等人可以通过自身的权限将此事强压下去，但他们的目标是制定宪法、创设近代内阁制度，需要解决许多内政上的问题，所以他们不希望在解决清国问题时与萨摩派结仇。如前文所述，甲申政变原本是因为日本方面利用朝鲜激进开化派政变计划才发生的。但内阁会议决定向清国要求处罚导致日清两军冲突的清国将领，这可能是为了安抚萨摩派主战派将军，以及受其影响的参议。

2月24日，伊藤作为特派全权大使前往清国。另外，天皇还下诏让西乡从道参议与其同行（『明治天皇纪』六卷、366～369頁）。

关于由伊藤担任全权大使、西乡同行一事，井上馨、山县以及西乡从道等人也都商量过（伊藤宛井上馨書状、1885年2月15日、16日、『伊藤博文関係文書』一卷）。

/ 222

西乡从道属于萨摩派，与伊藤关系很好。如前文所述，大久保死后推荐他做参议的并不是成为萨摩一把手的黑田，而是伊藤和岩仓。3月6日清晨，伊藤出发前往清国，途中经过长崎的时候，他写信给内阁成员，表示担心清国会拒绝从朝鲜撤兵（内阁诸公宛伊藤書状、1885年3月6日、「三条家文書」）。让西乡从道同行，也是考虑到万一与清国谈判不顺，避免萨摩派记恨伊藤。派伊藤前往清国一事，可以说是由伊藤领导体制的中枢主导的。

/ 签订天津条约

1885 年（明治十八年）3 月 14 日，伊藤抵达天津，随后进入北京；从 4 月 3 日开始，与清国政府中的实力派大臣李鸿章（北洋大臣）进行谈判。驻日英国公使普伦基特（Francis Richard Plunkett）向日方转达了清国同意撤兵的意向，这个消息似乎也传到了伊藤那里。所以伊藤在谈判的时候，提出原定方案、强烈要求清国处罚将领和赔偿。当然，这遭到了李鸿章的拒绝。

4 月 7 日，举行第三次会议时，谈判濒临破裂。9 日，伊藤给井上馨发了电报，告诉他如果李鸿章坚决拒绝的话，谈判就会破裂（高橋秀直『日清戦争への道』176 页）。

大约 10 年半以前，大久保利通参议曾因出兵台湾问题，做好了与清国决裂的心理准备，并进行了十分艰难的交涉，最后迫使清国让步并赔偿。这样既避免了与清国开战又保存了日本的体面，还暂时性地修复了藩阀政府内部的裂痕。伊藤定是希望效仿大久保当年的胸怀与魄力。

在伊藤的强硬要求之下，清国方面虽然坚持不对本国将领进行处罚，但在赔偿方面做出了妥协，同意由朝鲜支付"抚恤金"（实际费用由清国承担）。驻清英国代理公使也为了避免日清谈判破裂，提出设置调查两军冲突事件委员会的妥协方案。同时，日本政府方面以井上馨外务卿的名义发来电报，要求伊藤努力和平解决此事。

4 月 18 日，伊藤与李鸿章终于签订了《中日天津条约》。条约规定，日清两国需从朝鲜撤兵，如要再次派兵，事前必须彼此通告。有关清国将领处罚以及赔偿问题，李鸿章保证，如果调查结果表明是清国士兵不法行为所致，会对负责将领进行处罚（同前、176～177 頁）。

伊藤此行的目的，一是避免与清国开战，二是条约内容不会引起国内不满、不被萨摩派怨恨。从这两点来看，伊藤的清国之行大获成功。

/ 慧眼识原敬

此次清国之行，伊藤还有一个意外收获，那就是发现了一个人才——29 岁的天津领事原敬。原敬当时已经与中井弘（滋贺县县令）之女贞子结婚。中井虽是萨摩人，但并不喜欢萨摩派，和伊藤、井上馨等人关系不错。因为原敬是好友中井的女婿，伊藤至少应该听过其名字。

1885 年（明治十八年）3 月 14 日，伊藤一行抵达天津。除 3 月 17 日到 4 月 2 日去了北京以外，他们其他时间都住在天津领事馆。4 月 19 日，伊藤离开天津回国。所以，伊藤在此期间有 20 天左右与原敬进行了充分的交流（『原敬日记』1885 年 3 月 17 日～ 4 月 19 日）。

不仅如此，3 月 24 日，原敬奉驻清公使榎本武扬之命，会见李鸿章，巧妙地否定了日本要与清国开战的流言。榎本公使对原敬的报告十分满意，并让伊藤阅读报告（山本四郎『評伝原敬』上卷、160 ～ 165 页）。原敬为成功签订《中日天津条约》发挥了重要作用。

同年 8 月 10 日，伊藤随天皇行幸去了神户。正好从天津回国、与老丈人滋贺县县令中井弘一家去大津等地旅游的原敬，连续两天去神户面见伊藤（『原敬日记』1885 年 8 月 10 ～ 11 日）。藩阀中最高实力参议连续两天接受一个领事的访问，可见伊藤对于原敬这个人才的认可程度之高。

后来，伊藤就任枢密院议长，完成宪法制定工作，想让原敬担任自己的秘书。但那时，原敬在农商务省任职，出于对井上馨大臣的情义而没有答应（『原敬日记』1890 年 1 月 13 日）。

/ 启动大改革

1883 年（明治十六年）8 月，结束宪法调查的伊藤回到日本，主要面临着三大任务。

第一，制定规定日本宪政的宪法、议院法、众议院议员选举法、贵族院令等宪法附属法律，以及规定皇室制度框架的基本法（后来的皇室典范）。

第二，创立符合新宪法的近代内阁制度、官员组织以及作为上院成员的贵族（后来的华族），还需要将内阁与宫廷进行分离。

第三，对宫中制度仪式进行改革，使其符合宪法，以及同时制定的皇室基本法。[①]

在制定宪法和皇室典范之前，日本政府以伊藤为中心，先着手解决第二、三项大任务。让我们来简单地看一下。

结束宪法调查的次年 3 月 17 日，伊藤为制定宪法设立了制度调查局，并亲自兼任长官。他从宪法调查随员中挑选了伊东巳代治（参事院议官辅）和岩仓具定（参事院议官辅）两人到制度调查局兼任，还让井上毅（参事院议官）等 15 人兼职负责调查局工作。伊藤特别委派井上毅、伊东巳代治、金子坚太郎（太政官权大书记官，毕业于哈佛大学法学专业）负责宪法调查。

因为井上毅自以为是德国宪法通，喜欢将自己的意见强加于

---

① 在欧洲进行宪法调查的伊藤，也十分关心宫中改革的调查。1883 年 1 月，伊藤与新驻日德国公使登霍夫（Otto Graf von Dönhoff）伯爵夫妇见了两三次面。因为他们对德国的宫中例典等非常熟悉。所以，伊藤告诉岩仓右大臣等人，他们是日本宫中改革最佳的咨询人选（岩仓·井上馨·德大寺实则宛伊藤书状、1883 年 1 月 28 日、「三条家文书」国立国会图书馆宪政资料室所藏）。

人。可能是因为伊藤对他有点头疼，担心他会自作主张，就没有让他参加欧洲宪法调查。

回国之后，宪法制定工作正式进入准备阶段，伊藤任用精通法律、文采极佳的井上毅，宪法调查团中对德国法、德国学理解得最为透彻的伊东巳代治，以及精通英语、熟悉英美法政治的金子坚太郎。他们三人各有所长、风格迥异，可谓最佳组合。

由于伊藤本人也学习并掌握了美利坚合众国建立第一个近代共和制国家的历史和宪法制定过程，以及英国的国制（宪法）、历史等知识，所以能够抓其本质，制定以德国为范本的日本宪法，实现"宪法政治"，而且从他任命的三个负责宪法制定准备工作的人选也能看出他的志向。在广泛理解海外文化的同时，努力制定与日本传统相和谐、符合日本国情的宪法和政治制度，这是伊藤的不同寻常之处。

伊藤参议担任制度调查局长官，还希望兼任宫内卿。因为他希望在创设近代内阁制度的同时，正式着手宫中改革。

但由于至此为止，从没有大臣、参议等内阁成员兼任宫内卿的先例，所以许多人都表示"惊讶"万分，宫内省也对其保持怀疑态度。天皇虽然赏识伊藤的"才干"，但担心他"喜好洋风，把洋风灌输到宫中"，所以起初对于任命一事较为消极。

当然，伊藤不会为兼任宫内卿而自己去活动，他让盟友井上馨参议（兼任外务卿）帮忙。最后，天皇也同意了。伊藤在兼任制度调查局长官 4 天之后，于 3 月 21 日受命兼任宫内卿（井上馨宛伊藤书状、1884 年 3 月 19 日、「井上馨文书」。伊藤宛井上馨书状、1884 年 3 月 19 日、『伊藤博文文书』一卷。『明治天皇纪』六卷、184 頁）。

在伊藤参议的指挥之下，制度调查局制定了《华族令》，并于 1884 年（明治十七年）7 月 7 日正式颁布。7 月中旬之前，政府公布了授予公爵、侯爵、伯爵、子爵、男爵爵位的 504 人的名单。最高爵位的公爵、侯爵授予公家、德川家、原实力藩主。伊藤和同为长州藩出身的山县、井上馨，萨摩藩出身的黑田、松方、大山岩等人都被授予伯爵爵位，与原中坚藩主同一级别。爵位的选定工作，是伊藤与萨摩派的黑田清隆等人商量，并与三条实美太政大臣联手进行的（三条宛伊藤书状、1884 年 7 月 7 日、14 日、「三条家文书」）。伊藤由此开始真正执掌实权。

制定了华族制度之后，就是如何将太政官制下的旧内阁制度转变为以首相为核心的近代内阁制度。这件事最晚是在 1885 年 2 月初开始启动的。伊藤和井上馨先取得了山县的同意，然后获得了萨摩派的西乡从道等参议、三条太政大臣的认可（伊藤宛井上馨书状、1885 年 2 月 2 日。伊藤宛山县书状、1885 年 2 月 8 日、『伊藤博文関係文書』一卷、八卷）。

如前文所述，那时政府正在讨论甲申政变后的善后工作、清军从汉城撤兵的问题。萨摩派的将军中主张与清国开战的人较多，也有萨摩派的参议受此影响。

／ 228

伊藤、井上馨、山县等长州派参议与萨摩派的西乡从道参议，最终决定通过缔结《天津条约》，避免与清国开战，坚持以内政改革为主的路线。这一系列动作，以及制定近代内阁制度的举动，都是从伊藤领导体制中枢开始的。

11 月 14 日，伊藤准备正式创设近代内阁制度，提议让萨摩派的一把手、位处闲职的黑田清隆担任右大臣。这样一来既可以填补岩仓死后的空缺，也可以缓解黑田的不满情绪。这个方案获得了三条实美太政大臣的同意后，奏请天皇并获得了批准。但由于黑田本人坚决拒绝就任右大臣之职，这个方案被撤回。

黑田拒绝出任右大臣，近代内阁制度建立后，由伊藤出任第一任首相，这些其实在伊藤等人结束宪法调查回国后，官方报刊就已经推测评论过，所以说都在意料之中。

就这样，12月22日太政官制被废除，以伊藤等萨摩、长州参议为主创建的新内阁制度正式启动。

伊藤博文就任第一任首相，山县有朋任内务大臣（即内相），井上馨任外务大臣（即外相），松方正义任大藏大臣（即藏相），大山岩任陆军大臣（即陆相），山田显义任司法大臣（即法相），太政官制下的参议兼卿基本就任相同官职。仅次于黑田清隆的萨摩派二把手西乡从道（前农商务卿）出任海军大臣（即海相），也受到了关注。文部大臣（即文相）由森有礼（前驻英公使）出任，他是伊藤特别提拔的，肩负教育近代化的重任。

伊藤内阁主要由伊藤领导体制的中心人物——长州派的井上馨、山县有朋，萨摩派的西乡从道、松方正义、大山岩，以及伊藤的心腹森有礼组成。

同时，由于原本统率陆军的西乡从道（前陆军卿）调任负责海军，陆军则由山县和大山负责。因为山县有朋和西乡从道两人在大久保内阁时期略有不和（伊藤之雄『山县有朋』132～132、200页），这样一来，山县和西乡彼此分工明确，减少了伊藤领导体制内的不稳定因素。

此外，参议、太政大臣、左大臣、右大臣（空缺）等职也被废除。三条太政大臣就任新设的内大臣一职，辅佐天皇；左大臣有栖川宫炽仁亲王就任参谋本部长。两人与伊藤领导体制存在一定的距离，制度上的权限有所减少，也进一步失去了影响力。

宫内省与近代内阁制度剥离，宫中、府中（政府）区分开来。但总理大臣伊藤依旧兼任宫内大臣（即宫相），这有点微妙。这是因为宫中改革尚未完成，伊藤不拘泥于形式，更注重现实。

/ 建立全新的官员制度

新内阁起步 4 天后，伊藤首相召开了内阁会议，对各省事务整改纲领做了指示。主要内容包括：①各省需向内阁会议提出各省内的"局""课"设置、限定官吏人数、节减开支、削减官吏数量的建议，形成一省一组织；②由于官吏选拔任命方式尚未决定，存在私情任命现象，所以需要制定相应法律，并对录用和升职进行试点；③对于颁布的法律需要添加必需的说明，以消除疑问；设定公文受理、回复期限，制定局课会议的决议等文书的阅览方法，提高办事效率；④削减各省不必要的人工费，节省开支；⑤整顿官吏纪律等。

伊藤不仅创设了近代内阁制度，还决定将支撑内阁的官员组织从藩阀私情决策变更为以法律、规定以及考核制度为依据的近代高效人事制度。

为实现这一目标，伊藤决定培养掌握专业知识的高级官员，以替代以往的藩阀官员。于是，次年 1886 年（明治十九年）3 月 2 日，政府发布帝国大学令，对东京大学进行改组扩充，设立帝国大学。1887 年 7 月，制定了官吏任用法《文官考试试补生和见习生规定》。根据这一规定，文官考试分为高等考试（高等官员录用）与普通考试（判任官员录用）两种。合格者分别作为试补生和见习生录用。从事三年的事务工作后，试补生就任奏任官，见习生就任判任官。当时，还没有奏任官的上级官吏敕任官的相关规定，但已经基本形成了由奏任官升任敕任官的官员录用、晋升的大致框架制度（瀧井一博『ドイツ国家学と明治国制』252 ～ 254 頁。清水唯一朗『政党と官僚の近代』24 ～ 29 頁）。

大约过了 20 年，日俄战争结束后，帝国大学毕业的官员逐渐升任各省次官、局长以及敕任官，慢慢取代了藩阀官员。

就在近代内阁制度形成的前后，明治天皇行幸访问了各位参议（阁僚）的府邸。他首先访问的就是位于高轮的伊藤博文家（1885 年 7 月 7 日），随后去了麴町富士见町的山县有朋家（同年 10 月 19 日）、三田四国町的黑田清隆家（同年 11 月 27 日）、麻布鸟居坂的井上馨家（1887 年 4 月 26 日）、芝三田纲坂的松方正义家（同年 10 月 14 日）（『明治天皇纪』六卷、436 ～ 827 页）。

天皇的这一行幸计划，肯定与首相兼宫相的伊藤有关。目的在于，通过天皇亲访以伊藤为首的山县、黑田、井上、松方家宅，突出这五人的特殊性，也就是为了让世人知道他们与三条实美、岩仓具视、大久保利通、木户孝允等拥有同等地位，让新内阁威信大增。

同时，这也显示了藩阀内部从上至下的序列依次为：伊藤、山县、黑田、井上和松方。西乡从道受天皇亲访的时间，照理不应该在黑田与井上馨之间，而应与井上馨相同，但由于其兄西乡隆盛之死，他很早就婉拒了此事。

天皇行幸伊藤家宅时举行了晚宴。共有包括皇族、三条太政大臣、参议等 27 人陪同进餐，伊藤的父亲十藏也受到天皇召见，并被赐予酒杯（同前、六卷、437 页）。这对于孝子伊藤博文来说，是一个忘却多年辛劳、倍感欣慰的瞬间。

/ 主导宫中改革

1886 年（明治十九年）2 月 4 日，首相兼宫相伊藤主导制定了宫内省官制。

宫内省从此与其他官厅一样，在宫内大臣以下设置了次官、书记官、秘书官（奏任官以上）和属（判任官）。此外，还设置了二课（内事课、外事课）、五职（侍从职、式部职等）、六寮〔内藏寮（财务）、主殿寮（宫殿维护、安全管理）等〕、四局〔御料局（管理皇室财产）、侍医局等〕以及执行皇族家事的皇族职员。

其中，五职、六寮、四局中，设定相当于各省局长的长官职务。例如式部职的长官就是式部长官；负责财政的内藏寮长官叫"内藏头"。所有部和局的名称仍沿用宫中传统的称呼，目的在于避免激进式改革引发反感，同时让宫内省向其他省较为合理的组织结构靠拢。

然而，从 1885 年到 1886 年 7 月，陆军突然提出了激进的军备扩张计划，政府对其进行了可行性的修改。另外，陆军方面虽然以德国陆军为蓝本开展了近代化改革，但又与德国不同，而是按照日本原有习惯，构建以陆相为中心的组织框架，作为文官的伊藤首相也参与了这一重大改革。

19 世纪 80 年代前期，萨摩派的大山岩和长州派的山县有朋两位参议分别担任陆军卿和参谋本部长。两人为日本陆军的改革和发展做出了重要贡献，使日本陆军的战斗能力逐步接近英、法等欧洲列强。

1884 年（明治十七年）2 月到次年 1 月，以大山陆军卿为首的军事考察团被派往欧州。伊藤对于派遣大山军事考察团访欧非常支持（三条实美宛伊藤书状、1883 年 11 月 29 日、12 月 4 日、「三条家文书」）。1885 年 5 月，军事考察团回国后发布了《镇台条例》，计划到 1889 年，战时陆军兵力翻倍，增至 8 万人。

／ 233

然而，没有相应的预算来实现这一计划。于是 1885 年 8 月，伊藤与其他参议以及三条太政大臣就此事进行了商讨。伊藤的盟友井上馨参议（外务卿）作为代表，去说服陆军代表山县参议（当时担任内务卿兼任参谋本部长）。山县对此表示理解，同意支持伊藤领导体制，与其他参议基本采取相同行动。

长州派的伊藤、井上馨、山县和萨摩派的西乡从道、大山等人进行协商后，同年 8 月末，山县辞去了参谋本部长一职，目的是避免山县成为陆军内部批判的众矢之的。而且，10 月以前，参议们经过讨论也找到了妥协方案。陆军原先的扩张计划目标是从 1885 年度到 1888 年度建成 6 个师团和近卫师团。后来，他们将时间延长到 1893 年。

从 1885 年到次年 8 月，围绕陆军的组织结构，陆军内部出现了甚至将天皇也卷入其中的尖锐对立。事情经过如下。① 1885 年，《镇台条例》修改发布的同一天，《监军本部条例》也进行了修改，决定在全国部署三个天皇直属的监军部。各监军平时对军队进行检阅并对军官的晋升进行评价，战时则作为军团长率领两个师团作战等。② 1885 年 3 月，德国少佐梅克尔（Klemens Wilhelm Jacob Meckel）来到日本，他提出的日本陆军军制改革方案包括：日本全国设置一个监军部和一位监军，军官等人事调动重要事项在提请天皇许可之前，须经陆相、参谋本部长、监军三人讨论。

支持①的是与山县、大山等陆军主流对立的三浦梧楼中将（东京镇台司令长官）等人和明治天皇。1886 年 7 月，表示支持②的是有栖川宫炽仁参谋本部长（大将）、曾我祐准参谋次长等人，以及山县辞职后的参谋本部，天皇对此也表示赞成。

而山县、大山等陆军主流同时反对①和②。因为对希望统率整个陆军省中心的陆军卿（陆相）山县等人来说，①会让三浦等非主流派人物成为监军，他们会插手军官晋升等人事事务；②会使原本陆相掌握的重要人事权限与参谋本部长、监军分享，使权限降至三分之一，这不合理。

结果，①中提到的监军没有被任命。1886 年 7 月，山县、大山等人支持的《陆军检阅条例》等两个条例获得批准。获批条例否定了②提出的重要人事要由陆相、参谋本部长、监军三人讨论的方案，明确人事权由陆相做主。此外，作为向明治天皇的妥协方案，决定设置一个监军部（一个监军）。但是，监军由山县和大山交替兼任，不任命专人担任监军。

此事虽然涉及天皇，但山县和大山等人仍然态度强硬，坚持陆军主流派意见。这是因为他们得到了伊藤和内阁的支持。太政官制下，与陆海军相关的重要人事，也要由文官占据多数的内阁（大臣和参议）会议实质性决策后，再奏请天皇批准，正式决定。按照这一传统，直到日清战争结束，对于陆海军人事相关问题，文官方面的掌控力度相对要大很多（伊藤之雄『山県有朋』
七章'）。

　　与海军相比，在具有优势的陆军统制方面，伊藤领导体制也
发挥着强大的作用。

/ 关注修订条约

伊藤始终对条约的修订非常关注。1876 年（明治九年），政府聘用的英国法律专家回国时，伊藤让其顺便对埃及最新的"立会审判"（与外国人相关的审判）开展调查，还给寺岛宗则参议兼外务卿寄送了报告（寺島宛伊藤書状、1877 年 12 月 28 日、国会図書館憲政資料室所蔵）。如前文所述，1878 年 7 月，伊藤让井上馨参议兼任工部卿，1879 年 9 月 10 日解除其工部卿职务，让其兼任外务卿。他希望盟友井上能实现条约修订。1880 年 7 月，井上外务卿向列强送发了条约修订方案，并通知他们在东京进行交涉。然而一年过去了，什么动静都没有。

1881 年 6 月前后，伊藤参议等人为听取英国政府的意见，召集了英国驻日代理公使并提出交涉（藤原明久『日本条約改正史の研究』47 頁）。但同年 7 月，英国政府拒绝了日本提出的条约修订方案。

从 1882 年 1 月 25 日到 7 月 27 日，东京的外务省与列强代表举行了 12 次有关条约修订的预备会议。

3 月 5 日，日本政府决定了甲乙两个方案。

甲案根据山田显义参议的提案制定。主要内容是：如果外国人承诺完全遵守日本的法律，就允许其（在日本国内）享有与日本人同等的居住权、营业权和通商权，也就是希望以开放日本内地为条件，废除治外法权。

与此相比，伊藤参议提出的乙案就显得较没有底气，主要内容是：如果恢复日本对行政规则、警察违警罪的审判权，以及所有民事审判权，就允许外国人在内地通商。这个方案在未恢复所有法权的前提下，就允许外国人在内地通商，是一种纵容列强的绥靖主义（『明治天皇紀』五卷、656～658頁）。可能这是因为伊藤对于日本与列强之间的近代化差距最为了解，希望大家将注意力都集中到宪法制定工作上，所以对修订条约没有进行过多的考虑。

在3月8日举行的内阁会议上，伊藤提出的乙案获得通过。但是，山田和大木两位参议仍对乙案持反对意见。大木认为即便是"宸断"，也只能"勉强"从之，因为不知道会因此掀起怎样的舆论风波。山田则认为，即便经过"宸断"，这样的方案也会误国，所以拒绝继续承担修订条约的责任。岩仓右大臣认为，伊藤和井上馨（外务卿）两位参议以及精通法律的井上毅（内阁书记长官）的意见与大木、山田、佐佐木高行参议的想法差异甚大。而且岩仓认为，如果山田离开内阁，到社会上去宣扬什么"百年国害"的话，很有可能发生比明治十四年政变更为严重的事件。于是，他向非内阁成员、前外务卿寺岛宗则求助（寺岛宛岩倉書状、1882年3月10日、「岩倉具視文書」〈对岳〉）。伊藤虽然与外务卿井上馨联手对条约修订施加影响力，但由于天皇权威尚缺，要获得内阁一致通过非常困难。

/ 237

同月14日，伊藤启程前往欧洲进行宪法调查。伊藤访欧期间，井上馨外务卿为谋求内阁和谐，根据山田的甲案制定了一个新方案，终于获得了山县、大木、山田的同意（伊藤宛岩倉書状、1882年6月12日、「岩倉具視文書」〈对岳〉）。

6月1日，井上馨外务卿在与列强举行的第11次修订条约预备会议上，提出了只要能恢复日本的审判权，就向外国人开放日本全国的新方案。他还提议，在审判外国人时，任用外国法官，设置由日本人和外国人两位法官组成的混合型法院。但7月17日，驻日英国公使巴夏礼对日本的这一提案提出反对，会议于 27 日结束。

任用外国法官的井上馨提案，后来在日本国内也遭到了批评，但即使是这种程度的提案，英国也无法接受。正如伊藤判断，日本与列强之间的差距非常大。

/　修订条约谈判危机

1884 年（明治十七年）4 月，新任驻日英国公使普伦基特就任后，英国的对日方针有所缓和，较以往更加友好。8 月 4 日，井上馨外务卿向列强公使递送了有关修订条约的备忘录，希望以此作为修订条约的基础。然而，东京外务省与列强代表正式举行修订条约会议，是在两年后的 1886 年 5 月 1 日，直到 1887 年 7 月 18 日，一共召开了 27 次会议（藤原明久『日本条約改正史の研究』121 ～ 355 頁）。

/ 238

在此期间，作为参议、首相的伊藤并没有积极参与条约修订工作，而是将此事全部交给井上馨参议兼外务卿（后任外相）负责。由于有些条约内容非常专业，不投入大量时间就无法充分理解。当时，估计伊藤把精力都集中到宪法制定和宫中改革上了。井上馨也没有向伊藤以及其他阁僚汇报情况，主要由自己和外务省进行判断和交涉。

出于这个原因，大家对于井上馨修订条约一事的批评声高涨。1887 年 7 月 23 日，伊藤首相拜见天皇后，将天皇的讲话转达给井上馨。

> 我深知外务大臣公务繁忙难以得闲，但除机密以外的事宜，还是尽可能地告知内阁成员为好。
>
> （井上馨宛伊藤書状、1887 年 7 月 23 日、「井上馨文書」）

两年半后，伊藤在谈及井上馨性格时说他"性情急躁"，和那些优柔寡断的人共事让他非常痛苦（末松謙澄宛伊藤書状、1889 年 12 月 7 日、「伊藤博文書状」萩博物館所蔵）。可见井上馨的强硬外交交涉与他的急性子有关。

1887 年 5 月上旬，对井上馨外相的批评声也传到了首相伊藤的耳朵里。内阁聘用的法律顾问法国人布瓦索纳德，对于以任命外国法官、编纂西洋式法律为条件的新条约感到不安，发起了反对运动。井上毅（内阁书记长官）也持相同意见。6 月开始，元老院和鸟尾小弥太、三浦梧楼、曾我祐准等将军也加入了反对井上馨的队伍。对于首相伊藤兼任宫相的批评声也越发强烈，甚至出现了萨摩、长州两派遭到离间的危机。5 月 29 日，伊藤提出辞呈，但被天皇否决。

于是，伊藤向天皇请假，从 6 月 1 日开始携带"紧要文件"到近郊静所认真阅读、缜密思考（三条宛伊藤书状、1887 年 6 月 1 日、「三条家文書」）。估计伊藤当时对修订条约相关文件进行了详细调查。

然而，危机并未因此平息。6 月 23 日，谷干城（农商相）从欧洲考察回国后，7 月 3 日向内阁提出了反对修订条约的建议书。就这样，内阁和宫中都被卷入修订条约的旋涡之中。当然，对于一直与井上馨外相保持一致的伊藤的批评声也越来越大。伊藤则批评谷干城是"民权论者"，与萨摩派一把手黑田清隆（内阁顾问）互通意见，希望能渡过难关（黑田宛伊藤书状、1887 年 7 月 5 日、『伊藤博文文書』国会図書館憲政資料室所蔵）。但是，伊藤首相在重压之下，于 7 月 18 日说服井上外相，决定将修订条约会议延至 12 月。

结果，7 月 25 日谷干城被免职，29 日修订条约会议无限延期的通告发布。条约修订问题终于降温，其实就是取消了对条约的修订（坂本一登『伊藤博文と明治国家形成』208～218 頁）。

此事背后不仅有条约问题，还有萨摩派、政府内部以及非主流派对伊藤掌权的不满。9月17日，井上馨辞去外相之职，伊藤则于同日先辞去遭到批评的宫相之职，然后暂时兼任外相。

伊藤兼任外相，是为了让大隈重信进入内阁担任外相。这样不仅能怀柔大隈系的在野势力，还能继续条约修订工作。次年2月1日，伊藤不顾内相山县有朋的反对，让大隈入阁担任外相（伊藤之雄『山县有朋』223～226頁）。

伊藤曾在1881年3月因大隈提出的早日开设国会建议书而大怒。但是从后来的局势发展来看，国民对立宪制的认识逐渐提高。而且在经过欧洲宪法调查之行后，伊藤也将制定日本宪法纳入计划之中，所以对于大隈的怒气早已化作乌有，伊藤请他再次进入内阁，共商日本近代化之大计。

让大隈入阁，伊藤的这个目的达成了。大隈的改进党虽主张扩大政治参与，但在政策方面对政府有所让步（五百旗頭薫『大隈重信と政党政治』74～95頁）。

第十一章

构建日本的国家形态
——《大日本帝国宪法》与明治天皇

/ 制定宪法草案

1886 年（明治十九年）5 月前后，近代内阁制度的创设和官制改革告一段落。伊藤向井上毅、伊东巳代治、金子坚太郎三人明确了钦定宪法、两院制议会等宪法草案原则。1887 年 3 月下旬，规范皇室制度的皇室典范草案成形；4 月下旬到 5 月，甲、乙两个宪法草案完成；9 月上旬和中旬，议院法和贵族院令草案相继完成。

6 月到 8 月，伊藤等人首先在神奈川县的夏岛，对宪法草案进行集中讨论，形成夏岛草案；10 月，在东京高轮的伊藤家，再次进行深入讨论；次年 1888 年 4 月 27 日，最终确定上奏天皇的宪法草案（大石眞『日本宪法史』第二版、117 ～ 177 页）。

这一系列的立法工作集中在 1887 年 5 月到 9 月。当时，伊藤首相由于兼任宫相而遭到攻击，井上馨外相也因条约修订问题遭到批评，他们正面临着严重的政治危机。

尽管如此，伊藤仍能集中精力开展立法工作，可见伊藤的意志十分坚定。

在宪法草案制定工作中，贡献最大的莫属井上毅了。但是，

在德国等地开展过宪法深入调查的伊藤并没有全盘赞同井上毅的意见，而是对井上毅制定的甲、乙两个草案提了不少建议。

1887 年 5 月 23 日，井上毅写信给伊藤，一开头就提到了这一点（『伊藤博文関係文書』一卷）。

伊藤在参考了法律顾问勒斯勒尔（Karl Friedrich Hermann Roesler）的草案等之后，对甲案进行了修改。同年 8 月，甲案确定为夏岛草案（稲田正次『明治憲法成立史』下卷、65 ～ 213 页）。

关于当时宪法草案制定的情况，伊东巳代治回忆道：

当时在夏岛，伊藤公和我们一起学习讨论，真的非同寻常。

每天早上 9 点，井上君从旅馆过来，我们四个到齐之后就开始讨论。经常不吃午饭，一直讨论到晚上。晚上大概也要讨论到 12 点……从正面反对伊藤公的意见，也不是一次两次。

（同前、下卷、132 頁）

三人中最年长的井上毅（宫内省图书头）也不过是个局长级别的小官，能够对首相伊藤如此直言不讳，是因为"伊藤公下令，人人必须畅所欲言"。

在上述过程之中，伊藤主要对有关保持君主权和行政权优势的方向性问题进行了修改讨论。

1887 年 2 月，伊藤告诉新闻记者，直到此时也无法预测国会究竟会如何。"如果国会只会发表不切实际的言论，或是爆发激烈的党派斗争，导致国家利益受损，政府就可能不得不做出解散国会的决断。解散可能一时看来如同骚乱，但政府必须断然应对这种不利于国家整体利益的现象"，这也是"政府的正当工作"（同前、下卷、455 ～ 456 頁）。

由此可见，伊藤认为国会开设之后，可能会出现众多旧民权派系政党议员聚集的现象，所以对议会表示出强烈的怀疑。①

---

① 伊藤的盟友井上馨因条约修订方案遭到批评，于 1887 年 9 月辞去外相之职。从那时开始，井上馨就为开设国会做准备。为对抗旧民权派，他召集工商业主和稳健的地主阶层，组织自治党，并期待陆奥宗光能成为中心成员（坂野潤治『明治憲法体制の確立』10 ～ 12 頁。御厨貴『明治国家形成と地方経営』179 ～ 182、195 ～ 200 頁）。井上馨希望陆奥成为众议院议长，控制早期议会（井上馨宛陸奥書状、1889 年 3 月 2 日、「井上馨文書」）。井上馨的这些举动，都是出于对旧民权派系的怀疑，这与伊藤的想法相同。

在制定宪法草案的过程中，伊藤始终采取保守姿态，是出于这样的想法：先规定强大的君主权，今后在野势力不再过激之后，以君主权委任的形式，可以用行政权或立法权来牵制君主权。

/ 244

伊藤在欧洲进行宪法调查时，学到的不仅是宪法知识，还有如何塑造符合宪法运作的君主（天皇）。符合宪法运作的君主不是专制君主，而是一个平时尽可能不干涉政治、在需要的时候对藩阀（行政权）内部对立进行调停，并在组成议会的在野势力日趋成熟之后，能对内阁与议会的对立进行调停的天皇。

这个理论的背后就是主张君主应受政府、议会等国家机构制约的君主机构说。伊藤想利用天皇委任大政的日本传统思维方式来真正实现君主机构说。伊藤想运用在欧洲学到的施泰因等人的学说，将维新之后基本没有实权、非专制君主的天皇理论化。

然而，明治天皇实际接受的一直是"总揽万机"的教育，所以对于自己年过三十却还没被赋予政治实权开始心怀不满。他开始怀疑，自己是不是被当作一个装饰性的摆设，对伊藤参议等内阁成员产生了猜忌。

所以，到了1884~1885年，也就是明治天皇32~33岁时，他就称病不去御座所上朝。即便上朝，时间也非常短。内阁成员有国事上奏，也经常无法见到天皇，出现了天皇躲避政务的情况。后来在伊藤的劝说之下，天皇终于又开始对政务表现出兴趣。伊藤认为，有必要让天皇认真学习施泰因宪法学的精髓，充分理解君主的作用（伊藤之雄『明治天皇』221～255页）。

/ 245

于是，伊藤让天皇信赖的侍从藤波言忠（公家出身）前往欧洲学习施泰因宪法，后者的年龄与天皇相仿，而且从小侍奉天皇。

1885年（明治十八年）8月，藤波带着随从兼翻译新山庄辅前往欧洲。伊藤给施泰因写信，请他为藤波讲课。虽然藤波最精通的是与马相关的知识，完全不懂宪法和外语，但伊藤认为向天皇进言的最佳人选就是藤波（堀口修『侍従藤波言忠とシュタイン講義』。『「明治天皇紀」談話記録集成』478 ～ 480 頁）。

受伊藤之托，施泰因在维也纳十分用心地给藤波和翻译新山用英文讲课，就像面对明治天皇一样。内容不仅包括宪法，还涉及政治、教育、宗教、产业等诸多领域，以及立宪国家君主心得、皇室的作用等（堀口修編著『明治立憲君主制とシュタイン講義』129 ～ 359 頁）。

1887年11月，藤波和新山听完施泰因的课程，时隔两年三个月回到日本。藤波很快就开始给明治天皇和皇后讲授自己从施泰因那里学到的知识。每两三天讲一次，从晚上9点半到10点半前后。

天皇和皇后都听得非常认真，天皇不理解的时候就向藤波提问。藤波的课程长达 33 个小时，直到 1888 年才结束。毫无疑问，天皇掌握了君主机构说，明白自己应该尽可能不干涉宫廷以外的行政部、立法部工作。就这样，伊藤培养了符合宪法运作的君主（天皇），也可以说，颁布宪法的准备工作又前进了一大步。

此外，在伊藤首相辞去兼任的宫相之职（1887 年 9 月）的四个月前，德国人奥特马尔·冯·莫尔（Ottmar von Mohl）夫妇受伊藤之邀来到日本。他们作为宫内省顾问，以德国等欧洲立宪君主国家为范本，对日本宫中仪式和制度进行改革。

从 1887 年 5 月到 1889 年 3 月的约两年里，莫尔夫妇为日本宫中改革尽心尽力。对新年朝拜仪式、勋章佩戴方式、宴席配膳方法、皇族谒见仪式、晚餐及午餐的接待方式等进行了改革，奠定了昭和初期宫中仪式和制度的基础（伊藤之雄『明治天皇』262 ～ 264 頁）。

这些改革都涉及如何对待外国人，也就是出于外交需要而进行的表层的宫中改革。但对于不涉及外国人的日本传统仪式，伊藤并没有插手。这既能避免激起宫中的强烈反抗，同时也反映出伊藤注重日本自身个性的思想。

/ 就任第一代枢密院议长

1888 年（明治二十一年）4 月 30 日，为对宪法、皇室典范等重要法令进行审议，政府设立了枢密院。伊藤辞去首相之职，就任第一代枢密院议长。萨摩派一把手黑田清隆接任伊藤的首相之职，所有内阁成员留任。而且，伊藤作为班列大臣（现在的无任所大臣）可以继续参加内阁会议。

对于伊藤拥有的强大权力，包括在野势力、萨摩派、反主流派等在内的批评声愈加高涨，所以他适时辞任。而且，伊藤不仅能参加内阁会议，三个月后盟友井上馨作为农商相入阁，山县也依旧担任内相。萨摩的松方正义（藏相）和西乡从道（海相）等人也都留在内阁，所以伊藤领导体制仍然存在。正如将在下一章具体阐述的，大隈外相修订条约一事最后其实是由伊藤决定中止的，这也印证了上述结论。

由于伊藤就任枢密院议长，实现了将宪法制定负责到底的愿望。协助伊藤制定宪法草案的井上毅，就任枢密院书记官长（兼任法制局长官），晋升为次官。伊东巳代治和金子坚太郎就任枢密院书记官，兼任议长秘书官。5 月 8 日，天皇莅临枢密院，举行了开院仪式。

然而，就在举行开院仪式的前一天，发生了让明治天皇盛怒的事件。伊藤枢密院议长直到前一天才通过土方久元宫相向天皇递交了在开院仪式上朗读的敕语草稿。这等同于让 35 岁的天皇没有时间思考自己即将颁布的敕语内容，仅仅是朗读伊藤的敕语草稿而已。

天皇相当生气，甚至宣称不出席开院仪式了，把敕语草稿还给伊藤。伊藤从土方宫相那里听说此事，诚惶诚恐立即进宫拜见天皇，并对自己未将敕语草稿详细上奏一事致歉，发誓今后绝不会出现此类事情。因为伊藤诚心道歉，天皇也消了气，并按原定计划出席了开院仪式。后来天皇对伊藤的信任，再也没有动摇过（『明治天皇紀』七卷、61～62頁）。

/ 枢密院审议

从 1888 年（明治二十一年）5 月 25 日起，枢密院开始对皇室典范草案进行审议，6 月 15 日结束。对宪法草案的审议从 6 月 18 日开始，到 7 月 13 日结束。6 月 18 日，宪法草案进入一读程序，由枢密院议长伊藤对起草的草案大意进行了阐述（稻田正次『明治宪法成立史』下卷、567 ～ 568 页）。

第一，欧洲的"宪法政治"在"千余年"前开始形成。"人民"不仅熟悉制度，还因为"宗教"的存在，宗教作为"机轴"，深入人心、团结人心。然而日本的宗教力量相当薄弱，没有形成国家机轴，这是日本与欧洲的不同之处。伊藤强调，日本并不拥有施行"宪法政治"的有利条件。

第二，在日本能成为"机轴"的唯有"皇室"。宪法草案中的"尊重君权，尽可不以束缚"，意思是要以天皇为机轴、团结人心，就应尽可能不制约天皇的权力。

第三，有人担忧君权非常强大时有可能被滥用，如果出现这种情况，"宰相"（首相）应负起责任。也不是没有其他防止君权滥用的方式，但仅仅出于担忧就要"缩小君权范围"，是没有道理的。

枢密顾问官中的保守派担忧天皇大权会受宪法的制约。所以伊藤议长的此番发言的目的之一，就是要消除他们的担忧，防止他们对自己产生反感，并希望证明枢密院的审议具有实际成果。而且，伊藤对那些不了解欧洲实情和历史、只谈理想的在野势力的不信任感越发强烈，因为他们很有可能在众议院取得众多席位，所以伊藤对他们心存戒备。

伊藤认为，宪法应尽可能先规定强大的皇权，根据情况以皇权委托给其他机构的方式来进行控制。因为日本原本就是由大久保利通、岩仓具视等内阁成员执掌实权的，天皇没有滥用过权力。而且，明治天皇已经掌握了施泰因的君主机构说，所以完全不用担心这一点，目前最令人担心的反而是众议院可能会"滥用权力"。

君主权受到行政权和议会权限的制约，伊藤的君主机构说主张在枢密院审议时也已经得到认可。

6月18日，山田显义法相（长州藩出身）等人，针对宪法草案第四条"天皇是国家元首，总揽统治权，根据该宪法条款予以施行"，提出删除"国家元首""根据该宪法条款予以施行"的意见。

对此，伊藤进行了反驳：如果没有"施行宪法政治时，不得不限制君主权"这一条，宪法就会丧失"核心"。结果，24票赞成，2票反对，宪法草案通过。从君主必须遵守宪法这一点来说，伊藤遵守了"用宪法来限制君主权"这一基本原则。

同一天，围绕草案第五条"天皇经帝国议会承认后施行立法权"中的"承认"一词，进行了激烈的讨论。以前发起过天皇亲政运动的元田永孚认为，"承认"的字义是下对上求得许可的意思，这种用法使天皇与议会的地位倒置。

"承认"一词也用于其他条款，所以每次都会发生相同的争论，伊藤只能寻求妥协。经井上毅的再次调查后，决定在宪法中统一使用"协赞"（同意）一词来削弱议会的权限。

但是，伊藤认为无论使用"承认"还是"协赞"，如果法案无法在议会通过，天皇也就无法行使"立法权"，所以并不存在权限的差异。由此可见，伊藤完全没有想把议会当作摆设的意图。

　　此外，在 6 月 22 日的审议中，寺岛宗则枢密院副议长（萨摩藩出身，前参议兼外务卿）提出，条约的缔结应该经过国会审议。但伊藤认为，条约属于"君权"，否定了寺岛的提议（稲田正次『明治憲法成立史』下卷、588 ～ 623 頁）。这是因为当时在野势力想要参与修订不平等条约，伊藤对此非常反感。

1888 年（明治二十一年）7 月 13 日，枢密院终于完成了对宪法草案的审议工作。在对皇室典范、宪法进行审议之后，枢密院从 1888 年 9 月中旬开始对议院法、会计法等宪法附属法案进行了审议。

从 1888 年年末到 1889 年年初，伊藤和井上毅、伊东巳代治、金子坚太郎对草案再次进行了综合性的探讨。1889 年 1 月，枢密院对宪法草案进行了再次审议（稻田正次『明治宪法成立史』下卷、798 ～ 849 頁）。

明治天皇出席了枢密院审议的所有会议，虽然没有发言，但要求呈上所有红笔修改后的条款，如有无法理解之处，则让枢密院议长伊藤进行说明。明治天皇在接受君主机构说的同时，充分关注并理解新宪法的制定。因为对于天皇来说，明治宪法就是"钦定宪法"。

1889 年 2 月 11 日，《大日本帝国宪法》（明治宪法）正式颁布，《议院法》《众议院议员选举法》《会计法》《贵族院令》等宪法附属法令同时颁布。同一天，还制定了《皇室典范》（但没有经过公布手续）。

/ 天皇对于君主机构说宪法的评价

《大日本帝国宪法》反映了伊藤从施泰因那里学习的君主机构说，正如伊藤在枢密院审议时的讲话所言，明文规定了对天皇权限的制约。

例如，大日本帝国由万世一系的天皇统治（第一条），但天皇的统治应根据宪法条款执行（第四条），这一点在枢密院审议过程中也曾引发争论。

当然，《大日本帝国宪法》中有不少著名条款保障天皇的政治参与。例如，天皇裁可法律，命令法律的颁布、执行（第六条）；决定行政官制、文武官俸禄，任免文武官（第十条）；天皇统率陆海军（第十一条）；决定陆海军编制和常备兵额（第十二条）；宣战、讲和、缔结条约（第十三条）等。

但是，宪法也规定，议会对天皇的行为进行制约。例如：天皇需经贵族院和众议院组成的帝国议会的协赞后，行使立法权（第五条、第三十三条）；所有法律都必须经帝国议会的协赞（第三十七条）；每年预算都需经帝国议会协赞（第六十四条）；帝国议会每年召集召开（第四十一条）等。

此外，各国务大臣还肩负辅弼天皇的责任，所有法律、敕令、国务相关的诏敕（天皇命令）也都需要国务大臣署名（在天皇署名的左侧署名）（第五十五条），国务大臣也对天皇的行为进行制约。

司法方面，由于司法权是在天皇的名义下根据法律在法院行使的（第五十七条），所以天皇完全没有插手的余地。

天皇神圣不可侵犯（第三条）的条款非常有名，但其含义是天皇不会在法律上或是政治上受到问责，而非君主可以随心所欲此外，伊藤采取立宪君主制，在宪法中规定强大的天皇大权，也是因为当时大权实际已经委托给政府（行政部）行使，随着"宪法政治"的渗透，在野势力逐渐成熟，对众议院（立法部）的授权会逐步增加。①

伊藤制定的是制约君主权的君主机构说宪法，但后来为何没有受到宪法学家，以及第二次世界大战后历史学家的正当评价呢？那是因为：首先，制定宪法的时候，为了避免引起保守派的反感，伊藤没有使用"君主机构说"这个词语，而是用"主权在于天皇，天皇委任大权"进行说明；其次，后来东京帝国大学教授美浓部达吉在将"君主机构说"换作"天皇机关说"的形式对宪法学进行体系化之际，没有提到伊藤的功绩。

与后来的宪法学家对伊藤的评价不同，通过宪法的制定，明治天皇对伊藤的信赖和评价是有目共睹的。因为在颁布宪法等法律的同一天，明治天皇将新制定的"旭日桐花大绶章"仅授予了伊藤一人。在此之前，天皇授予臣下的最高勋章是"旭日大绶章"。这枚新"旭日桐花大绶章"，要比"旭日大绶章"更高一级。

内大臣三条实美及赏勋局总裁柳原前光曾奏请天皇，为考虑萨摩和长州的平衡，希望"旭日桐花大绶章"授予伊藤和黑田两人。然而，明治天皇认为黑田的功勋根本无法与伊藤相比，如要

---

① 从这一点来看，伊藤认为，如果不从武官中选任陆、海军大臣，保持"立宪君主体""大权下移"，"作为国家公权力的兵权"就会被"议会或是政党所左右"。所以出于对专业人士（武官）的期待和对政党势力的怀疑，伊藤支持陆、海军大臣武官制（伊藤博文「陸海軍大臣の資格に関する意見書」「伊藤博文文書」国会図書館憲政資料室所蔵）。

授予黑田，那么山县也应授勋，授予山县，那么西乡从道也应授勋，这样就会丧失制定新勋章的意义，于是驳回了他们的上奏。

对于伊藤来说，1889 年 2 月到 4 月的这几个月，可以说是伊藤一生中最幸福的时期之一。因为 1881 年（明治十四年）以来的辛劳结晶——宪法终于完成。而且当年 4 月，从小体弱多病、年芳 20 的女儿生子，与自己的心腹末松谦澄（内务省县治局局长）成婚。伊藤当时 47 岁。从当时来看，这年龄可以说已经开始步入老年，但伊藤依旧精神矍铄。

/ 津田梅子眼中的伊藤

如前所述，津田梅子于 1882 年（明治十五年）从美国留学回国后，受邀住在伊藤家里。从 1883 年年末开始大约半年间（见本书第七章），她担任夫人梅子和孩子们的家庭教师兼翻译。

津田梅子对于在伊藤家的生活相当满意。她在给兰曼（Lanman）夫人（在美国养育津田 11 年）的信中写道："现在我借住的这座房子又大又优雅。能与许多侍者和宽容的朋友们一起度过非常美好的时光，我很开心。像我这么年轻的人被当作老师受到尊重，会不会受之有愧呢？"

但是，在评价伊藤的女性关系时，津田在给兰曼夫人的信中毫不留情地批判："他本人思想欧化，但行为并不道德。家在东京，他住在小洋房的二楼。虽然我对小洋房不太清楚，但他经常晚上不回家……他始终认为男子即便结了婚有了妻室，在外面有其他女人也是很正常的，但这对我来说是无法容忍的。"[1]（大庭みな子『津田梅子』133 ～ 151 頁）。

后来，津田梅子创办了女子英学塾（现在的津田塾大学）。阅历丰富的她在 40 多岁时对于伊藤的评价也相对客观。伊藤遭暗杀后，她曾这样回忆：

> 伊藤公十分注重人性。无论对方身份高低，只要所言有

---

[1] 津田梅子当时才 19 岁，还没有什么社会阅历。在美国生活的 11 年里，她一直住在兰曼家。兰曼夫妇家在美国东部，是一个信仰基督教的中产家庭，他们的朋友当中恐怕没有像伊藤那样"不道德"的人。其实，即便在以基督教为主的美国社会，富兰克林·罗斯福总统、约翰·肯尼迪总统等人，作为推动民主化进程的总统获得了很高的评价，但他们拥有许多情人的事也世人皆知。

理，他都会侧耳倾听。不管是佣人，还是女子或是孩童……他曾说，"对于我来说，生和死是相同的。无论今后会发生什么，我都不会畏惧"。他认为自己是一个没有宗教信仰的人。不知怎么说才好，他相信一种不可思议的力量（可能就是生命的力量）。他的许多言行常会带有一种可以被称为信仰的巨大神力。

（大庭みな子『津田梅子』152～153頁）

/ 宠爱“贞奴”

那时，一个名叫“奴”的女子深受伊藤的宠爱。后来，她嫁给了日本新派剧的创始人川上音二郎，改名为“川上贞奴”。经历了夫妻两人到欧洲巡演等事，她后来成为日本舞台剧的头号女演员。奴（原名“贞”，当艺妓学徒时叫“小奴”）生于明治四年（1871）七月十八日，家在东京日本桥。父亲做的是货币兑换生意，但由于事业失败，奴被送到东京芳町艺妓置屋“浜田屋”，成为龟吉（原名“龟”）的养女。1883 年冬，12 岁的奴成为浜田屋的“半玉”（艺妓学徒）（山口玲子『女優貞奴』17 ～ 18、25 ～ 26 頁。レズリー・ダウナー『マダム貞奴』41 ～ 42 頁。藤井宗哲編『自伝音二郎・貞奴』11、21 頁）。

半玉小奴皮肤白皙、鼻梁挺拔、眉清目秀。长相和传统的日本人不太一样，还十分好强（『自伝音二郎・貞奴』12 ～ 16 頁）。

1884 年 7 月，正好是伊藤结束宪法调查回到日本一年左右。百忙之中，他开始筹备制定宪法，改革政治制度和官僚制度。或许正是因为当时伊藤充满自信，才会被才气四溢、争强好胜的小奴深深地吸引。

/ *257*

其实那时伊藤和一个礼仪见习生之间生了一个儿子叫作“文吉”。于是，夫人梅子和他定下规矩，今后不许和“素人”女性①发生任何关系。后来，伊藤的周围真的就没有出现过“素

---

① 指不是艺妓的女子。——译者注

人”女性。①

① 小报称，1887 年 4 月 20 日，伊藤首相在官邸主办的化装舞会上强奸了岩仓具视的女儿——户田氏共伯爵夫人。此类小报就像现在的大众周刊一样，经常发布一些坊间传闻。

前田爱的《幻景明治》(『幻景の明治』)等书将"伊藤强奸户田夫人事件"描写得有模有样（第 111～136 页）。

除当时的报刊记事以外，前田拿出了以下依据：①密探 5 月 3 日在给三岛通庸警视总监的报告中称，伊藤强奸了"无官职""书记官"的女儿；②密探向三岛警视总监的报告还称，犬养毅也听闻此事，还证实说不是强奸，而是以前就和户田夫人私通；③密探给三岛警视总监的报告称，华族已经发起讨论，认为如果伊藤与户田伯爵夫人私通之事属实，就应该上书天皇，鸟尾、曾我、三浦三位中将对此表示强烈支持；④户田伯爵于 5 月 4 日，从四等奏任官的公使馆参事官晋升为二等敕任官的辩理公使；6 月 4 日，作为驻奥地利全权公使前往海外赴任。这个"特殊荣升"，就是对掩盖伊藤事件的回报。

前田是以密探向三岛警视总监的报告（『三岛通庸文书』国会图书馆宪政资料室所藏）具有可信性为前提来进行推断的。但这份报告和那些刊登坊间传闻的小报并无什么区别，而且从没有受过审查这一点来说就很可疑。估计这不过是三岛警视总监收集社会传闻，用以了解社会对当权者反感程度的材料。例如，①那份 5 月 3 日报告中还有"此前薨逝的久宫〔静子内亲王。明治天皇的第五位皇女，1886 年 2 月 10 日出生，1887 年 4 月 4 日死亡，母亲是园祥子〕其实就是伊藤伯爵的亲生孩子实子，绝不是天皇血脉。久宫生母在宫中负责圣上入浴时，一度受到宠幸，伊藤乘机将其子乱祚天皇之子"，"伊藤还曾玷污皇太后〔明治天皇的父亲孝明天皇的正室〕"等许多无稽之谈。关于伊藤的此类报告，其他还有（『三岛通庸文书』537—15、16、30）。这些不过是因为伊藤权力过大而引起的反感。前川提到的②犬养毅所言，是民权派系对伊藤的反感；③鸟尾、曾我、三浦三位中将所言，是政府内反主流派对伊藤的反感。

至于④，公使馆参事官户田不是"四等奏任官"，而是"一等奏任官"。他于 5 月 4 日晋升为辩理公使，不过官升一级，成为"二等敕任官"而已（『官报』1886 年 4 月 27 日、1887 年 5 月 6 日）。德国公使品川弥二郎（长州藩出身）前一年就因身体不适而要求回国（伊藤宛品川书状、1886 年 12 月 1 日、『伊藤博文関係文書』五卷），品川回国后担任宫中顾问官。6 月 4 日，奥地利公使西园寺公望被任命为德国公使，户田氏共被任命为奥地利公使，并没有什么特殊待遇。因为要任命其为全权公使，所以将户田从二等敕任官升为一等敕任官。如前文所述，西园寺是伊藤欧洲宪法调查团的随从之一，户田则是自费随行（见本书第九章）。他们两人都是伊藤寄予厚望的人才。更何况，户田是伊藤恩人岩仓具视的女婿。

　　四年后，即1887年，伊藤为半玉小奴"水扬"①，"小奴"由此成为艺妓"奴"。当时，伊藤是首相，小奴年仅16岁（也有说法认为当时是1886年）。奴获得伊藤宠爱的那年，伊藤正在夏岛的别墅与井上毅等人集中讨论宪法草案。

　　奴也常去神奈川县的夏岛别墅，还下海游泳，这在当时的女性之中相当少见。虽说已有伊藤包养，但奴平时依旧做艺妓，只要伊藤找她的时候去就可以。而且，因为她是由伊藤"水扬"的，所以更是出名。井上馨、黑田清隆、西园寺公望、井上毅等名流都成为奴的座上客（『女優貞奴』29～32頁）。

　　"水扬"三年后，伊藤给了奴自由。奴此后又被数人包养，最终与川上音二郎结婚。成为舞台剧女演员的"贞奴"，前往美国、欧洲巡演。伊藤晚年，贞奴想在大阪市北浜成立大阪帝国座，最支持她的就是伊藤。但遗憾的是，大阪帝国座举行落成典礼时，已是伊藤遭到暗杀而身亡的四个多月以后了（『マダム貞奴』60～292頁）。伊藤不仅具备领袖的魅力，而且心胸宽广，因此深得艺妓们的喜爱。

---

　　①　获得初夜并成为唯一包养者。——译者注

/ 女儿生子和嗣子勇吉

1882 年（明治十五年）3 月，伊藤前往欧洲开始宪法调查后，与夫人梅子互通书信、诉说近况。同年 4 月 1 日，伊藤在给梅子的书信写道，让梅子告诉孩子们要注意身体，"好好学习"（梅子宛伊藤書状、末松謙澄『孝子伊藤公』257 ～ 258 页）。他十分关心 13 岁的生子和刚满 12 岁的勇吉（井上馨哥哥的儿子），惦记他们的健康状况和学习情况。

5 月 7 日，伊藤收到了生子写的日记。伊藤非常喜欢生子的这篇日记。6 月 6 日，他给夫人梅子写信，说是让勇吉也写日记。7 月 5 日他在信中也写道，"让生子、勇吉继续写日记寄给我"。

伊藤在 8 月 3 日的信中写道，从梅子 6 月 4 日的来信得知生子病了，他十分担心。9 月 13 日、10 月 27 日，他收到生子和勇吉写的日记，知道两人身体健康、努力学习，感到非常高兴。

10 月 27 日，伊藤告诉梅子，托人给生子寄了文库纸、给勇吉带了绘画工具。12 月 1 日，告诉梅子，他给生子和勇吉两人各寄了一块金表。同月 26 日，信中还写了自己想象生子和勇吉在收到金表的晚上定会开心得睡不着觉的情形。其间 11 月 15 日，他还在信中表达了对家人的思念之情："以为还会收到生子的其他照片，但没有，甚失望。"（同前、258 ～ 270 页）

前文曾提到 1876 年（明治九年）12 月，伊藤与其他女子生有女儿朝子（后来与外交官西源四郎结婚）。朝子那时候应该有六七岁了，正是最可爱的时候，但伊藤的家书中完全没有提到她。

伊藤在欧洲进行宪法调查期间，夫人梅子没得什么大病，但从 19 世纪 80 年代中期开始常常生病。津田梅子作为英语家庭教师兼翻译住在伊藤家，她在1884年2月11日给兰曼夫人的信中写道，"我还在热海。伊藤夫人还有孩子们〔勇吉和朝子〕、伊藤的女儿〔生子〕一个接一个地病倒了。夫人的病情尤其严重，风湿导致整个脸肿得厉害……夫人的脸肿得几乎连眼睛都看不见了"。信中还写了两三天前，伊藤和医生来了，夫人的病情有所好转。

关于伊藤和夫人梅子以及孩子们的关系，津田梅子在2月26日的信中写道：

> 伊藤夫人对孩子们很好，是一位好母亲。他们的家庭幸福美满，孩子们很听母亲的话，那个小女孩〔朝子〕直率得可能连美国孩子都比不上。……他们非常尊敬父亲，父亲的话就像是法律，但父亲即便有错或是不道德也不是什么大问题。

关于生子，津田梅子觉得她有点被宠坏了，"就像一只危险的小老鼠，很任性，佣人们可辛苦了。佣人们绞尽脑汁让她高兴满意，她却拿佣人们取笑开心"（大庭みな子『津田梅子』136～137、146～147頁）。

可能是因为夫人梅子对伊藤十分尊敬，所以孩子们也就把他的话当作"法律"。另一方面，伊藤由于平时常不在家，觉得愧对孩子，对生子尤为宠爱，甚至从没骂过一句。因此，在津田梅子看来，生子十分任性，对佣人们也毫不客气。

第四部　成熟篇

第十二章

失算
——大隈的条约修订问题

/ 与大隈重信合作

如前文所述，伊藤将修订不平等条约一事交给好友井上馨负责，但由于任用外国法官问题，井上不得不辞去了外相之职。首相伊藤从 1887 年（明治二十年）9 月 17 日起兼任外相，但他要负责更为重要的工作——制定宪法。

同年 10 月，反对井上修订条约的所有势力发起了大同团结运动，提出减轻地租、言论集会自由、改革外交（反对对日本不利的条约修订）三个要求。12 月，来自全国的各县代表带着包括这三个要求在内的请愿书聚集到东京。

12 月 25 日，伊藤内阁在山县内相的主持下，颁布并施行了保安条例，出动警察和宪兵，将大同团结运动压了下去。

27 日，伊藤首相请萨摩派一把手黑田清隆和自己一起去见了大隈重信。1888 年 1 月中旬前，三人进行了一两次谈话。伊藤首相请大隈入阁，因为自己今后也打算将政权让给黑田。山县直到 1 月 25 日才知道这件事，表示强烈反对，但伊藤根本不听。

如前文所述，伊藤在欧洲开展宪法调查的过程中，学习了包括英国在内的欧洲各国历史，知道大同团结运动那样的民主化运动是时代的必然产物，继续镇压是没有用的。

所以，他想从与改进党的实质党首大隈合作入手，瓦解大同团结运动势力之一的改进党；同时，也考虑让大隈就任外相，重新启动停滞的条约修订交涉工作（伊藤之雄『山县有朋』第八章）。

1888 年 2 月 1 日，大隈进入伊藤内阁担任外相。4 月 30 日，伊藤辞去首相一职。黑田清隆内阁起步，内阁成员基本不变。伊藤将修改条约重任交给大隈，自己作为枢密院议长全身心地投入宪法以及皇室典范等重要法令的审议工作（见本书第十一章）。

大隈外相在伊藤博文和井上馨此前的条约修订方案的基础上，开始制定大隈条约修订案。在制定过程中，大隈外相也与伊藤、井上以及黑田首相进行了商讨。同年秋天，大隈修订案完成，主要内容有：日本为新增关税、废除治外法权而完善法典，在审理外国人为被告的案件时，大审院（现在的最高法院）任用外国法官。11 月 26 日，大隈将修订案亲手交给了第一个谈判国——德国的驻日代理公使（大石一男『条约改正交涉史』35 ～ 40 页）。

/ 266

随后，在 1889 年，黑田内阁利用大隈案分别于 2 月 20 日和 6 月 11 日与美利坚合众国及德国成功签订了修订后的通商航海条约。为敦促其他列强签署修订条约，大隈外相考虑做出让步，向已经签订条约的国家开放日本内地，任用外国法官以废除治外法权等。已签订修订条约的国家的国民可以在日本内地通商；反之，未签订修订条约的国家的国民和以往一样，只能在规定的外国人居留地通商，条件极其不利。此外，为进一步敦促列强修订条约，日本政府向美国和德国提出，只要仍有旧关税国，就不实施更高的新关税。大隈外相就是这样通过单独交涉来推动与列强各国修订条约的，如果仍然有国家不同意修订，他甚至考虑采取威胁废除条约等强硬手段（同前、40 ～ 42 页）。

/ 爆发对大隈修订案的大批判

围绕大隈条约修订案中大审院任用外国法官的问题,大隈修订案遭到了强烈的抨击。首先,提出批评的是井上毅法制局长官。1889 年(明治二十二年)6 月 6 日,井上毅指出宪法规定官员必须是日本人,这与大审院任用外国法官相矛盾。

随后,山田显义法相也发现了大隈修订案的问题点。他在 7 月 19 日的内阁会议上提出制定《归化法》,让大审院任用的外国法官取得日本国籍。在井上毅以及与他关系甚好的天皇心腹元田永孚(枢密顾问官)等人的力推之下,藩阀内最具影响力的伊藤博文枢密院议长、井上馨也同意制定《归化法》,并要求已经签署大隈修订案的美德两国撤回公文。伊藤和井上馨对修订案中的问题非常理解,所以决心即便困难重重,也定要修订。26 日,两人说服了大隈外相。山田法相则提议就此事召开内阁会议。

据此,8 月 2 日召开的内阁会议通过了以下应对方案(大石一男『条約修改交渉史』81～82、123～126 頁。『明治天皇紀』七卷、321～322 頁):

(1)制定《归化法》,大审院任用的外国人必须取得日本国籍;

(2)向已经签署大隈修订案的美国和德国进行说明,谋求理解;

(3)向还未签署修订案的各国发送公文,撤回此前发送的修订案;

(4)明年 2 月,或者在大隈修订案制定的新条约施行的半年内,如有国家不承认新条约,将对是否废除现行条约进行审议。

由于伊藤枢密院议长兼任班列大臣,所以也参加了 8 月 2 日的内阁会议，向大隈外相提出了延期（中止）条约实施的要求。如前文所述，伊藤和井上馨与大隈一同制定并同意大隈修订案，但在发现问题后要求大隈就条约修订重新进行交涉。

大隈外相接受制定《归化法》，让外国法官取得日本国籍，但不同意条约修订交涉的延期。大隈因为有黑田首相这一后盾，强行领导内阁会议。大隈得出的结论是，对于那些不签署新条约的列强，应采取包括废除现行条约等强硬手段。

参加此次内阁会议的成员们，也产生了以下各种疑问和批评。

（1）已经签署新条约的美德两国，是否接受让大审院任用的外国法官取得日本国籍的追加条件？

（2）还未签署的英、法等国，是否会接受增加新条件的大隈修订案？

（3）新条约中允许外国人拥有日本国内的土地、矿山等内地开放（内地杂居）条款，根据现行条约中的最惠国待遇，是否也适用于还未签署新条约的国家？

（4）如果适用（3），日本将来进一步谋求修订条约，交涉更有利于本国的无条件废除治外法权、恢复关税自主权等谈判时，就会失去与列强交涉的重要回报条件。

（5）为防止出现这种情况，对于还未签署新条约的列强，日本如果单方面宣布废除原有条约，就有可能遭到列强发起战争的要挟，但日本并不具备与之抗衡的军事力量。

（6）新条约的施行期限是1890年2月11日，从新条约施行之日起两年内要完成法典的编纂和颁布，时间太短，无法完成。

（7）如果无法在新条约施行之日起的两年内完成法典的编

纂和颁布，从颁布之日起的三年内，治外法权的废除就要延期。这样一来，日本虽给予了列强开放内地的特权，却无法废除以大审院任用外国法官为条件的治外法权。

　　由此可见，大隈修订案中问题重重。大隈本来就性格倔强，那时更是着急，牛脾气爆发。他认为不惜威胁列强废除条约，也要让他们签署由他提出的修订案。

/ 天皇十分信任伊藤

井上馨农商相对于 1889 年（明治二十二年）8 月 2 日召开的内阁会议非常失望。次日，井上写信给枢密院议长伊藤，说在昨天的内阁会议上，黑田首相既不发表意见也没得出结论，觉得自己真的太傻，现在才知道吃惊。井上决定以生病为由辞去农商相之职，但如果与伊藤同时辞职的话会让人"生疑"，所以想在伊藤就反对条约修订一事上奏天皇之前提出辞呈，于是询问伊藤何时上奏天皇（伊藤宛井上馨書状、1889 年 8 月 3 日、『伊藤博文関係文書』一卷）。

关于条约修订一事，天皇召见伊藤。7 月 24 日上午 10 点过后，伊藤觐见天皇，阐述意见，直到 12 点结束（井上毅宛元田永孚書状、1889 年 7 月 24 日、『井上毅伝　史料篇』五卷）。在条约修订一事上，天皇也对伊藤非常信任。

/ 270

然而，伊藤在参加 8 月 2 日的内阁会议后，并没有像井上馨那样立即反对大隈外相，采取提出上奏和辞呈等强硬措施，而是希望尽可能等待大隈外相自己来修改方针。因为自己和井上至今一直支持大隈外相。而且，黑田首相是萨摩派一把手，如果被长州派的伊藤和井上强行推翻，就容易引发今后萨摩派和长州派之间的各种矛盾，会对今后的政权运作产生重大影响。

8 月 8 日，大隈外相与俄国成功签署了新条约，但与英国的谈判并未成功。英国是列强中与日本贸易额最高、利害关系最为密切的国家。大隈向天皇上奏，提出如果英国不同意日本提出的修订要求，就只能采取废除现行条约的手段。天皇认为大隈外相的手段过激，感到非常担忧。这一"最高机密"通过吉井友实宫内次官告知了伊藤。

/ 对大隈外相不再抱任何希望

1889 年（明治二十二年）8 月 18 日，伊藤在给井上农商相的信中提到，如果废除条约之事泄露，就可能引发英国政府的"不快"，"担忧"本可成功之事会失败。伊藤"忧国"，无法"用寻常方式将国家从危难之中解救出来"，唯有默默关注局势发展，希望日本不要"陷入"困境。伊藤对大隈废除条约的主张感到极其不安，但又对于无所适从的现状感到无奈。伊藤在信中还写道，松方正义大藏大臣也对此"非常担忧"，正在想方设法地制定政府新方针，以防英国不同意签署新条约（井上馨宛伊藤书状、1889 年 8 月 18 日、「井上馨文书」）。

伊藤知道大隈是真的一心要废除条约后，就不再对他抱任何希望了。① 萨摩派的松方也对此表示非常担忧。天皇也与他们两人一样感到不安。

8 月中旬之后，大同俱乐部等在野势力开始提出条约修订中止论。谷干城（前农商相）、三浦梧楼（学习院院长、前东

---

① 大石一男的《条约修订交涉史》，是对日本国内外有关大隈条约修订的第一手史料进行分析研究的优秀著作。但书中对 1889 年 8 月 18 日伊藤写给井上馨的书信的理解有误。大石得出"伊藤并没有像井上馨那样担忧废除条约手段之'无谋'"（第 82 页）的结论，并据此认为，"大隈等人成功明示了该策略〔大隈的废除条约论〕的有效性"（第 99 页）。其实早在 1889 年 4 月，伊藤就告知大隈绝不应采取废除条约那样的"错误手段"（大隈宛伊藤书状、1889 年 4 月 18 日、『大隈重信関係文書』〈早〉一卷）。而且，由于大隈主张废除条约，不仅长州派的井上馨、伊藤，就连萨摩派的松方，都开始不对他抱希望了。这些事实都说明大隈的废弃条约论是导致其走向失败的根源。9 月初，井上馨甚至怀疑，大隈是为掩盖其条约修订失败而提出废除条约论的，想以遭到内阁反对、批评内阁没有胆量为借口辞职（伊藤博文宛伊东巳代治书状、1889 年 9 月 4 日、『伊藤博文関係文書』二卷）。所以，"大隈等人成功明示了该策略的有效性"是一个错误的结论。

京镇台司令长官）等阁僚级人物，也加入了中止条约修订的运动。黑田内阁中最先采取强硬态度的是井上馨农商相。9月1日，井上以疗养之名，前往山口县三田尻，表示对内阁的批判。

那时，伊藤为每天清晨的腹痛而烦恼（伊藤博文宛伊東巳代治書状、1889 年 9 月 6 日、『伊藤博文関係文書』二卷）。对于修订条约问题的忧虑，使体魄强健的伊藤也出现了状况。

然而，9 月 18 日黑田首相写信告知松方藏相：①关于修订条约问题，内阁会议已经充分讨论，唯等天皇"英断"之后，自己立刻辞职；②无论如何，除伊藤枢密院议长"勇进"以外，没有其他任何对策（松方正義宛黑田清隆書状、1889 年 9 月 18 日〔元田永孚宛伊藤書状、1889 年 9 月 23 日同封〕、『元田永孚関係文書』）。

这件事情，伊藤最晚应该是在 9 月 23 日就知道了。在此之前，伊藤也很明确，如果利用修订条约问题推翻黑田内阁，自己就必须出来善后，所以态度十分谨慎。在了解黑田首相的心思之后，伊藤就更加确信了。为了不被萨摩一把手黑田记恨，就必须采取等待的姿态，等待大隈外相自己提出辞呈、中止修订条约。

/ 273

但 9 月 20 日，天皇因对条约修订问题过于担忧，在向大隈外相确认条约修订现状的同时，派元田永孚到小田原去询问伊藤条约修订的情况。伊藤回复说，大审院任用外国法官的新条约告知公文，由于即使制定《归化法》等法律也会与宪法产生矛盾，所以应该撤回已向列强发出的告知公文，并延期施行条约。伊藤还表示，自己并不希望提出反对意见或辞职来推翻内阁，但如果黑田首相和大隈外相能主动辞任，就能渡过眼下的难关，也有可能找到修订条约的对策。第二天，元田觐见天皇，转达了伊藤的回答（『明治天皇紀』七卷、351～354頁）。

伊藤虽然提议撤回告知公文，但并没有具体说明应该如何做。天皇仍然忧心忡忡。

天皇觉得内阁成员人数有限，无法充分发表意见，于是想向枢密顾问官咨询条约修改事宜，其结果则由天皇告知黑田首相。天皇命令担任枢密顾问官的元田征询伊藤枢密院议长的意见，询问枢密顾问官此事是否妥当。

1889 年（明治二十二年）9 月 23 日，伊藤写信回复元田，有关天皇希望内阁成员与枢密顾问官同席商讨修改条约事宜，他仔细考虑之后，觉得事关重大，无法预测结果，所以无法做出明确回复。而且，如果内阁成员与枢密顾问官同席讨论，很有可能出现分歧，所以还是先由内阁讨论为妥。天皇又通过德大寺实则侍从长，再次询问伊藤同样的问题，伊藤做出了同样的回答（元田宛伊藤書状、1889 年 9 月 23 日、24 日、『元田永孚関係文書』）。

/ 274

9 月 22 日，元田去见了三条实美内大臣，告诉他自己奉天皇之命拜访伊藤之事，以及应取消告知公文，中止修订条约，考虑其他的交涉方式。如此一来就会出现内阁成员辞职的情况，届时三条暂时担任首相，其后由伊藤再次就任首相。三条对此没有提出异议（井上毅宛元田永孚書状、1889 年 9 月 22 日、『井上毅伝 史料篇』五卷）。元田是天皇的贴身侍从，说明天皇也考虑到黑田内阁倒台之后，最后还是要由伊藤来善后。

天皇对修订条约一事忧心忡忡。在这危急关头，他也表示出了对伊藤的绝对信任。但是，伊藤想尽可能地避免因自己的关系而迫使黑田内阁倒台。

9 月 23 日，伊藤与大隈外相见面，认为修订条约的谈判和局势没有发生什么变化。目前局势令人"颇为忧虑"，大隈外相处于进退两难的状态。但伊藤在 24 日傍晚就回到了小田原的别墅。他虽然在信中说自己"战战兢兢""如履薄冰",却没有任何积极的动作(元田永孚宛伊藤书状、1889年9月24日、『元田永孚関係文書』)。他在等待山县有朋回国。

同一天,天皇派德大寺侍从长命令黑田首相,内阁会议应对新条约告知公文的取消、《归化法》和法院《构成法》中有关外国法官条款的矛盾、与英国谈判的进展等进行充分审议,并将结果告知天皇。9月24日,元田觐见天皇复命。他告诉天皇,黑田首相认为修订条约有希望,大隈外相则觉得告知公文事宜很"简单",与英国进行条约修订谈判也不难。

元田告诉天皇,告知公文与新宪法相矛盾会引起天下大问题,但不知为什么,大隈外相却觉得很"简单",这令他非常惊讶。

9月25日,元田将上述内容写信告知伊藤,并说在山县回国之前就只能"无所事事"了(伊藤宛元田書状、1889年9月25日、『元田永孚関係文書』)。

/ 山县回国

1888 年（明治二十一年）12 月，山县启程离开日本、第二次出访欧美；1889 年 10 月 2 日，回到横滨港。由于无法找到解决修订条约问题的办法，大家都非常期待山县回国后能够找到突破口。9 月 26 日，娶了山县的养女为妻的品川弥二郎（枢密顾问官、前德国公使，与山县为同乡）在给山县的信中写道：①由于目前修订条约的问题就等山县"一言定胜负"了，所以希望他能做好思想准备；②伊藤和井上都陷于"刀折矢尽，无一言半句"的境地；③黑田的继任者唯有山县的说法已经在政府内外传开。

/ 276

10 月 2 日，山县一到横滨，主张中止修订条约的松方藏相和西乡从道海相（都是萨摩出身），以及山田显义法相（长州出身）就去见了他。松方和西乡希望山县能成为首相执政，替代同为萨摩派的黑田。

2 日傍晚，山县回到东京就住进了"椿山庄"，除了 5~6 日去横滨以外，一直到 7 日傍晚都待在"椿山庄"。其间，他于 3 日觐见天皇，汇报旅欧工作，还与品川、野村靖（枢密顾问官、前递信次官，与山县是同乡发小）、井上毅法制局长官等人见面，听取修订条约的情况。

对于山县的回国，伊藤也是"望穿秋水"。伊藤以为山县在神奈川县大矶的别墅"小淘庵"休养，以消除旅途劳累，于 10 月 4 日特意从自己的小田原别墅前往大矶拜访山县，却因为山县在东京而没能见到。于是伊藤写信告诉山县，自己一直在等他回国，希望在他有空的时候登门拜访（伊藤之雄『山県有朋』第八章）。

/ 优柔寡断的山县

去拜访山县之前，1889 年（明治二十二年）10 月 4 日，伊藤与天皇共进午餐。那天，除伊藤以外，天皇还召见了黑田首相、大隈外相、土方久元宫相、德大寺侍从长、吉井友实宫内次官等人。但黑田以"拉肚子"为由，没有参加（井上毅宛元田永孚書状、1889 年 10 月 4 日『井上毅伝　史料篇』五卷；『明治天皇紀』七卷、372 頁）。天皇召见众人共进午餐的目的在于，希望以山县回国为契机，催促伊藤、黑田、大隈等人尽快解决条约修订问题。土方、德大寺、吉井等宫中相关人物都在天皇中止修订条约的授意下，通过元田枢密顾问官等人尽力协调此事。由于黑田首相没有来，目的无法达成，伊藤顿时感到了天皇的不安及其对自己的信任，同时也深感肩负重任。

不料，山县并没有主动给伊藤回信。从 10 月 7 日开始，山县就一直待在大矶的"小淘庵"别墅里（伊藤之雄『山県有朋』第八章）。山县的态度比伊藤预想的要谨慎得多。

由于山县回国之后事态仍没有发展，天皇又是派使者，又是让黑田首相尽快与伊藤协商、召开内阁会议等（井上毅宛元田永孚書状、1889 年 10 月 10 日、『井上毅伝　史料篇』五卷）。但山县回国之后没有任何积极动作。结果，大家对打破僵局的期待又从山县转移到了伊藤身上。

黑田首相也因天皇几次三番的催促，派西乡海相作为自己的代理，前往小田原拜访伊藤。

伊藤与黑田首相、大隈外相就修订条约一事协商过多次，但他们始终态度强硬，并对谈判保持乐观，而且山县回国之后，也没有主动承担责任的积极行动，所以伊藤认为，再与黑田、大隈等人谈话不过是浪费时间，不会有任何结果。

/ 肩负起倒阁之责

伊藤决定辞去枢密院议长之职。1889年（明治二十二年）10月11日，他前去拜访了山县。山县反对伊藤立即提出辞呈，劝说伊藤应该先和黑田首相商量，但伊藤不听，直接向黑田提出了辞呈（伊藤之雄『立憲国家の確立と伊藤博文』16～17頁）。因为实在没有其他方法可以打开局面，伊藤决定牺牲自己，即便被萨摩一把手黑田记恨，也一定要让修订条约的谈判延期（中止）。

黑田首相大惊失色，让大隈外相去说服伊藤收回辞呈。12日，大隈去见了伊藤，但没什么效果。大隈和伊藤一起到大矶拜访了山县，大隈和山县都劝伊藤不要辞职，但伊藤决心已定（『明治天皇紀』七卷、378～380頁）。

于是，黑田首相上奏天皇，请他不要批准伊藤的辞呈，自己则亲自前往小田原，登门拜访劝说伊藤。在天皇莅临的15日内阁会议上，大隈外相就条约修订的经过进行说明后，后藤象二郎递相① 对此进行了近两个小时的详细反驳，双方论战十分激烈（伊藤博文宛伊東巳代治書状、1889年10月16日、『伊藤博文関係文書』二卷）。情况已经相当糟糕，天皇越发期待伊藤的意见，并希望他来收拾残局。

/ 279

10月15日，伊藤提出辞呈已过四天，但天皇仍然希望能想办法留住伊藤。当天傍晚，了解天皇心意的元田永孚，代替伊藤说明了无法留任的原因，以及最后提出让山县执政的建议：

①因为伊藤知道，如果自己辞去枢密院议长，黑田首相就无法坚持修订条约，并会辞去首相；②因为自己的一句话

① 递信省长官，相当于邮政大臣。——译者注

就让黑田首相走人，其实并非伊藤本意，所以自己也决心辞职；③所以，无论天皇怎样挽留，伊藤都不会接受；④大幅更替内阁大臣之后，伊藤应该会在恰当的时候重回政府执政；⑤这次，由于伊藤、黑田、大隈出现对立，三人辞职后，山县或三条内大臣会当一段时间的首相，三条随时愿意把首相的位子让给山县，就看天皇您的意思了；⑥如果继续坚持修订条约，就会导致人心"动荡"甚至"内乱"，内阁倒台，大臣们也"自身难保"，发生重大"危乱"。

（井上毅宛元田永孚書状、1889 年 10 月 17 日、『井上毅传 史料篇』五卷）

元田对于伊藤不会留任枢密院议长的判断非常正确，天皇也不得不同意了。

伊藤提出辞呈，对条约修订谈判和政局产生了直接的影响。那时，井上馨农商相也从山口县的三田尻向自己的部下寄送了辞呈，还发了电报，命其迅速通知伊藤、山县内相、松方藏相和山田法相等人（井上的辞呈于 21 日交予黑田首相）。

10 月 18 日，山县内相也向黑田首相递交了要求延长条约修订谈判的建议书。同一天，一个反对修订条约的男子向大隈外相扔了炸弹，大隈身负重伤。

19 日，山县、山田、西乡、大山岩（陆相）、松方五位大臣决定让条约修订谈判延期（中止），如果黑田首相不听，就集体辞职。于是，黑田首相与山县内相一同上奏天皇，请求让修订条约的谈判延期（中止）；10 月 22 日，向天皇呈上自己与其他阁僚的辞呈（大隈外相伤势恢复之后，于 12 月 14 日提出辞呈）。就这样，黑田内阁拉下了帷幕。

1889 年（明治二十二年）10 月 21 日，天皇派使者去征询黑田首相、松方藏相、大山陆相三位萨摩派掌权者的总辞职意向。三人都回复辞职是没有办法的，山县最适合当首相接班人。结果和天皇预想的完全一致。22 日，黑田首相上奏天皇，递交了全体内阁成员的辞呈，并推荐山县继任首相。黑田于次日拜访山县请他就任首相。

但是，山县不愿出任首相。24 日，松方、山田、大山等内阁成员也都去劝山县继任首相，山县依旧不答应（伊藤之雄『山县有朋』第八章）。

正如伊藤在 9 月就已预料的那样，自己的辞职决断导致黑田内阁垮台，黑田首相等萨摩派因此记恨在心。所以，大家都寄希望于山县来出任首相。

然而，山县不愿自己组阁。结果，10 月 25 日，天皇只能让三条实美内大臣兼任首相，内阁其他成员保持不变。新内阁起步，其实不过是临时内阁。12 月 24 日，第一次山县内阁成立，山县兼任内相，外相由山县的心腹青木周藏（长州藩出身，前外务次官）担任，其他成员基本与黑田内阁相同。

/ 281

为中止极其危险的大隈条约修订谈判，伊藤不惜亲自火中取栗，不仅招致萨摩派的怨恨，还无法自己组阁。伊藤性格好强，一定非常希望亲自掌控在自己辛辛苦苦制定的《大日本帝国宪法》及附属法律的基础上举行的第一次大选和议会，但这个机会被山县夺走了。

/ 天皇诏敕授予伊藤元勋待遇

天皇十分理解伊藤的失意和黑田前首相的怨念，于 1889(明治二十二年) 11 月 1 日，向伊藤和黑田颁发同文诏敕。

> 以此大臣令，向朕宫中顾问官从二位勋一等伯爵伊藤博文〔颁给黑田的诏敕是"枢密顾问官陆军中将从二位勋一等伯爵黑田清隆"〕授予元勋待遇。
>
> （『官报』号外、1889 年 11 月 1 日）

/ 282

这份诏敕后来成为元老的法律依据。元老不是由宪法或法令规定的机构，而是向天皇推荐继任首相候选人、就实质性决定等重要国务问题回答天皇咨询的惯例机构。当时，这份诏敕并没有将两人定为元老的意思（伊藤之雄『元老の形成と変遷に関する若干の考察』）。

所以，元勋待遇的诏敕，无法平息背负条约修订失败"污名"、被人从首相位置上拉下来的黑田的愤恨。12 月 15 日，酩酊大醉的黑田突然跑到井上馨家，狂喊乱叫"我今天就是来诛杀明治政府奸贼的"。幸好井上不在家。据说黑田酒醒之后后悔不已，但这件事并没有因为黑田"酒醉"而不了了之。井上对他表示了强烈抗议（伊藤博文宛伊東已代治書状、1889 年 12 月 17 日、伊藤博文宛末松謙澄文相、1889 年 12 月 17 日、18 日、『伊藤博文関係文書』二卷、五卷）。其实，黑田撒酒疯的对象不应该是井上馨，而是伊藤博文，但是黑田只能向井上撒气，他实在是不敢面对藩阀最高掌权者、耿直的伊藤。

大约在同一时期，三条内阁于 12 月 13 日向已经与日本签署新条约的美国、德国和俄国三国发出通告，以来不及准备为由，延期实施条约。伊藤挺身而出充当挡箭牌，推倒黑田内阁，发挥了重要作用。

然而在三条内阁的最后一天，政府也做出了让伊藤失望的政治决定。12 月 24 日，修改内阁官制后，首相位列内阁大臣"首席"，但不再从法令上拥有内阁制度制定当时那样的强大权限。

伊藤的理想是"宰相"主义，就是希望由像德国首相俾斯麦那样拥有强大权限的首相领导内阁、支持君主，为此制定的内阁职权规定，首相"总督"各大臣，与责任大臣共同"副署"（在天皇签字的左侧署名）所有法律和敕令文书。首相如拒绝副署，其影响力将波及陆海军省等各省。

首相的权限被削弱，其原因可能是，大权在握的黑田首相支持大隈外相，不听取其他内阁成员的意见，导致条约修订问题无法解决。伊藤和井上的注意力被修订条约引发的混乱吸引，并没有认识到这次的官制修改会对军队的自立产生巨大影响。他们以为陆军有山县、大山岩，海军有西乡从道控制，通过这些军中长老便可控制军队，今后对于陆相、海相的人事安排可以和以往一样有发言权（伊藤之雄『山县有朋』第七章、第八章）。

第十三章

第一届议会的困惑
—— 宪法运用与近代国家的完善

/ 以"有序向前迈进"为目标

如前文所述,第一次山县有朋内阁成立,举行首次大选和帝国议会的大方向也基本确定。然而,伊藤在山县内阁成立后不到 20 天,就在给好友井上馨的信中表达了不满,认为更替地方官员等举措表面上"看似果断",但人选不当(井上馨宛伊藤书状、1890 年 1 月 12 日、「井上馨文书」)。

山县内阁在组阁当天,以及两天后的 1889 年(明治二十二年)12 月 26 日,更替了警视总监和知事约 20 人。其中,田中光显出任警视总监,白根专一出任爱知县知事等,首相兼内相的山县安排自己的亲信就任要职,目的是为大选做准备。伊藤在给井上馨的同一封信中表示对山县内阁不抱希望。他认为如果无法确保内政外务不出错,肯定会再出麻烦。由此可见,伊藤对山县执政不满意,对自己没能组阁耿耿于怀。

伊藤与山县的作风,究竟有哪些不同呢? 1890 年 2 月,为开设议会,有关议院书记官事宜,伊藤告诉部下井上毅法制局长官,不能一下子"欧化",必须"有序向前迈进"(井上毅宛伊藤书状、1890 年 2 月 12 日、『井上毅传 史料篇』五卷)。在伊藤看来,山县非常保守,限制了有序前进的速度。

而且,明治天皇对于修订条约和开设帝国议会也十分担忧。天皇更为信任伊藤博文,而不是山县首相。

山县首相心里都清楚这些,所以奏请天皇,希望在青木周藏外相就日本政府备忘录上奏天皇时,召见伊藤征询意见。于是 1890 年 1 月 29 日,天皇召见伊藤听取意见。1 月 31 日,天皇命令青木外相与伊藤商讨修订条约事宜后,拿到内阁会议上讨论。

山县感到伊藤对其组阁不满，同年春天以自己无法胜任极其繁忙的首相一职为由，要求请伊藤担任首相。但伊藤认为山县并非出于真心，就没有同意。于是山县上奏天皇，请示让伊藤当首相。

未能看透山县真意的天皇，同意了他的提案，5月14日下诏让伊藤组阁。天皇在敕语中讲到，维新以来，木户孝允和大久保利通奠定了明治政府的基础，但两人都已去世，唯有伊藤一人位于枢机"十年有余"，功不可没，对伊藤给予了和木户、大久保同等的评价。出于这个原因，天皇命令伊藤组阁"翼赞"① 天皇。但是伊藤没有采取行动，这件事就不了了之了。结果，伊藤和天皇都认可山县内阁继续执政（徳大寺実則書取の詔書、1890年5月14日、「伊藤博文遺書」伊藤博雅氏所蔵。伊藤之雄『山県有朋』246 ～ 248 頁）。

/ 286

7月1日，山县内阁以"不偏不党"主义为口号，举行了第一次大选，没有出现大的混乱。那时，当选者所属党派是流动性的，全部300个议席中，旧自由党系的三派占了大约100席，立宪改进党占了约50席，还有对政府持批判意见的议员当选。政府向议会递交的预算案、法案究竟能否在议会、众议院获得通过？形势并不明朗。

7月25日，为控制政党活动，山县内阁颁布了《集会及政社法》，根据议会开设对原有的集会条例进行了修改。主要内容有：简化举办政治集会、结社的申请手续等，放宽监管，但增加了帝国议会召开时禁止在距离议院3里（约12公里）以内召集室内集会和游行等新规定。此外，禁止"政社"（政党）设立支

---

① 即辅佐。——译者注

社、禁止与其他"政社"结党,这些内容与旧集会条例相同。

对于山县内阁颁布的《集会及政社法》,伊藤没有发表什么意见。大选之后,改进党等民党系报纸在谈论伊藤和山县的关系时,故意刊登了挑拨离间的报道（伊藤博文宛伊東巳代治書状、1890 年 7 月 18 日、8 月 3 日、『伊藤博文関係文書』二卷）。伊藤可能是为了不与山县对立,而没有对《集会及政社法》发表意见。但其实可能因为伊藤自己也不是很清楚第一届议会会如何开展,所以对于提前制定相关管理法规也不觉得有什么不妥。

如前文所述，修订条约是伊藤最为重视的任务之一。因为
伊藤要全身心地投入制定宪法和皇室典范、完善立宪国家和宫中
制度的工作，所以就将修订条约的工作交给了井上馨及其后的大
隈重信，但两者都举步艰难。这里，我们再回到大隈修订条约之
后，来看一下事态是如何发展的。

大隈修订条约失败后，三条实美首相让井上馨农商相负责
重新制定修订条约的方针；同时，在伊藤博文（宫中顾问官）的
协助下，与内定为继任首相的山县有朋内相等人协商后，在内阁
会议上确定了方针。这份被称为《将来外交政略》的方针，于
1889 年（明治二十二年）12 月 10 日在内阁会议上获得通过，
次日获得天皇许可。其主要内容是：

> （1）大审院也不任用外国法官；
>
> （2）不承诺早日编纂并颁布法典；
>
> （3）在领事裁判权〔治外法权〕未能撤销前，外国人不
> 可享有不动产所有权；
>
> （4）关于如何处理外国人问题，在经济或法律的某种情
> 况下设置"特殊限制"
>
> （青木周蔵外相「条约改正記事」、「陸奥宗光文書」
> 九二 -6、国立国会図書館憲政資料室所蔵）

（1）是出于舆论对大隈修订条约案的反感、与宪法统一性
的考虑；（2）是出于民法、商法等法典编纂困难程度的考虑；
（3）是出于如果不完全废除治外法权，就不给予列强土地所有

权这一最大回报的考虑；（4）对外国人设置"特殊制限"，是出于在完全恢复关税主权交涉时，能有交换条件的考虑。从大隈修订条约的失败吸取经验，伊藤、井上馨、山县首相和阁僚的目标设定更加慎重、更为明确。

/ 青木外相的自负

1889 年（明治二十二年）12 月 24 日，山县内阁成立。同一天，青木周藏（前外务次官）就任外相。天皇当天就亲手将《将来外交政略》交予青木，命其在该政略范围内着手修订条约。12 月 27 日，青木外相立即在外务省与英国公使弗雷泽（Hugh Fraser）就修订条约开会进行谈判（青木周藏「条約改正記事」）。

1890 年 1 月，青木外相向内阁会议递交了修订条约的方针——"（青木）备忘录"。其中包括"若干"为获得即将开设的帝国议会支持的实施条约修正案。该备忘录在经内阁会议修改，征询五六位实力派人士的意见后，送交英国公使，并进行了数次谈判（青木周藏「条約改正記事」）。这五六位被征询意见的实力派人士一定包括伊藤博文。

其间，山县首相奏请天皇召见伊藤。1 月 29 日，伊藤觐见天皇，就条约修订内容详细阐述了意见。1 月 31 日，德大寺实则侍从长奉天皇之命拜访青木外相，转告其修订条约一事要与伊藤商量后，在内阁会议上进行充分的讨论（『明治天皇紀』七卷、466～468 頁）。

伊藤在辞去枢密院议长之职后，就任宫中顾问官。这个职位并没有规定与国家政治相关的明确权限，说明伊藤即便没有要职头衔，在重大政策方面的影响力也高于主要阁僚，也就是后来的"元老"地位。因为明治天皇对伊藤极其信任，所以伊藤可以从特殊立场深入参与青木外相的条约修订事宜。而青木外相由于长期在外务省任职，曾担任驻德国公使、外务次官等，对于完成条约修订充满信心，而对于伊藤插手此事感到不快。后文"大津事件"中也会讲到，青木外相对于伊藤在京都插手此事的处理十分不满，自尊心受到了极大的伤害，所以可以知道，在修订条约问题上，青木对伊藤抱有抵触情绪。

首届议会开始之前，山县首相以及阁僚们都觉得，伊藤只担任宫中顾问官这个闲职不太合适。于是，山县恳请伊藤就任贵族院议长，但伊藤没有同意。1890 年（明治二十三年）7 月 1 日，明治天皇知道此事之后，劝说伊藤如果不愿意当贵族院议长，就当枢密院议长，但伊藤仍然没有答应（伊藤之雄『山県有朋』249 ～ 250 頁）。

此后，由于天皇一再要求伊藤就任枢密院议长，7 月 4 日，伊藤去拜访黑田，就天皇和两三位阁僚希望他就任枢密院议长或贵族院议长一事，征求黑田的意见。黑田劝伊藤听从天皇的意见。次日，黑田特意前往伊藤所在的小田原别墅拜访，再次劝说他听从圣意，但伊藤觉得这不是黑田的真心话（元田永孚宛伊藤博文書状、1890 年 7 月 6 日、『元田永孚関係文書』），黑田对于伊藤的怨恨不会完全消失。他没有明确答复黑田是否就任，因为他觉得在面对国内外危机面前，重要的不是自己是否身居要职，而是所有肩负国家重任的人齐心协力，共渡难关，没有必要像"小壮辈"那样争夺什么眼前"功名"。

尽管伊藤再三推辞，山县仍然不能放任伊藤身居闲职。在得到天皇的大力支持后，山县终于让伊藤同意出任贵族院议长。就这样，伊藤于 10 月 24 日就任第一代贵族院议长。

帝国议会由众议院和贵族院两院组成。预算虽然首先要递交众议院，但预算和法案必须在两院都获得通过才能成立。所以，两院处于同等地位。虽然众议院对于被选举人和选举人（拥有选举权的人）有纳税额方面的限制，但需要经过投票选举，所以具有国民代表的性质，对藩阀政府持批判态度。与此相对，贵族院由华族和藩阀官员代表组成，会明显支持藩阀政府（小林和幸『明治立憲政治と貴族院』、内藤一成『貴族院と立憲政治』）。

对于藩阀政府来说，贵族院在阻碍众议院法案通过方面具有重要作用。但因被藩阀势力所掌控，贵族院议长之职并没有首相、枢密院议长那么重要。因为大家希望伊藤有个职位，所以他就选了一个责任较轻的贵族院议长，这样也不太会引发黑田等萨摩派的反感。

　　1890 年（明治二十三年）6 月，伊藤的心腹井上毅法制局长官的结核病越发严重，井上甚至已经做好治不好的打算，于 7 月 11 日向伊藤提出请求，希望去其他地方静养，辞去法制局长官之职，而且宪法施行方面的残局也基本解决（伊藤博文宛井上毅書状、1890 年 7 月 11 日、『伊藤博文関係文書』一卷）。

　　伊藤是 7 月 16 日知道井上毅提出辞呈的。第二天，伊藤在同意井上辞职后，给德大寺实则侍从长以及在宫中具有影响力的元田永孚枢密顾问官写信，希望井上能作为枢密顾问官或宫中顾问官，被任命为贵族院敕选议员，将来定会发挥作用。

　　伊藤在信中对井上给予了高度评价，因而推荐他就任上述职位。他写道：①从 1875 年（明治八年）以来，井上毅不仅受到岩仓具视（右大臣）、大久保利通（参议兼内务卿）的信赖，始终负责"枢机事务""十年有余"，其中"军国大计"机密文案的 70% ～ 80% 都是井上起草的；②大久保、岩仓去世后，虽由伊藤继承后业，但井上协助伊藤工作的事例数不胜数；③尤其是"立宪组织"计划以及宪法立案等重要工作，井上倾尽全身"热血"逐字逐句斟酌修改；④当然天皇对于井上的功绩也早已知晓（德大寺实则・元田永孚宛伊藤博文書状、1890 年 7 月 17 日、『元田永孚関係文書』）。伊藤对于在起草法律、文书等方面为日本、为自己尽心尽力的井上毅给予了公正的评价，由此可以看出伊藤对于部下的温情。

/ 292

　　就这样，7 月 19 日井上毅被任命为枢密顾问官，并兼任法制局长官（辞职没有获批）。井上的法制局长官辞呈是 7 月 13 日由内阁上奏天皇的，由于天皇没有批准，所以井上继续担任法制局长官。18 日，山县内阁上奏天皇，让井上兼任枢密顾问官，天皇也同意了。19 日，正式发布命令（伊藤博文宛元田永孚書状、1890 年 7 月 19 日、『元田永孚関係文書』）。

可能内阁在 13 日向天皇递交井上法制局长官辞呈时，就恳请天皇不要批准。所以，天皇没有按照伊藤和井上的心愿批准井上辞职。这就是天皇根据内阁意向所采取的具有君主机构说性质的行动。

但是，根据伊藤之意，山县内阁推荐井上担任枢密顾问官，井上顺利得到任命。法制局长官的级别是敕任官，而枢密顾问官的级别是亲任官，与阁僚同级。这样，井上的"功绩"就得到了充分的肯定。由此可见，伊藤即便没有担任要职，其政治影响力仍然十分强大。

/ 阻止恢复神祇官

伊藤影响力之大还表现在 1890 年（明治二十三年）10 月上旬的神祇官恢复问题上。神祇官是明治初年设置的执掌祭祀和行政的机构。由于是祭政合一的复古主义的象征，于明治四年（1871）八月被废止。

然而，山田显义法相（长州藩出身）、吉井友实枢密顾问官（萨摩藩出身，兼任宫内次官）、佐野常民枢密顾问官（佐贺藩出身）、海江田信义贵族院议员（萨摩藩出身）等人提出请愿，希望在开设国会之前恢复神祇官，其目的在于将日本全国的神官、敬神党的人心聚集到皇室和藩阀方面。

1890 年 10 月 2 日，内阁会议通过了"内部决定"，但土方久元宫相（伊藤系）持有异议，上奏天皇希望听取伊藤的意见。10 月 3 日，元田写信征求伊藤的意见。由于元田自己就赞成恢复神祇官，所以在信中请求伊藤尽快给予赞成的"明确答复"（伊藤博文宛元田永孚書状、1890 年 10 月 3 日、『元田永孚関係文書』）。

然而次日，伊藤在给元田的回信中写道，有关神祇官的恢复，他已回复土方宫相、吉井次官，因为官职制定已经有内阁会议决定的"当局御原议"，我一个"局外之小臣"不应插什么嘴（元田永孚宛伊藤博文書状、1890 年 10 月 4 日、『元田永孚関係文書』）。其实，伊藤拒绝回复土方宫相、吉井宫内次官。因为尊崇神祇官是理所当然的，自己没有必要说什么"愚见"，而应经内阁"深议"后，请天皇"宸断"（土方・吉井宛伊藤書状、1890 年 10 月 4 日、「吉井友実関係文書」国立国会図書館憲政資料室所蔵）。

伊藤以不作答的方式，对恢复神祇官表示反对。结果，虽然此事在内阁会议上获得通过，但神祇官的恢复没能落实。

/ 第一届议会的准备工作

日本最初的议会，即第一届帝国议会于 1890 年（明治二十三年）11 月 25 日召集，11 月 29 日迎来了开院仪式。因为亚洲原本没有议会制度，所以可以说，这是从 19 世纪 80 年代开始以伊藤为中心推进的宪法制定工作的一个大汇总。

宪法的颁布日和施行日不同。第二次世界大战后的《日本国宪法》是 1946 年 11 月 3 日颁布，1947 年 5 月 3 日开始施行的，5 月 3 日成为宪法纪念日。《大日本帝国宪法》（明治宪法）如前所述，是 1889 年 2 月 11 日颁布的。天皇"上谕"中写明，从 1890 年帝国议会召集召开起，"宪法开始生效"，所以明治宪法的施行日就是举行帝国议会开院仪式的 11 月 29 日。

帝国议会，是宪法施行的重要组成部分。伊藤十分重视预算等重要法案在第一届议会上得到充分审议、获得通过。因为日本的第一届议会，也是向欧美人展示日本人具有充分的宪法和议会运作能力的重要机会。如果议会以混乱告终，甚至会影响到与各国的条约修订问题。伊藤等藩阀人士，以及许多众议院议员对此都有所考虑。

问题在于藩阀方面与民党方面能互相让步多少，找到彼此要求的妥协点。后文会讲到，藩阀方面的想法是，伊藤认为藩阀与民党拥有日本独立和近代化的共同理念，所以希望尽可能避免解散议会、干涉选举，不采取高压手段。

同时，伊藤不仅寻求与民党共享理念，还尽可能地消除会引发藩阀与民党对立的因素。他采取的第一个措施就是认真探讨对宪法第六十七条等的解释。伊藤让精通法律的井上毅法制局长官、伊东巳代治（贵族院议员）开展调查并进行讨论。

宪法第六十七条，是为了防止政党方面为减轻地租、获取财源，在众议院将官员俸禄等从预算案中删除。规定如下，官员俸禄等作为"宪法大权"、"法律结果"以及"法律上属于政府义务的支出"，未经政府同意，帝国议会不得"废除或削减"。

> 第六十七条 宪法大权规定的既定岁出，以及属于法律结果或法律上属于政府义务的支出，未经政府同意，帝国议会不得将其废除或削减。
>
> （伊藤博文『憲法義解』131 頁）

问题在于，假设政党方面在众议院将官员俸禄等"宪法大权"规定的项目从预算中删去，政府方面不予同意，那么除去这部分的预算是否能通过？（佐々木隆『藩閥政府と立憲政治』31 ～ 47 頁）。必须事先确保有一个能说服政党方面的明确解释。否则，预算审议会陷入"混乱"，导致议会解散（伊藤博文宛井上毅書状、1890 年 2 月 26 日、『伊藤博文関係文書』一巻）。就在议会开会期间，1891 年 2 月中旬，伊东巳代治向伊藤汇报，政府同意与否不会影响整个预算的通过。

伊藤的第二个准备工作就是掌握政党的动向，在万一之时能有通融之路。伊藤拥有伊藤系官员陆奥宗光农商相，以及井上毅和伊东巳代治这两条途径。

陆奥是和歌山藩出身，维新后曾任神奈川县令、大藏省租税头等职务，因为不是藩阀出身而心怀不满，所以参加了西南战争，最终服刑 5 年。出狱后，没有参加民权运动。在伊藤和井上馨等人的鼎力相助下，1883 年到 1886 年前往欧美游学。回国后，进入外务省协助伊藤和井上。1888 年，被任命为驻美特命全权公使（现在的驻美大使）。

　　陆奥在美国游学期间，实地考察过政党政治，为参加第一次大选，在和歌山县为稳固自家地盘打好了基础。陆奥是从和歌山县选出的、唯一在众议院拥有议席的内阁成员。此外，包括陆奥在内的 5 位从和歌山县选出的众议院议员联合起来形成了陆奥派（伊藤之雄『立憲国家の確立と伊藤博文』第二部第一章）。

　　除陆奥派以外，自由党干部星亨也为陆奥的政治背景锦上添花。星亨是陆奥的学生，为开设议会做准备，曾在欧美游学考察了一年半，1890 年 10 月 5 日回国，24 日加入了重建的立宪自由党（有泉贞夫『星亨』147 ～ 148 頁）。

在议会开院仪式的一个半月前后，井上毅的结核病进一步恶化。他以前只是感到左肺绞痛，但后来右肺也开始疼了起来，感觉自己的健康状况无法承担如此"繁重的工作"，而且神经也越发"敏感"，经常失眠。他向山县首相吐露，自己忧愤交加，甚至踢枕"狂叫"，请求让他休养一段时日（山县有朋宛井上毅书状、1890 年 10 月 10 日、『伊藤博文関係文書』一卷）。但是，山县首相没有批准井上"休养"，伊藤也和 7 月的态度不同，没有提议让他"休养"。因为第一届议会马上就要召开，完全没有喘息的余地。

井上毅尽管身体不适，但仍然对伊藤十分忠诚。1891 年（明治二十四年）1 月到 3 月，井上主动向伊藤汇报宪法第六十七条的解释，以及政党各派的动向。虽然是和伊东巳代治联名写的信，但井上毅起了主要作用（伊藤博文宛井上毅书状、1891 年 1 ～ 3 月、『伊藤博文関係文書』一卷、411 ～ 414 頁）。

由于宪法第六十七条的解释有可能成为议会讨论的焦点，井上毅法制局长官向天皇秘密上奏了解释。尽管精通法律的井上毅向明治天皇进行了解释，但天皇仍然担心，于 1891 年 2 月 19 日派土方久元宫相向伊藤博文确认。伊藤秘密回复天皇，井上的解释和自己的想法没有丝毫差异（井上毅宛伊藤博文书状、1891 年 2 月 19 日、『井上毅伝　史料編』五卷）。

／ 298

井上毅作为法律专家的才能在当时是数一数二的。但天皇想要的不仅仅是对法律本质的理解，还需要听取能考虑藩阀和政党势力动向，进行综合判断的意见。能做到这一切的，只有伊藤博文。

　　由井上毅立案、伊藤支持的第六十七条解释，究竟是怎样的呢？首先来看一下伊藤和井上毅所考虑的第六十七条的前提条件。

　　（1）与美利坚合众国那样的共和国不同，立宪君主国的官制组织属于"君主大权"，所以议会不可介入。

　　（2）议会在进行预算审议时，如全部废除预算，或过度削减预算，就表示议会不信任政府。这种"胁迫政府的手段"在欧洲历史上十分常见，如今有学者著书对其开展讨论。

　　（3）但是近来几乎很少看到欧洲"文明各国"，用否决预算的手段来胁迫政府，可见这种手法已经成为"历史"。

　　（4）原因在于各国宪法上的道义渐渐达到了"高尚"水准，各国逐步富强，每年的收入都会超过支出。

　　（5）但是，首次施行宪法的国家、国力还未富强的国家，经常会发生削减"预算"所需定额，以此"胁迫"政府的现象。

　　（6）所以，用宪法第六十七条来明确预算审议的规定，防止激发冲突。

　　（7）如果，立宪基础"稳固"，行政与立法之间的习惯逐步形成，即便没有第六十七条，议会也能事先与政府委员进行协商，进行充分"讨论"之后，再进行决议。

　　　　　　　　（伊東巳代治自筆「憲法第六十七条に関する井上

毅子の意見」① 『井上毅伝　史料編』二卷、
333 ～ 337 頁）

　　如前文所述，伊藤通过欧洲宪法调查，掌握了施泰因的宪法
观。因为历史总在发生变化，所以宪法运用和制度随之发生变化
也是常理。井上毅就是根据这个大前提立案的。井上毅作为法律
专家，与其说是伊藤在法律方面的师长，不如说是根据伊藤搭建
的大框架，对个别条款进行细节调整的好帮手。

　　井上毅在建议书中，对第六十七条做了进一步的解释。

/ 300

　　（8）议会由于受宪法第六十七条约束，无法进行"自由
决议"，所以通过对第六十七条进行解释，以削弱其效力，
这样就会出现"变相手法"。

　　（9）议会为削弱第六十七条的效力，会将征询政府同意
的环节置后，先在众议院和贵族院对预算自由进行废除或削
减，决议获得通过后，上奏天皇，再交给政府判断同意或不
同意。

　　（10）如果政府不同意废除或削减预算，天皇也不同意
的话，那么所有预算都无法获得通过，这样一来，就要依据
第七十一条，执行上一年度的预算，那么第六十七条就没有
存在的意义了。

　　（11）第六十七条的目的在于，要事先征得政府同意之

---

①　井上毅的上述建议书进行若干修改后，作为《宪法第六十七条意见》（1891年
2月20日）以井上毅的名义印刷发行（『井上毅伝　史料編』二卷、329～333
頁）。因此，这份建议书就是伊藤于2月19日向天皇秘密上奏时所说的和自
己的想法没有丝毫差异的井上的解释。

后，才可以进行预算的废除或削减，在做出确切的决定之前，一定要先与政府商量。

（前揭、伊東巳代治自筆「憲法第六十七条
に関する井上毅子の意見」）

也就是说，伊藤与井上毅主张，根据宪法第六十七条的解释，各院在决议预算的废除或削减之前，必须与政府进行协商。这一解释在此后召开的第一届议会上实际也获得了多数议员的认可。如前文所述，该条款的制定与解释，并非藩阀政府否决议会预算意见的手段，而是希望藩阀政府与议会方面展开讨论，加深相互理解，逐步形成使预算案成立的惯例。伊藤天生乐观，并相信即便意见对立，也可以通过交涉进行沟通。而且从西欧"文明国家"的发展史来看，他确信一定能够形成这样的习惯。井上毅也正是跟随这样的伊藤一路走来。

伊东巳代治虽然就宪法解释和修改条约事宜向伊藤汇报了山县首相、井上馨以及内阁的动向。但议会开始之后，他与政党的关系也并不紧密。然而，从1891年1月前后开始，伊东开始向伊藤和井上馨汇报政党的动向（伊藤博文宛糸巳代治書状、1891年3月2日、『伊藤博文関係文書』二卷。井上馨宛伊東巳代治書状、1891年1月14日、「井上馨文書」）。

山县内阁在第一届议会上提出的预算案为：收入约83204000日元（较上一年度减少约1956000日元），支出约83075000日元（较上一年度减少约1827000日元）。里面包括了扩张陆海军的费用，但没有包括民党（在野党）方面期待的减轻地租。

对此，1890年（明治二十三年）12月27日，众议院预算委员会制定了削减约806万日元（约1成）的评估方案。其中包括裁减官员在内，同时削减田地地租的5%，将地价定为2%（削减0.5%）。山县首相和内阁对于这份要求裁减官员的评估方案表示反对，估计伊藤也持相同意见（伊藤之雄『立憲国家の確立と伊藤博文』第一部第一章）。

/ **302**

其实在四个多月以前，山县首相就收买了自由党系过激派议员，想顺利通过第一届议会。众议院从1月中旬开始，支持评估方案的人开始增加。1月18日，山县就开始通过为对付政党而入阁的陆奥宗光农商相，以及和自由党党首板垣退助交好的竹内纲（从高知县选出），与板垣取得联系（大江卓宛竹内綱书状、1891年1月19日、「大江卓文書」国立国会図書館憲政资料室所藏）。

1月中旬，伊藤认为山县内阁应该在议会上发表演讲，告诉他们虽然目前为了完成日本独立和近代化大业无法减轻地租，但将来找到替代性财源之后是可以做到的。伊藤觉得这样做能在众议院获得更多对政府的支持，但山县首相和松方藏相不为所动。这件事拉大了伊藤和他们之间的距离（佐々木隆『藩閥政府と立憲政治』102～104頁）。

伊藤认为，在保持日本独立和实现近代化这一点上，政府与民党是可以达成共识的，所以不主张像山县那样过度注重战术，而是觉得应提出共同理念来谋求理解。

2月，有关宪法第六十七条的解释成为众议院争论的焦点。针对削减官员俸禄等"宪法大权"规定的既定岁出，何时征求政府同意的解释，究竟是在获得众议院、贵族院通过决议之后，再征求政府同意；还是在议会决议之前，先征求政府同意。民党等评估方案支持派支持前者，但山县首相等支持后者。前者是对提高议会权限的解释，因为两院通过之后，政府不同意的话，就说不过去了。

同时，2月之后，山县内阁开始隐约展现出不惜解散议会的强硬姿态。于是，山县的发小、主张解散议会的强硬派野村靖枢密顾问官（长州藩出身，前递信次官）到小田原拜访了正在疗养的伊藤，试探伊藤对解散议会的意向。伊藤不想与山县发生直接冲突，但因为山县首相没有明确表态，所以伊藤回答自己也没法表态。

2月7日，山县首相拜访了可能会散布解散论的松方藏相，要求松方自重。由此可见，尽管内阁内部强硬论调有所抬头，但山县本人并不希望解散议会，而是与政党妥协。

原因在于以下两点。第一，如果与民党对峙，政府没有自信让藩阀团结一致。尤其是无法确定藩阀中最有影响力的伊藤、伊藤心腹井上馨（前农商相）等人是否支持山县内阁想要推行的强硬路线。

第二，由于考虑到修订条约等问题，希望向欧美列强展现日本具备议会运行的能力。同为长州出身的井上馨和品川弥二郎枢密顾问官（前德国公使），也希望第一届议会能顺利结束（伊藤对于解散议会感到忐忑的山县首相来说，伊藤的不表态起到了决定性的影响作用。

从 2 月 19 日到 20 日，事态开始明朗。2 月 20 日，在众议院正式会议上，针对宪法第六十七条的解释，对支持政府主张、谋求与政府和解进行了表决。137 票赞成，108 票反对，该决议获得通过。投赞成票的主要是大成会等协助政府的党派以及立宪自由党的 24 名议员。他们都尊奉土佐出身的板垣退助为盟主，领头的大多都是土佐人，所以很快就被称为"土佐派"。山县首相通过陆奥农商相与板垣等人进行接触，颇有成效。

这件事被叫作"土佐派的背叛"，直接原因是山县内阁用资金收买人心。但就连相当激进的民权派植木枝盛也积极参与了这次"背叛"，说明有不少民党系议员其实也都希望第一届议会能顺利结束。

随后，政府和众议院达成了削减 651 万日元的妥协方案。预算案在 3 月 2 日以 157 票赞成、125 票反对的结果获得通过。3 月 6 日，政府预算在贵族院也获得通过。就这样，针对议会方面一开始提出的削减约 806 万日元的要求，山县内阁同意削减其中的 651 万日元，相当于 81%，说明政府方面让步的幅度相当大。

就这样，山县首相十分谨慎地对待第一届议会，而且由于伊藤没有对解散议会表态，山县采取了与伊藤相同的妥协方针。3 月 8 日，第一届议会终于顺利闭幕。

第十四章

维护明治宪法
—— 第二次大选

/ 青木外相逐渐不受信任

第一次山县有朋内阁时期，青木周藏外相开始依据"（青木）备忘录"，与英国开展修订条约的谈判。1890 年（明治二十三年）9 月，英国政府的提案出台。根据青木的建议，9 月16 日西乡从道内相和后藤象二郎递相（土佐藩出身，前自由党领袖）被任命为修订条约全权委员（青木周藏「条約改正記事」。「陸奥宗光文書」国立国会図書館憲政資料室所蔵）。这样，由青木、西乡和后藤负责修订条约，伊藤和井上馨不再参与此事。英国政府的提案，作为修订条约的基础方案，被拿到内阁会议上讨论，由于异议颇多，10 月内阁决议反对。

那时，伊藤最为关心的是如何让第一届议会顺利结束，没有心思直接参与条约的修订工作，山县内阁的情况也一样。1891 年 3 月 2 日，众议院通过了预算。第二天，青木的修订条约谈判问题就成为内阁会议讨论的重点。

青木在 3 月中旬，向英国公使送达的修订条约案主要内容如下：

（1）以大审院也不任用外国法官为前提，废除治外法权〔领事裁判权〕。同意在条约施行后，设定 6 年的宽限期；

（2）虽然关税自主权无法恢复，但从价税率由 0.5 个百分点提高到平均从价 1.1 个百分点；

（3）原定以日本新法典实施 1 年作为条约实施的条件，现将其删去；

（4）在废除治外法权前，签发英国人到日本内地的 12个月有效旅行签证。

（青木周蔵「条約改正記事」）

3 月 24 日，弗雷泽公使对青木外相的新条约案提出了几点要求，增加"几点永久有效的内容"，并保留新法典实施 1 年后条约实施的条件。如果接受弗雷泽公使的提案，日本就可以恢复治外法权，但是有可能在很长时间内受限于没有关税自主权。而且当时，日本还没有实施民法、商法，如果这些法律的实施延迟，新条约的实施有可能再次延迟 1 年以上。

因为上述问题，青木外相与英国继续进行艰难的谈判，但与大限相比，在治外法权问题上有所收获。英国能向日本做出这些让步，有以下两点原因：①防止德国拿出新方针来主导对日谈判；②日本设立并召开了议会，政府因此受到牵制，就可以避免现行条约被日本政府宣布废除等（大石一男『条約改正交渉史』164 ~ 170 页）。

也就是说，英国为了获得与日本开展贸易的利益，决定做出一定的让步。正如前文所说的，弗雷泽公使想尽可能长时间地维持日本不享有关税自主权的新条约，这也佐证了上述结论。

/ 307

但是，伊藤的盟友井上馨在 5 月 2 日写信给伊藤，认为应该停止青木修订条约的谈判。井上还向同为长州人的山田显义法相、野村靖驻法公使（巴黎赴任前），以及即将执政的松方正义表达了同样的意见。这是因为青木外相在 4 月 4 日内阁会议确定方案之前，就已经自说自话地与弗雷泽公使进行谈判，井上认为青木这种独断专行的做法很危险（坂根義久『明治外交と青木周蔵』146 ~ 148 页）。

陆奥农商相、井上毅、伊东巳代治等人应该已经将山县内阁修订条约的谈判情况告知了伊藤和井上馨。当然，伊藤和井上馨知道，弗雷泽公使提出要在新条约中增加"几点永久有效的内容"，所以很担心青木外相会不同意。如果谈不成的话，彻底修订条约的机会就会遥遥无期了。

/ 天皇对大津事件的迅速处理

山县首相决定在第一届议会结束后辞职。他当首相不过 1 年 3 个月，但第一届议会平安结束，该做的都做了。山县也因此确立了自己藩阀二把手的地位，仅次于伊藤。

山县首相和明治天皇都希望伊藤（贵族院议长）能继任首相，但伊藤没有答应。后文将会详细叙述，伊藤并不是不想执政，而是因为他和井上馨一起批评大隈的条约修订案，导致黑田内阁垮台，所以出于不想与萨摩派对立的考虑，希望萨摩派的人担任下一任首相。

1891 年（明治二十四年）5 月 6 日，萨摩藩的松方正义（前藏相）就任首相，第一次松方内阁成立。山县内阁的阁僚暂且全部留任，但因为不是藩阀中最有影响力的伊藤、山县（长州藩）、黑田（萨摩藩）来组阁，大家都对松方的领导能力抱有疑虑。

4 月 27 日，来日本旅游的俄国皇太子尼古拉抵达长崎。5 月 9 日傍晚时分，尼古拉皇太子已到达京都，整个京都城都洋溢着热烈欢迎的气氛，尤其是尼古拉皇太子下榻的常盘酒店（现在的京都大仓酒店处）附近，为一睹皇太子的风貌，万人空巷，十分拥挤。京都还特意为尼古拉皇太子在东山点燃了"大"文字，在其他山点起了"妙""法""船""左"等文字模样的火焰（『大阪朝日新聞』1891 年 5 月 12 日）。

5 月 11 日下午 1 点半过后，正在大津町（现在的滋贺县大津市）游览的尼古拉皇太子，遭到负责警卫的津田三藏巡查的袭击，被其军刀砍伤。这就是"大津事件"。尼古拉皇太子立即返回京都的常盘酒店，接受治疗。

19 世纪 80 年代开始，日本就一直担心俄国会途经朝鲜侵略自己。所以，大津事件发生后，对尼古拉皇太子的热烈欢迎突然变为一种恐慌，从明治天皇、政府领导人到普通老百姓，都开始担忧俄国会借机与日本开战。当时的日本，完全没有与强大的俄国交战的能力。

所以，这份紧急电报一送到皇宫，天皇就派侍从职干事岩仓具定公爵（前右大臣岩仓具视之子）前往小田原的"沧浪阁"别墅宣召伊藤进宫，但伊藤当时正在箱根的塔泽温泉，后来听说大津事件和召见之命，就立即赶往东京。

事件发生后，松方首相、西乡从道内相、青木周藏外相等人立即进宫。天皇在听取了他们的意见之后，于次日 12 日清晨 6 点 30 分，乘坐从新桥出发的专列赶往京都，还发了电报慰问尼古拉皇太子（『明治天皇纪』七卷、810 ～ 814 页。「土方久元日記」1891 年 5 月 11 日、首都大学東京・図書情報センター所蔵）。

/ 支持天皇

/ 310

/ 311

12 日凌晨 1 点，伊藤到达新桥车站后，立即坐上宫中派来的马车，前往皇宫参见天皇，天皇那时已经就寝，但听说伊藤到了，立即把伊藤叫到自己的寝宫，听取他的意见。伊藤退出寝宫与阁僚们商量对策时，已经是凌晨 3 点了。清晨 6 点，伊藤送天皇到新桥车站，天皇在火车即将出发前，让土方久元宫相告诉伊藤乘坐下一班火车速来京都（『明治天皇紀』七卷、815 ～ 816 頁）。由此可见，天皇在处理大津事件时非常重视伊藤的意见。

伊藤与黑田清隆（前首相）一同赶往松方首相官邸，和阁僚们一同商量如何处置犯人津田。当时，日本的刑法并没有与伤害外国皇族相关的犯罪判罚特别规定。如果仅仅是伤到他人，最严厉的判罚就是无期徒刑了。但伊藤和内阁成员们一致认为，无论如何也要避免与俄国开战，所以想以刑法规定的伤害日本皇室的犯罪行为论处，判处犯人津田死刑。伊藤甚至宣称，如果社会上多有异议，就发布戒严令压下去（須賀博志「大津事件という『神話』。『明治天皇紀』七卷、815 ～ 816頁）。

其实，法官中有不少人认为，日本既然是法治国家，就应该遵守法律规定，很难以皇室罪论处。这不仅与法律问题相关，还因为法官们多持有幕末攘夷思想和对外强硬思想的传统，并受到民族主义精神、民族主义的影响。而现实主义者伊藤，将避免与俄国开战作为首要任务，考虑如何让该事件的处理原则与法治国家原则保持一致。所以，伊藤希望准用皇室罪的法律来进行解释，解决此事。①

帝国主义时代，国际政治容易受到军事力量等方面的影响。与此同时，要修订条约，日本就必须给列强留下一个法治国家的印象（須賀博志「大津事件という『神話』」）。伊藤就是在这种左右为难的情况下做出的决断。后文将会讲到，明治天皇也支持伊藤的这一判断。

言归正传，伊藤到品川车站乘车前往京都之前，先去拜访了递相后藤象二郎和农商相陆奥宗光。两人表示法官们都对适用皇室罪面露难色，建议能否暗杀津田，假称其病死，因为俄国经常用这种方式。但是伊藤反问他们，为什么要用这种目无法纪的方式处理？（『明治天皇紀』七卷、816頁）伊藤希望在法律适用范围内判处津田死刑，强烈反对暗杀这种不合法的手段，认为正在建设法治国家的领导人如果在法律适用方面丧失道德，就根本无法把国家建设成为真正的法治国家。伊藤因与黑田及阁僚们商讨对策，比明治天皇晚了 5 个半小时，于正午时分乘坐从品川车站始发的火车离开东京，前往京都。

---

① 如前文所述，在制定明治宪法时，伊藤十分重视"体系和理论的严谨"。但同时，伊藤也反感不注重现实，过度拘泥于法律这一点。除了大津事件以外，在日清战争中，帝国议会只能在天皇身处的大本营所在地广岛召开，伊藤也指出事出无奈，不可能"百事都墨守成规"（黒田清隆宛伊藤書状、1894 年 9 月 16 日、「黒田清隆文書」国立国会図書館憲政資料室所蔵）。

/ 312

尼古拉皇太子的伤势并没有想象的那么严重。而且天皇仅仅花了 15 个小时就赶往京都，连夜探望尼古拉皇太子，这展现出的诚意也获得了俄国方面的认可。

伊藤陪同黑田清隆一起，于 1891 年（明治二十四年）5 月 13 日清晨 6 点抵达京都，比明治天皇晚到了大约 9 个小时。他寄宿在祇园的中村楼，吃好早饭后，就立即与俄国公使会面，前往京都御所拜见天皇。天皇随后前往常盘酒店探望，12 点前便已返回（松方正義宛伊藤博文書状、1891 年 5 月 17 日、我部政男他編纂『大津事件関係史料集』上卷、358 ～ 361 页）。伊藤和黑田也被叫到天皇与尼古拉见面的屋子里参与了会见（『大阪朝日新聞』1891 年 5 月 14 日）。

从当时"人生五十年"的说法来看，49 岁的伊藤将要步入老年时期了。但是，他从前天开始就几乎没有合过眼，还花了18 个小时赶往京都，会见俄国公使、拜见天皇，随后又跟随天皇探望尼古拉皇太子，可以说相当拼命了。

然而，青木周藏外相却对伊藤似身兼外务、内务两大臣之职，在京都插手处理大津事件感到十分不满。青木外相、西乡从道内相觉得自己毫无权限，彼此甚至商量在处理完此事之后就辞职（坂根義久校注『青木周藏自伝』259 页）。一直保持着藩阀一把手地位的伊藤，不过是受天皇之命，采取了类似后来"元老"的行动而已。

/ 313

尼古拉皇太子改变了原定行程，5 月 19 日启程返回俄国，当天中午，尼古拉皇太子邀请天皇登上俄国军舰"阿佐巴号"（Pamiat Azova）。

在御所听说天皇受邀一事的伊藤、黑田、西乡内相、青木外相等都大惊失色，不知如何是好。这是因为在大约 7 年前的甲申事变后，清国将领将韩国的大院君带上船送去了清国，所以大家都担心天皇会被绑架。停泊在神户港的"阿佐巴号"军舰吨位为6000 吨，日本当时没有能与之抗衡的军舰。

但是天皇听说尼古拉皇太子的邀请后，毫不犹豫地回答"去"。听到天皇的决断，德大寺实则侍从长，以及在侍从长屋子里等候的土方宫相等人诚惶诚恐，都激动得泣不成声（『「明治天皇紀」談話記録集成』二卷、95 ～ 97 頁）。伊藤呕心沥血将明治天皇培养成符合明治宪法运作的君主，想必他听闻此事后的感动程度会远远超出德大寺、土方等人。

19 日，天皇前往"阿佐巴号"，在和谐的气氛之中与尼古拉皇太子共进午餐之后，回到京都。尼古拉皇太子乘坐的"阿佐巴号"于当天傍晚启程驶往符拉迪沃斯托克[①]。这一难总算过去了。

21 日，天皇乘坐上午 9 时 30 分发车的列车，离开京都，回到东京。伊藤、黑田、西乡内相等人也同车返回（『大阪朝日新聞』1891 年 5 月 22 日）。

---

① 原名海参崴，1860 年被割让给俄国后改为现名。——译者注

/ 314

　　其间，伊藤与黑田、井上馨等藩阀掌权人物，以及松方首相等阁僚，也都出于万一的考虑，赞同依据皇室罪判处津田死刑，天皇也支持他们的想法。于是，从 5 月 12 日开始，松方首相、西乡内相、山田法相等人，向大审院院长儿岛惟谦等法官直接施加压力，要求判处津田死刑（山川雄巳編注『児島惟謙　大津事件手記』15 ～ 20、29 ～ 35、74 ～ 86 頁）。

　　5 月 16 日，伊藤听说俄国公使要求将犯人处以死刑（前揭、松方宛伊藤書状、1891 年 5 月 17 日），十分担心如果犯人津田未被判处死刑，俄国方面会做如何反应。但是，大审院院长儿岛惟谦等法官没有改变立场，仍然反对适用皇室罪。

　　5 月 25 日，大津地方法院的大审院开始公开审判。27 日，犯人津田三藏未被适用皇室罪，而是依据刑法中杀人未遂的最高刑被判处无期徒刑。

　　天皇对于判决十分惊讶，因为他以为津田会被判死刑。俄国皇帝也对津田未被判处死刑的结果感到十分意外，虽略有微词，但也没有继续追究（井上馨宛杉孫七郎書状、1891 年 5 月 30 日、「井上馨文書」国立国会図書館憲政資料室所蔵。『明治天皇紀』七卷、836 ～ 850 頁）。

　　从儿岛等人的这一判决没有引起俄国方面采取特别行动来看，儿岛等人守卫"独立司法权"的行为是正确的。

/ 315

　　儿岛等人在 5 月 19 日向松方首相、山田法相递交的建议书中写道，"我们应该知道，自己歪曲法律之害，会比受俄国暴力入侵之害更为严重"（山川雄巳編注『児島惟謙　大津事件手記』55 ～ 58 頁）。他们是从对外强硬思想、国家主义的立场出发，考虑到"独立司法权"而做出如此举动的。尽管当时是帝国主义时代，他们却没有充分考虑到俄方皇太子受伤的程度和俄国方面的动向。

伊藤等藩阀方面的态度是希望在紧张的国际局势下尽可能地降低战争风险。从这个角度来看，作为政府领导人的伊藤等人的考虑也是正确的。

/ 伊藤意欲组阁

1891年（明治二十四年）5月25日，大津事件公开审判开始那天，人在山口县的井上馨给伊藤写了一封长信。这是推定伊藤当时心理的重要史料，在此对其要点做一简单介绍。

（1）伊藤返回东京之后，毫无疑问，更换松方内阁的问题迫在眉睫。让松方首相就这样辞职绝非"上策"，所以先从更换西乡从道内相和青木周藏外相入手比较好。

（2）虽然5月24日收到迅速回京的电报，但觉得自己与伊藤联手组阁对内对外都非良策。

（3）详情已经请野村靖〔长州藩出身，驻法公使〕转达，想必你也已经知道。我〔井上〕因为内外树敌较多，所以担心这会使你〔伊藤〕更加为难。

（4）即便与黑田清隆一起组阁，也不知对方的真意，因为感觉"萨连"也就是西乡〔从道、内相〕、松方等人始终对伊藤敬而远之。

（5）我思前想后，觉得可以先让"萨人"〔萨摩派〕尽情执政，当他们以失败告终的时候，再实施"半戒严令"，要进行缜密计划，花10年左右"让内政依据法律行事"，否则组阁不过是一时爽快的事情罢了。

（6）当"萨人"执政失败、无计可施的时候，如果"内阁各省"以及宫内省等，还没有建立培养"继承人"〔伊藤、井上等维新一代的继承人〕的体制，〔近代〕"国家"就无法维持下去。

（伊藤宛井上馨书状、1891年5月25日、

『伊藤博文関係文書』）

从这封书信来看，第一，如果松方内阁因大津事件引咎辞职，伊藤希望自己组阁，井上馨会是重要阁僚。但是，井上认为伊藤重新组阁为时尚早，而且知道萨摩派对自己比较反感，所以觉得不合适（1）（2）（3）。

关于井上在内阁的职位，如后文所述，因为在第一次山县内阁、松方内阁时期，井上与伊藤一起探讨修订条约问题，所以有可能任外相。但是，由于井上修订条约曾经失败了一次，给世人留下的印象不佳，所以他也有可能就任主管内政、治安等的内相，同时作为强有力的阁僚参与修订条约的工作。

/ 317

第二，伊藤和井上为了缓和与萨摩派的关系，考虑让萨摩派的一把手黑田入阁，但井上感觉西乡从道和松方正义不会积极配合伊藤内阁（4）。由于黑田内阁是因伊藤、井上而倒台的，所以一年半的时间无法完全解开这个结，这成为影响伊藤领导体制的一个硬伤。

第三，井上认为目前先让萨摩派执政，直到他们出现重大失误之后，再建立法令与内政彼此相符的近代国家，由伊藤等长州派人物为中心长期执政（5）（6）。

法令与内政不相符的国家状态，就是指在由萨摩派当权的海军内，即便没有专业知识，仅因为是萨摩人就能当上军官或高级将领，这种情况相当普遍。伊藤和井上希望，在帝国大学学习以掌握法律等专业知识的官员，以及从陆海军军官学校培养的毕业生，能超越藩阀意识，成为维新一代的"继承人"。

伊藤认为有可能组阁，但其好友井上认为目前为时尚早。两人的这种意识差距是因为伊藤比较乐观，他自负在继大久保之后始终公正地引领国政，而且天皇对自己也非常信任，藩阀之中虽然多少有点对立，但最终大家总是表态支持。然而，由于大同团

/ 318

结运动高涨等因素，政党逐渐崛起，1888 年之后，伊藤与山县及萨摩派之间开始围绕如何应对政党的问题产生分歧。大隈修订条约问题也导致伊藤与萨摩派的分歧扩大。井上对于这些情况的判断比伊藤更为正确。由此也可以看出伊藤不太对人猜忌的性格带来的负面作用。

由于连井上也不支持伊藤重新组阁，所以希望伊藤组阁的呼声不高，松方内阁继续执政。

6 月 1 日，担任贵族院议长的伊藤被任命为枢密院议长。由于伊藤在大津事件中发挥了重要作用，作为藩阀一把手却没有身居要职，显得不太合适。7 月 21 日，伊藤辞去贵族院议员及议长之职。

就任枢密院议长之后，伊藤仍对组阁念念不忘。6 月 6 日，他在给井上馨信中批评松方内阁的施政，认为"政府的威信"已经一落千丈，政党和那些政治狂热分子一天比一天"危险"，尤其是大津事件之后，感觉人心多少带着点"杀气"，治安尤其令人担忧。而且伊藤认为，自由、改进两党觉得藩阀政府差不多命数已尽，绝不会错失良机，所以首当其冲的会是自己。这也显示了伊藤的自负（井上馨宛伊藤書状、1891 年 6 月 6 日、「井上馨文書」）。

在松方内阁中，5 月 29 日青木外相（长州人）因大津事件引咎辞职，榎本武扬（幕臣、前文相）继任外相。6 月 1 日，井上认为本就该辞职的西乡内相（萨摩人）和山田显义法相（长州人）、芳川显正文相（德岛人）一同辞任，再加上大山岩（萨摩人）也早已于 5 月 17 日辞职。这样一来，原本首相松方自己就不是藩阀一把手，现在就连阁僚中也没有萨摩、长州的实权者，松方内阁沦为二流内阁。

如前文所述，青木辞职的决定性原因是大津事件，伊藤和井上在后面也推了一把，迫使青木辞职。但是，萨摩一把手黑田清隆对于伊藤的怨恨依旧没有消失，所以伊藤未能组阁。

另一方面，围绕第一次山县内阁末期、第一次松方内阁初期的条约修订问题，以及大津事件的处理问题，虽同为长州人，但伊藤和青木的关系由此恶化，青木进一步接近山县。这是因为青木从德国留学回来以后，与德国女子结婚，思想上开始德国化。伊藤的目标是有序向前迈进，但第一次议会召开之后，伊藤与青木在思想方面的对立越发明显。

1891 年（明治二十四年）5 月，松方内阁成立，伊藤的心腹陆奥农商相留任内阁。伊藤要做的是：第一，以陆奥为中心，引导松方内阁向政党方面适度妥协，推动伊藤提出的有序向前迈进的目标实现；第二，与黑田和解，与萨摩派搞好关系。这样一来，他就能集结萨摩和长州两大势力，在不远的将来组成强有力的第二次伊藤内阁，完成"宪法政治"（立宪政治）、修订条约等工作。这也是伊藤觉得自己对整个日本以及明治天皇肩负的责任。

/ *320*

8 月前后，伊藤将修订条约一事交给了伊东巳代治，让他起草建议书。伊东同时也接受了井上馨的委托，两人的意见基本一致（伊藤博文宛伊東巳代治文書、1891 年 8 月 29 日、『伊藤博文関係文書』二卷）。

来看一下同年 8 月井上馨提出的修改条约建议书，要点如下。

（1）根据国际法，一国内政组织如发生重大变化，与条约缔结当时的情况有很大不同，可以废除条约。

（2）因此，在英、美、德等大国同意日本提出的废除条约的要求后，实行"和平废除"条约，达成日本希望的条约修订目标。

（3）废除条约后施行必要的法律，不要使列强觉得不便；如果有国家发起示威运动，必须要有不辞战火的决心。

（4）但也要相信不会因废除条约而引起战乱。

井上馨以凛然的态度，主张废除治外法权、恢复关税自主权（但需设定特别约定），实现条约的修订（井上馨「条約改正に関する意見」、「井上馨文書」）。

井上虽然也使用了"废除条约"一词，但其前提是先取得英、美、德等主要国家的同意。而大隈当时对英国采取了威胁的手段来迫使其废除条约。由此可见，伊藤与井上的方针与大隈的具有本质上的区别。

此外，在完成立宪政治这一点上，伊藤、井上馨、山县以及松方首相等有影响力的阁僚，同意设立一个首相直辖的新组织——政务部。因为预想在第二届议会召开时，民党会向政府发起猛攻，这个新组织的工作就是对各种政略开展调查和讨论，调整阁僚答辩方案，集中管理机密费，对官方报道机构进行统一管理（佐々木隆『藩閥政府と立憲政治』157～169頁）。

如伊藤、井上所愿，陆奥农商相被任命为政务部部长。但是，阁僚及相关省厅，尤其是内务省，根本不配合政务部移交业务，所以政务部的工作止步不前。结果9月16日，陆奥辞去了政务部部长一职，只担任农商相。10月末，陆奥对于维护山县保守思想的品川弥二郎内相的不满爆发，决定不再为松方内阁卖命开展什么政党、议会对策工作（伊藤博文宛伊東巳代治文书、1891 年 10 月 28 日、『伊藤博文関係文書』二卷）。

11 月中旬，陆奥拜访了伊藤，但伊藤在给井上的信中写道，陆奥往日的"锐气"丝毫不见，希望井上好好劝劝陆奥（井上馨宛伊藤博文书状、1891 年 11 月 14 日、「井上馨文書」）。伊藤担心陆奥会影响己方与山县、松方等人之间的关系，感觉他的急性子有点棘手。

10 月下旬到 11 月，井上馨与松方首相联络，转达伊藤想与松方、山县、黑田进行沟通之意。井上告诫伊藤，与他们三人见面的时候，一定要采取"平稳"的举动（伊藤博文宛井上馨文书、1891 年 10 月 21 日、11 月 7 日、『伊藤博文関係文書』一卷）。

然而，正如下文将要叙述的那样，由于受到第二届议会解散和第二次大选混乱的巨大冲击，伊藤和井上的希望几近破灭。

/ 担忧宪法中止

1891 年（明治二十四年）11 月 14 日，伊藤离开小田原的"沧浪阁"前往山口县，对外的理由是受邀参加纪念旧藩主的活动。东京的政局，由担任伊藤枢密院议长书记长官的伊东巳代治汇报，井上毅进行补充。53 天之后，1892 年 1 月 6 日伊藤回到了小田原。伊藤在故乡山口县停留那么长的时间，虽说是为了静养，但更为重要的目的是为了执掌下一届政府而暂时远离政治中心，等待松方内阁倒台。

其间，11 月 21 日第二届议会召集召开。松方内阁已经做好准备与自由党、改进党等众议院民党（在野党）正面交锋。针对民党方面提出的扩大政治参与和削减经费等要求，政府决定不再与其妥协，并向议会递交了将上一届议会削减预算所剩的 650 万日元基本用于军费的预算案。

如前文所述，民党方面为向列强显示日本具有组织议会的能力而避免第一届议会遭到解散，所以他们觉得应在第二届议会上好好展现自身实力。12 月 25 日，众议院对政府预算案进行了大幅削减，松方内阁立即解散了议会。

明治天皇对松方内阁和民党之间的对立十分忧虑，12 月 26 日让德大寺侍从长给在山口的伊藤写信，告知情况：

（1）第二届议会被解散了，但遗憾的是，伊藤身在远方，天皇无法向他征询意见；

（2）天皇十分担忧议员再次当选后，会反复出现解散议会的不祥后果，所以多次提醒松方首相，也命令各地方长官提高警惕，希望将来议会能由"良民"议员组成；

（3）希望伊藤能上奏天皇，对于这些事宜进行汇报。

天皇非常担忧，三番五次地解散议会不但会使议会无法召开，而且就连宪法的实施也会止步不前（伊藤之雄『立憲国家の確立と伊藤博文』85～86頁）。

12月27日，品川弥二郎内相在给同为长州人的杉孙七郎宫内省内藏头的信中写道，"虽然不希望三番五次地解散议会，但已经做好了思想准备"，表示他具有自我牺牲的精神，会竭尽全力实现藩阀领袖们希望建立的理想社会（杉宛品川書状、1891年12月27日、「杉孫七郎文書」国立国会図書館憲政資料室所蔵）。品川误解了天皇的真意，期待宫中（天皇）配合他，并自以为伊藤也赞同他的行动，误以为伊藤与山县的对立没有那么严重。

如前文所述，1892年1月6日伊藤一回到小田原，天皇就于次日派德大寺侍从长就大选事宜再次征询他的意见（『明治天皇紀』八卷、3頁）。

伊藤做出了以下回答。

（1）如果自己辞去枢密院议长一职，组建政党，应该可以获得与大隈改进党差不多的议员议席数量，由此开展运动的话，就可以在很大程度上帮助政府。

（2）如果此事无法得到天皇的许可，则希望能派他出访欧美，就修订条约一事与各国政府进行谈判。

（3）或者任命他担任驻清国大使或公使，趁李鸿章还在世，与他协商东洋问题以及朝鲜国独立等问题。

（4）如果这也不能获准，则希望担任宫内次官。

（5）如果以上都无法获准，则希望告老还乡，度过余生。

伊藤从松方首相那里听说，山县、黑田希望与井上馨和他开碰头会，不知其意向如何。所以他想在开会的时候，一个个地拿出这些预案，在与他们协商之后，请求天皇的许可（「德大寺实则日記」〔写〕1892 年 1 月 16 日、早稻田大学図書館所蔵）。

（1）~（4）的目的分别是：完成"宪法政治"，修订条约，解决朝鲜问题并稳定日清关系，建立近代宫中制度。这些都是伊藤一直在思考并希望解决的重要问题，而且他按照问题的紧迫性进行了排序。

关于（4）希望担任宫内次官一事，让伊藤那样的大人物就任宫内次官这样一个小官其实是不太可能的。伊藤实际想表达的意思是，不希望以内大臣那样的身份进入宫中。内大臣这个职位是在制定近代内阁制度的时候，原太政大臣三条实美就任的高级职位，是辅佐天皇的要职。但是，三条就任内大臣一职这件事本身就显示了内大臣原则上不直接干涉政府政治的惯例。

1891 年 2 月 18 日三条去世后，内大臣一职空缺，具体工作由德大寺实则侍从长负责。伊藤不希望自己被萨摩派等对立派强行戴上内大臣的帽子推入宫中。

伊藤通过使者德大寺侍从长，向天皇提出了这五点意见，天皇则命土方宫相将此秘密告知了松方首相。这是因为天皇反对伊藤组建政党，而且也不希望伊藤突然将这些方案拿到松方、黑田、井上馨、山县等藩阀人物面前，令松方狼狈不堪，防止其采取不恰当的对策（佐佐木高行「佐佐木高行日記」〔写〕、1892 年 3 月 19 日、国立国会図書館憲政資料室所蔵。「德大寺実則日記」〔写〕1892 年 1 月 16 日）。

1 月 22 日，伊藤从山口县回京后参见天皇，再次奏请希望获得许可以组建政党，协助内阁（『明治天皇纪』八卷、10 ~ 11 頁）。同日，伊藤探访了患病的松方首相，告知自己向天皇提出的请求（伊藤之雄『立憲国家の確立と伊藤博文』89 頁）。

伊藤为什么会突然提出辞去枢密院议长、组建政党呢？其实这个著名事件一直被看作约 8 年 8 个月后伊藤正式组建政党"立宪政友会"的前奏。

然而，从至此为止伊藤的言行来看，他的这一举动是为了组建能够与藩阀内阁合作的政党，如果松方内阁迅速倒台，他就能在政党的支持下组建第二次伊藤内阁。这样一来，大选之后的第三届议会就能平稳召开，不仅能完成"宪法政治"，还能集中精力修订条约，将积累的一系列问题清理干净。

第二届议会解散当天，众议院议员共有 300 人，其中各党派所属议员人数分别为：自由党（弥生俱乐部）92 人，改进党（议员集会所）43 人，这两个政党是最主要的在野党（也就是民党）；大成会 46 人，自由俱乐部 33 人（其前身就是在第一届议会时与政府妥协的旧自由党土佐派），这两个政党支持政府的可能性较大。

3 月中旬，据天皇所述，伊藤"希望集结大成会等来组建新的政党"协助内阁，与大成会的干部元田肇进行了联络（「佐佐木高行日记」〔写〕1892 年 3 月 19 日）。伊藤的心腹伊东巳代治（枢密院书记长官）2 月下旬在其经营的报刊上报道，板垣退助将根据伊藤组建新党的内容发表赞成或反对意见，虽然要根据具体内容再决定，但这说明自由党方面对伊藤抱有好感。此外，自由党干部星亨与陆奥宗光关系甚好，星亨从第一届议会开始，就表现出了只要藩阀政府向自由党靠拢就同意合作的随和姿态。

／ 327

从这些情况来看，伊藤十分期待大成会、和歌山县的陆奥派以及无党派人士加入其将要组建的新党。如果这四五十人加入伊藤的新党，大选之后，他们再与自由党、自由俱乐部（土佐派）合作的话，就有可能在众议院获得半数以上的席位。所以，伊藤希望获得藩阀、众议院政党以及贵族院的支持，组建强有力的第二次伊藤内阁。

如前所述，明治天皇对于伊藤组建政党持反对意见，再加上品川内相干预第二届议会大选，所以伊藤的组阁之路注定不会一帆风顺。因为品川的干预不仅会威胁到伊藤构想的实现，更会动摇"宪法政治"的根基，所以伊藤不会视而不见。1月28日，以整治社会秩序、取缔捣乱分子为目的颁布的《予戒令》开始施行，但内务省居然打算将《予戒令》适用于大选中的普通县议会议员、村议会议员。伊藤一提出反对，品川内相就情绪激动地说，如果伊藤组建政党、出现"激烈言论"的话，也会对伊藤执行《予戒令》，这一下激怒了伊藤（伊藤之雄『立憲国家の確立と伊藤博文』157 頁）。

内务省从1月底开始，对包括自由党在内的民党候选人采取高压手段，高知县甚至发生了流血事件，25 人死亡，388 人受伤。品川内相已经做好思想准备，认为至少可以连续解散众议院三次，这其实也反映了山县的意见（伊藤之雄『山県有朋』260 ～ 261 頁）。

在这样的情况下，伊藤期待陆奥能成为同志，于是在2月1日写信约见，希望能"吐露心声"（陆奥宛伊藤書状、1892 年 2 月 1 日、「陸奥宗光文書」）。

松方首相察觉到伊藤的怒气，于是告知伊藤，他想在2月4日之前让品川内相辞职，待时机成熟就让井上馨当内相，这得到了伊藤的同意（松方正義宛伊藤博文書状、1892 年 2 月 4 日、「松方家文書」、「憲政史編纂会収集文書」国立国会図書館憲政資料室所藏所收）。

然而，藩阀之内几乎无人赞成伊藤组建政党。2月4日，就连井上馨也跟陆奥农商相说他不赞成伊藤建党。此外，山县、黑田、松方首相，以及与自由党有关系的后藤象二郎递相也反对。支持伊藤的人寥寥无几，只有其心腹陆奥，以及西乡从道。

2月15日大选结果发布，民党仍然牢牢占据优势。17日，伊藤向松方首相提出申请，希望辞去枢密院议长一职，组建政党，此事已经取得了西乡的同意，陆奥也会积极配合。松方首相为了听取藩阀内其他人的意见，23日在首相官邸召开了会议。出席者共有7人：萨摩派的松方首相、大山岩、黑田、西乡，长州派的伊藤、井上馨、山县，其中内阁成员只有松方首相一人。世人称此次会议为"元勋会议"。

会议上，除了西乡的态度与伊藤相近以外，无人支持伊藤。当天，伊藤称病，向天皇递交了辞去枢密院议长一职的辞呈。天皇认为伊藤是因为组建政党的方案未能得到藩阀方面的支持，"赌气提出辞呈的"。其实，伊藤提出辞呈并非赌气，而是有更加深远的考虑（伊藤之雄『立憲国家の確立と伊藤博文』89～90頁）。

/ 329

/ 坚守宪法

伊藤为实现"宪法政治"、完成条约修订，有序推动内政外交，并认为只有自己才能实现这一理想，对于执政充满了自信。

那时，估计是陆奥农商相或其副手，将在农商务省的纸笺上写下的文书交给松方首相，批评松方内阁与民党势力产生对立，甚至出现"中止宪法"论调，认为藩阀政府应改变"独裁命令式攻略"，采取"和谐商议式方针"（「松方正義文書」五十二冊の八、国立国會図書館憲政資料室所蔵）。伊藤提出组建政党，也是因为藩阀势力与民党的融合构想没有任何进展。由于这个建议被其他领导人以及天皇否定，伊藤十分担忧议会被三番五次地解散，使明治宪法处于实际停止运作的状态。因此，提出辞去枢密院议长一职，是其能打的最后一张牌。

伊藤深感明治天皇对他的信任，也确信天皇是不会批准自己辞去枢密院议长职务的，而且认为如果处于宪法中止的分岔路口，藩阀好友井上馨也定会跟随自己。

但是，令伊藤感到遗憾的是，由于给松方内阁带来了沉重打击，一直以来精心维持的与黑田清隆等萨摩派融合的策略前功尽弃，而且与支持品川内相的山县有朋的关系也明显恶化。

大约在 2 年 4 个月前，即 1889 年（明治二十二年）10 月，大隈修订条约问题发生时，从欧洲回到日本的山县违背了大家的期待，没有采取任何动作。所以伊藤通过自己辞去枢密院议长一职的强硬手段，制造中断条约修订谈判的机会，推倒了黑田内阁，但他也因此与人结怨，失去了执政的机会。

那么这次，伊藤为了守卫宪法，难道又不得不扮演不讨好的角色？ 2 月 23 日，在首相官邸召开"元勋会议"之前，伊藤有可能就曾如此自问自答，做出决断。关于此事，伊藤没有和任何人商量，甚至包括好友井上馨。日本需要的究竟是什么？他高瞻远瞩、逻辑思考之后得出了结论，然后就目不斜视地勇往直前——这就是伊藤的气概与自负。

2月24日，也就是伊藤在提出辞呈的次日，天皇因感冒而没有接受松方首相的觐见。天皇的这次感冒直到3月6日才好。但是在2月25日，松方就已得到天皇的命令，天皇表示不同意伊藤提出的辞呈，让伊藤从即日起尽力开展修订条约的工作。天皇为此事着实苦恼了一番（伊藤之雄『立憲国家の確立と伊藤博文』90頁）。虽然天皇24日感冒一事的确属实（『明治天皇紀』八卷、24頁），但他不接受松方的觐见，其实是希望能有一天的时间来好好考虑如何回复伊藤提出辞呈一事。

/ 331

2月26日，德大寺实则侍从长奉天皇之命，前往小田原的"沧浪阁"，将辞呈还给了伊藤。27日，黑田拜访伊藤，告诉他天皇十分心痛，劝他不要辞职。伊藤没有表态是否会再次提出辞呈，但告诉黑田，他希望后藤象二郎递相和陆奥农商相不要去要求品川内相辞职，让品川干到议会结束，然后再让井上馨当内相，这样会比较顺畅，同时希望把此意见也转告松方首相。

伊藤关于品川内相辞职的说辞，应该不是出自他的真心。因为黑田和松方首相认为是伊藤煽动陆奥、后藤来动摇政府内阁的。而且品川内相的问题，有可能引发伊藤与山县的对立。于是，伊藤向黑田和松方传递否定陆奥、后藤行动的信息，希望在获得松方首相支持的情况下，迫使品川辞职，逐步缓和藩阀政府与议会的关系，有序推动藩阀内部改革。伊藤和井上馨实际上并没有积极阻止陆奥和后藤的行动，这其实也证明了伊藤言行的真意（伊藤之雄『立憲国家の確立と伊藤博文』90～91頁）。

　　伊藤的举动，受到了民党和实业界的支持。例如，主要读者为大阪实业家阶层的大报《大阪每日新闻》(《每日新闻》的前身)就在2月28日的报道中要求政府和民党双方对此前的议会和选举进行反省，并认为日本迟早会实现政党内阁，但目前民党或民党系政治家的实力不足，如果伊藤组建政党定能有助于日本形成政党内阁。

　　在藩阀内部最反对伊藤的就是品川内相(长州藩出身)、桦山资纪海相(萨摩藩出身)、高岛鞆之助陆相(萨摩藩出身)等人，他们的地位基本与藩阀最有影响力的"元勋"同级(同前、93〜94頁)。

　　但是3月1日，松方首相向伊藤表示了辞职意向，但伊藤劝他坚持到夏天议会结束(井上馨宛伊藤博文书状、1892年3月1日、「井上馨文書」)。于是两人就此决定，松方首相和黑田在3月4日前让品川内相自己辞职，任命井上馨为内相，松方与伊藤、井上馨等人合作，共渡难关。

　　但是，桦山海相告诉品川内相，他认为应该抱着停止议会的决心，两次甚至三次强行解散议会。然而山县让品川坚持担任内相直到第三届议会召开，并不支持三番五次地解散议会。

　　结果，3月2日品川内相辞职。同一天，伊藤受天皇敕谕，撤回枢密院议长的辞呈。这份敕谕的下达是井上馨、山县、黑田以及松方首相努力的结果，文采颇好的井上毅拟定草稿，根据天皇之意，这份敕谕不由他亲笔书写，而是让德大寺侍从长代笔，以"宸翰"①的形式下达(「佐佐木高行日記」〔写〕、1892年3月20日)。天皇虽然希望伊藤留任，但并不理解伊藤的举动，所

---

　　①　指君主的墨迹，一般指君主亲笔手诏、御札之类。——译者注

以用让人代笔的方式来表达心中的不满。

此外，尽管伊藤、松方首相以及井上馨力劝陆奥留任，陆奥却于3月14日辞去了农商相一职。伊藤原本希望能在藩阀内部团结一致的情况下组建下一届内阁，陆奥此举显然让其不快，但他也理解其立场。因为陆奥不是藩阀中人、与自由党等民党保持着良好的关系，所以在自己组建新党的时候，陆奥定会发挥重要作用。出于这些考虑，伊藤就没有追究此事，后来也一直重用陆奥，将他作为自己的心腹。

/ 333

总之，伊藤做好了思想准备，即便会与萨摩派及山县产生分歧，并因此在组阁之际让自己陷入不利之境，也仍然以提出枢密院议长辞呈的方式将日本从宪法中止的危机中拯救出来。

/ 与山县"交恶"

在伊藤提出枢密院议长辞职的过程中，松方首相曾向伊藤表示过辞意，但因伊藤劝其坚持到夏季议会结束而留任。所以，松方内阁的命运不会长久。

1892年（明治二十五年）5月2日第三次议会召开，尽管大选受到阻挠，但自由党、改进党等民党势力获得了130个议席，十分接近300个众议院席位的半数。此外，受陆奥影响的新会派、独立俱乐部也获得了25个议席。由此，自由、改进两党和独立俱乐部形成了统一战线，共同批判干预选举的松方内阁。第三届议会顺利召开，松方内阁的气数将尽。

但是，对于希望与政党合作、组建藩阀全员内阁的伊藤来说，还存在两个大问题。

第一，伊藤与松方首相、黑田等萨摩派的关系恶化。3月20日，土方宫相告诉佐佐木高行，以往松方什么事情都会与伊藤商量，所以萨摩人管松方叫"伊藤味噌"；但最近，松方和伊藤两人关系恶化，伊藤认为"松方是个笨蛋，什么都不懂"，而松方觉得"伊藤是个胆小鬼，紧要关头根本就没用"（「佐佐木高行日记」〔写〕、1892年3月20日）。

由于伊藤递交了枢密院议长辞呈，松方内阁命运将尽，伊藤与松方首相的关系严重恶化。在处理这个问题的过程中，萨摩派的重要人物黑田清隆（前首相）出手帮了松方一把。也可以说，因为松方内阁已无多少前途，伊藤与黑田之间多少有所缓和的关系，也因此倒退到原来的状况。

第二，更为糟糕的是伊藤与山县的关系恶化。山县在第一届议会召开时，避开与伊藤的正面交锋，但品川内相因干预选举而辞职，导致了两人关系的进一步恶化。1892 年 6 月，伊藤好友井上馨忠告伊藤，应该注意与山县的关系。两人面对面地辩论，不会产生太大的"反感"，但是如果在与"手下"或是其他人谈笑时讲到对方的缺点，就很容易被人家添油加醋地误传，所以切不可口无遮拦。考虑到"30 年来"为之奋斗的事业，井上馨告诫伊藤，今后事事都应与山县共同协商（伊藤之雄『山県有朋』262 ～ 263 頁）。

伊藤和山县交恶的原因在于，两人对于政党等时势的评估存在差异。同时，在大隈修订条约、品川内相干预选举等问题的处理上，由于山县的原因，伊藤总是在不得已的情况下扮演吃力不讨好的角色。而且山县担任首相期间，第一届议会顺利闭幕，因为有此成绩而增添了不少自信，对伊藤的态度也有所转变，开始与其平起平坐了。

伊藤由于在大久保利通死后一直作为藩阀的一把手领导国政，所以相当自负；而且多次对陷入困境的山县伸手相助，所以也有一定的优越感。因此，对于山县擅作主张想要妨碍建设立宪国家的行为，伊藤感到十分气愤，在和他人的对话中，随口说了山县的坏话。结果传到山县的耳朵里，两人的关系一落千丈。

/ 关于修订条约的思考

青木周藏外相因大津事件辞职之后，1891 年（明治二十四年）5 月 29 日，榎本武场就任外相。榎本原本是幕府大臣，投降官军之后进入明治政府任职，曾经出任俄国公使、清国公使等职务，还就任递相、文相等要职，对于修订条约也十分积极。榎本原本想在青木方案的基础上进行交涉。

然而，松方首相却对重启条约谈判态度消极。前文也曾提到，比起伊藤、黑田、山县内阁，松方内阁的实力相对较弱。对于松方首相来说，光是要挺过议会这一关就很艰难，根本就没有余地去谈修订条约。

尽管如此，榎本外相在品川内相辞职问题告一段落之后，于 1892 年 4 月 12 日成立了由阁僚和枢密顾问官组成的修订条约案调查委员会。作为枢密院议长的伊藤，也成为七人成员之一。但是委员会只召开了一次会议，5 月底就停止工作了（稻生典太郎『条約改正論の歴史的展開』464 頁）。

其间，伊藤在 3 月 5 日和 5 月 6 日分别递交的《关于修订条约案的第一议》和《关于废除条约的事宜》中，提到了以下谈判战略：

（1）与欧美各国进行单独谈判，缔结高"对等"性的条约；

（2）主要大国与日本之间的关系意义重大，故而与主要大国协商达成妥协，但为防范小国抵抗，保留废除条约的手段。

（大石一男『条約改正交渉史』212 ～ 213 頁）

在松方内阁执政的最后阶段，为什么伊藤会那么热衷于修订条约呢？因为伊藤考虑到接下来自己作为首相执政时，要与外相联手实现条约修订。伊藤的这一构想与前一年 8 月井上馨提出的修订条约构想类似（都是由伊东巳代治起草的）。伊藤希望先与涉及日本重大利害关系的英国等强国进行交涉，就缔结高"对等"性的条约达成一致意见之后，一鼓作气地完成条约修订。这与前文提到的大隈危险战术有着本质上的区别，大隈是想对英国等强国也采取威胁废除条约的方式来实现修订条约。

　　从大隈外相修订条约的问题产生后，到伊藤组建第二次内阁之前，也就是 1889 年（明治二十二年）夏到 1892 年夏期间，伊藤的私生活又是什么样的呢？

　　1890 年，伊藤在小田原建造了别墅。因可以远眺太平洋的惊涛骇浪而取名为"沧浪阁"。在此之前，自 1878 年以来，伊藤把家安在东京高轮，另外在神奈川县的夏岛拥有别墅。后来，生活中心转移到了小田原的"沧浪阁"。可能是因为完成了宪法制定和实施这一大业，伊藤也终于放下心来，移居到气候温暖、风光秀丽的小田原。

　　这个时期，除了前文提到的那些政治斗争让伊藤头疼以外，自己和家人的身体状况也让他十分烦恼。

　　首先，是嗣子勇吉（井上馨的外甥，后来继承伊藤家业成为伊藤博邦公爵）患病。1889 年 7 月 16 日夜，正值大隈修订条约案与宪法发生冲突、问题颇多之时，伊藤得知正在欧洲留学的勇吉身患"肺疾"，7 月 14 日乘坐日本邮船从马赛出发返回日本，当时虽没有什么危险，但听从医师劝告离开了欧洲。那时夫人梅子正在病中，伊藤觉得要是夫人得知此事定会"大惊失色"、担心不已，所以拜托女婿末松谦澄（内务省县治局局长）婉转地告诉夫人（末松謙澄宛伊藤書状、1889 年 7 月 17 日、萩博物館所蔵）。

　　1889 年 8 月 22 日前后，勇吉平安抵达神户港，就留在神户疗养。伊藤由于公务繁忙，无法抽身去神户看望勇吉。10 月 11 日伊藤写信告诉勇吉，为反对大隈修订条约，他将提出辞去枢密院议长职务的辞呈，辞呈被批准之后，就有时间去神户探望勇吉

（伊藤博文宛伊東巳代治書状、1889 年 8 月 22 日、『伊藤博文関係文書』二卷。伊藤勇吉宛伊藤博文書状、1889 年 10 月 15 日、「伊藤博文書状」伊藤公資料館所蔵）。

勇吉回国后数月，说是病情有所好转，几次提出想回东京。伊藤想让他先坐船回小田原，让桥本军医总监等人给他看病，希望勇吉身体恢复后再去欧洲继续留学（井上馨宛伊藤書状、1890 年 1 月 12 日、「井上馨書状」）。

未料勇吉的病情并没有恢复，无法回小田原，结果继续留在神户疗养。直到那年 12 月，井上馨去探望，说他看起来"气色不错"（伊藤宛井上馨書状、1890 年 12 月 7 日、『伊藤博文関係文書』一卷）。

又过了 5 年半，勇吉的身体似乎也没有完全恢复。1896 年（明治二十九年）8 月，娶了伊藤女儿的末松谦澄（法制局长官）写信给伊藤，说勇吉来东京了，他"心情非常好"，觉得天气不错，也不太热，所以希望"允许"勇吉再待一两天。此外，末松还请求伊藤能"安排""令夫人"（梅子）到东京来接勇吉（伊藤宛末松書状、1896 年 8 月 2 日、『伊藤博文関係文書』五卷）。从伊藤心腹末松的书信就可以知晓，伊藤相当关心勇吉，并且始终维持着一家之主的威信。

/ *339*

然后，伊藤的女儿生子患病。1890 年 6 月前后，嫁给末松的生子发病，这让心疼女儿的伊藤"万分担心"。据说生子患的是精神方面的疾病。

据末松说，生子可能是因为不谙"世事"，相当任性，但"内心"还是十分坚强的。而且，末松觉得生子的任性多少也是因为夫妻关系好，相信时间长了就会没事的，生子也绝没有其他什么杂念，所以请伊藤放心。伊藤也拜托夫人梅子去末松家探望生子的病情（伊藤宛末松書状、1890 年 6 月、『伊藤博文関係文書』五卷）。因为妻子生子生病，末松觉得十分对不住老丈人伊藤。

到了 8 月，平日精神饱满的伊藤自己也倒下了。8 月 12 日，有人去拜访伊东巳代治，告诉他伊藤一两天前身患"重疾"（伊藤宛伊東巳代治書状、1890 年 8 月 12 日、『伊藤博文関係文書』二卷）。在此之前，伊藤一直患有"胃病"。1892 年 3 月下旬，伊藤在信中写道，因"胃病"感到"稍有不适"，取消了前往东京的行程，在家休养了几日（伊東巳代治宛伊藤博文書状、1892 年 3 月 25 日、「伊東巳代治文書」）。

前文提到在 1889 年 7 月得知嗣子勇吉因病从欧洲回国的时候，梅子夫人自己也在病中。末松也觉得梅子夫人"体质虚弱"（前揭、伊藤宛末松書状、1890 年 6 月）。同年 12 月梅子患病，气管出血，井上馨劝其到马关（下关）等温暖的地方去疗养。次年 8 月，梅子的眼病再次复发（伊藤宛井上馨書状、1890 年 12 月 7 日、伊藤宛伊東巳代治書状、1891 年 8 月 13 日、『伊藤博文関係文書』一卷、二卷）。梅子夫人从明治五年开始一直罹患眼病。

1889 年夏到 1892 年夏，对于伊藤来说是政治生涯中最为忙碌、压力也最大的时期，他也因为儿子勇吉、女儿生子、夫人梅子以及自己的"胃病"而感到困扰。但是，伊藤作为政治家并没有因此表现出丝毫憔悴软弱。从当时"人生五十年"的说法来看，47～50 岁的伊藤已经渐渐步入老年时期，但他依旧精力充沛，公务和个人生活都十分充实。

偷渡英国的长州藩士，右上为伊藤博文

庆应元年，伊藤博文（右）跟随高杉晋作（中）去长崎公干

明治初年的维新志士伊藤博文

岩仓使节团（从左至右依次是木户孝允、山口尚方、岩仓具视、伊藤博文、大久保利通）

左图：大久保利通　右图：木户孝允

左图：岩仓具视　　右图：板垣退助

左图: 大隈重信　右图: 井上馨

"宪法草创之处"纪念碑（金子坚太郎书）

松方正义

陆奥宗光

参加朴茨茅斯会议的小村全权大使、彼特全权大使等人

桂太郎

梅子

哈尔滨站，伊藤博文遇难 30 秒前

第十五章

与民党合作、修订条约
——第二次伊藤内阁

/ "元勋"内阁

　　1892 年（明治二十五年）6 月，松方正义内阁的气数已尽。首相的第一候选人就是伊藤。但问题是，品川内相干预选举导致枢密院议长伊藤提出辞呈，这使伊藤与松方首相等萨摩派，以及山县等人之间再次出现隔阂，分歧进一步扩大。为此，伊藤让心腹伊东巳代治枢密顾问官和女婿末松谦澄（众议院议员）收集信息、负责联络，努力组建全部由藩阀"元勋"组成的内阁。好友井上馨也协助伊藤，帮他协调与山县（同为长州人）的关系等（『伊藤博文関係文書』一・二・五巻。「井上馨文書」等）。伊藤希望组建强有力的内阁，完成立宪国家建设以及条约修订等。

　　然而，"元勋"们并没有充分理解伊藤的愿望。6 月 29 日，在松方首相官邸召开的"元勋"会议上，山县虽然力主所有"元勋"都应该进入伊藤组建的内阁，但认为自己入阁反而会对政府不利，拒绝入阁。4 天之后，山县稍有妥协，告诉井上馨，他可以入阁，但几个月后会辞职，总之不是特别愿意。这样的情况反反复复，让伊藤十分担忧。

　　7 月 31 日，伊藤告诉井上馨，如果现在这样的状况持续下去，用不了两三年，藩阀政权定会垮台，一发不可收拾。伊藤还认为，目前藩阀政治家只顾"偏守"各自的"小城池"，彼此猜忌，不要说防患"外忧"（外交问题）了，就连"帷幕"（藩阀内部）的敌我都无法判断。所以，首要任务就是消除这些忧患，然后再去解决其他问题，从大局出发，藩阀内部保持团结，最为重要（伊藤之雄『立憲国家の確立と伊藤博文』106 ～ 107 頁）。

　　就在前一天，与松方同为萨摩人的高岛陆相、桦山海相因对松方施政不满，提出辞职，由于无人继任，松方首相再次提出辞呈。

8 月 8 日,第二次伊藤内阁成立。内阁成员有长州派的山县有朋（法相）、井上馨（内相），萨摩派的黑田清隆（递相）、大山岩（陆相），由此组成了"元勋内阁"。没有入阁的"元勋"只有前首相松方和西乡从道两人。

从开春时就一直协助伊藤进行组阁准备的井上馨，可以说相当于副总理级别。伊藤还让心腹陆奥宗光担任外相，负责修订条约。陆奥一方面有自己的陆奥派，另一方面与自由党干部星亨关系密切，所在政党对策方面具有优势。伊藤让土佐人后藤象二郎担任农商相，后藤属于旧民权派，对自由党具有相当大的影响力。

此外，虽然没有入阁，伊藤让心腹伊东巳代治担任内阁书记长官，让女婿末松谦澄就任法制局长官。这一方面是对他们一直以来工作的肯定，另一方面是需要他们今后继续在信息收集、联络沟通、立案立法等方面发挥核心作用。

在法律起草等方面，井上毅是伊藤心腹中最有才能的，伊藤没有让他就任新职位，而是让其继续担任枢密顾问官兼文事秘书官长。在此前一个月，松方首相就想让井上毅出任法相，但后者以生病为由拒绝了。

除了生病这个理由以外，其实井上毅还觉得松方内阁成员中有人与其想法不一致，即便自己入阁也无法放手开展工作（伊藤·山县·井上馨宛井上毅书状、1892 年 8 月 29 日、『伊藤博文関係文書』一卷）。伊藤对井上毅的贡献给予了高度评价，也十分了解他的心情，但考虑到松方的面子，以及藩阀团结的大局，没有让一个月前拒绝担任松方内阁法相的井上毅进入第二次伊藤内阁。

　　那时，伊藤与井上毅的关系很好，经常交换意见。例如 8 月 1 日到 2 日，伊藤接到组阁命令之后，井上毅就立即给伊藤写信，"您这次终于要接受明治政府的负面债务"，定会"感到为难"（伊藤宛井上毅書状、1892 年 8 月 2 日、『伊藤博文関係文書』一卷）。

　　对此，伊藤在 8 月 8 日组阁之后给井上毅的信函中写道，自松方再次提出辞呈以来，一时"纷扰"至极，现在终于也告一段落了。组阁一事，伊藤知道自己终究是逃不过去的，总是抽到"不讨好"的下下签（井上毅宛伊藤書状、1892 年 8 月 8 日、『井上毅伝　史料編』五卷）。

　　如前文所述，伊藤原本希望在黑田内阁之后组阁执政，亲自组织第一次大选和开设第一届议会的，但为应对大隈修订条约问题和品川内相干预选举问题，组阁的基石出现了裂缝，在努力修复的过程中，松方内阁政治却越发混乱。所以，井上毅在信中充分表达了对他的理解，伊藤十分开心。7 个月后，尽管井上毅因结核病还在疗养，伊藤还是任命他为文相，感谢井上至此做出的贡献。

/ 344

让与自由党关系密切的人入阁、批评干预选举的伊藤组阁执政。民党是如何看待第二次伊藤内阁的呢？

民党第一大党自由党，察觉藩阀势力在第二次大选之后出现了动摇，加强了攻势。同时，板垣退助党首以及星亨等干部决定，如果第二次伊藤内阁给足自由党面子，能大幅让步的话，就与政府进行妥协甚至合作。这也是星亨从1889年（明治二十二年）年底就开始主张执行的路线。星亨在1889年前往欧美进行了一年半的考察，他对英国的政党政治印象颇深，回国之后对自己的想法更有信心了（伊藤之雄『立憲国家の確立と伊藤博文』13～14、32～34、107～108頁）。

此外，同为民党的改进党，在众议院的议席仅为自由党的40%，勉强算作众议院的第三个政党派别。第一届议会召开之后，改进党认为必须要提高自己的影响力，采取了对藩阀内阁的强硬姿态。所以，对于第二次伊藤内阁，以自由党和改进党为中心组成了民党联盟，希望在第四届议会上，向广大国民和藩阀势力彰显自我实力（同前、21～31、43～44、108頁）。

但1892年（明治二十五年）11月27日，就在第四届议会召开的两天前，伊藤首相因马车事故身负重伤，到大矶疗养。所以从次日开始，一直到第二年的2月6日，井上馨内相担任首相临时代理。

幸好在伊藤出事前，内阁会议就已经决定了预算和施政方针。井上首相代理在议会上发表的施政方针演讲中讲到，应考虑"长远利益"，培养国力，为应对列强军备扩张，增强军备尤其是海军军力，寻求"自卫之路"。

松方内阁的财政方针是，避免增加赋税、在财政剩余范围内，开展小规模的军备补充和治水项目。这反映了兼任藏相的财政家松方首相倡导的财政健全路线。

第二次伊藤内阁的财政方针与其完全不同，不仅主动增税，还为基本满足海军的要求，提出了总额高达2000万日元的庞大舰队建设计划。除此之外，他们还要增加治水项目经费，举办全国博览会，充实预防作物歉收的准备资金、发生水灾后的土木工程经费补助等，积极施行振兴产业、灾后救助的政策（室山义正『近代日本の軍事と財政』185～186頁）。伊藤内阁的财政政策框架，反映了伊藤首相积极乐观的个性以及井上馨内相的意向。

伊藤相当自信。可能伊藤认为，星亨在自由党内的强大影响力、陆奥外相对自由党的影响力、后藤农商相的影响力与藩阀系国民协会的力量合在一起，就连众议院也会支持伊藤内阁。

所以，伊藤内阁向议会递交的预算案，对于民党来说有一定的压力。政府向自由党方面的让步措施只有能为部分地区带来地租减税效果的地价修正法案。第二次伊藤内阁在原本的军舰建造费之上新增了两艘战舰的费用，地租减少的部分也通过增加酒税、烟草税、所得税来弥补。世界上最先进的几艘战舰于数年后建成，包括后来日俄战争中的主力舰"富士号"等。

这个高压预算案对民党没有任何好处，结果连自由党也站到了反对政府的队列中。众议院预算委员会认为，应削减战舰建造费等费用，将政府提出的8375万日元预算案削减了约11%，即减去900万日元。1893年1月12日，众议院大会也支持并通过了这个预算案（有泉贞夫『星亨』178～179頁）。

其间，正在养伤的伊藤看到众议院的预算修正案马上就要获得通过，于1893年（明治二十六年）1月8日给山县、黑田以及井上馨首相代理写信，信中提出的观点应当被予以重视。伊藤一方面支持政府在预算案问题上采取不妥协的姿态，另一方面在《报刊条例》方面提出了回报民党的方案，即废除禁止报刊发行的条例，将处罚报刊的最严厉措施定为停刊两周。

《报刊条例》是取缔批评政府、皇室等报刊的法令，于1875年（明治八年）为镇压自由民权运动而制定（见本书第六章）。这个条例后来进行了修改，规定执掌行政权的内务大臣和执掌司法权的司法大臣可以禁止或停止报刊的发行，民党方面也从第一届议会开始就呼吁废除或放宽该条例。

／ 347

在第四届议会召开的约一年之后，自由党最高干部提出的要求也不过是废除禁刊、停刊时间为一周的要求。《报刊条例》直到日清战争之后的1897年（明治三十年）才开始放宽规定，废除了政府通过行政权禁刊和停刊的权力。与此相比，伊藤提出的废除禁刊、停刊时间为两周的提案，从藩阀角度来看是相当大的让步。

伊藤在1月8日的信中还提到民党的态度存在许多问题，但藩阀势力如果只考虑对抗民党而忘记国民是万万不可的，所以主张政府应与民党靠拢。

由此可见伊藤希望与民党妥协的姿态，并可以知道伊藤是一个现实主义者。为完成建设立宪国家这一大业，他可以提出崭新的妥协方案。

然而，尽管伊藤提出了这些方案，但政府内部完全没有重新讨论《报刊条例》的迹象。其实伊藤也知道，井上馨首相代理虽然是内相，但他没有能力去说服保守派的山县和黑田，并不顾内务官员的反对放宽对报刊的管制。

由于政府方面没有向民党方面提出类似放宽报刊管制等具体回报政策，1月16日，井上首相代理发表声明表示不同意众议院的预算修正案，民党方面的态度更加强硬。18日，井上在给伊藤的信函中写道，伊藤受伤之后，政府和众议院的矛盾进一步突出，自己无才，无法完成首相代理的使命，知道伊藤定会对自己不满意（伊藤宛井上馨書状、1893年1月18日、『伊藤博文関係文書』一卷）。第二届议会之后，民党开始对藩阀发起了正式挑战，不仅是松方，就连坚强的井上馨都感到相当棘手。前文也曾提到，井上馨是个急性子。

伊藤在收到井上来信的当天就回信鼓励井上，政府反对党的意图在于推翻政府，所以政府再怎么让步，也不可能达到"和衷协同"，所以政府唯有相信自己，维护国家（井上馨宛伊藤書状、1893年1月18日、「井上馨文書」）。伊藤觉得，因为自己受伤，让好友井上担任首相代理受苦，无论他做得好坏，都应该支持鼓励。正因为伊藤是一个极其重情义的人，所以即便有时会受到他正面的严厉批评，井上馨等许多人依旧对伊藤十分信服。

　　1893 年（明治二十六年）1 月 23 日，由民党三派中的河野广中（自由党）、犬养毅（改进党）等 3 人提议、142 人联名的上奏案即将在众议院进行表决。民党在其中对政府提出批判，即因为政府不同意众议院的预算修正，所以立法与行政的"和衷协同"无法实现。

　　有意思的是，1 月 18 日伊藤写给井上的信函，以及 23 日众议院的上奏案中，都出现了"和衷协同"（衷心和睦、齐心协力）这个词。意思是，虽然当时伊藤政府和民党方面在目标和妥协点上有很大的差异，但只要双方愿意靠近，妥协也不是完全没有可能的。

／ 349

　　针对那份上奏案，以井上馨为首相代理的内阁发布命令，到 2 月 6 日为止，议会停开 15 天。内阁方面坚持原先的预算案，陆奥外相对其下属的众议院议员纪州组（5 名）等做工作，以对抗民党。但这仍然无法改变众议院的大趋势。2 月 7 日，众议院重开之后进行了表决，结果上奏案以 181 票赞成、103 票反对的绝对优势获得通过。8 日，众议院议长星亨觐见天皇。星亨本人希望民党尤其是自由党能与藩阀政府妥协，但由于藩阀方面没有明确的让步，他也无计可施。

　　在这样的情况下，2 月 6 日伊藤首相回归。早在 1 月 22 日，井上毅在写给伊藤的信中就表示希望伊藤早日回归。

　　（1）现在虽逢"治乱之机"，但既是"非常之坏机会"，也是"非常之好机会"。

　　（2）如果能有非常之英断来挽回大局，最为重要的就是伊藤回京，觐见天皇，向"公众"展现自己"身体健康"，能亲自"料理国家大事"。

（3）我〔井上毅〕虽"愚拙"，但愿意为伊藤效"犬马之劳"。

（4）如果政府仅仅袖手旁观、痛失良机，使大业中途而废，那么我将告老还乡，回家务农。

（井上毅宛伊藤書状、1893 年 1 月 22 日、『伊藤博文関係文書』一卷）

大约一年前，品川内相干预选举问题闹得最厉害的时候，井上毅就曾写信建议伊藤请天皇发布敕谕。具体内容是，天皇认为国防不可怠慢一日，亲自节减宫廷费用，今后 10 年，将帝室费用的 1/10 补贴国库，用于国防计划财源。井上毅希望通过敕谕团结民心，让人们知晓国家的当务之急，不再支持减轻地租等论调（井上毅宛伊藤書状、1892 年 3 月 8 日、同前、一卷）。虽然当时伊藤并未采纳井上毅的这个建议，但他始终记在心里，将此作为藩阀和民党互不让步、矛盾激化时候的对策备案。

由井上馨作为首相代理主持的内阁，在 1893 年 1 月下旬只准备了三个方案：①认可众议院提出的修正案；②内阁急流勇退；③解散众议院（伊藤宛伊東巳代治書状、1893 年 1 月 21 日、同前、二卷）。也就是说，内阁在民党的猛攻之下，只考虑到二选一的抉择，要么完全屈服（①②），要么冒着中止宪法的危险采取强硬措施（③）。

伤愈后的伊藤，重新开始了首相的工作。2 月 7 日，伊藤先与山县法相商量民党对策，山县甚至说要把政权让给民党。2 月 8 日，伊藤写信给山县说，他认为把政权让给民党或是解散众议院这两个方案都不现实。可能山县也不是真的要把政权让给民党，但除此之外就是解散众议院了，其实是在暗示伊藤解散众议院。伊藤表示反对。

9 日，伊藤首相奏请天皇，请天皇决断，究竟是给予众议院敕答，让其与政府"和协"议事，还是命令即刻解散众议院（伊藤之雄『立憲国家の確立と伊藤博文』21 ～ 22 頁）。因为明治宪法是由伊藤和明治天皇制定的，所以他们是对宪法最有感情也最感到自豪的日本人。天皇应该也对一年前伊藤的言行记忆犹新。所以，伊藤认为天皇十分了解解散众议院有可能带来宪法中止的危险。所以，伊藤为了避免让山县等人产生不满，而请天皇做出决断。

2 月 10 日，天皇发布诏敕，决定连续 6 年从内廷费中抽出 30 万日元（内廷费的 10%）和官吏俸禄的 10% 作为军舰建造的补贴，希望议会与内阁走"和协"之路。前文提到，这个想法的原型是井上毅一年前提出的。2 月 9 日，井上毅写信向伊藤汇报，已经把此前的方案告诉了土方宫内大臣（伊藤宛井上毅書状、1893 年 2 月 9 日、『伊藤博文関係文書』一卷）。井上毅与伊藤共同为这份"和协"诏敕的实现发挥了巨大的作用。

2 月 13 日，贵族院和众议院两院通过了遵从诏敕的奉答文。26 日，在原预算案基础上增加 43 万余日元岁入、减少 262 万日元岁出的妥协预算案得以通过。伊藤内阁根据这一妥协，承诺到第五届议会为止，整顿行政，节减行政费用，重点对海军进行大改革。

第四届议会延长至 3 月 1 日平安闭幕。前一天晚上，井上毅在给伊藤的信中写道，多亏伊藤的精心安排，这件事在今天"终于告一段落"（『伊藤博文関係文書』一卷）。"和协诏敕"之所以能够颁布，是因为伊藤首相采纳了井上毅的提议，并且与明治天皇通力合作。这样一来，伊藤终于解决了上一年遗留下来的问题，避免了宪法中止的危机。

/ 别了，井上毅

1893 年（明治二十六年）3 月 7 日，第四届议会闭幕一星期后，井上毅被任命为文相。井上当时 49 岁。前文曾提到，伊藤为完成立宪政治、实现产业振兴，十分注重培养精通法律的官员和具有工商业专业知识的实业家，所以他认为以帝国大学、专业学校为主的高等教育非常重要，不提倡观念性国家主义、复古式教育。因此，文相会在教育制度设计、引进新型教育思想方面发挥重要作用。

担任第一次伊藤内阁文相的是著名的启蒙思想家森有礼。森有礼是萨摩人，曾历任驻英公使等外务省要职，是一位视野广阔的少壮外交官。伊藤这次将文部行政大任交给井上毅，不仅是为了感谢他此前为"和协诏敕"所做的贡献，以及他多次尽力帮助伊藤，而且期待井上能在危机发生之时，不局限于文相这一立场，鼎力协助自己渡过难关。

然而，看到民党在 1891 年 12 月的第二届议会上发起的攻势，井上毅在给山县有朋的信中写道，去年还是"内阁民权家"（法制局长官）的井上毅，今日突然变成了"王权家"，"世间真是无奇不有"，可笑至极（山县宛井上毅書状、1891 年 12 月 13 日、『山県有朋関係文書』一卷）。说明从那时开始，井上毅就已经对民党失望了。就任文相之后，井上毅对民党越发感到绝望。

例如 1893 年 3 月 13 日，井上毅在给伊藤的信中写道：①"回顾去年至今，净是些毫无意义的政党之争"；②政府提倡的实业教育、培养海军实力等措施为何进展迟缓、不见成效？③如此看来，人心已散，难以挽回大局（伊藤宛井上毅書状、1893 年 3 月 13 日、『伊藤博文関係文書』一卷）。

也就是说，井上毅虽然努力避免解散第四届议会，渡过了宪法中止的危机，但已对民党完全失望了。伊藤不可能没有察觉到井上毅的这一变化。

就在这时，原本就不愿意入阁的山县于 3 月 11 日辞去了司法大臣一职。山县也对民党和伊藤首相在第四届议会上的表现持批评态度。井上毅到了晚年，在思想方面非常接近山县。

1893 年 8 月 25 日，井上毅文相告知伊藤，由于目前师范学校用于讲授"宪法大意"的教科书不合适，他和穗积八束（东京帝大法科教授）商量之后制作了新的教科书。井上毅认为穗积写的理论可信，在"大主义"方面不会有错，所以将来如能在中学等广泛推行，定会有利于国家发展（伊藤宛井上毅書状、1893年 8 月 25 日、『伊藤博文関係文書』一卷）。

伊藤曾去欧州考察，学习的是当时欧洲最先进的宪法学说——君主机构说。井上毅也对此十分了解，并协助伊藤制定了明治宪法（见本书第九章、第十一章）。然而，尽管穗积八束是在伊藤之后去欧洲留学的，他学习的、信奉的却是比君主机构说更早的君主主权说。

伊藤对于井上毅的这一变化感到失望又同情，因为想到以前木户孝允的情况，觉得井上毅这种优秀人才是因为结核病恶化，才会情绪不稳定的。于是，伊藤不再和井上毅讨论重要事项，也不再重视井上毅的提议。就这样，伊藤和井上毅的关系逐渐疏远了。

1892 年 11 月，日本军舰"千岛号"和英国船只相撞沉没，日本起诉要求英国赔偿损失，但 1893 年 10 月 25 日，上海的英国高等法院判日本败诉。于是，日本准备向英国的枢密院提出上诉。

"千岛号"事件虽然是日本海军方面的问题，但与国际法相关，所以井上毅文相希望参与此事。同年 11 月 8 日，井上向伊藤首相提出建议，9 日也向伊藤递交了建议书。井上不希望天皇作为原告在英国枢密院接受英国女王名义上的判决（伊藤宛井上毅书状、1893 年 11 月 9 日、『井上毅伝　史料篇』四卷）。井上毅的这种态度，与其转信"君主主权说"有着很大的关系。

11 月 10 日，伊藤回信的语气十分冷淡，他请井上直接与海军负责人西乡从道海相"商量"与审判相关的"意见"，因为觉得由自己来传话有可能无法完全说清楚；还说可以根据情况，跟海相打招呼，让井上与柯克伍德（Kirkwood）①"面谈"（井上毅宛伊藤书状、1893 年 11 月 10 日、『井上毅伝　史料篇』五卷）。伊藤甚至拒绝将井上毅的建议转告西乡海相。

井上毅当天也给伊藤写了回信：①觉得自己"啰啰唆唆写了许多"，给伊藤添了麻烦，非常过意不去；②明白"耕种他人田地"是古人之忌，所以今后不会参与"千岛号"事件的处理，也请先不要和海相讲这件事（伊藤宛井上毅书状、1893 年 11 月 10 日、『伊藤博文関係文書』一卷）。

关于"千岛号"事件，伊藤首相其实在收到井上毅建议之前，就已经向陆奥外相下达了指示。具体内容包括，外相与海相彼此配合，与金子坚太郎（贵族院议员、法律通）商量，决定是否要向英国枢密院提出上诉（陆奥宛伊藤书状、1893 年 11 月 6 日、「陆奥宗光文书」）。由此可见，井上毅那时已经不再是伊藤法律相关事务的核心智囊，被排除在伊藤决策小组之外。

尽管长久以来，井上毅功不可没，但还未过 10 个月，伊藤

---

①　日本司法省聘用的英国顾问。——译者注

对井上毅的态度就急转而下。排除与自己的理念不相吻合的人——这既是伊藤的严厉之处，也是他对于创建近代国家的信念和热情，是山县所不具备的。

就这样，伊藤虽让井上毅担任第二次伊藤内阁的文相，但在 1893 年秋天，其实就以委婉的方式向其告别。后来，井上毅的病情进一步恶化，第二年 8 月 29 日辞去文相之职，半年后的 1895 年 3 月，离开了人世。

同年 9 月 19 日，英国枢密院对"千岛号"事件做出了判决，日本胜诉。

如前文所述，伊藤在第二次内阁组阁之前，就强烈希望修订条约，所以寄希望于陆奥宗光，让他担任外相。但是，伊藤首相在第四届议会召开前夕身负重伤，再加上民党方面的强烈攻势，完全无暇准备修订条约。

然而，日、朝之间的"防谷令事件"长期以来都是争论的焦点。"防谷令事件"是朝鲜方面以歉收为由，发布了禁止向日本出口谷物的"防谷令"。对此，日本方面要求朝鲜撤销"防谷令"并赔偿日本商人的损失。

第四届议会召开之后的 1893 年（明治二十六年）5 月，在清国的协助之下，大约三年半前发生的这一事件以对日本有利的方式解决，日本获得了 11 万日元（约合现在的 30 亿日元）的赔偿金。伊藤内阁根据 1885 年签订的《天津条约》，保持日清协调路线（高桥秀直「防穀令事件与伊藤内阁」）。

/ 357

同年 7 月 5 日，陆奥外相向内阁会议递交了修订条约的方针，并于 19 日获得了天皇的批准。方针主要内容如下：

（1）废除治外法权〔领事裁判权〕，签订基于"相互对等原则"的通商航海条约。

（2）有关新进口税目、实施期限、外国人居留地的事项，另行协商签署议定书。

（3）条约签署之后，经过一定年限的准备后施行。

（4）谈判先从英、德、美开始，然后为俄、法等国。

（大山梓・稻生典太郎編『条約改正調書集成』

下卷、5～31 頁）

该方针虽能废除治外法权，但很难完全恢复关税自主权，所以为了缓解来自日本国内的对外强硬派的批评，根据对等原则制定条约正文，向列强妥协的方面用议定书的方式进行规定。在关税方面，与以往青木、榎本外相提出的两个修订方案相比，该方针更加注重保护国内产业，按照个别品目制定税率，可以选择对己方有利的商品。最为重要的是，青木方案提出让英国对新条约拥有永续性，但新方针明确规定在一定期限之后，缔结完全对等的条约。① 这一点继承了伊藤、井上馨修订条约的构想。该方案也是在获得伊藤和井上馨的认可之后，向内阁会议递交的。

/ 358

/ 359

德国公使青木周藏在担任外相的时候曾与英国进行谈判，所以 7 月 25 日，陆奥外相写信给青木，命他打探英国方面的意向。陆奥在写这封信前，与伊藤首相、井上馨内相商量，并获得了山

---

① 关于陆奥的这个方案，有人认为大隈、伊藤、陆奥对于废除条约的考虑相同。"与大隈外相在 1889 年 8 月 2 日内阁会议上的发言相同，要根据具体情况、对方反应来判断是否废除条约。与伊藤的想法相比，〔陆奥〕的发言更加谨慎，其实并没有放弃废除条约这个选项"（大石一男『条约改正交涉史』269～271 页）。但这是过于拘泥于"废除条约"一词而得出的结论。如前文所述，大隈外相原想以废除条约来威胁列强进行谈判，由此导致伊藤和井上馨对他完全失望（见本书第十二章）。

陆奥外相在 1893 年 7 月 8 日召开的内阁会议上也就此发言："虽然主张废除条约的人并不少，但目前日本无法废除条约。原因在于，从至今为止的事实来看，外国方面并无异议，异议来自日本国内。……今后，如果外国否定日本的提案，内阁会议做出废除条约的决定，才能宣布废除现行条约。所以现在完全没有必要提什么废除论。"伊藤首相也对此发表意见，"从根本上来说，目前主张废弃条约完全是无稽之谈。没有单方面的炮火攻击，就不会挑起战端。只有在我们尽力商议之后仍无法达成一致时，才应提出废除条约论"（中田敬義记「条约改正事件日记」第一册、「陆奥宗光文书」）。这表明伊藤希望实现谈判的坚定决心，他认为将废除条约论作为修订条约的手段是"无稽之谈"，并认为只有在尽力谈判之后仍未能与对方达成妥协之时，才可能出现废除条约论。

县有朋枢密院议长的同意。就这样，条约修订事宜也是由伊藤领导体制的中枢——伊藤、井上馨、山县和陆奥外相把握大局、负责推动的。

此后，德国和美国没有积极回应日本提出的修订条约谈判。于是，从 1893 年 9 月开始，日本与英国进行了预备谈判。11 月下旬，日本政府决定只与英国开展正式谈判（大石一男『条约改正交涉史』271 ～ 274 頁）。

/ 修订条约危机

然而，日本国内出现了威胁到伊藤首相和陆奥外相修订条约的事态。1893 年（明治二十六年）10 月 1 日，对外强硬派成立了跨组织的大日本协会。而且，在大日本协会中最为活跃的，竟然是国民协会的众议院议员。他们以往一直支持藩阀政府，甚至被称为"吏党"。这与此前的干预选举问题有关，国民协会的领导人之一品川弥二郎（前内相）与伊藤首相的关系因此恶化。

而且从 10 月前后开始，国民协会与改进党联合提出"条约励行论"，要求政府在日本国内严格遵守并执行条约。例如，条约规定外国人只能居住在外国人居留地以内，但也有外国人觉得居留地狭小，搬到居留地以外的地区居住。"条约励行论"要求严格执行条约规定，让外国人感到不便，以此作为修订条约的切入点（酒田正敏『近代日本における対外強運動の研究』48 ～ 53 頁。佐々木隆『藩閥政府と立憲政治』340 ～ 346 頁）。

/ 360

但对外强硬派的这种方式有可能导致列强抗议，延缓条约修订谈判的进程。不仅如此，它还从根本上威胁到了伊藤首相提出的针对议会的战略：通过星亨和陆奥外相与自由党建立合作，利用"吏党"国民协会在众议院取得多数席位。

第五届议会召开。11 月 29 日，伊藤内阁向众议院递交了预算案，预计岁入 90675000 日元（较前年增加 2629000 日元），岁出 85472000 日元（较前年增加 3624000 日元）。虽然政府承诺整顿行政，减少俸禄及其他支出共 170 万日元，但这与自由党和改进党提出的整顿行政要求还有不小的差距。

11 月下旬，发生了英国人遭到日本人施暴的事件，就在附近的警察却视而不见。此事给在日外国女性造成了恐慌。英、德、法等国家公使向日本外务省发函询问日方将如何处理此事。伊藤首相认为此事件相当严重，11 月 29 日向天皇汇报，并奏请天皇根据保安条例进行处分（伊藤宛陸奥書状、1893 年 11 月 25 日、『伊藤博文関係文書』七巻。『明治天皇紀』八巻、323 ～ 324 頁）。

另外，议会之争的焦点并不在于预算案，矛头最先指向的是众议院议长星亨，星亨是伊藤内阁与自由党合作的中心人物。攻击他的材料包括，怀疑星亨作为律师在处理相马家的家族纠纷时有不正当行为，以及收受股票交易所的贿赂以促成法案通过。结果，12 月 3 日，星亨不得不脱离自由党，13 日被众议院除名。

在此期间，国民协会与改进党等于 12 月 8 日向众议院递交了现行条约励行建议案。陆奥外相认为该建议案将成为阻挠条约修订谈判的巨大障碍，于是在内阁会议上提议，在该建议案被提上议事日程的当日，下令众议院停会，等到停会结束日，由内阁宣布撤回建议案，如果众议院不同意，就奏请解散议会（『明治天皇紀』八巻、339 ～ 341 頁）。

考虑到星亨下台后自由党的情况，如果此时解散众议院，就有可能导致再次甚至三次解散众议院的情况，从而导致宪法中止。伊藤首相让陆奥外相在完成立宪国家建设和修订条约这两大目标中选择一个，并和陆奥进行了多次讨论，但似乎也没能做出决断。也可能受到伊藤的影响，内阁会议无法做出停会、解散的强硬决断。12 月 11 日，陆奥外相向伊藤首相提出了辞呈。

伊藤与陆奥之间的书信往来中没有礼节上的套话，内容简短扼要、直戳要点。一方面可能是体弱的陆奥无法写长信，另一方面也说明两人之间彼此十分信赖，沟通顺畅。当时，伊藤其实已经失去了井上毅，绝不能再失去陆奥了。

当天，伊藤回信要求陆奥收回辞呈并告诉他，如果"短虑性急"，就无法决断当今大计，这一点是他们此前已经多次详细讨论过的（陆奥宛伊藤書状、1893 年 12 月 11 日、「陆奥宗光文書」）。

几天后，伊藤上奏天皇，汇报了议会现状以及陆奥的提案。天皇也对议会的状况十分担忧。12 月 19 日，在国民协会、改进党等占据众议院多数议席的对外强硬派六个派别等的支持下，条约励行建议案被提上议事日程，天皇根据伊藤的奏请，命令众议院停会 10 天。

但强硬六派不同意撤回建议案，天皇根据伊藤内阁的方针，在 12 月 29 日再次下令停会 14 天；12 月 30 日又宣布解散众议院。就这样，伊藤内阁面临条约修订和宪法中止的双重危机。

　　尽管解散了众议院，伊藤内阁仍必须提出对抗条约励行建议案的理论依据。1894 年（明治二十七年）1 月 7 日和 11 日，由伊东巳代治（内阁书记长官）经营的《东京日日新闻》刊登了反驳"条约励行论"的文章，"与其励行不全不正的条约，不如将其改正或断然废除"，强调既做好废除条约的准备，也应对条约进行修订。

　　1 月 13 日，陆奥外相写信给伊藤首相，请示是否按照伊东提出的申请支付费用（伊藤宛陸奥書状、1894 年 1 月 13 日、『伊藤博文関係文書』七卷）。这说明这篇文章是在伊藤和陆奥同意的基础上刊登的。但这不过是面向日本国内的宣传，并不意味着伊藤、陆奥采取"废除条约战术"。

/ 363

　　当时日本的军事力量尤其是海军力量得以增强，是 4 年多以前大隈修订条约时无法比拟的。大隈修订条约时，日本海军的主力舰只有 3650 吨的"浪速号"和"高千穗号"两艘巡航舰。而此时，日本已经拥有搭载一门巨炮的最先进巡航舰"严岛号"（4280 吨，1891 年 9 月竣工）、"松岛号"（与"严岛号"同型,1892 年 4 月竣工），以及世界上最新型的快速舰"吉野号"（4160 吨，1893 年 9 月竣工）。此外，"桥立号"（与"严岛号"同型，1894 年 6 月竣工）、"秋津洲号"（3150 吨，1894 年 3 月竣工）即将进入舰队服役。

　　与日本进行条约谈判的英国当然对日本军事力量的增强有所了解。1894 年 1 月 12 日，英国外务次官助理巴蒂（Barty）在其备忘录中写道，如果日本真的废除条约，从整个地区的情况来看，英国无法强行要求拥有现行条约所规定的权利。日本海军目前已经可以与清国匹敌，并已基本完成海岸防卫，拥有 7 万名装备精良的陆军士兵（大石一男『条約改正交渉史』、286～287頁）。

当然，对于上述英国方面的情报，伊藤首相、陆奥外相以及负责与英国进行谈判的驻德公使青木周藏是不可能知道的。但是，即便伊藤偶然得到上述情报，他应该也不会实施"废除条约"的方针。因为如果日本"废除条约"，即便英国一国无法应对，但只要与德国、法国、俄国等联手，日本定会屈服。其实就在一年之后，日本在日清战争中获胜，清国割让辽东半岛。但俄国、德国和法国三国对此进行干预，要求日本将辽东半岛返还清国，日本也接受了。

然而，出于对内宣传的目的刊登在《东京日日新闻》上的"废除条约论"产生的影响却远远超出了伊藤、陆奥的预料。英国方面看到这篇文章，认为日本通过散布"废除条约论"来"威慑"英国。1894 年 4 月 2 日举行的日英第一次正式谈判中，英方就提及此事并质问青木公使。这明显受到了英国驻日代理公使本森（Bunsen）2 月 14 日向本国递交的文件的影响。所以，英国方面认为，陆奥外相的言外之意就是，如果失去了与英国谈判的希望，要么寻求与他国谈判，要么为争取日本固有权利而采取其他手段，即"废除条约论"（大石一男『条約改正交渉史』292～294、299頁）。

伊藤首相听说英国指责日本的"废除条约论"后，大惊失色，立刻与陆奥确认情况。陆奥虽然因病卧床，但于 4 月 6 日就写回信告诉伊藤，"本森对我所说的废除条约之事肯定有误解"，有关此事，会尽快派林董（外务次官）去调查本森公使的所有记录（伊藤宛陸奥書状、1894 年 4 月 6 日、『伊藤博文関係文書』

　　如果伊藤和陆奥原本就计划在与英国谈判时使用"废除条约论"战略的话，就不会出现这样的书信内容了。① 如前文所述，伊藤国际观的前提是，不管日本愿意还是不愿意，以列强为中心的国际秩序正在形成。因此，日本即便打破规则在短期内获得某些好处，也无法长久维持下去。所以对日本来说，那种行为终究对日本是有害的。从这一现实主义理论来看，伊藤等人也绝不可能采用"废除条约战术"。

　　4 月 16 日，陆奥外相让青木公使转达英方，是本森误解了陆奥的意思。17 日，日本政府向弗雷泽公使寄送了"照会"，表示日本不会使用现行条约中未"明文规定"的方法对条约进行修订，这件事终于得以解决。日本政府做出如此决断的理由在于，即便在这种问题上与当时世界上最强大的英国据理力争、导致条约修订进程停滞，日本也得不到任何好处。

---

①　大石一男认为，伊藤和陆奥利用"废除条约战术"与英国进行谈判（大石一男『条约改正交涉史』291 ～ 299 頁）。但本书认为，从大限修订条约谈判之后伊藤的态度来看，伊藤一贯反对"废除条约论"。而且在这一时期，也没有出现能证明伊藤、陆奥等政府中枢就利用"废除条约战术"达成一致的史料。

/ "我等之双肩肩负着日本之命运"

就这样，1894年（明治二十七年）7月16日，日本在原先的目标范围内，在英国外务省与英国成功签署了新条约。如前文所述，其主要内容如下。

（1）废除治外法权（领事裁判权）。

（2）根据包括附属议定书的规定在内，关税税率基准改为5%，个别品目为5%～15%（此外，锌板、铁板等税率极低）。这一条款的修改，使日本赢得了作为独立国家的自尊，也在很大程度上保护了国内产业。

（3）虽然不允许外国人持有不动产，但不再对外国人在日本国内的居住地、旅行等加以限制，也就是说，允许外国人与日本人杂居。这既是各列强作为平等国家相互许可的内容，也是为实现（1）和（2）的交换条件。

（4）新条约的有效期限为12年，从实施日开始计算。

3年多以前，青木外相与英国谈判时，英国希望新条约永久有效。尽管这次没有实现陆奥外相当初设想的7年，但与青木外相那时相比，已经有了很大进步，这与日本军事力量的大幅增强有着很大的关联。

此外，日本方面还做出了几点让步。例如：在新条约12年的有效期之内，以单务性①的方式允许英国在日本沿海开展贸易；在新条约实施之前，向英国人签发到日本内地旅游的12个月有效签证等。

根据当时日本的国力，伊藤首相和陆奥外相对于这份新条

① 法律用语，指一方只享有权利而不尽义务，另一方只负义务而不享有权利。——译者注

约应该是相当满意了。就在新条约签署的两天前的夜晚，伊藤首相在给陆奥外相的信里写道，距离新条约的签署还有 16 个小时，相当于已经走到了百里之路的最后一里。如果没有什么"变数"，新条约就能顺利缔结了。"我等之双肩肩负着日本之命运"（陆奥宛伊藤書状、1894 年 7 月 14 日、「陆奥宗光文書」）。

那时，朝鲜半岛爆发了农民起义，史称"甲午农民战争"，6 月日本已经出兵朝鲜，所以伊藤首相绝不会放走修订条约这条大鱼。

7 月 16 日，新条约按照预定计划顺利签署。17 日，日本国内收到了青木公使发来的电报，电报被上奏天皇后，天皇也十分高兴。此后，青木公使在征得英国外交大臣同意的情况下，将条约复件送发驻英德国大使和驻英美国大使。20 日，日本政府又收到青木发来的电报，说驻英美国大使向日本表示祝贺，认为日本取得了满意的成果（中田敬義編「日英条約改正記事」、大山梓・稲生典太郎編『条約改正調書集成』下卷、333 ～ 343 頁）。

驻英美国大使对日英新条约表示祝贺，日本也更有希望与美国等其他列强进行条约修订的谈判了。伊藤首相收到青木电报后，写信向陆奥表达了自己的喜悦之情：我"终于放下了心"，"一步步的成功"是国家之大幸（陆奥宛伊藤書状、1894 年 7 月 20 日、「陆奥宗光文書」）。

接下来的问题就是如何让主张完全修订条约的强硬派理解了。另外，要同美国、法国、德国等国家谈判，签署与英国同样的新条约。

/ 宪法中止危机

如前文所述，1893 年（明治二十六年）12 月，条约励行建议案被提到众议院议事日程上的时候，伊藤首相奏请天皇解散了众议院。这是为了优先完成与英国进行的修订条约谈判而冒了宪法中止的风险。伊藤首相决定解散议会，一是不愿失去陆奥外相，二是希望拖延时间来考虑解决良策。

1894 年 3 月 1 日，第三届众议院大选结果公布，自由党的议席大幅增加到约 40%。用"条约励行论"攻击伊藤内阁的强硬六派中的国民协会，所占议席几乎减半，与改进党合起来也只占到众议院的约 30%。

在 5 月 12 日召开的第六届特别议会上，陆奥外相和伊东巳代治内阁书记官一边利用人脉关系活动，一边尝试以参与铁道建设来收买、诱惑议员等，希望能够培养政府派，差一点就成功了。由于他们的失败，5 月 31 日，强硬六派提出的批评伊藤内阁的上奏案在众议院投票中以 153 票赞成，139 票反对（自由党等投了反对票）的结果通过。

6 月 1 日，众议院议长向天皇呈递上奏案。第二天，天皇通过宫相，发表了不同意该上奏案的口头答复。同日，众议院再次被解散。

伊藤首相事先早已准备好如何应对众议院通过批判政府上奏案一事。山口县知事原保太郎（京都府出身）看到众议院的这种情况，6 月 1 日特意写信给井上馨内相，提议如果众议院没法治了，就请"陛下发布敕谕，命令中止宪法，直到明治五十年〔1917〕"，希望"维新政府"在宪法中止期间积累政绩，到明治五十年再次施行宪法（井上馨宛原保太郎書状、1894 年 6 月 1 日、

「井上馨文書」）。原保太郎曾经留学美国，并非山县、品川身边的亲信藩阀官员。所以，就连原保太郎都如此考虑，可见藩阀官员对于第六届议会绝望至极。日本宪法面临着严重危机。

然而，伊藤首相和陆奥外相等人的危机感，并没有原知事那么强烈。因为他们想利用朝鲜问题来渡过宪法危机，无论日本是否真的要与清国开战。正巧那时，以福泽谕吉为代表的各界人士开始强烈要求日本干预朝鲜问题。

3月28日，朝鲜亲日派领导人金玉均在上海遭到暗杀，关于其遗体回国一事，日本与朝鲜，以及朝鲜背后的清国产生了对立。4月26日，东学党和农民在白山起义，甲午农民战争（东学党起义）爆发（伊藤之雄『立憲国家の確立と伊藤博文』144～151頁）。

/ 依靠美国还是依靠英国

1894 年（明治二十七年）6 月 2 日，伊藤内阁决定向朝鲜派遣混编旅团（兵力数千），5 日出兵。那时，陆奥外相已经考虑与清国对决，但伊藤首相仍然希望与清国维持自签订《天津条约》以来近 10 年的协调关系（高桥秀直『日清戦争への道』317 ～ 336 頁）。

对于日本出兵朝鲜，6 月 10 日，清国向日本发出通告，强调朝鲜是清国的属国，而日本外相陆奥回复朝鲜是独立国家，不认可清国的主张。11 日，伊藤首相与山县枢密院议长见面，商议当时的状况和对未来的预测。伊藤和山县都认为，今后日清之间有可能出现问题（井上馨宛芳川顕正書状、1894 年 6 月 12 日、「井上馨文書」）。

6 月 15 日，伊藤内阁决定，无论清国是否同意，日本都将独自对朝鲜进行改革。今后，如果清国对于日本干预朝鲜一事袖手旁观，日本和清国就不会开战，反之则会开战。伊藤内阁决定根据具体情况而定。

然而实际上，伊藤首相对于清国会做何反应，列强又会如何行动并无把握。6 月下旬，陆奥外相问伊藤，万一"有事"（与清国开战），日本究竟该依靠哪个国家？ 6 月 27 日夜，伊藤回复陆奥，第一选择应该是美国，并对陆奥未雨"绸缪"的周到用心佩服不已。伊藤认为，应避开英国和俄国，因为这两个国家"意见迥异"，是"两个极端"。如果陆奥觉得美国不合适，那么第二选择是德国，没有必要考虑其他国家（陸奥宛伊藤書状、1894 年 6 月 27 日、「陸奥宗光文書」）。

从这封信来看，虽然日本出兵朝鲜已有近一个月了，但伊藤依旧还不清楚日本是否会与清国开战。而且，日本正在与英国进行修订条约的谈判，已经进入最后阶段，所以伊藤将朝鲜问题和远东国际政治分开考虑。

当时，运输、通信手段都并不发达，远东国际政治为驻北京列强公使的意见所左右。次日，伊藤告诉陆奥，有必要打探一下驻北京美国公使的消息（陆奥宛伊藤書状、1894 年 6 月 28 日、同前）。

/ 371

结果，"思量"驻北京日本公使馆发来的电报之后，伊藤首相于 6 月 30 日得出结论，认为日本"依靠"英国也并非下策（陆奥宛伊藤書状、1894 年 6 月 30 日、同前）。

7 月 1 日，伊藤首相向陆奥外相提议，向英国方面提出，请停留在横滨的英国舰队不要按照预定计划返回函馆，尽可能地靠近朝鲜近海航行，或是依旧在横滨停留。伊藤很欣赏的萨摩人川上操六参谋次长（陆军中将），也多次向伊藤提过相同的建议。第二天，伊藤还提醒陆奥，千万不要给俄国公使抓到批评日本的口实（陆奥宛伊藤書状、1894 年 7 月 1 日、2 日、同前）。

7 月初，日清开战的时候，日本依靠英国来警戒俄国，这是伊藤首相、陆奥外相和军部之间早已商议好的事情。就这样，无论是修订条约，还是远东国际政治方针，日本都决定依靠英国。

伊藤和陆奥在内阁面临宪法危机之时，认为日本国力增强可以战胜清国，而且因为有英国的支持，不会影响与其他列强的关系，所以做出了走上战争之路的决定。

/ 伊藤的悔恨

对于日清开战的这一抉择，伊藤虽然一直安慰自己这实在是万不得已的结果，但同时心里也很清楚，从国际政治的角度来看，日本并没有充分的正当性。直到 7 月中旬，伊藤依旧对日本强行将局势引到日清开战这条路上来感到犹豫和不安。

7 月，对于日本的行为，清国向驻清代理公使小村寿太郎发出了"照会"，陆奥外相发给小村的回复有诱使日清开战之嫌。小村答复陆奥，因为目前日清两国并非交战国，无法遵命。

7 月 16 日，知晓此事的伊藤首相委婉地催促陆奥重新考虑，如果陆奥有更好的方案，他不会固执己见（陸奥宛伊藤書状、1894 年 7 月 16 日、「陸奥宗光文書」）。

7 月 19 日，日本政府获得清国向朝鲜增派兵力的消息，于是给联合舰队和混编旅团下达命令，如果清军增兵，就将其打败。这是向清国宣战的重大决策。

其实，陆奥外相和在当地负责指挥的驻朝公使大鸟圭介计划包围朝鲜王宫的方案，没有得到内阁会议的通过。因为伊藤首相和明治天皇还是想留下与清国谈判、避免战争的后路。其他内阁成员也都支持伊藤的这个方针。

但是，大鸟公使和被派到朝鲜的混编旅团团长大岛义昌少将（长州藩出身）独断专行，指挥军队于 7 月 23 日清晨占领了汉城王宫，控制了朝鲜的行政中枢机构（高橋秀直『日清戦争への道』349 ～ 357、426 ～ 443 頁。檜山幸夫「明治天皇と日清開戦」）。紧接着在 7 月 25 日，日本海军在丰岛海域击沉了作为增援部队向汉城运送清兵的船只和护卫舰。就这样，日清战争[①]爆发了。

---

① 即甲午中日战争。——译者注

第十六章

伊藤领导体制的巅峰
——文官首相的日清战争

/ 伊藤进入大本营参与军事决策

1894 年（明治二十七年）6 月 5 日，也就是日本向朝鲜派遣混编旅团的当天，统率出兵将士的最高作战指挥部"大本营"在参谋本部成立。

在此之前，也就是在明治维新后最大的一场战争——西南战争时期，有关军事的各种命令均从京都御所的行宫发出。征讨总督大本营设在大阪，大久保利通和伊藤博文两人负责军队的动员、编制、重要人事以及整体战略。不久，征讨总督大本营搬到九州，大久保和伊藤仍在大阪主导重大战略的制定和重要人事的安排（见本书第六章）。

所以，这是首次将大本营设在参谋本部。根据 1893 年 5 月公布的《战时大本营条例》，参谋总长为幕僚之长。在以前太政官制时期，由大臣、参议组成的内阁会议是作战指挥中心。西南战争时，大久保和伊藤虽为文官，却在指挥实际战斗方面发挥了最为重要的作用。但根据明治宪法第十一条"天皇统率陆海军"的规定，组织结构发生了变化。

7 月 17 日召开的大本营第一次会议，是天皇莅临的御前会议。出席会议的包括参谋总长有栖川宫炽仁亲王、陆相大山岩、海相西乡从道等陆海军方面的负责人，还有陆军长老——陆军大将山县有朋枢密院议长等武官。

此后，与清国开战的局势越发吃紧，天皇让伊藤首相参加 7 月 27 日上午召开的大本营会议，并指示伊藤今后要列席大本营会议。因为天皇考虑到让伊藤首相详细了解出兵经费、军事作战等内容，有利于政府进行外交方面的交涉。7 月 26 日，伊藤接受了天皇的命令（伊藤宛德大寺实则书状、1894 年 7 月 26 日〔二通〕、『明治天皇紀』八卷、469 頁）。伊藤是藩阀势力中最具影响力的人物，也深得天皇的信赖，所以虽然他是文官，但天皇允许他参与作战指挥。

从明治宪法的条文来看，天皇的这一决定似乎有些违背常理。但回顾历史，19 世纪 80 年代以前，伊藤和井上馨等文官也参与了军备计划、军部人事等重大决策。明治宪法颁布后，1893年 3 月，关于仁礼景范海相（萨摩藩出身）的继任问题，伊藤首相（文官）、山县法相（陆军大将）、黑田清隆前首相（文官）、井上馨内相（文官）、大山陆相（陆军大将）等萨摩和长州的文官也参与了决策，最终决定由西乡从道（萨摩藩出身）担任海相（伊藤之雄『山县有朋』第六章・七章）。

所以，伊藤列席大本营会议，可以说是遵从了维新之后文官参与军事的惯例。而且，文官之中，也只有伊藤一人被允许列席会议，说明伊藤在大津事件处理过程中的特殊地位再次得到了认可；同时也说明宪法颁布后，文官逐渐无法参与军事问题的决策了。

/ 预料之中

日清战争中，日军与清军之间的第一次军事冲突是 1894 年（明治二十七年）7 月 25 日的丰岛海战。大约在 7 月 27 日傍晚到 28 日傍晚之间，日本海军在这场海战中获胜的捷报传到了大本营。大本营同时收到的消息称，被击沉的运输船上有两个举着英国国旗的英国人，伊藤首相立即让西乡从道海相确认消息（西郷従道〔山本権兵衛〕宛伊藤書状、1894 年 7 月 28 日、「山本権兵衛文書」国立国会図書館憲政資料室所蔵）。伊藤首相始终将军事行动与外交联系起来，从大局出发，运筹帷幄。

7 月 29 日，日本陆军占领成欢，30 日占领牙山。8 月 1 日，日本正式向清国宣战。这些捷报，天天占据各家报纸头版。

此前，7 月 16 日，日本在伦敦签署了新条约，废除了治外法权等不平等内容。8 月 20 日，条约正文文本以及附属议定书送达日本。24 日，新条约经枢密院审查后通过。25 日，陆奥外相和英国公使在外务省交换了批准后的新条约。27 日，新条约正式公布。针对新条约，对外强硬派虽然多少有些不满，但并没有出现反对条约的运动。这与开战后日本捷报频传密不可分。

在军事作战等重大事项方面，明治天皇依旧十分注重文官伊藤首相的意见。例如，有关第三师团出兵朝鲜的问题。8 月 13 日，大本营决定，继第五师团之后，向朝鲜增派第三师团。

/ 377

这一决定上奏天皇之后，天皇却认为，目前第五师团的兵力已经足够。他命令伊藤首相告知川上操六中将（参谋次长，萨摩藩出身），即便今后会派第三师团出兵，目前也应节省经费，按兵不动（伊藤宛徳大寺実則書状、1894 年 8 月 23 日、『伊藤博文関係文書』六卷）。根据当时的制度，参谋总长有栖川宫炽仁统率陆、海两军，川上是负责陆军作战的最高指挥官。

因为这场战争是日本成为近代国家之后的第一场对外战争，所以天皇当时有点忐忑不安。然而天皇此举似乎已经超出君主机构说所规定的天皇权限范围。君主机构说规定，君主只有在政府无法做出决断的困难情况下，才可以用调停的方式参与政治。天皇自己也清楚这一点，所以没有以大元帅的身份直接向川上参谋次长下达命令，而是向首相伊藤下令。

伊藤迟迟没有回复，8月23日，天皇让德大寺侍从长催问伊藤（同前）。首相伊藤究竟是如何回答的，我们不得所知。但可以推测，伊藤认为天皇的举动已经超出君主机构说的范畴，自己与川上参谋次长私交不错，可以转达天皇的意思，但没有必要改变作战计划。

/ 378

大本营按原定计划作战，第三师团的支队于8月下旬从朝鲜东北部的元山登陆，第三师团的大部队则于9月中旬从汉城附近的仁川登陆。此前，大本营决定将第五师团和第三师团编为第一军。8月30日，天皇任命山县有朋大将为第一军总司令。

此后，日本陆海军分别在9月15~16日的平壤战役、17日的黄海海战中大获全胜。日本的胜利已成定局。而且，由于日本在大型战役中获得了巨大胜利，日本国内洋溢着支持战争、支持政府的氛围。条约修订得以实现，宪法危机得以消除。这些都在伊藤首相的预料之中（伊藤之雄『立憲国家の確立と伊藤博文』172～173頁）。

　　如前文所述，1894 年（明治二十七年）9 月中旬，日军在平壤战役、黄海海战中获胜。日本获得战争胜利基本已成定局，天皇也终于放下了心。伊藤首相以及陆奥外相、渡边国武藏相等人，在处理外交、经济问题的同时，开始有意识地调整战后的国内外秩序。

　　8 月 29 日，井上毅以病重为由，辞去了文相职务。文相由山县的心腹——芳川显正法相兼任。伊藤首相希望在内阁起用年轻人，而且他认为，日本"将来一定会迎来文明进一步发展的时代"，所以尤其重视作为领头羊的文相之职。

/ 379

　　于是，伊藤同副总理级别的内相、盟友井上馨商量。伊藤认为，驻俄公使西德二郎（萨摩藩出身）是教育方面的最佳人选，但由于现在还在进行条约修订的谈判，而且日清战争使得与俄国的交涉尤为重要，所以无法让西德二郎回国。于是，他提议让西园寺公望（公家，枢密顾问官，前德国公使）担任文相（井上馨宛伊藤書状、1894 年 9 月 24 日、「井上馨文書」）。

　　西园寺公望时年 44 岁，比西德二郎小 2 岁。伊藤第一次在太政官制下成为参议即内阁成员时，年仅 32 岁。在近代内阁制度成立后，伊藤就任第一任首相时也才 44 岁。所以，从年龄上来说，西园寺入阁并不算早。伊藤等人和略年轻于他们的后辈长期占据阁僚要职，整个内阁开始出现老龄化。所以伊藤希望起用年轻人，在几年或十年之内，在自己这一代人引退之时，能顺利完成交接班。始终远望未来，思考几年或十年之后的事情，这就是伊藤出类拔萃之处。

　　二三十岁的时候，西园寺曾在法国留学大约 9 年半，学习法律。回国后，被伊藤看中，作为伊藤宪法调查团的一员访问欧洲，后来长期在欧洲担任外交官（伊藤之雄『元老　西园寺公望』第二章·三章）。西德二郎二十几岁的时候也曾在俄国留学，毕业于圣彼得堡大学的法政科，长期在欧洲担任外交官。伊藤擅长英语，自己也曾（偷渡）留学英国。他们彼此拥有类似的经历，也都希望日本社会渐进有序地发展。

/ 380

在这一时期，"改革朝鲜"也是伊藤首相对未来的构想的一部分。为维护宪法、完成立宪国家，抵御针对修订条约的批判，伊藤和陆奥利用了偶然发生的朝鲜问题（见本书第十五章）。关于日清开战，日本政府向欧美列强提出的"借口"是"改革朝鲜"。所以伊藤考虑到，若是在这方面不取得"几分""成绩"的话，就会丧失"国家之威信"。

当时的驻朝鲜公使是大鸟圭介（兼任清国公使）。伊藤的女婿兼心腹——法制局长官末松谦澄前往朝鲜了解实情后发现，改革任务十分艰巨，几乎什么都做不成。于是，伊藤首相向井上馨内相诉苦，觉得大鸟公使的后任太难选（井上馨宛伊藤书状、1894 年 9 月 24 日、「井上馨文书」）。其实，伊藤的言外之意就是希望井上馨内务大臣官降一级，出任朝鲜公使。这样，就可以由首相级别的大人物来担任公使，对朝鲜进行改革了。

伊藤认为朝鲜的现状相当严峻。无论目前朝鲜政府承诺什么，将来都是靠不住的。军国机务处和大院君两方对立。在地方上，要执行一个命令都困难至极（井上馨宛伊藤书状、1894 年 10 月 12 日、「井上馨文书」），所以这时候需要井上馨这个能干的大人物出马。

10 月 15 日，井上馨辞去内相职务，就任驻朝鲜公使。三天后，陆奥外相写信给井上公使，说朝鲜问题已经成为欧洲各国瞩目的"舞台剧本","高级演员"将会发挥其高超的技艺，还说各国公使也都十分关注井上（井上馨宛陆奥宗光书状、1894 年 10 月 18 日、「井上馨文書」）。伊藤首相大胆的人事决策看似成功。井上公使准备以明治维新后的近代化历程为模板，对朝鲜内政进行改革（森山茂德『近代日韓関係史研究』23 ～ 52 頁）。

前文曾提到，在军队方面，伊藤得到文官井上馨的帮助，与同为长州人的山县有朋联手统率陆军。海军的作用在于辅助陆军。山县可以说是统治军队的核心人物。

日清开战的时候，山县大将已经 56 岁了。在"人生五十年"的当时，可以说他已经步入了老年时期。而且，他还身患胃病、支气管炎、痔疮等各种疾病。

然而，日清战争爆发后，山县主动请愿出征朝鲜。8 月 8 日，他获得出任第一军总司令的内部命令，30 日得到正式任命。伊藤对于山县请缨奔赴战场一事无比感动，特意写信给山县，信中还随附了中国古诗"不羞老圃秋容淡，且看寒花晚节香"（虽然老去的面容就像古旧园圃疏淡的秋色，但晚年的气节正如寒花绽放时散发的清香）。大隈修订条约之后，两人关系恶化，但这次终于和好如初。9 月 4 日，山县率领第一军司令部离开东京前往广岛，伊藤一直将其送到神奈川县的国府津（伊藤之雄『山県有朋』271 ～ 273 頁）。

/ 广岛之行

1894 年（明治二十七年）9 月 13 日，大本营设在距离战场更近的广岛，这里也是主力部队的出发地。同一天，天皇乘坐火车从东京出发，15 日傍晚抵达广岛大本营。

从伊藤写给夫人梅子的书信可以得知，伊藤首相是 13 日与天皇乘坐同一列火车前往广岛的。但是伊藤在车上吃了不少大山岩陆相和西乡从道海相带来的西式便当，又吃了一点日式便当，中午过后开始觉得身体不适。到达名古屋的时候，觉得有点发烧，在下榻的地方量了下体温，居然有 38.6℃。伊藤原以为喝两三杯酒就会没事的，但深夜突然发起了 39.9℃ 的高烧。伊藤那时还不到 53 岁，生病倒下之前食欲旺盛，觉得生病喝点酒就能好。

/ 382

天皇在名古屋听闻此事，立即让侍医局局长去给伊藤看病，并让他休假，留在名古屋疗养。伊藤的病很快就好了，不过德国医生贝尔兹受皇后之命，于 14 日从东京赶到名古屋。经贝尔兹医生诊断并确认身体康复之后，伊藤于 16 日从名古屋出发，18 日抵达广岛，19 日参见天皇（『伊藤博文传』89 ～ 91 页。『明治天皇纪』八卷、501 ～ 521 页）。伊藤心里十分明白，自己生病一事让天皇和皇后十分担忧，他们对自己关照有加。

9 月 16 日夜，大本营收到了平壤战役的捷报；20 日凌晨 1 点过后，又收到了黄海海战胜利的捷报。伊藤心情大好。

/ 在陆奥和井上馨的支持之下领导作战

在战时外交方面，伊藤首相尤其器重陆奥外相和驻朝鲜公使井上馨。伊藤内阁的中枢其实就是他们三个人。

例如，井上在前往朝鲜赴任之前，英国就向日本提议调停日本与清国的关系。陆奥外相与伊藤首相经过几次讨论之后，决定谢绝英国。因此伊藤将这件事交给陆奥，并让他转达井上。10月26日，陆奥写信给井上，并随附了自己写给伊藤信函的副本（井上馨宛陆奥宗光书状、1894年10月26日、「井上馨文书」）。

六天之后，伊藤首相也写信告知井上公使，对于英国的动向，欧洲其他各"大国"都认为"时机尚未成熟"，不会参与调停，所以英国此时也只能"在夜晚独自流泪"。伊藤认为，清国不会轻易求和，所以必须攻陷旅顺，向天津发起猛攻，并说很快会将此告知"军务"负责人。最后还说，自己已经指示陆奥外相，有关朝鲜问题的事宜，一定要最先与井上商量（井上馨宛伊藤书状、1894年11月1日、「井上馨文书」）。

由此可见，伊藤首相的战时外交是在陆奥和井上馨的支持下开展的。此外，虽然日本与英国成功签订了新条约，也决定依靠英国（见本书第十五章）。但如果日本给了英国可乘之机，英国定会为谋求更大的利益而行动。所以，伊藤始终对英国保持警惕。而且，由此可知，列席大本营会议的伊藤，对军事战略也有发言权，这一点很有意思。

陆奥在此前的书信中还告诉井上公使，山县有朋大将（第一军总司令）曾因外交谈判而"烦恼"不已。所以，如果井上有机会给山县写信，可以告诉他日本与英国交涉的大致情况（井上馨宛陆奥宗光书状、1894年10月26日、「井上馨文书」）。伊藤、陆奥和井上馨这三人中枢集团与山县在有关外交的重要机密方面保持着信息共享的合作关系。对于伊藤和井上馨来说，山县是自己人。山县不但在统率军队方面靠得住，而且在说服萨摩派关键人物方面具有很大的影响力。

/ 担心山县的病情

山县作为第一军总司令前往朝鲜，从仁川登陆后，经汉城进入平壤。1894年（明治二十七年）10月下旬，第一军渡过了作为朝鲜与清国国界的鸭绿江，山县也"进入"清国国境。

然而，山县在仁川登陆后不久，支气管炎和肠胃病发作。11月初，胃病进一步恶化，身体越发虚弱。秋末冬初，朝鲜和南满洲寒冷的气候以及颠簸的路途让56岁的山县苦不堪言。

伊藤首相十分担心山县的病情，向明治天皇奏请让山县回国。11月29日，天皇下旨。12月8日，山县在鸭绿江畔的朝鲜义州接到了天皇敕语。第二天，山县就将第一军的指挥大任交给了野津道贯中将（第五师团师团长），出发返回天皇所在的广岛大本营。

山县对于回国一事相当不满。在山县回国路上途径仁川时，井上馨公使去见了他。井上觉察到山县的不满后向伊藤提议，让山县回国后担任大本营御用挂，请天皇下令让他辅佐有栖川宫炽仁参谋总长。因为如果不这么做的话，山县就会以被解除第一军总司令之职为由，决心从陆军引退（伊藤之雄『山县有朋』273 ～ 279 頁）。

12 月 16 日，山县抵达宇品港（现在的广岛港）。伊藤首相和土方宫相，以及陆海军将军等人一同乘坐小型蒸汽船去海上迎接山县（『東京日日新聞』1894 年 12 月 20 日）。由此可见，伊藤十分在意山县。

同一天，伊藤在给井上馨驻朝鲜公使的信中写道，自己因为要为帝国议会做准备，这一两天之内就必须回东京，但是山县的职位不定下来就无法放心，所以可能不得不推迟出发（井上馨宛伊藤書状、1894 年 12 月 16 日、「井上馨文書」）。可见，伊藤首相和井上公使都为山县的前途着想，准备干预军部人事。

在这封信中，伊藤还提到了第二军的第一师团在占领旅顺时残忍屠杀清兵俘虏和旅顺居民的事件。1894 年（明治二十七年）12 月 12 日，美国的《纽约世界报》报道了此事，引起欧美各国的注意。同月 17 日、18 日，陆奥外相在美国各大报刊刊登辩解书之后，欧美对于日本的谴责逐渐平息下去（大谷正『近代日本の対外宣伝』第二部第四章）。伊藤告诉井上馨，"旅顺屠杀事件"让列强感到极为不快，所以正竭尽全力动用资金为日本辩护。

日本攻陷旅顺之后，美国提出可以协助调停清国和日本的和谈，陆奥外相开始与伊藤首相讨论获得辽东半岛等议和条件（伊藤宛陸奥書状、1894 年 11 月 26 日、『伊藤博文関係文書』七卷）。伊藤和陆奥都对列强尤其是美国对该事件的报道十分关注。

此后，有关旅顺大屠杀事件，大本营认为对第二军的行径进行质问是"万不得已的下策"，所以决定不再追究（伊藤宛伊東巳代治書状、1895 年 2 月 15 日、『伊藤博文関係文書』二卷）。伊藤首相认为，必须时刻注意帝国主义时代的国际规范。一方面，他对于陆军欠考虑的态度表示"愤怒"；但另一方面，事情已经发生了，只能努力向欧美进行说明。

/ 救山县于困境

山县回国之后，1894 年（明治二十七年）12 月 18 日，天皇"下诏"免去其枢密院议长和第一军总司令职务，任命其为监军。监军其实是陆军中的闲职，这只不过是一个临时性的安排。12 月 20 日，天皇诏敕，山县第二次荣获了"元勋待遇"。这个待遇连伊藤和黑田也只获得过一次。可见，伊藤首相和明治天皇对山县特别照顾（伊藤之雄『山県有朋』279 ～ 280 頁）。

12 月 18 日上午，伊藤首相乘坐 11 点 50 分的火车，离开广岛返回东京（『東京日日新聞』1894 年 12 月 19 日）。伊藤应该是在安排好山县的职务等事之后才离开广岛的。

山县回国后想继续出席大本营的军事会议。但是，他与川上操六参谋次长（陆军中将，萨摩藩出身）等后辈之间的关系不太好。这也是因为在日清战争中，山县作为第一军总司令却没有严格执行川上等人从大本营发出的作战指令。

1895 年 1 月 15 日，皇族有栖川宫炽仁参谋总长病故（正式发表的死亡日期是 1 月 24 日）。当时，参谋总长的地位在参谋次长（陆军）和军令部部长（海军）之上，统率陆海两军作战。对于山县来说，这个职位最适合不过了。

首相伊藤和驻朝鲜公使井上馨联手，想让山县就任参谋总长。然而，川上参谋次长和桦山资纪军令部部长（海军中将，萨摩藩出身）表面上同意伊藤的想法，内心却打算只要山县当上参谋总长，两人就一起辞职。因为他们觉得山县就任后的情况会与皇族之人就任参谋总长的情况截然不同，山县会强制推行自己的想法。

于是，伊藤于 1 月 25 日决定让小松宫彰仁亲王（陆军大将）

担任参谋总长，让山县就任之前由西乡从道海相兼任的陆相一职。在战争时期，陆相是一个比较轻松的职位，没有第一军、第二军总司令，以及参谋总长的名号那么响亮、重要。

/ 388

伊藤很清楚，没当上参谋总长的山县会觉得没面子，心里一定很难过。于是，伊藤给山县寄去自己以前写的一首咏梅七言绝句，还随附一枝寒梅。

3月7日，山县就任陆相，并兼任监军。山县觉得自己当上陆相就是"复职"，所以非常高兴，同时也一定感受到了伊藤的友情（伊藤之雄『山县有朋』280～283頁）。

/ 缔结《下关条约》①

　　1895 年（明治二十八年）1 月 27 日，山县的职位问题尚未解决，御前会议就开始审议日清战争的讲和条件了。出席会议的人有：明治天皇、伊藤首相、陆奥外相、山县大将（监军）、西乡从道海相兼陆相、桦山资纪海军军令部部长，以及川上操六参谋次长。会议之前，陆奥外相与伊藤首相商量后起草了讲和的基本方案。陆奥提议，讲和条件包括朝鲜独立、清国割让辽东半岛、赔偿军事费用等，出席者均无异议，这些条件也获得了天皇的认可。然而，天皇认为，不应该一开始就提出割让辽东半岛（『佐佐木高行日记・かざしの桜』1895 年 7 月 29 日）。

　　2 月 2 日，日军占领了清国最强大的海军——北洋海军的基地，即位于山东半岛的威海卫。3 月 20 日，伊藤首相和陆奥外相作为日方全权代表，与清国最有权势的政治家——清国全权代表李鸿章，在日本下关的春帆楼开会议和。四天后，李鸿章遭到狙击受伤。受此影响，清国方面不接受日本的讲和条件。

　　其实，伊藤最为担心的是俄国方面的动向。3 月中旬，伊藤接到情报说，俄国很可能会单独干涉日清谈判（陆奥宗光宛伊藤书状、1895 年 3 月 19 日、「陸奥宗光文書」）。

　　讲和条约签署的两天前，俄国明确表示，不同意清国将辽东半岛割让给日本，不同意分割大陆。而且，伊藤还接到密报称，俄国计划与法国海军联手，阻碍日本占领澎湖列岛。英国则看似袖手旁观。所以关于朝鲜问题，俄国毫无疑问会采取行动。

　　虽然国际局势十分严峻，但伊藤还是准备坚持基本讲和条

---

　　①　即《马关条约》，又称《日清讲和条约》。——译者注

件。但那时，陆奥病情恶化，伊藤只好一人处理这些问题（井上馨宛伊藤書状、1895 年 4 月 15 日、「井上馨文書」）。

《下关条约》的最终方案是以伊藤首相为中心制定，由陆奥外相最后确认的（陸奥宛伊藤書状、1895 年 4 月 16 日、「陸奥宗光文書」）。

4 月 17 日，日清在下关签署条约。根据条约规定，清国承认朝鲜独立，割让辽东半岛、台湾、澎湖列岛，并赔偿 2 亿两白银（约 3 亿 1000 万日元）。日方原先的方案是要求清国赔偿 3 亿两白银（约 4 亿 6500 万日元）。虽然最后达成合意的金额有所减少，但其实与日清战争中产生的不到 2 亿日元的军费相比，日本实际获得了约 1.5 倍的赔偿。

4 月 19 日，伊藤在给陆奥的信中表示，成功签署条约，应归功于"您〔陆奥〕的良苦用心"和"尽力"，陆奥为国家效力之事是他绝不会忘怀的。此外，听说陆奥前一天晚上开始发烧，伊藤在信中让他好好休养（陸奥宛伊藤書状、1895 年 4 月 19 日、「陸奥宗光文書」）。

对于签署《下关条约》，伊藤应该是相当满意的，但需警惕俄国等列强插手干预，所以没有像与英国成功签署新条约那样开怀欣喜。此外，伊藤自己没有邀功，而是对身患结核病，却在日清战争和签订讲和条约的过程中发挥了巨大作用的陆奥外相给予了极高的评价。可见，伊藤虽然是一个自负的人，但对于心腹的功劳心怀感激，并能给予他们公正的评价。不仅对山县这样，伊藤对待井上毅也同样如此。

/ 390

/ 三国干涉

得知《下关条约》的内容之后，俄国就联合德国、法国，于1895 年（明治二十八年）4 月 23 日要求日本将辽东半岛还给清国。俄国也想联合英国，但遭到英国的拒绝。

从日清战争爆发开始，直到日本打败清国，俄国并没有制定有关朝鲜，以及清国东北部的满洲地区的积极政策。这是因为俄国当时对于自身在东亚地区的陆军力量还没有信心。1886 年前后，俄国向远东地区派遣的陆军不过 15000 人，而且基本都驻扎在符拉迪沃斯托克附近。但是，清国败给日本之后，俄国进入满洲的野心开始膨胀（Andrew Malozemoff, *Russian Far Eastern Policy*）。辽东半岛的旅顺等地是俄国垂涎三尺的不冻港候选地。如果辽东半岛归日本所有，就会阻碍俄国的扩张。

英国则从日清战争中看到了日本的国力，想法有所转变，考虑到如果远东发生战乱，能联手维护英国利益的国家不是清国，而是日本，所以就没有答应俄国方面提出的要求（Ian H. Nish, *The Anglo-Japanese Alliance*）。

然而，尤其考虑到海军实力，日本已经没有余力来与三国作战了。所以，针对三国提出的要求，伊藤首相表示会重视山县陆相和陆奥外相的意见（伊東巳代治宛伊藤書状、1895 年 4 月 25 日、「伊東巳代治文書」）。伊藤认为，俄国即便单干，也绝不会罢手（陸奥宛伊藤書状、1895 年 5 月 3 日、「陸奥宗光文書」）。5 月 4 日，内阁会议决定，接受三国要求，放弃辽东半岛。

8 天之后，伊藤给在东京的夫人梅子写信。信中写道，如果现在再战，就会有数万人丧生，所以将获得的土地还给清国为好，而且天皇也是这个意思，所以做出了这样的决定。此外，他还写道，日本有不少人不懂装懂，说这说那的，但他认为这个决定对于日本来说是最为正确的，请夫人放心（『伊藤博文伝』下卷、229～230頁）。

对于伊藤来说，屈服于三国的干涉实在是事出无奈。但由于日本当时国力有限，又必须警惕俄国，日本别无选择。这封信真实反映了伊藤内心的感叹。

/ 392

/ 破例恩赏，关心陆奥

根据《下关条约》，清国将台湾割让给日本。日本派遣近卫师团进入台湾。该师团于 1895 年（明治二十八年）6 月 7 日攻陷台北等地，逐步占领台湾。就这样，日清战争的战后处理终于告一段落。8 月 5 日，第一次战争恩赏名单公布。

文官伊藤首相被授予大勋位菊花大绶章。这一绶章此前仅授予过日本皇族、旧公家三条实美、岩仓具视、中山忠能，以及萨摩藩掌权人岛津久光。像伊藤这样出身于底层武士"足轻"的人能够获此殊荣，还是第一次。

长州派和萨摩派的将领山县有朋（第一军总司令，后任陆相）、大山岩（第二军总司令）、西乡从道（海相兼陆相）被授予武官最高奖赏——功二级金鵄勋章［年金 1000 日元（约为现在的 2000 万日元）］以及旭日桐花大绶章。伊藤已经在明治宪法颁布时荣获了旭日桐花大绶章。

同时，伊藤与山县、西乡、大山都从伯爵晋升为侯爵。举行仪式时的宫中席位序列，基本根据现任职务和勋章决定，而非只根据爵位排序。伊藤被授予的大勋位菊花大绶章，在序列上比现任最高职位的首相都要高一级。所以，在所有仪式和公务场合，伊藤在大臣中均位列第一。

/ 393

此外，天皇特旨赏赐伊藤 10 万日元（相当于现在的 20 多亿日元），赏赐山县、西乡、大山三人各 3 万日元。山县等三人虽然已经获得金鵄勋章的年金 1000 日元，但从奖赏金额来看，伊藤得到的完全是破格的待遇。

向藩阀领导人下赐勋章，通常都是明治天皇听从首相及其他藩阀领导人的意见后决定的。按照这一惯例，应该是身为首相、藩阀一把手，同时又深得天皇信任的伊藤，通过向天皇进言的方式掌握授勋的实权。然而这次，因为事关伊藤以及其他藩阀领导人的授勋，所以天皇就没有与伊藤等人商量，而是与宫相及侍从长等宫中相关人士商量后决定的。伊藤首相在给陆奥的信中谈及此事，"恩赏之事，小生也被列入初期名单，实在是受宠若惊，已经谢绝"（陸奥宛伊藤書状、1895 年 8 月 7 日、「陸奥宗光文書」）。

伊藤谢绝恩典，但是天皇不答应。恩典下赐当天，伊藤虽然以生病为由递交了缺席申请，但因为"种种事情"，不得不去参见天皇（同前）。

伊藤在信中还写道，陆奥对于自己在后期才被列入恩典名单"定会觉得不快"，这是因为自己的发言未被转达，造成了时间上的差异，这种不周之处还请陆奥谅解（同前）。

/ 394

由于伊藤坚持不接受恩典，8 月 9 日、10 日天皇分别向土方久元宫相和黑田清隆枢密院议长下旨，让他们去劝说伊藤接受恩典。14 日，天皇还特别召伊藤进宫，直接劝说他。土方宫相还向伊藤出示了表达天皇意愿的《御沙汰书》，因为伊藤在"日清交涉"等方面功绩卓著，应该被授予勋章、晋升爵位，不得谢绝。就这样，伊藤终于接受了天皇恩典（『明治天皇紀』八卷、875 ～ 876 頁）。

伊藤坚持谢绝恩典，其实主要还是因为顾虑陆奥的感受。正如伊藤在写给陆奥的信中所说，8 月 5 日发表的第一次恩赏名单中，不仅有伊藤、山县、大山、西乡等大人物，还包括了桦山资纪大将（军令部部长、台湾总督）、川上操六中将（参谋次长）等人，却没有陆奥。伊藤认为，陆奥的功绩应该得到与自己相同的评价。他也知道陆奥自负，所以担心陆奥会因名单中没有自己的名字而伤心。

　　8月20日，陆奥的名字出现在第二次恩赏名单上，他被授予旭日大绶章，从子爵晋升为伯爵，并获得了2万日元的奖赏。

　　伊藤如此在意陆奥，是因为他对于陆奥作为外相始终支持自己心存感激，认为应该对他的功绩给予公正的评价。由此可见，伊藤并不是一个只想着自己邀功的人，而具有公正评价他人的善心和气度。这次事件中或许也包含着伊藤的心愿，他希望今后能继续与陆奥一起巩固"宪法政治"，一边遵从国际规范，一边开展能够促进日本发展的外交。

三国干涉条约之后，法国公使甚至提议，希望日本与俄国联手解决朝鲜问题。于是，1895年（明治二十八年）6月3日，陆奥宗光外相向伊藤首相提议，应该重新考虑日本的对朝政策。因为那时日本单独对朝鲜内政进行的改革没有取得成功，所以需要探讨日本此后究竟是继续保持单独对朝鲜进行干涉的政策，还是减少干涉。但是，内阁会议并没有做出明确的政策决定。

在这样的情况下，为挽回在朝鲜的立场，日本政府于8月17日将三浦梧楼任命为井上馨的继任者，即新的驻朝鲜公使。三浦生于1847年，是原长州藩藩士之子，参加过奇兵队；明治维新之后曾升任东京镇台司令（陆军中将），但与山县在陆军改革问题上对立，遭到排挤，后退出陆军；在历任学习院院长、贵族院议员等职务后引退。

三浦接到公使任命之后，曾向政府递交过征询朝鲜政策方针的意见书，但在没有获得明确答复的情况下，就到朝鲜赴任了。因为伊藤内阁没有充分把握俄国和英国等列强的动向，无法决定朝鲜政策。

三浦赴任之后，由明成皇后（闵妃）掌握实权的李朝方面，要求日方解除由日本将领训练的军队等武装力量，目的在于进一步削弱日本对朝鲜的影响力。于是，三浦公使决定拥立国王之父大院君，发动政变。

10月7日夜晚到8日清晨，受三浦公使之意，由训练队护卫大院君，加上日本守备队，以及部分武装起来的公使馆成员、领事馆成员，发动政变。参加政变的日本人身着朝鲜服装，冲入汉城景福宫，杀害了明成皇后等人。当时正在王宫的俄国人和美

/ 396

国人目睹此事发生。天亮之后，也有朝鲜百姓看到行色可疑的日本人离开王宫。所以，明成皇后被日本人杀害一事为世人所知（伊藤之雄『立憲国家の確立と伊藤博文』192～194頁）。

近年，在韩国出现了明成皇后遇害一事与伊藤首相和内阁成员有关的说法，但这是对史料的误读引发的误解。

此事的真相，可以从事件结束日，即1895年（明治二十八年）10月8日，伊藤首相写给井上馨的书信中知晓。10月8日清晨6点32分，新纳时亮少佐从汉城向桦山资纪军令部部长发电报，称训练队拥立大院君闯入王宫。伊藤从电报中获知此事，觉得"与日本士官训练相关的兵队侵犯大阙〔王宫大门〕，事关重大"，于是立即征求井上馨的意见（井上馨宛伊藤书状、1895年10月8日、「井上馨文书」）。这封信在写的时候并不是要公开的，而是一封写给好友的书信。所以非常明确，伊藤对此事全然不知。

/ 397

明成皇后遇害事件发生13天后，伊藤首相就此事写下上奏意见书。意见书内容包括，伊藤认为三浦公使等人犯下的罪行"证据确凿"，但日本绝对不能被列强指责无视朝鲜的独立。而且，当时伊藤正想让井上公使回国，顺便让他前往俄国告知俄方日本的对朝方针以及撤兵等其他措施，不料出了这种事件。伊藤还在意见书中讲到，此事发生后，日本在朝鲜的"地位会再次翻转"（「伊東伯爵家文書·朝鮮王妃事件関係資料」国立国会図書館憲政資料室所藏）。这份上奏意见书也证明伊藤事前对此事一无所知。①

----

① 2005年10月6日，韩国主流媒体《朝鲜日报》刊登了一篇文章，指出伊藤博文与明成皇后（闵妃）遇害有关。这篇文章（Digital Chosunilbo, Japanese Edition）提到，1895年6月20日，芳川显正司法大臣向（山县有朋和）陆奥宗光外相寄送的书信。该文指出：①"在日本国立国会图书馆宪政资料室发现了可证明日本总理大臣伊藤博文及内阁成员与1895年明成皇后遇害有关的史料"；②芳川告诉井上馨驻朝公使，"〔向伊藤总理〕强烈建议 （转下页注）

此事发生后，三浦公使被免职，公使馆其他相关人员受到停职等处分。广岛法庭对此事做出的判决是，由于证据不足，所有人员均被判无罪。伊藤首相对于此事非常愤怒，认为违反了列强规定的国际准则。而且，伊藤的心腹——西园寺公望外相临时代理也在 10 天后写给陆奥宗光的信中认为，"朝鲜一事"将成"大

（接上页注①）彻底放弃权宜之计，采取具有决定性的行动方针"；③ "芳川在信中写道，'揣摩〔井上的〕心思，井上没有表示反对，所以觉得可以按照他们所希望的行动'"。此外，该文还引用了首尔大学教授李泰镇的观点，"从该史料来看，杀害明成皇后一事是日本内阁层面商量后做出的决定"，以及汉阳大学名誉教授崔文衡的观点，"这份资料明确暗示了伊藤与杀害明成皇后事件有关"。

芳川显正的这封信就收录在国立国会图书馆宪政资料室所藏的《陆奥宗光文书》中，并且连目录都有，所以根本谈不上什么"发现"。

1895 年 6 月 20 日这封信中谈到的"行动方针"，已经在拙著《立宪国家的确立与伊藤博文》中得到阐明，其实指的是日本放弃原先单独对朝鲜进行干涉的政策方针，转变为与俄国联手干涉。明成皇后遇害事件是在该信发出后过了 4 个月才发生的。如果阅读其他史料，将这封信放到当时的政治外交动向中进行考察，就很容易知道"行动方针"指的并不是杀害明成皇后一事。而且那时伊藤最关心的也不是外交政策的大转换，而是如何对付松方正义藏相，因为松方藏相想以财政政策对立为由推倒伊藤内阁（陸奥宛伊藤書状、1895 年 6 月 17 日、「陸奥宗光文書」）。

此外，韩国报刊对于 6 月 20 日书信原文的解释存在理解错误。书信原文如下："与春亩伯〔伊藤博文〕见面谈话时，强烈建议彻底放弃权宜之计，采取具有决定性的行动方针。〔芳川与井上〕反复谈及此事，〔井上〕委婉认可。〔芳川〕探察其真意，由于未见〔井上〕表示不同意，所以推测他应该会按照您所期待的去做"。也就是说，芳川估计井上会按照山县、陆奥所希望的去做伊藤的思想工作，这只不过是芳川对于井上将如何行动的一个乐观推测而已。但是《朝鲜日报》的文章将此解释为"会按照他们的希望行动"，认为这暗示着日本政府内部达成了一致。很显然，这种解释是错误的。

而且，这篇文章的作者以为芳川的信只是写给陆奥的，却把更为重要的收件人山县有朋给遗漏了，这可能是因为不会读或不知道"含雪将军"是谁，含雪是山县有朋的号。

狱"（伊藤之雄『元老　西园寺公望』90 頁）。然而，伊藤并没有严厉惩处相关人员，可能是因为藩阀内部不做处罚的呼声相当强烈。

伊藤首相清楚地知道绝不能再让类似事件发生。例如第二年，1896 年 5 月 5 日，《中央新闻》就以"朝鲜即将政变"为题，刊登了亲日派"开化党"势力基本恢复，即可实现政变的报道。伊藤立即指示陆奥外相发电报询问小村驻朝公使，是否听闻什么其他"报道"。伊藤十分担心"令人震惊"的事件再次发生（陸奥宛伊藤書状、1896 年 5 月 5 日、「陸奥宗光文書」）。由此可见，伊藤害怕再次出现类似杀害明成皇后那样的政变计划。

/ 制定日俄协商路线

明成皇后（闵妃）遇害事件发生之后，朝鲜成立了亲日内阁，但此事引起了朝鲜民众的强烈反感，反对亲日内阁的呼声遍及朝鲜全国，甚至出现了主张抵制日本干涉朝鲜的游击队活动。而且，李王高宗也对日本没有好感，担心日本对自己下手。

所以，俄国的韦伯公使利用这一局势，从俄国军舰上派出约110人组成的部队，进入汉城，并与原明成皇后派的亲俄宫臣合谋，于1896年（明治二十九年）2月11日，将李王及其世子（皇太子）带入俄国公使馆。李王等人成立了亲俄派新政府。此后一年左右，李王及世子一直在俄国公使馆处理政务。朝鲜原本是清国的属国，但日本通过日清战争赶走了清国，让朝鲜独立，借此扩大日本的势力范围。日本战胜后，成功签署了《下关条约》，这看似达成了目的，但日本很快就陷入了困境。

朝鲜国王住进俄国公使馆半个月后，伊藤内阁仍未能决定究竟是将朝鲜划入日本单独的势力范围，与列强协商一同应对朝鲜局势，还是与利害关系最为密切的俄国签订日俄协定（『日本外交文書』二十九卷、745 页）。

当年 5 月，俄国将举行皇帝尼古拉二世的加冕典礼。其实在前一年的 11 月，伊藤首相就想将首相职位让给同为长州人的山县大将，或者萨摩派的黑田清隆或松方正义，自己去出席加冕典礼，访问欧洲。他同时也想就朝鲜等问题，与俄国及其他列强首脑进行对话，协商解决。

然而，明治天皇不同意伊藤的欧洲之行申请。陆奥外相也表示反对，山县、西园寺公望（外相临时代理）听到陆奥的意见后也表示反对。井上馨则觉得，伊藤并不是真想去俄国，所以也反对（伊藤之雄『元老　西园寺公望』91～92页）。

这是因为从1895年12月到次年3月将召开第九届议会，届时将对日清战争之后的军备扩张、战后经济政策等问题做出重大决策。日清战争爆发之前，自由党、改进党等政党势力就已在众议院发展壮大。日清战争结束后，为使国家运营所需预算在议会获得通过，伊藤内阁需要获得与其有深厚关系的自由党的合作。如此一来，伊藤内阁才能继续维持下去（伊藤之雄『立宪国家の確立と伊藤博文』195～196页）。

但是，就在第九届议会召开的时候，出现了朝鲜国王住进俄国公使馆的状况。伊藤首相开始强烈希望自己能作为尼古拉二世加冕典礼的全权大使陪同皇族参加。在朝鲜国王进入俄国公使馆的约一星期以前，众议院大会就已经通过战后经营预算，可以预计第九届议会将会圆满落下帷幕。

虽然议会结束之后政府也面临相当大的执政困难，但是如果在与俄国方面交涉时，俄方非常强势，日本就会遇到极大的困难。充满自信的伊藤总是会选择最为困难的工作。无论是处理大隈修订条约的问题，还是解决品川内相干涉选举的问题，他都不畏困难，所以这次也一样。

可是，陆奥外相以及其他元老都表示反对。于是，天皇莅临的1896年2月20日内阁会议将对此事做出决定，气氛显得有些凝重。在内阁会议召开之前，山县大将考虑到自己的健康问题，觉得与其作为全权大使前往俄国，不如由自己组阁，让伊藤作为全权大使前往俄国。但在内阁会议上，伊藤没有表示坚持要去俄国的意思。结果，决定由皇族的伏见宫贞爱亲王和山县担任全权大使（山县宛伊藤书状、1896年2月29日、「井上馨文书」）。

这个结果让山县非常不满，伊藤后来才得知此事。这说明伊藤与山县之间事先没有沟通好。伊藤本来已经做好准备，由自己来背负苦难，但被山县误以为是在逃避，伊藤的怒气爆发了。2月29日，伊藤写信给山县说，"这个结果与自己的本意完全相反"，自己愿意接受被派往俄国的任务。他还十分激动地在信中写道，希望山县明白，自己早已做好打算，如果无法如愿，就辞去公职，一句话也不会多说，把国家的未来都交给山县及其他元老（同前）。

这封信会被留在井上馨那里，肯定是因为山县收到信件后大吃一惊，前去找伊藤的好友井上馨商量此事。一定是井上作为中间人安抚了伊藤的情绪。就这样，伊藤继续担任首相，山县则在3月中旬作为全权大使前往俄国。

就在朝鲜李王等人进入俄国公使馆时，日本曾试探列强的意思，但包括英国在内，各国都没有表态支持日本介入。与此同时，俄国驻日公使则向伊藤首相、西园寺外相临时代理提出了日俄协商路线。于是，日本决定按照这一路线与俄国进行谈判。6月9日，日俄秉承政治对等的宗旨，就朝鲜问题签订了《罗拔诺甫－山县协议》。该协议虽然没有明确规定日俄两国在朝鲜的势力范围，但基本上是汉城以北归俄国，汉城以南归日本（伊藤之雄『立憲国家の確立と伊藤博文』196～199頁）。

/ 403

日俄协商路线，是伊藤首相和内阁成员，以及山县全权大使联手合作促成的。伊藤对日俄关系相当重视，原本打算自己去啃硬骨头，亲自与俄国进行交涉，但出乎意料的是，谈判相当顺利。这是因为俄国的远东政策没有计划性，也没有一贯的方针，俄国最关心的是巴尔干等欧洲地区。

/ 联手自由党

第七届临时议会（1894 年 10 月）和第八届议会（1894 年
12 月～1895 年 3 月）均在日清战争期间召开。众议院方面相
当配合政府，军事相关预算案以及相关法案都是全会一致通过，
1895 年的年度预算也基本没有被修改就获得通过。

然而，日清签署《下关条约》，三国对此进行干涉。1895
年（明治二十八年）5 月 4 日，也就是政府决定接受三国提出的
条件的当天，包括自由党在内，各政党就出现了准备追究伊藤内
阁责任的迹象。其中心人物就是尾崎行雄等改进党一系的众议院
议员，他们成立了由 9 个政派组成的对外强硬派团体。

伊藤首相认为，不能让对外强硬派进一步扩大势力，因为这
可能导致日本出现不必要的排外现象。于是，对于因三国干涉问
题、提出追究内阁责任的 41 家报刊，政府做出了从 5 月 15 日到
25 日的停刊处分。6 月 19 日，禁止 9 个对外强硬派结社。此后，
还强行解散了对外强硬派集会等，坚决打压他们。

与此同时，伊藤让在日清战争中担任内阁书记长官的心腹
伊东巳代治与自由党土佐派干部林有造接触，加强内阁与众议院
第一党自由党之间的合作。所以，虽然对外强硬派主张要追究政
府在处理三国干涉问题上的责任，但自由党本身并没有做出积极
响应。

/ 404

1895 年 6 月，自由党干部林有造按照伊东书记长官的要求，
起草了自由党方针。林有造向伊东建议，如果反对党攻击自由
党，伊藤内阁也不要取缔反对党的集会和演说，让政党之间互
相竞争为好。伊藤首相命令野村靖内相（长州藩出身，山县的
发小）处理此事（伊藤之雄『立憲国家の確立と伊藤博文』177～

185 页）。伊藤首相吩咐心腹伊东书记长官，不仅要培养支持内阁的政党——自由党，还应听取自由党的意见，不要过度强压，而要关注政党的健康发展。

此后，内阁继续与自由党开展合作。11 月 22 日，自由党提出，希望与伊藤内阁发表合作宣言。作为对自由党方面的回报，伊藤内阁决定：①议会结束后，让自由党党首板垣退助进入内阁，并在执政方面采纳自由党的建议；②出资补贴自由党的机关报；③扩大政治自由度等。

在交涉过程中，据说自由党还提出了要求首相加入自由党等条件。伊藤首相也提高了警惕，不能让自由党方面提过多过高的条件（同前、186～189 页）。如前文所述，日俄在朝鲜问题上矛盾加剧，伊藤首相必须获得山县大将等藩阀内保守派的支持，以确定日本的方针。在审议日清战后经营预算的第九届议会上，对于伊藤来说，虽然促使支持内阁的多数派形成和促进政党发展是十分重要的课题，但他也绝不能失去山县等人的支持。

　　1895 年（明治二十八年）11 月 12 日，内阁会议通过了向第九届议会递交的预算案。伊藤首相提出，希望在神奈川县大矶的别墅"沧浪阁"疗养一段时间。内阁会议结束后，伊藤觐见天皇，提出辞职之意。第二天就前往大矶，大约待了一个月，直到 12 月 15 日才返回东京。

　　伊藤在觐见天皇的时候，提出山县有朋、松方正义适合继任首相。但是，天皇不希望伊藤辞职。于是，11 月 16 日，天皇召见黑田清隆（枢密院议长）和山县大将。21 日，命人通知伊藤不同意他辞职，让他休养到第九届议会开会。伊藤也回复说，会留任到第九届议会闭会。

　　伊藤首相预计第九届议会将困难重重，所以在开会前表达辞意，由此确认藩阀官员内部是否支持伊藤内阁。

　　其实，伊藤在日清战争前后执政三年多，身体状况不佳的确是事实。三个月后，伊藤的老毛病逐步恶化。他写信告诉陆奥，他觉得自己可能没有希望恢复了（陸奥宛伊藤書状、1896 年 2 月 17 日、「陸奥宗光文書」）。

　　1895 年 12 月 25 日，第九届议会召开。伊藤内阁向众议院递交了 1896 年年度预算，岁入约为 1 亿 3800 万日元（为上一年度的 1.5 倍），岁出约为 1 亿 5200 万日元（为上一年度的 1.7 倍）。其目的在于扩充军备、对抗俄国，还包括实业发展奖励预算。众议院对此进行了大幅修改，改进党等对外强硬派的 5 个政派提出了削减一成的行政费、陆军扩张费减半、海军扩张费翻倍等要求。

　　由于自由党和藩阀系的国民协会表示赞成，政府预算案基本

/ 406

以原案通过。这是因为自由党发表了与伊藤内阁合作的宣言，国民协会则是因为山县的关系，表态支持伊藤内阁。3 月 5 日，贵族院也通过了经众议院修改后的预算案。就这样，伊藤内阁不仅成功制定日俄协商路线，还确定了日清战后国家运作的大框架。

就在伊藤首相与自由党开展合作的同时，萨摩派的松方正义（前首相）与大隈重信（前外相）的合作也有所发展。松方曾在伊藤内阁担任藏相。但是，主张健全财政的松方，与不太拘泥于财政健全的伊藤首相不和。1895 年 8 月 27 日，松方辞去藏相一职（室山義正『近代日本の軍事と財政』224 ～ 248 頁）。1896 年 3 月 1 日，以改进党为中心的对外强硬政派联合组成了进步党，共有 99 名议员参加，人数基本与第一大党自由党相当。

对于自由党来说，在第九届议会上帮助伊藤内阁通过预算案，由此能得到怎样的回报十分重要。议会结束后，1896年（明治二十九年）4月14日，自由党党首板垣退助就任内相。同为土佐派的两人被任命为高级官员，一位担任县治局局长，另一位则任内相秘书官。

关于板垣就任内相一事，伊藤首相与伊东巳代治内阁书记长官进行了慎重的讨论。4月，知道此事的也只有伊藤的好友井上馨、心腹陆奥宗光外相，以及萨摩派的黑田清隆（枢密院议长、班列大臣）几个人。山县因为前往欧洲参加俄国皇帝的加冕典礼，所以没有得到通知。

伊藤内阁与自由党合作，以及松方与大隈合作将原来的改进党等重组为进步党，引起了藩阀官员们的强烈不满。所以，从1895年11月到第二年，他们开始期待山县能成为盟主，形成了以内务省官员为主的山县系（坂野潤治『明治憲法体制の確立』125頁。伊藤之雄『立憲国家の確立と伊藤博文』188頁）。

但是，对于伊藤首相来说，需尽快解决的问题，既不是进步党，也不是山县系的形成，而是自由党方面并不满足板垣就任内相等回报，反而要求获得更多的官职。在板垣入阁三个月后的7月下旬，作为对自由党的回报，政府面临更换知事的重大问题。1947年（昭和二十二年）以前，知事属于内务官员，实质性人事权掌握在内相手中。

对此，板垣内相、林有造等人与伊东内阁书记长官进行了交涉。8月，自由党成员就任群马县知事。伊藤首相认为，过于依赖自由党，就会让自由党要求官职的欲望膨胀，不是一件好事情。①

从第九届议会开始，伊藤就坚持在与自由党合作的问题上，不同意"以牺牲行政权为条件，扰乱宪法政治基础"，也不同意让自由党员担任地方官员。但是，"只要适才适用，没有其他问题"，而且合作条件中并不包括任命自由党成员为知事这一内容，所以伊藤觉得如果只任命一个知事的话，也是可以接受的（野村靖宛伊藤書状、1896 年 1 月 29 日、「野村靖文書」国立国会図書館憲政資料室所藏）。但是，对于自由党成员究竟能否公正地行使行政权，伊藤依旧无法放心。

/ 陆奥启程

陆奥外相的结核病继续恶化，于1896年（明治二十九年）5月30日辞职。其实早在前一年的8月，陆奥就已经以生病为由提出辞呈，但伊藤竭力挽留。不过，这只是表面上的借口，其实陆奥是因为判断伊藤内阁无法维持而提出辞呈的（『原敬日記』1895年8月26日）。伊藤在给陆奥的信中提到，自己之所以同意陆奥辞职，是希望他身体恢复之后，能继续为国家效力；同时还告诉陆奥，近日原敬外务次官将会被任命为公使并前往朝鲜赴任，请陆奥全面协助（陸奥宛伊藤書状、1896年6月4日、「陸奥宗光文書」）。

陆奥辞职，伊藤首相感到有点失落，但他希望陆奥无论是否担任外相也能继续协助自己。而且，明成皇后遇害事件发生后，朝鲜局势一直让伊藤首相非常紧张，他不希望再次出现此类事件。可能是伊藤对于小村寿太郎公使不太放心，所以让陆奥的心腹原敬就任公使。伊藤是在1885年（明治十八年）知道原敬的，对他赞赏有加，甚至在其担任枢密院议长时，想让原敬当自己的秘书官（『原敬日記』1890年1月13日）。原敬就任朝鲜公使4年半之后，受伊藤之邀，加入了伊藤创立的立宪政友会，成为党干部。又过了18年，原敬成为政友会内阁的总理大臣。

陆奥在主治医生贝尔兹的建议下，于6月26日出发前往夏威夷，去海边疗养；略有恢复后，于8月16日返回日本。那时，陆奥的心腹原敬等人认为，陆奥作为外相阁僚协助伊藤的阶段已经结束。原敬等人开始考虑，陆奥应该以掌握自由党、成为首相、夺取政权为目标，把与伊藤合作作为实现这一目标的手段。陆奥自己应该也是这样想的。陆奥和原敬，甚至已经对伊藤作为长州派成员感到不舒服了。尽管伊藤对陆奥和原敬寄予厚望，但在伊藤不知情的状况下，他们已经启程走向独立了。

　　伊藤内阁的辞职序曲是从 1896 年（明治二十九年）7 月下旬开始的。松方辞去藏相之后，就任藏相的渡边国武（前大藏次官）不是松方那样的大人物，在银行等实业界没有人气，无法募集到国债。因此，制定下一年度预算案时就相当艰难，渡边藏相提出辞呈。于是，伊藤首相听取了井上馨的建议，同意让大隈就任外相，松方就任藏相，以此强化内阁。

　　伊藤相当自负。因为他希望亲自领导由藩阀势力、自由党系、改进党系等主要政党领袖组成的强大内阁，让"宪法政治"在日本扎根，同时确立外交路线。他还有另外一个目的，就是让大隈的进步党与板垣、林有造的自由党相互竞争，由此阻碍自由党人加官晋爵。如此一来，他也能获得山县以及山县系官员的信赖。

／ **410**

　　8 月 17 日，伊藤首相邀请黑田清隆（枢密院议长、班列大臣）、大山岩（陆相）、西乡从道（海相）等四位萨摩派阁僚，以及板垣内相到他在东京市伊皿子的家中，讨论内阁的进退问题。其结果是：①除板垣以外，其他阁僚都赞成让松方和大隈入阁；②板垣赞成松方入阁，但表示如果大隈入阁，他就辞职。同一天，松方表示，如果大隈入阁，自己就入阁。然而，板垣内相与松方、大隈的入阁问题最终无法协调。8 月 27 日，伊藤首相提出辞呈，31 日获得了天皇的批准。日清战争前后，伊藤担任首相四年有余。正如前文提到的，伊藤的疾病不断恶化，所以是时候急流勇退了（伊藤之雄『立憲国家の確立と伊藤博文』214 頁）。

/ 迁居和建房

末松谦澄是在 1875 年（明治八年）与伊藤认识的；1889 年，与伊藤的女儿生子结婚。所以，末松对于伊藤的为人和私生活比较了解（伊藤宛末松書状、1876 年 1 月 16 日、『伊藤博文関係文書』五巻。末松謙澄『孝子伊藤公』276、415 頁）。末松回忆说，由于伊藤经常搬家、建新房，所以有人认为伊藤喜欢住新房。但是，伊藤对新房有一个必须的要求，那就是房子要造得快，他对于选什么材料、做工是否精细什么的并不在意（『孝子伊藤公』396 頁）。正如下文即将叙述的那样，伊藤多次搬家，他的很多家宅都朴素无华。

/ 411

明治四年（1871），伊藤把家安在东京高轮，但 1874 年（明治七年）秋天就将住宅卖出。不久，在芝区赤羽的小山町建了新居，1876 年将其卖出之后，在灵南坂下的政府宿舍里临时住过一段时间。1878 年秋，又把以前住过的高轮宅子买了回来。其后十多年，伊藤的家人主要居住在高轮，伊藤则是在政府宿舍和高轮家宅里两头住。父母则住进伊藤高轮家宅里的一栋小宅里，就这样，全家团圆，一家人都住在了一起（同前、249 ～ 250 頁）。

1886 年（明治十九年），伊藤在神奈川县的夏岛建了一栋别墅。但是，因为 1889 年夏岛开始建造炮台，所以同年夏天，将夏岛的别墅完整搬迁到小田原的绿町。10 月建成之后，伊藤就让父亲十藏住在那里。同年 12 月开始，小田原就成为伊藤的主要居住地。第二年，他在小田原的十字町建造家宅，取名"沧浪阁"；1892 年，又在神户的诹访山置了小别墅（同前、277 ～ 278 頁）。诹访山不仅可以眺望整个神户港，而且距离 14

世纪著名武将楠木正成的归宿之地凑川很近，而伊藤很崇拜楠木正成。

此外，1889 年，伊藤把高轮的宅子卖给了岩崎；1892 年，又在伊皿子购置了宅院；还在高轮附近借了一个宅子，给父母居住。父亲十藏（1896 年 3 月 19 日去世，享年 79 岁）就是在那里度过了余生（同前、327 页）。

/ 大矶"沧浪阁"

伊藤在往返于东京和小田原的途中，常去神奈川县大矶车站附近的旅馆招仙阁、群鹤楼歇脚。伊藤觉得大矶气候温和、交通便捷，决定在那里建造家宅。日清战争结束后，1896 年（明治二十九年）5 月 13 日，大矶宅院竣工。5 月 24 日，皇太子嘉仁亲王亲临伊藤家宅（『伊藤博文传』下卷、291 ～ 292 頁）。伊藤也给这个宅子起名为"沧浪阁"，把整个家从小田原搬到了大矶。夫人梅子和伊藤的母亲琴子也都住到了大矶的"沧浪阁"里（古谷久綱『藤公余影』239 ～ 240 頁）。1897 年 10 月，伊藤将户籍也从东京迁到了大矶，"沧浪阁"成为伊藤名副其实的本宅。同年冬天，伊藤卖掉了位于东京伊皿子的宅院（『孝子伊藤公』333 頁）。

大矶"沧浪阁"相当大，占地五反四亩二十九步（约 5500 平方米）。里面有一栋茅葺日式平房用于起居，还有一栋砖瓦结构的两层楼洋房，分别占地 87 坪（约 287 平方米）和 70 坪（约 231 平方米）。

德富苏峰曾评论说，"沧浪阁"看上去就像乡政府或警察署（德富蘇峰『東西史論』100 頁）。由此可见伊藤质朴实在的性格。"沧浪阁"的北边有一条东西向的道路，南边是与海岸相连的沙地丘陵。从"沧浪阁"往东走，依次是大隈的别墅、陆奥的别墅，以及山县的别墅"小淘庵"。最早在这里建造别墅的是山县（1887 年），然后是陆奥（1894 年 12 月）。

日清战争结束后，因受三国干涉，日本对朝政策举棋不定。因为别墅彼此相邻，所以伊藤首相、陆奥外相和山县有朋就在大矶商讨国事。

也是因为伊藤的介绍，1899 年 2 月，西园寺公望在"沧浪阁"的西侧建了别墅。陆奥去世后，西园寺成为伊藤最得力的心腹。从别墅相邻，就可以知道两人的关系了（伊藤之雄『元老西园寺公望』102 ～ 104 頁）。

其实，伊藤将"沧浪阁"从小田原搬到大矶的另一个原因是大矶交通方便。此外，由于连续四年执掌国政，其间又经历了日清战争，伊藤疲惫不堪，把"沧浪阁"作为本宅，在那里生活起居，就能在大海之滨好好休养。

然而，后来出现了这样那样的问题。尽管伊藤已经渐入老境，但也无法长期在大矶悠闲生活，这在下一章中也会提到。所以，伊藤有时住在东京永田町的首相官邸、宫内省的灵南坂官舍，有时住在鸟居坂租借的房子，有时下榻帝国饭店。除了因病长期休养以外，伊藤只能抽空回大矶家（古谷久綱『藤公余影』240 ～ 242 頁）。

大矶"沧浪阁"是伊藤的本宅兼别墅。1896 年年末开始，伊藤又在神奈川县的金泽建造新的别墅，第二年 1 月落成（『孝子伊藤公』333 頁）。

在那个时期，伊藤又是搬家又是建别墅，而那时正是大久保利通遭到暗杀之后，伊藤开始构建自己的领导体制，领导日本进入近代化的时期。可能是为了释放政治上的压力，只要有中意的地方，伊藤就在那里买房、造别墅。

1897 年 1 月，神奈川县的金泽别墅建成之后，伊藤就不再像以往那样频繁建房了。他主要待在大矶的"沧浪阁"里静心调整，养精蓄锐。可以说，伊藤在搬家、建房方面，也进入了老境。

/ 两个亲儿子和夫人梅子

伊藤博文没有儿子，所以将盟友井上馨的外甥勇吉（就是后来继承伊藤家业的博邦）收为养子。但是，伊藤 44 岁的时候，也就是 1885 年（明治十八年）12 月 15 日，亲儿子文吉诞生了。文吉的生母不是正妻梅子，而是一个家在东京多摩、为学习礼仪而到伊藤家中帮忙的女子（「伊藤文吉」『吉野信次』所收。伊藤真一「父・博文を語る」『日本文化を考える〈村松剛　对談集〉』30 ～ 32 頁）。

文吉出生后，就被送到梅子的哥哥木田几三郎（前山口藩士）家抚养。所以文吉在家谱上是木田的儿子，后来被伊藤收为养子。

文吉第一次和亲生父亲伊藤博文见面，是在《下关条约》谈判时期。据说，有人带着文吉，去下关的春帆楼找了伊藤（『伊藤博文君を偲ぶ』17 頁）。那时，博文 53 岁，文吉 9 岁。估计伊藤很想把这个可爱的男孩带在身边教育，但文吉后来一直被留在夫人梅子的娘家长大。

文吉非常优秀，从旧制山口高等学校毕业后，考入东京帝国大学法科，后来进入农商务省工作。梅子一直给文吉寄生活费和学费。

考虑到夫人梅子的心情，伊藤不把文吉接回家，也没有去见文吉。而梅子把文吉放在自己娘家养育，并一直给他寄钱，直到他长大成人，这反映了梅子在对伊藤的体贴和自己的自尊之间寻求一种平衡。

直到 30 多岁，文吉一直不知道自己的生母是谁。突然有一天，他收到了一封来自生母的信。她说自己的儿子当上了冈山县一家农学校的校长，她随儿子一起赴任（「伊藤文吉」『吉野信次』所收）。估计是生母希望在有生之年见文吉一次，这可能是最后的机会了。两人究竟是否见面，不得而知。但由此可见文吉的生母在离开文吉多年之后还一直惦记着他。从书信内容来看，生母后来结婚，有了儿子，儿子成为农学校的校长，应该生活得还不错。不知文吉生母的娘家是否富裕，如果并不富裕，梅子让哥哥收下文吉养大成人，也是对伊藤的良苦用心。

文吉之后，在 1890 年 7 月 1 日，伊藤的第二个亲儿子真一诞生了。真一的生母是新桥一位名叫"歌"的艺妓。后来，歌嫁给了堀某，堀某是宫内省高官杉孙七郎［长州藩出身，皇太后宫大夫（局长）］的"家扶"①，真一由他们夫妇养育成人。真一也十分优秀，考入当时东京第一名校——府立第一中学校。因为伊藤强烈推荐他去考旧制高中最难考的第一高中，所以真一去参加了考试，但落榜了。真一后来进入第二高中（仙台），毕业后考入东京帝国大学法科（伊藤真一「父・博文を語る」『日本文化を考える〈村松剛 対談集〉』30 ～ 46 頁）。

除了与梅子所生的女儿生子等以外，传闻伊藤博文有许多私生子。真一 87 岁的时候也曾回忆说，"父亲博文有许多孩子，不是养子，就是和艺妓或女佣生的孩子，我也是其中的一个"。但是，当时真一年事已高，记忆不太可靠。确认是伊藤亲生儿女的只有他与夫人梅子所生的贞子（幼时死亡）和生子，以及与其他女子所生的朝子、文吉、真一和泽子（作为末松谦澄、生子夫妇的养女被抚养成人）。

如前文所述，伊藤和其他女子所生的第一个孩子朝子，直到

---

① 在皇族或华族的家中负责家务和会计的人。——译者注

7 岁左右，才被梅子接进家门。后来的两个男孩，都是在别处长大的。所以，日俄战争前，文吉和真一都不是在伊藤家长大的，但都受到了最好的教育，这与重视教育的伊藤和贤内助梅子有很大的关系。

女儿朝子后来与出身长府（现在的山口县下关市）的外交官西源四郎结婚。

此外，据伊藤之子伊藤真一、伊藤外孙女清子（西源四郎和朝子的女儿）两人回忆，泽子和伊藤及其夫人梅子都比较疏远，据说是因为泽子小时候非常调皮，又是踢被子，又是坐到柜子上（中尾定市『伊藤博文公と夫人梅子』42、57、175 頁）。泽子后来在文吉的关照下，于 1920 年 5 月与大藏省的官员大竹虎雄（东京帝国大学法科毕业）结婚（『京都日出新聞』1920 年 5 月 21 日）。伊藤死后，伊藤的威信让其子孙受益匪浅。

第五部　夕阳篇

第十七章

元老的自负
—— 第三次伊藤内阁

/ 漫游西日本，解乏散心

有关第二次伊藤内阁之后的首相人选，明治天皇征求了山县有朋、黑田清隆、井上馨和松方正义的意向。他们也都是除伊藤以外，萨摩派和长州派最具影响力的人物。相当于进步党党首的大隈重信已经与松方合作，工商界和媒体方面强烈希望大隈或是松方当首相。所以，依照民意，决定由松方当首相。1896 年（明治二十九年）9 月 18 日，第二次松方内阁成立。

内阁成员除首相松方兼任藏相、大隈任外相以外，还包括萨摩派三人、山县系三人，另外两人没有所属，伊藤系的官员一个也没有入阁（伊藤之雄『立憲国家の確立と伊藤博文』214 ～ 216 頁）。伊藤暂时离开政府充电，静候良机。

问题是，板垣就任内相不过 4 个半月，伊藤就辞职了，所以，自由党内对此极为不满。1896 年 10 月，伊藤通过伊东巳代治向自由党提供了相当大的一笔活动资金（伊藤宛伊東巳代治書状、1896 年 10 月 20 日、『伊藤博文関係文書』二卷）。伊藤十分重视与自由党的合作，也是为下一次执政做准备。

11 月 10 日，伊藤启程离开大矶，开始了西日本之旅。在伊藤出发前的 10 月 25 日，《二十六世纪》杂志刊登了一篇题为《宫内大臣论》的文章攻击伊藤，说他自 1885 年兼任宫相以来，利用继任土方久元宫相等人，专横跋扈，蔑视天皇（野村治一良『米寿閑話』179 ～ 198 頁）。土方宫相向松方首相、内相和法相寄送文书，要求对该媒体进行处分。内阁会议上众人产生分歧，但清浦奎吾法相、田中光显宫内次官等山县系官员都支持土方宫相，认为应该处分。11 月 14 日，《二十六世纪》杂志以及 11 月 9 日转载该文的报刊《日本》，分别受到禁止发行和停刊的处罚

（山县宛清浦书状、1896 年 11 月 14 日、『山县有朋関係文書』二卷）。虽然受到攻击的是伊藤，但他正处于旅途之中，应该没有太多参与此事。

伊藤一路游历奈良、舞子、广岛、宫岛、下关，12 月 23 日抵达福冈县的三池时接到报告，听说住在东京的老藩主病重，就立即返回了东京。关于他这次旅行的情况，可以从伊藤写给陆奥宗光的书信中知晓。

在神户附近逗留的时候，老友来访，伊藤还见到了山县。11 月 29 日夜，他乘火车去了广岛，在广岛受到地方官员和军人们的热烈欢迎，饮酒谈笑，度过一夜。次日，伊藤去了宫岛（严岛）小住几日，寻访弘法大师足迹，游览风景名胜（陸奥宛伊藤書状、1896 年 12 月 5 日、「陸奥宗光文書」）。

12 月 11 日，伊藤受西乡从道海相之邀，一同出席了广岛县江田岛海军兵学校（培养海军军官的机构）的毕业典礼。当天晚上，与西乡一起返回广岛，和以往一样在"酩酊大醉"中听闻了不少事情（陸奥宛伊藤書状、1896 年 12 月 15 日、「陸奥宗光文書」）。那时伊藤年满 55 岁，经常喝得"酩酊大醉"。前文曾经提到，日清战争刚爆发的时候，伊藤在随天皇前往大本营所在的广岛途中，吃了点西餐和两份日式便当后感到身体不适。由此可见，伊藤虽然已经 50 多岁了，但食欲和酒量都相当不错。

12 月 15 日，伊藤写信给陆奥，说"云烟千里外，梦寝恍惚间，唯有见尊容"。但那时，陆奥已经瞒着伊藤开始为自立而采取行动了。伊藤并未察觉此事，依旧十分关心陆奥，并对他寄予厚望。

伊藤面对列强时冷静敏锐，但对于盟友和心腹信而不疑。这既是伊藤的弱点，也是他的魅力所在。从年轻的时候开始，伊藤就以这种态度待人接物，从而赢得了明治天皇以及许多人的信赖。这与多疑、猜忌的山县有朋截然不同。

伊藤养精蓄锐之后，返回东京，准备与陆奥一同培养政党，继续对日本进行改造。

/　大失所望

1897 年（明治三十年）2 月 20 日，伊藤又给陆奥写信。在
信的开头，伊藤问候陆奥最近如何，天气寒冷，身体可好？自己
有点感冒，引发了咽炎。然后又问，东京局势如何？他觉得应该
和新闻报道的没有多大差异，但如果听到什么消息，请一定告诉
他。还问，听说陆奥与河野广中（自由党前最高干部）见了面，
应该不是事实吧？等等（陸奥宛伊藤書状、1897 年 2 月 20 日、
「陸奥宗光文書」）。

伊藤家和陆奥家都在大矶，只隔着三户人家，但从这封信来
看，两人的沟通并不顺畅。而且，伊藤十分在意陆奥与原自由党
最高干部接触这个传闻，因为这件事他自己完全不知情。

2 月 15 日以前，包括干部河野广中在内的 15 名众议院议员
脱离了自由党，这在自由党内引起了很大的震动。这是因为与伊
东巳代治合作的林有造等土佐派拥立板垣为党首，压制河野等自
由党人的改革运动。所以自由党改革运动的推动者们认为，如果
政策和条件谈得拢，希望与第二次松方内阁，以及执政党进步党
合作。

此后，由于要对党内发生的混乱负责，板垣和林有造等土佐
派在 2 月下旬丧失了自由党内的领导权；松田正久则成为自由党
的最高领导人。为重建自由党，3 月 9 日，自由党方面邀请陆奥
加入自由党并就任党首。陆奥立即让自己的心腹和好友，即众议
院议员冈崎邦辅（和歌山县陆奥派中心人物、陆奥的表弟）和贵
族院敕选议员中岛信行（前自由党干部、陆奥在幕末海援队结识
的好友）两人入党，为自己入党做准备（伊藤之雄『立憲国家の
確立と伊藤博文』218 ～ 223 頁）。此外，陆奥的另一个心腹——

自由党关东派领导人之一星亨，当时作为驻美公使正在美国学习政党政治和公共事业，如有需要可以立即回国，支持陆奥。

结核病不断恶化的陆奥，知道自己的时间不多了，所以他希望自己在死前能作为党首率领自由党组阁执政。但是，伊藤定不会同意由陆奥组阁。伊藤可以接受的，最多就是为了伊藤今后能成为政党总裁而让陆奥先加入自由党。陆奥已经下定决心，不想再唯伊藤之命是从了。

关于加入自由党一事，陆奥与西园寺公望（前外相、前文相）商量过。据说，陆奥对西园寺说，如果不能成为政党党首，就没有人会再支持自己，他很想确认一下，如果自己不做党首了，是否还会有人跟随他（原田熊雄述『西園寺公と政局』四卷、399～400頁）。陆奥比西园寺年长5岁，两人是10多年的好友。西园寺在陆奥生病时曾任外相临时代理，陆奥给过他许多建议和帮助。所以，西园寺非常崇敬陆奥，从他那里学到了许多东西。但同时，西园寺也是伊藤的心腹，对伊藤也十分崇敬（伊藤之雄『元老　西園寺公望』三章・四章）。估计陆奥也想让西园寺入党、成为自由党的干部。没有迹象表明，陆奥将此事告诉了伊藤，但很有可能西园寺告诉了伊藤。

此外，让板垣引退、由陆奥担任自由党党首的这一幕后动作被《大阪朝日新闻》（3月16日）、《国民新闻》（3月19日）等媒体曝光，所以伊藤肯定会注意到这个问题。

伊藤把陆奥当作心腹，对他寄予厚望，并认为如能以政界改革为目的来创设政党，期待陆奥能在自由党系方面发挥中心作用。而且，从伊藤对后辈的评价来看，陆奥名列第一。可以说，只要他的健康没问题，陆奥应该是继承伊藤衣钵的第一候选人。然而，陆奥在没有与自己商量的情况下，就自说自话地准备当自由党的党首，伊藤定然感到非常失望。从这时开始直到陆奥去世大约有 5 个月，伊藤与陆奥之间没有留下任何书信往来，从这一点可以想象伊藤心情低落之极。

/ 出席维多利亚女王即位 60 周年庆典

1897 年（明治三十年）4 月 22 日，明治天皇命令有栖川宫威仁亲王出席英国维多利亚女王即位 60 周年庆典，并给亲王发了 3 万日元（约合现在的 6 亿日元）的津贴。有栖川宫觉得此行责任重大，恳请天皇允许伊藤随他同行，以增威信。天皇不愿意伊藤远离东京，一直没有答应，直到 5 月 4 日才许此事。5 月 7 日，天皇赐予伊藤 2 万银元，一行人从横滨出发。对于伊藤来说，这是第 4 次欧洲之行，距离上一次为了宪法调查而访欧已经过了 10 多年。他应该非常想看一看欧洲的现状，也想散散心，从对陆奥的失望中走出来。

伊藤一行出发之后，天皇于 5 月 25 日下令让伊藤在出席维多利亚女王即位 60 周年庆典之后，不用再跟随有栖川宫，而是前往法国、德国、俄国、奥地利、意大利等国家访问，并赐予伊藤特别津贴 3 万银元，与此前的津贴加在一起共有 5 万银元。这是因为大隈外相上奏天皇，说是让伊藤单独历访欧洲各国有利于日本的外交，而且在伊藤再次执政之时，也会发挥作用（『明治天皇纪』258 页）。估计大隈是为了自己能主导松方内阁才提出建议，尽可能延长伊藤在欧洲的逗留时间。

伊藤途径美国，于 6 月 6 日抵达巴黎，然后前往英国。6 月 12 日是庆典第一天，伊藤跟随有栖川宫前往白金汉宫拜见了维多利亚女王，当晚还参加了正式晚宴。28 日，庆典活动结束后，伊藤随有栖川宫前往巴黎；7 月 13 日亲王回国。

此后，伊藤访问了英国、法国、意大利、奥地利四个国家。正准备继续访问德国、俄国的时候，伊藤收到日本国内政局有变、需要他即刻回国的信息。于是，伊藤 8 月 7 日启程回国，9

月5日抵达日本，7日进宫向天皇汇报了跟随有栖川宫参加庆典的事宜以及欧洲局势（『伊藤博文传』下卷、303～312页）。

请伊藤即刻回国的消息是伊东巳代治发出的，具体内容如下。

（1）第二次松方内阁不受欢迎，松方首相兼藏相和大隈外相都已经疲惫不堪。

（2）临行前，岩崎弥之助男爵曾说，归根结底，"国务唯有交给"伊藤、大隈和松方等人才放心。伊藤没有拒绝，告诉伊东巳代治他非常希望实现"大融和"。

（3）6月28日，井上馨与大隈外相秘密见面，强烈希望组成由"一流政治家"构成的"最强内阁"，一定要对财政和外交进行改革。

（4）伊东巳代治与板垣继续保持良好的关系，在重大问题上板垣也会与伊东商量。

（伊藤宛伊東巳代治書状、1897年7月8日、

『伊藤博文関係文書』二卷）

根据伊东发来的消息，伊藤决定回国之后组成举国团结一心的内阁，发展"宪法政治"，确定外交政策，内阁成员则由藩阀官员、自由党、进步党等构成。这背后也有福泽谕吉的参与。与明治十四年政变前夕相同，福泽是一个有政治野心的人（『大阪朝日新聞』1897年9月8日）。

/ 伊藤回国、建造金泽别墅

就在伊藤返回日本的途中,1897年(明治三十年)8月24日,陆奥去世,享年53岁。伊藤与陆奥之间的情义已经淡薄,伊藤无暇为陆奥之死过度悲伤,而是雄心勃勃地准备重新执政。

9月5日,伊藤从欧洲返回日本,决心集结一流政治家,成立包括自由党系、进步党系在内的"最强内阁",创造政策新气象。同年10月,伊藤购买了位于神奈川县金泽野岛的2122坪(约7002平方米)山林,年内就建成了拥有5栋茅葺平房(104坪5合,约343平方米)的金泽别墅,1906年又增购了约6788坪(约22400平方米)的土地。皇太子嘉仁(后来的大正天皇)和皇太子妃等日本皇族、韩国皇太子李垠也都访问过伊藤的金泽别墅(楠山永雄『伊藤博文公と金澤別邸』49~54页)。从金泽别墅眺望大海,右手方可以看见他们在制定宪法草案时曾经待过的夏岛。夏岛设置陆军炮台之后,伊藤也常常眺望夏岛,或许又重新燃起了完成"宪法政治"的斗志。

然而,伊藤回国之后开始注意到,如果藩阀官员、自由党、进步党开展合作,有可能出现大问题。原因在于,尽管伊东已代治和岩崎弥之助男爵已经尽力开展情报分析,但事与愿违,大隈外相对于帮助伊藤内阁执政的态度十分消极。

第二次松方内阁为解决财政困难问题，希望加征地租。但由于加征地租会导致农民的强烈反对，对选举不利，所以很难获得进步党方面的支持。于是，为收买进步党的人心，1897 年（明治三十年）松方内阁给了进步党 11 个官职，包括大隈外相以及局长、知事等职位，从数量上来看，是第二次伊藤内阁给自由党人 4 个官职的约 3 倍。

即便如此，进步党仍不满足。大隈等进步党方面，认为松方首相、萨摩派对于进步党的示好还不足够，反对松方内阁加征地租，并于 1897 年 10 月 31 日拒绝与松方内阁继续合作。

尽管伊藤希望能获得藩阀以及自由党、进步党两大政党的支持，成立强有力的内阁，但自由党和进步党相互对立。9 月中旬，板垣催促伊藤组阁，并且对增税表示支持，但对伊藤与松方、大隈的合作心存警惕，伊藤也因此无法做出积极回应。

伊藤放弃了对德国和俄国的访问，提前回国，意气风发地准备执政。但由于政党情况丝毫没有发生变化，伊藤在失望的同时，也只能继续观望。

松方内阁在遭到进步党拒绝之后，开始与自由党进行合作交涉。自由党提出，让星亨就任大臣，将众议院议员人数增至 500人（即增加 200 人）等要求，但松方内阁无法同意，11 月下旬，双方放弃继续交涉。

就这样到了 11 月下旬，松方内阁在无法得到众议院两大政党进步党和自由党支持的情况下，必须想方设法熬过第十一届议会。而且，政府财政困难，如要实施军备扩张等计划，就必须使加征地租法案在议会获得通过。

　　而在同年 10 月，韩国（10 月 16 日，朝鲜将国号改为大韩帝国）希望聘用俄国军官训练韩国士兵一事逐渐明确，这让松方内阁和藩阀内部十分紧张。因为大约一年半以前签订《罗拔诺甫－山县协议》时，日方山县大将等人未曾同意这一事项，决定他日协商。如果俄国方面单方派遣军官前往韩国，日俄两国之间的协商体制就有可能崩溃。

　　此外，11 月 14 日德国占领胶州湾，12 月 15 日俄国舰队进入旅顺港，列强开始瓜分中国。藩阀内部，尤其是山县系官员感到危机重重。12 月 23 日，山县的亲信平田东助（枢密院书记长官）认为列强有可能将日本排除在外，向山县提出推翻松方内阁的建议。

　　12 月 21 日，第十一届议会召开。25 日，进步党、自由党等提出了内阁不信任案。松方内阁已经无能为力，于是，松方首相上奏天皇要求解散众议院，并提出了辞呈（伊藤之雄『立宪国家の確立と伊藤博文』216 ～ 217、226 ～ 230 頁）。

　　就这样，众议院被解散。可以预想进步党、自由党会在大选中获得大多数席位。天皇和藩阀内部都期待下一届政府能集结藩阀之力，与两党或者至少一党开展合作。能担得起如此重任的，唯有伊藤博文。

/ 不喝酒，撑不住

明治天皇向黑田清隆枢密院议长询问新内阁事宜，1897年（明治三十年）12月27日，黑田回复天皇，可以选择伊藤或山县。当夜，天皇就命土方宫相发电报给在大矶"沧浪阁"的伊藤，让他明日进宫。

伊藤觉得，自他前一年辞职之来，国内外局势不佳，于是以患眼病为由，请天皇允许他延迟几日（『明治天皇紀』九卷、361～363頁）。从伊藤的性格来看，他从不逃避困难，而是希望对严峻的局势有一个正确的判断，在构思新体制的同时，确认能获得藩阀中哪些重要人物的支持。

此后，天皇派黑田枢密院议长前往大矶，催促伊藤进宫觐见。29日上午，伊藤从大矶出发，下榻帝国饭店，下午3点前后进宫觐见天皇，天皇命他组阁。伊藤恳请天皇给他一两天考虑的时间（「德大寺实则日记」〔写〕、1897年12月29日），天皇准许。地位仅次于伊藤的黑田、山县也都得知此事。31日，黑田拜访了山县及其亲信芳川显正（前法相），说服他们同意让伊藤出山。由于首相一直定不下来，天皇十分焦急（『明治天皇紀』九卷、363～365頁）。就这样，伊藤确认了黑田对他的支持，也迫使山县支持自己。

然而，那时候伊藤的精神状况算不上最佳。好友井上馨非常担心伊藤的眼病和感冒，劝他少喝酒，并说"作为朋友，我不能视而不见"（伊藤宛井上馨書状、1897年12月31日、『伊藤博文関係文書』一卷）。政党毫不自律，只知道追求权势官职，这让以实现"宪法政治"为理想的伊藤非常不痛快，所以不喝酒，怎么撑得下去呢？

第一元老的权力与极限

1897 年（明治三十年）12 月 31 日，伊藤在松方提出辞呈后第二次觐见天皇。伊藤向天皇就组阁设想、与阁僚候选人交涉的进展等进行了汇报，并接受组阁之命。

伊藤设想的内阁成员是：陆相由桂太郎中将（山县系）出任；海相由山本权兵卫少将（萨摩藩出身）出任，但由于山本拒绝，伊藤正在与西乡海相进行交涉，希望西乡能继续留任；藏相由渡边国武（伊藤系）或芳川显正（山县系）出任；法相由板垣退助出任（板垣断然拒绝）；农商相由大隈重信出任（大隈断然拒绝）；文相由末松谦澄（伊藤系、伊藤长女生子之夫）出任；递相由伊东巳代治（伊藤系）出任；内相由芳川显正（山县系）出任；外相由西德二郎（萨摩藩出身）或西园寺公望（伊藤系）出任。此外，他还提及由儿玉源太郎中将出任台湾总督。虽然宫相不是内阁成员，但伊藤也提出了建议，希望让井上馨代替土方久元。对此，天皇没有接受，认为"参谋本部和宫内省"的人事不用着急（「德大寺实则日记」〔写〕、1897 年 12 月 31 日）。

伊藤的这一组阁设想有三个特征。

第一，内阁成员没有包括进入第二次伊藤内阁的山县、井上、黑田、大山等长州、萨摩元老级人物，而是不论长州还是萨摩，均提拔少壮人才。最具代表性的就是海相人选，山本权兵卫只不过是少将，担任海军省军务局局长。山本深得西乡海相信赖，虽然在工作上已经开始发挥海相的作用，但这个人选出乎大家的意料。

第二，希望让自由党和进步党的实际党首，即板垣和大隈分别担任较为轻松的法相和农商相，以此获得两党的支持。

第三，伊藤考虑的不仅仅是内阁成员，还包括了宫内省、陆军、海军、台湾总督等人事安排，可见伊藤有意对宫中、军队甚至殖民地进行大规模的改革。土方宫相本来就是伊藤系的，而伊藤想让更具影响力的盟友井上馨就任宫相，可见他对宫中改革的热情。

因为伊藤认为，由《皇室典范》规定大致框架的宫中改革，应该与宪法规定的政治改革相符并产生联动。

然而，伊藤的这一设想存在漏洞。自从征韩论政变以来，伊藤成为最年轻的参议并兼任工部卿，其后仕途基本一帆风顺，所以他无法充分理解始终支持自己的盟友，以及位居伊藤之下的前辈们的心情。伊藤觉得自己是一心为了日本的发展而无私奋斗，理所当然地认为盟友和其他人都应该理解他、跟随他。

例如，从年龄上来考虑，井上馨若是就任宫相，就几乎没有成为首相、留名后世的机会了。井上馨由始至终一直支持伊藤，与他一同建设近代国家，是藩阀内部最有影响力的人物之一，即使伊藤拜托他就任驻朝公使，他也毫无怨言。但是，从井上的角度来看，资历不如自己的松方正义（萨摩藩出身）都两度就任首相了，所以他希望能与伊藤换个位置，给他一次当首相的机会。井上的这个心思具体会在后文讲到。

大隈和板垣都比伊藤年长，而且比伊藤早两三年当上参议，可以说是前辈。两人在日清战争结束后，分别担任外相和内相等重要职位，而且在众议院引领两大政党，他们的一举一动都受到党员们的关注。如果他们没有在政府内阁中被委以重任，就有可能在党内失去威信。所以，即便伊藤是为了避免藩阀内部的反对而想委以两人农商相和法相这两个不算最重要的职位，也实在是太欠考虑了，没有为他们两人的立场和心情着想。①

---

① 自由党要求让板垣担任内相，而进步党要求让大隈担任内相，而且进步党还想要除陆相、海相以外的三个大臣职位（大津淳一郎『大日本憲政史』四卷、743～745頁）。《大日本宪政史》是1927年出版的有关日本政党政治发展的书籍。作者大津淳一郎在1897年年末成为进步党众议院议员，后来就任宪政会干部。

政党崛起之后，态度也开始强硬。1897年年末，进步党和自由党都提出了与第三次伊藤内阁合作的条件，进步党的要求尤其强硬。自由党方面，1898年1月8日，板垣向伊藤提出了让1～2名成员进入内阁，或者由伊藤首相兼任内相、林有造担任次官的妥协方案（山県宛芳川書状、1898年1月8日、『山県有朋関係文書』三卷）。根据这一方案，伊藤认为，如果让大隈任外相、板垣任内相，两党就有可能接受政府方面提出的控制官职数量的要求。此外，即便无法与大隈及进步党达成妥协，也依然有可能与自由党合作。

然而，大隈和板垣都不接受妥协方案。1898 年（明治三十一年）1 月 12 日，第三次伊藤内阁在未获得众议院两大政党合作的情况下成立了。伊藤首相以外的内阁成员如下：陆相由桂太郎（山县系，与最初方案相同）担任，海相由西乡从道（萨摩藩出身，最初方案是山本）担任，藏相由伊藤的盟友井上馨（因为天皇发话，伊藤放弃了由井上担任宫相的方案）担任，法相由曾祢荒助（长州藩出身，与伊藤和山县两方面关系都不错）担任，农商相由伊东巳代治（伊藤系）担任，文相由西园寺公望（伊藤系）担任，递相由末松谦澄（伊藤系）担任，内相由芳川显正（山县系）担任，外相由西德二郎（萨摩藩出身，外交官）担任。除曾祢法相以外，内阁成员中有五人（包括伊藤本人在内）来自伊藤系，两人来自山县系（负责陆军的陆相和负责治安等的内相），还有一人来自萨摩派（西乡）。但这不过是一个以伊藤系官员为中心的内阁，与伊藤希望组建的同政党合作、举国一致的内阁相距甚远。

组阁过程中，在确定无法获得进步党和自由党的支持之后，伊藤奏请召开御前会议。出席 1 月 10 日御前会议的人员有所增加，人选也是伊藤定的。根据伊藤的奏请，天皇要求以下人员出席：长州派的伊藤、山县、井上馨，萨摩派的西乡从道、黑田、大山，共六位元老。萨摩派的松方也可以说是元老，但由于刚刚辞任首相，未被召集参会。自 1892 年夏第二次伊藤内阁成立以来，天皇自己确定元老的人选，咨询善后措施，所以元老人选的主导权一直握在天皇手中。但值得关注的是，这次会议的元老人选是由伊藤决定的（伊藤之雄「元老制度再考」）。

然而，即便在御前召开元老会议，由于元老们无法控制政党动向，伊藤内阁的前途也注定不会一帆风顺。

在 1 月 10 日召开的御前会议上，伊藤谈及前一年巡游欧洲时与英国的索尔兹伯里首相、法国外相就远东局势进行会谈的内容。俄国从满洲入手，想要占领清国的辽东半岛（包括大连、旅顺），法国的目标是云南地区，英国的目标是长江河口，德国则对胶州湾、山东省虎视眈眈。对于列强瓜分中国的动向，伊藤感到危机重重。

接下来，伊藤谈到英国军舰停泊在韩国仁川港，如果英国与俄国之间发生冲突，日本究竟是支持英国，与俄、法、德三国为敌，还是支持俄国，"远离"英国？目前还无法做出判断。最后，伊藤得出的结论是，目前日本国内不仅兵备不足，财政也相当困难，所以应该避免与强敌发生正面冲突，唯有站在局外保持中立，才能确保国家安全。

山县等元老和天皇，都对伊藤的见解没有异议（「德大寺实则日記」〔写〕、1898 年 1 月 10 日）。伊藤深知列强奉行的国际规则，所以认为"守"才能确保日本的安全。考虑到列强瓜分中国会逐渐演变成列强在远东地区的争霸，国际规范也会被打破，日本无法应对。当时，伊藤对日本的国力没有信心。

  第三次伊藤内阁成立的三天后，即1898年（明治三十一年）1月15日，俄国驻日公使向西德二郎外相提出了缔结新日俄协议的请求。俄国在朝鲜半岛扩大影响力的企图虽然失败，但英国无意在清国北方问题上出手干涉，所以日本必须自行与俄国方面进行谈判。

  伊藤首相、西德二郎外相等都对谈判表示支持。4月25日，伊藤内阁与俄国签订了《罗森－西协议》，重新确认了《罗拔诺甫－山县协议》中的既定内容，即日俄两国在韩国政治问题上的对等关系；并且在此基础上，加入了俄国认可且承诺不妨碍日本在韩国发展工商业的内容（第三条）。这是俄国对于日本默许其3月27日租借清国的旅顺、大连的回报。

  1898年4月24日，伊藤内阁与清国缔结协议，让清国承诺不将福建省及其沿海一带割让给他国。这是因为日本在日清战争中获得的台湾就在福建省的对岸。帝国主义时代，列强瓜分中国，不断扩大自身的势力范围并从中获益。日本也必须分一杯羹。不仅藩阀领导人有这种想法，当时许多日本人也都是这么认为的。

  包括山县和山县系官员在内的藩阀官员，都对《罗森－西协议》以及清国承诺不割让福建省表示满意。因为在东亚地区，日本的国力（军事力量）与列强，尤其与俄国相比，显得较为薄弱（**伊藤之雄『立憲国家の確立と伊藤博文』232～234頁**）。从外交层面上来说，第三次伊藤内阁取得了一定的成果。

  由于松方内阁在集体辞职之前解散了众议院，3月15日举行了议会大选。这次选举是自第一届大选以来最为平静的一次

（『国民新聞』1898 年 3 月 6 日）。因为伊藤内阁根据敕令，禁止选举人员携带有可能伤人的凶器。

民权运动开展之后，日本出现了一些所谓的"壮士"，他们持刀或将凶器藏在手杖里，在与反对派或政府的争斗中充当打手。伊藤首相待时机成熟之后，开始削弱选举运动中的武士性质，使选举向"文明国家"靠拢。这反映了伊藤希望自由党、进步党成为理性政党的心愿。

但是，最为关键的还是大选结果能否如伊藤所愿。真正当选的是不是那些能对现实进行合理判断的议员？政党的性质能否得到改变？

结果，各党派在第十二届特别议会中获得的议席如下：自由党 98 人，进步党 91 人，山下俱乐部 54 人，国民协会（藩阀系）26 人等。自由党的议席数增加了 1.2 倍，进步党的议席略有减少。可是，即便与藩阀系的国民协会联手，与伊藤关系颇深的自由党获得的议席也没有过半。

尽管如此，自由党干部林有造（土佐派）没有与进步党合作，而是选择以土佐派为中心，与伊藤内阁合作的惯常路线。3 月末，林有造向伊藤首相提出让板垣入阁的请求，但伊藤没有积极响应。4 月中旬，林有造再次催促伊藤。4 月 15 日，伊藤明确拒绝了板垣入阁的请求。18 日，自由党与内阁决裂（伊藤之雄『立憲国家の確立と伊藤博文』236 ～ 237 页）。

4 月 14 日，伊藤首相在内阁会议上对政党现状进行了批判：自从宪法颁布以来，自己为宪法的"正常运作"费尽苦心，但目前的"政党局势"太让人"忧虑"（山県宛芳川書状、1898 年 4 月 16 日、『山県有朋関係文書』三卷）。热衷于当官求利的自由党、进步党让伊藤心烦意乱。

伊藤首相甚至在会议上提出，索性把政权让给板垣等人，让他们尝试自由"执政"。

对此，山县系的芳川内相认为，要么就把政权交给政党，要么在政府每次与议会发生冲突时就解散议会，一直坚持到底。当天，黑田枢密院议长也向芳川表示，根据情况，甚至可以"暂时中止宪法"，集中精力"建设国家"（同前）。

在政党只知道当官求利的情况下，藩阀领导人再次提出了宪法停止论。伊藤对此感到非常愤慨，因为从他率领宪法调查团访欧至此，十几年过去了，"宪法政治"的前途仍然渺茫。情绪激动之下，伊藤甚至提出索性把政权交给政党，让他们实际体验一下执政究竟有多难。

藩阀官员几乎无人支持伊藤的这一建议。但从伊藤在内阁会议上说出这样的话来看，他在精神上已经极其疲惫了。其实伊藤的此番发言倒也有一半出自真心。因为 4 月中旬签订《罗森－西协议》基本已成定局，东亚局势危机暂时得以缓解。

/ 步子太快，精神疲惫

　　大选之后的 1898 年（明治三十一年）5 月 14 日，第十二届
特别议会召开。伊藤内阁向众议院递交了加征地租法案，将地租
从地价的 2.5% 提高到 3.7%。

　　因为第十二届议会是特别议会，加征地租法案其实也可以在
此后的第十三届议会上递交。井上馨藏相曾向伊藤首相建议，不
要在特别议会上递交这一法案。但伊藤向所有内阁成员明确表
示，也在枢密院公开表态，如果该法案无法通过，就解散议会，
根据情况甚至可以"部分中止宪法"（平田東助「伊藤内閣交迭
事情」〔未定稿〕、国立国会図書館憲政資料室所蔵）。

　　"部分中止宪法"的表态与伊藤一贯的立场完全不同。当
时，伊藤因为政党方面毫无责任的主张而十分烦躁。政党方面因
三国干涉受到的屈辱感应该和政府相差无几，而且在第九届议会
上，自由党和进步党也都提出了军备扩张。军备扩张需要财源，
没有财源，却反对加征地租，还拿不出替代方案。所以，伊藤因
政党方面的无理取闹而心情烦躁。大概就是在这样的情况下，伊
藤无心说出了"部分中止宪法"。而且，在众议院并无有力政党
支持的情况下，仍然急于在特别议会上递交难度极大的加征地租
法案，这种做法本身就相当异常了，可见伊藤已经无法理性地对
待政党了。此时的伊藤，与两年前第二次执政时判若两人，精神
上已经疲惫不堪。

　　所幸，山县和山县系的官员，以及萨摩派的黑田、松方也都
赞成加征地租法案。这个法案让藩阀内阁和藩阀官员团结起来。

　　伊藤在特别议会上还递交了另一个重要法案，即众议院选举
法修改法案。日清战争结束后，日本工业革命发展迅猛，工商业

者以及城市地区在国民经济中所占比重上升。选举法修改法案的目的就是扩大这部分人员的参政权，对选举制度进行改革。

该法案将所有的市都划为独立选区，由于城市地区主要以城市工商业者为基础，所以该法案试图将这部分议员的比例从目前不足 5.7% 骤增到 23.9%；同时，修改公民享有选举权的条件，所有年满 25 岁的男性（与现行法相同），只要地租纳税额满 5 日元（现行法规定为 15 日元）、所得税或营业税满 3 日元即可成为选举人。如此一来，具有选举权的人数就可以一下子增加 5 倍以上。此外，选区由小选区制变为大选区制（郡部为府县单位的大选区制），投票方式改为一人一票的无记名制。

加征地租法案和选举法修改法案，反映了伊藤首相急于改革体制的意图。这些举措的目的在于，顺应工业革命的发展，通过加大对农业的征税、扩大城市工商业者的参政权，将日本从农业国家转变为工商业国家。

如果这两个法案得以通过，从农业获得收益的地主们在进行再投资的时候，就不会只投农业，而是率先考虑工商业。而且，以往政党的根基是地主，通过增加来自城市工商业的议员，也可以改变政党的性质和立法方向。

遗憾的是，伊藤内阁在提出选举法修改法案的时候，工商业者还没有强烈意识到这个问题。伊藤的构想走在时代的前面（伊藤之雄「立憲政友会創立期の議会」）。

/ 440

然而，山县系的官员对于伊藤提出的这个选举法修改法案大惊失色。因为大幅扩大选举权之后，基本就相当于普选了。

自由党和进步党对于扩大选举权并没有太大的反对意见，但对于增加城市议员数量的态度消极。这是因为两党议员大多来自地主阶层，政党领袖对于新时代也没有明确的构想（伊藤之雄

『立憲国家の確立と伊藤博文』238 ～ 240 頁）。

所以，选举法修改法案并没有对推动加征地租法案发挥作用，也没有像加征地租法案那样受到关注。伊藤领导体制改革的构想落空，而且同时推出两个重要法案导致精力分散，伊藤无法将全部精力集中到加征地租法案上去。

为使众议院通过加征地租法案，伊藤内阁打算利用近畿、中国地区等农业先进区域日渐高涨的修改地价呼声。从 19 世纪 70 年代中后期到 80 年代初期实施的地租修改项目，在决定征税基准的固定地价时，将东北等农业生产力较低地区的地价设定得较低。然而，随着农业技术的提升，地价低的地区的农业生产力也得到提高。而近畿、中国地区等原本地价高的地区，开始对相对地价过高表示不满，要求降低地价。

伊藤内阁期待，如果政府同意修改地价，就会出现不少同意加征地租的议员。这样的话，就能瓦解加征地租反对派，用修改地价来交换加征地租。但是，政府对此并没有胜算。

对于伊藤内阁提出的加征地租法案，进步党和自由党表示反对。于是，伊藤首相决定让众议院从 1898 年（明治三十一年）6 月 7 日到 9 日停会三天。6 月 10 日，在重新召开的众议院正式会议上，针对是否将修改地价建议案提上议程进行投票，最终以 127 票赞成、165 票反对的结果被否决。许多修改地价派的议员非常失望，转而反对加征地租，结果加征地租法案以 27 票赞成、247 票反对的悬殊票数遭到否决。伊藤首相由于错误判断了众议院的动向，结果不得不解散众议院。若是按照伊藤以往的一贯做法，他当时不会提出选举法修改法案，而会将全部精力投入修改地价和加征地租法案，结局就会发生大逆转。

此后，伊藤首相在涩泽荣一、大仓喜八郎等大工商业者的支持下，计划集结藩阀系的国民协会、要求修改地价的议员以及工商业者组成新的政党，为大选之后的特别议会做准备。

6 月 13 日，为获得内阁对其组织政党的认可，伊藤请元老山县有朋元帅也出席了内阁会议。但是，山县、盟友井上馨藏相以及其他元老都不支持伊藤建党。井上劝伊藤暂时将政权让给政党，等到国民对政党执政失望的时候，再组阁也不迟。

山县及其心腹平田东助（枢密院书记长官）等人，也都反对藩阀一把手伊藤首相成为政党党首，并让内阁成员加入政党，组成政党内阁。山县十分担心这会使日本重蹈西班牙和希腊的覆辙。

6 月 15 日，平田走访了国民协会最高干部，批评政党内阁，说服他们不要参加伊藤的新党。而且，工商业中最具实力的三井和三菱都表态不参加伊藤的新党，大仓则犹豫不决。结果，只有几十人参加了在帝国饭店召开的第一次组织协商会议。

继 1892 年 2 月之后，伊藤的建党计划再次遭遇挫折。伊藤大失所望，在奏请天皇召集元老询问善后对策后，于 19 日离开东京，回到大矶（平田東助「伊藤内閣交迭事情」〔未定稿〕、国立国会図書館憲政資料室所蔵）。

6 月 7 日，自由党就开始接近进步党。10 日，众议院解散之后，两党动作加快。6 月 22 日，自由党与进步党合并，创建了新党——宪政党。

宪政党的党首究竟应该让自由党系的板垣来当，还是让进步党系的大隈来当，这一问题无法解决，于是就不设党首。而且由于筹建新党仅用了两个星期，而自由党系和进步党系的对立由来已久，甚至在经济等重大政策方面也没有达成基本一致。但很明显，宪政党会在下一届大选中获得压倒性的胜利（伊藤之雄『立憲国家の確立と伊藤博文』241～247 頁）。

针对这种情况，藩阀方面可以采取两种对策：第一，团结一致，反复解散议会，引导众议院支持藩阀；第二，将大权交给宪政党的板垣和大隈。

天皇十分忧虑事态的发展，于 1898 年（明治三十一年）6月 24 日下令召见伊藤、黑田、山县、西乡从道、井上馨、大山岩等元老，商量对策。松方正义由于无法按时从兵库县御影的别墅返回东京，未能出席会议。

伊藤在此次御前会议上表示，如果元老中没有任何人愿意执政，就只能让宪政党的大隈、板垣组阁了。山县反对成立政党内阁，认为只有组成元老内阁才能渡过难关。但是，西乡和大山赞成伊藤的建议。于是，山县提议休会，等松方来了之后再做决定。结果，伊藤首相不得不向天皇递交了辞呈（平田東助「伊藤内閣交迭事情」〔未定稿〕。井上馨宛伊藤書状、1898 年 6 月 25日、「井上馨文書」）。

山县在回忆这次会议时谈到，围绕成立政党内阁的讨论相当激烈，无论自己如何反对，"伊藤一概不听"，几乎"不等别人发言结束就开始反驳"。山县不过是坚持一贯的意见，不料伊藤却扔出一句"你既然这么说，那就请你自己来试试"（原敬「山県侯爵との対話筆記」1898 年 6 月 28 日、『原敬関係文書』六巻）。

伊藤认为，要维护宪法政治，只有把政权让给大隈、板垣，别无他法。这个判断是正确的。伊藤只是觉得身居政府要职 20多年、已经 56 岁的山县还没有理解自己的想法，因而对他感到十分失望，情急之下说出了那样的话。

／ *444*

会议结束后，天皇召见伊藤，在未确定继任首相的情况下，伊藤就提出了辞呈。此后，天皇再次召见伊藤，确认是否能将政权单独交给自由党。伊藤回答说，除了让大隈、板垣两人担负起政权而外别无他法（井上馨宛伊藤書状、1898 年 6 月 25 日、「井上奏文書」）。

但是，根据平田枢密院书记长官的回忆，其实天皇误解了伊藤的意思，以为是由伊藤担任首相负责组阁，让大隈和板垣成为内阁成员。在 24 日下午召开的御前会议上，天皇还发出了圣裁，命大隈、板垣入阁（平田東助「伊藤内閣交迭事情」〔未定稿〕。同「山県内閣」〔未定稿〕）。

伊藤以为由大隈和板垣两人执政一事已经获得了天皇的准许，听闻此事不知做何感想？当天，伊藤在觐见天皇之后遇见了松方。松方回忆说，自己当时看到伊藤的样子，感到十分惊讶。

> 伊藤脸色憔悴，毫无生气，……我说无论如何，你应该赶快回到大矶好好休养。伊藤却反复说要穿袈裟当和尚。我笑着说，你呀心不在焉，即便穿上了袈裟也成不了和尚。虽在说笑，但总觉得伊藤心神不定，于是又劝他赶快回大矶休息。
>
> （原敬「松方伯との対話要概」1898 年 7 月 2 日、
> 『原敬関係文書』六卷）

然而，伊藤并没有因为继任内阁人选如己所愿而感到满意，他深感疲惫，心事重重。所以，松方觉得伊藤的精神状态有点反常。

其实，此事让伊藤颇感屈辱，因为宪政党建党一事完全出乎意料，自己的内阁仅仅维持了 5 个半月，可以说是最短命的内阁。同时伊藤也感到极度忧虑，因为他至此一直在为实现"宪法政治"而努力，大隈和板垣究竟能否继承他的精神，顺利执政呢？万一宪法中止，万一与列强发生什么重大冲突……伊藤说出要去当和尚的话，可见他的精神沮丧已经到了极限。

第二天，即 6 月 25 日，天皇派岩仓具定侍从职干事拜访伊藤之后才惊觉自己理解错误，于是立即召见伊藤等元老进行讨论，委托山县组阁。天皇在这件事上过于狼狈，甚至开始采取有悖于君主机构说原则的行动。

/ 446

然而此前，伊藤已经秘密地将御前会议的结果，以及天皇"同意"大隈和板垣组阁一事告诉了大隈和板垣。山县认为，如果自己组阁，就会给政党方面留下口实，攻击他欺瞒天皇执掌政权，甚至可能连累天皇，所以拒绝组阁。就这样，终于如伊藤所愿，天皇命令大隈和板垣组建内阁。

/ 决心开展宫中改革

前文提到，1896 年（明治二十九年）秋，《二十六世纪》杂志刊文批评元老伊藤博文和土方久元宫内大臣控制皇室。松方内阁的清浦法相和田中宫内次官等山县系官员与土方宫相联手，由内阁对《二十六世纪》杂志等媒体做出了停刊处分。

虽然清浦法相等人在《二十六世纪》事件中对杂志等媒体做出了停刊处分，但由于宫内省内部也并非不存在腐败，所以土方宫相也认为应该在恰当时机整顿宫中，并将此事与萨摩派元老西乡从道（海相）商量，并希望元老山县能有所行动（伊藤之雄「山県系官僚閥と天皇・元老・宫中」）。

1897 年 5 月，伊藤开始与山县商讨宫中改革一事，井上馨也参与进来（井上馨宛伊東巳代治書状、1897 年 5 月 5 日、「井上馨文書」）。① 那时，元老伊藤和井上希望与山县联手，通过伊藤领导体制开展宫中改革。

/ 447

前文已经提到，伊藤宫中改革构想的基础是让盟友元老井上馨担任宫相。在向天皇汇报第三次内阁组阁人选的时候，伊藤就提及此事，但天皇认为宫内省和参谋本部的人事问题不用着急，实则否定了伊藤的提议。结果，井上就任藏相，没能成为宫中改革的主要候选人。

1898 年（明治三十一年）2 月 9 日，也就是第三次伊藤内阁成立大约一个月后，宫内省高层进行了人事变动，但未能形成推动大改革的新体制。主要的人事变动如下：①被认为是伊藤

---

① 根据国立国会图书馆宪政资料室所藏的《井上馨相关文书目录》，该书信的年份被推定为"1898 年"，但实际应为 1897 年（伊藤之雄「山県系官僚閥と天皇・元老・宫中」）。

系、遭受攻击的土方宫相于 2 月 9 日辞职；同一天，山县系官员田中光显宫内次官升任宫相；②与山县系无关的堤正谊（前宫内省内匠头）继任宫内次官；③负责财政的重要职位——内藏头由伊藤系的渡边千秋留任。

/ 10 项宫中改革建议

1898 年（明治三十一年）2 月 9 日，伊藤首相向明治天皇递交了包括 10 项改革内容在内的意见书（『明治天皇纪』九卷、390 ～ 394 頁）。

主要内容如下：①皇族"婚嫁"对象必须出身于皇族、华族中"门阀、血统"地位最高的家族；②皇族只与上流阶层交际，不参与"民间普通事业"；③在经济财政方面，皇族避免拥有民间企业股票等，所有资产转换并集中到国家公债和自家不动产两种；④即便有来自神社寺院等的请愿恩赐钱财，皇室也应根据维新"国家原则"，立足于宗教之外，尽可能不介入宗教事务，给予国民宗教信仰自由等。

这些内容规定了皇室、皇族要在民间企业和宗教问题上保持中立，维护皇家威信。

⑤由于财源有限，对教育、美术领域的奖励以及灾害救助等需按照一定标准行事；⑥如对皇族和"功勋"官员进行奖励，或命令内阁举行国葬，费用由国库而非内廷负担；⑦叙爵（授予爵位）和升爵（提升爵位）为宫内省专管事项，内阁不得介入；⑧对各国外交官等在宴会、游园会享受的待遇做出规定，涉外交际需要宫相和外相进行充分协商，重要内容则需首相参与确认。

这些内容的目的在于限制内阁、宫相、宫内官员等介入皇室和皇族活动。

此外，伊藤还提议：⑨如皇太子体弱多病，无法进行正常学习，则尽可能用"简便"之法，让其通晓政治和军事。为此，在皇族、臣下中设一定数量的"伺候"，从陆海军中选拔数名将士兼任宫内省东宫职务，向皇太子传授知识。

这个建议是为了根据皇太子的实际情况，用简便实际的方式，让皇太子掌握政治军事方面的要点。

伊藤还提议：⑩由于所有皇室经济财政以及宫相事务一直由帝室经济会进行统管，所以希望创设新机构，将皇室皇族的冠婚丧祭、皇族待遇、皇族以及"勋臣"奖赏、国葬、叙爵、升爵等也纳入其管辖范围。

也就是说，原本都是伊藤等元老来指导宫相等人应对宫中事务，但今后希望尽可能根据制度规定，由专门机构来负责。伊藤作为第一元老，为实现并维护"宪法政治"，积极参与各类事务。但为使"宪法政治"逐步成熟，他着手调整制度，减少元老的介入。

然而，伊藤提出的这10项宫中改革建议并没有得到具体的落实。一是因为伊藤作为首相忙于应对加征地租问题和修改选举法，二是因为宫内省没有执行能力强的领袖来推动此事。前文提到，伊藤想要同时解决加征地租和修改选举法这两大重要问题，本身就是在冒险，再加上宫中改革，可以说伊藤过于自负，已经无法把握政策实现的可能性和方式方法了。

在伊藤提出的10项建议中，最具可行性的就是有关皇太子教育的组织改革。建议提出9天之后，中山孝麿侯爵（前东宫侍从长）就被任命为东宫大夫，负责皇太子教育事务；元老大山岩元帅就任"东宫监督"这一新设的职位。一个月后，3月22日，天皇任命有栖川宫威仁为皇太子"宾友"，元老伊藤、松方、前宫相土方久元则被任命为皇太子"伺候"，皇太子住在赤坂离宫时，必须每周进宫参见天皇两次。根据伊藤的建议，宫中设置了"宾友"和"伺候"两个新职务。但是，皇太子的各项学习进度依旧一拖再拖。结果，伊藤改革 10 项建议中唯一被采纳的这项建议只发挥了一年的作用。第二年 5 月，东宫监督和东宫伺候都被废除了（伊藤之雄『明治天皇』369 ～ 370 頁）。

前文提到，从1878年（明治二年）大久保利通遭暗杀之后，到1896年（明治二十九年）第二次伊藤内阁倒台为止，伊藤始终通过伊藤领导体制主导政府，使"宪法政治"（立宪政治）扎根日本。伊藤能够取得这些成果的前提条件有：①性格开朗，能够获得明治天皇的信任，甚至能够协调萨摩派的领导人；②具有高超的英语能力，对法律、经济、历史等方面及作为其底蕴的中国、日本古典文化具有极强的洞察能力，并且能够理解西欧国家的规范；③具备从现实主义立场出发处理内政、外交问题的实务能力，以及"刚强正直"的政治判断能力等。

然而，仅仅5个半月，第三次伊藤内阁就倒台了。这说明伊藤领导体制已经不再有效。持续了近20年的伊藤领导体制为何会衰败呢？

第一个原因是，政党的崛起。

伊藤的目标"宪法政治"，是让教育惠及更多国民、提高国民自觉性、逐步扩大国民的政治参与。伊藤希望，政府（行政府）与议会（立法府）通过反复的合理讨论之后，决定能反映广大国民意志的国家政策。伊藤认为其理想中的这一政府议会和谐体制，不仅能增强国力，还能向西方列强展示日本是一个"文明国家"，并有利于修订条约等外交谈判。

从第一届议会开始，伊藤就一直对日本的政党状况表示不满，但为了达成上述目标，他也与政党（议会）方面进行妥协，并尽可能地接受他们的要求，还阻止政府以暴力手段压制政党。

政党由此茁壮成长，日清战争之后，自由党以及进步党逐渐成为执政党，两党党首板垣退助、大隈重信都进入内阁，党员就任政府高官。自由、进步两大政党自信大增之后，开始提高与藩阀政府合作的回报条件，由此脱离了伊藤的控制。

此外，原为伊藤心腹的陆奥宗光，一开始是在精神上摆脱伊藤，后来随着其病情的恶化，政党崛起一发不可收拾了。

伊藤领导体制衰败的第二个原因是，围绕如何应对政党崛起问题，藩阀内部意见无法统一，开始各行其是。

其中，最为重大的事件就是日清战争结束后形成了以山县有朋为领袖的山县系官员。

/ 452

19 世纪 80 年代以前，山县在同为长州派的伊藤、井上馨的支持下，与萨摩派的大山岩联合统率陆军，谋求军事近代化。但山县的目的在于让陆军作为专家集团在尽可能不受政府干预的情况下实现自立。由于取得了日清战争的胜利，陆军威信大增。结果日清战争之后，就连伊藤也无法参与陆军人事等重要问题的决策了。

除此之外，议会设立初期，藩阀政府与政党发生对立时，伊藤谋求与政党合作的态度也推动了山县系官员派的形成。1892年第二届大选时发生的品川内相干涉选举事件，以及第二次伊藤内阁在日清战争结束后与自由党的密切关系，这些情况导致内务官员都聚集到山县的周围。

不仅如此，甚至连萨摩派也开始摆脱伊藤。

由于伊藤追究品川内相干涉选举的责任，萨摩派阁僚居多的松方正义内阁倒台，松方等萨摩派领导人与伊藤逐渐疏远。例如，以前松方正义对伊藤言听计从，甚至被萨摩派自己人称为"伊藤味噌"。但是，松方在第一次内阁被推翻之后，就开始逐渐摆脱伊藤；在第二次伊藤内阁就任藏相时，就因在财政问题上与伊藤意见冲突，仅 5 个多月就辞职了；此后，与大隈重信合作，没有接受伊藤让其再次入阁的邀请，而是以松隈内阁的形式成立了第二次松方内阁。

此外，大久保身亡之后，萨摩派的一把手黑田清隆原本也与伊藤保持着良好关系。但1889年，由于伊藤中止大隈修订条约，黑田内阁倒台之后，两人之间的关系出现了裂痕。而且，黑田始终对政党持否定意见。所以，能站在伊藤一边的萨摩派领导人也只有统率海军的西乡从道了。

甚至连伊藤的盟友井上馨，也开始向伊藤表达自己的强烈主张，这也可以看作他摆脱伊藤、谋求自立的开始。1898年1月，井上在进入第三次伊藤内阁时就与伊藤发生了矛盾，为此伊藤还写信给山县有朋求其帮忙（山县宛伊藤書状、1898年1月5日、『山県有朋関係文書』一卷）。井上虽然是作为藏相进入内阁的，但其职位实际相当于副总理，由于以前板垣曾耍手段想让井上下台，所以井上一直与板垣不和。同年4月，两人之间的对立开始表面化，所以井上坚决表示如果让板垣入阁，自己就辞去藏相一职（伊藤之雄「日清戦後の自由党の改革と星亨」）。

到那时为止，藩阀领导人基本都就任过首相，有过组阁经验。唯一没有就任过首相的，除了因为兄长西乡隆盛的关系而始终退让的西乡从道以外，就只有井上馨一人了。从年龄上考虑，井上觉得也应该轮到自己当一次首相了。所以尽管自己作为重要内阁成员入阁，但不过是协助伊藤而已，井上馨不再有以前那样的干劲了。

如上所述，伊藤权力减弱，也就是伊藤领导体制已经开始衰败，而伊藤本人却对此毫无知觉，依旧试图利用第三次伊藤内阁推行强硬的执政路线，结果导致伊藤领导体制的衰败进一步加速。

　　伊藤采取这些行动的目的是使"宪法政治"在日本扎根，他对于现状的分析和对未来的洞察甚至可以说太过透彻了。所以，他一心想着要改变现状，却没有深入考虑如何面对现实、如何实现构想。伊藤当时已渐入老境，体力不如从前，也容易疲劳，无法做出正确的判断。其"刚强正直"的个性让其不愿服输，结果适得其反，判断频频失误。

　　总之，由于伊藤领导体制衰败，伊藤想要既立足于藩阀势力又让政党追随自己，由此让"宪法政治"在日本扎根的目标已经很难实现了。所以，要实现"宪法政治"，就必须从创立政党开始打基础。对于此时的伊藤来说，还需要一些时日才能明白这一道理。

如前文所述，第三次伊藤内阁失败的原因并不一定是伊藤
过于自信，也是因为他采取了一些强硬的方式。这可以从伊藤在
1898 年（明治三十一年）2 月 13 日写下的遗书中看到。那时伊
藤 56 岁，渐入老境，察觉到自己的身体发生了前所未有的变化，
开始安排身后事。

伊藤的遗嘱主要有以下内容。第一份遗书是关于财产分
割的。

> （1）面额为 10 万日元〔约为现在的 20 亿日元〕的军事
> 公债证书。当时放在毛利家理财，合同是每年 8% 的利息，
> 1 年就有 8000 日元〔约为现在的 1 亿 6000 万日元〕的利息
> 收入。本金加利息，为夫人梅子终生所有并任其自由赠予和
> 分配给亲属。

／ 455

> （2）十五银行股票 200 股，小野田水泥公司股票 400
> 股，日本铁道公司股票旧股 183 股、新股 28 股，均转让给
> 继承人勇吉〔后来的博邦〕，并为其本人所有。
> （3）将 4 万日元公债中的 3 万〔约为现在的 6 亿日元〕
> 留给生子，为其本人所有；1 万日元〔约为现在的 2 亿日元〕
> 赠予朝子。
> 此外，存款由亲属商量之后，根据家事需要听从夫人梅
> 子的指示进行分配。
>
> （「伊藤博文遺書」伊藤博昭氏所藏）

这份遗书的重点在于，伊藤家仅公债资产就有 14 万日元

（约为现在的 28 亿日元）。伊藤将这些财产主要分配给夫人梅子，以及嗣子勇吉（27 岁）、生子（29 岁）和朝子（22 岁）等人。生子可以继承的公债是朝子的三倍，原因在于生子是伊藤与夫人梅子所生，伊藤从小宠爱生子；而朝子是伊藤与其他女性所生。文吉和真一没有分得财产，估计是因为还未成年。可能是因为伊藤与夫人梅子心心相印、彼此信赖，伊藤认为夫人梅子会在两个儿子成年之后，将自己所得遗产中分出部分给他们，金额应该不会少于留给朝子的份额。

伊藤的另一份遗书是他在 1907 年（明治四十年）7 月 1 日作为统监前往韩国赴任的途中写给勇吉的。①

伊藤在信中告知勇吉：①万一自己出了意外，要他给母亲（夫人梅子）10 万日元（约为现在的 13 亿日元）的隐居费，因为梅子多年照料祖父母（伊藤的父亲十藏和母亲琴子）"尽赡养之孝，且坚贞不渝，作为贤内助支持自己，同舟共济"；②可能现在讲此事还为时过早，但是出于万一的考虑，请勇吉谅解；③这件事情以前就与母亲（夫人梅子）讲过，再次强调是希望不要产生误解。最后，伊藤在信中让勇吉代他向"玉子〔勇吉之妻〕和婴儿们〔勇吉的孩子们〕"问好。

这封书信的开头空白处，伊藤追加的这几句话非常重要："这封信也可给末松看，万事皆可与末松商量。"其实伊藤就是委婉地告诉勇吉，让他把这封信给生子的丈夫，也就是伊藤的心

---

① 这封书信没有记载年份，推定是伊藤在 1907 年写的理由是，信中提到"我刚刚赴任就公务繁忙，尤其是我不在的时候，韩国发生了宫廷纠纷，并有两个地方出现暴动"，甚至到现在都没有平息。这些描述与伊藤 1907 年 3 月 20 日返回汉城任职期间的经历相符：从 1906 年秋到第二年，韩国国内到处出现"抗日游击队"的起义，并且伊藤还面临如何处理韩国宫廷（高宗）海牙密使事件的问题。

腹末松谦澄看并与他商量（「伊藤博文遗书」伊藤博昭氏所藏）。

伊藤在 1898 年 2 月的遗书中，已经提到要分给夫人梅子面额为 10 万日元的军事公债。由于已经过了近 10 年，伊藤家的财政状况有所变化，所以他再次提醒勇吉，在他过世后，一定要给母亲（夫人梅子）10 万日元，并想让末松做担保人。从这份遗书可以看出，伊藤深爱着夫人梅子，并对她极其信任。

此外，从这封信可以看出，伊藤做好意外死亡的心理准备，主要原因并不是自己的健康问题，而是在对待海牙密使事件上，日本不得不采取强硬的对韩政策，所以韩方有可能进行反抗，自己会被殃及，这一点具体将在后文阐述。在这封信寄出的一个多月前，也就是 5 月 22 日，伊藤得知韩国皇帝高宗背地里支付了巨额的活动资金，为了让列强认定《日韩保护条约》无效而向荷兰海牙的和平会议派遣了密使（见第二十二章、第二十三章）。

1901 年 5 月，伊藤委托杉孙七郎子爵（长州藩出身，枢密顾问官）处理自己名下的中山道公债，用以偿还日本银行的贷款（杉孙七郎宛伊藤書状、1901 年 5 月 24 日、「伊藤博文書状」萩博物館所藏）。杉孙七郎曾担任宫内省的内藏头（局长）等职务。内藏头负责宫中财政运营，可以从大藏省等处获得最新的经济信息。宫内高管和原高官也都可以获得相应的信息。所以，伊藤家族的金融资产运作十分稳定。

第十八章

休养与充电
—— 漫游清国、游说西日本

/ 隈板内阁成立、伊藤游历清国

1898年（明治三十一年）6月25日夜，伊藤请大隈重信（原进步党系）和板垣退助（原自由党系）到首相官邸，告知两人他已经向明治天皇推荐由两人负责继任内阁，天皇下令之后就请组阁。6月27日，天皇命令大隈和板垣两人组阁。6月30日，第一次大隈内阁（隈板内阁）成立。

第一次大隈内阁，除了陆军和海军大臣以外，其他所有阁僚都是宪政党员。因为宪政党在众议院中占大半议席，所以大隈内阁是日本第一个政党内阁。内阁成员如下：原进步党系的有大隈首相兼外相、尾崎行雄文相等四人，原自由党系的有板垣内相、松田正久藏相和林有造递相三人。原进步党系要比原自由党系多一个人。

由于板垣不太精通外交礼仪，所以有关大隈和板垣两人谁任首相并没有什么分歧。问题出在其他官员的职务分配上，例如大隈兼任的外相一职，以及次官、局长、知事和道府县的各级干部、郡长等。宪政党员的当官热骤升，原进步党和原自由党对各个级别的官职都垂涎三尺，互不相让。

不过，这个问题在组阁之时还没有表面化，直到7月才开始显现，但宪政党完善了其地方组织，在37个道府县设立了39个支部和2个出差基地（伊藤之雄『立憲国家の確立と伊藤博文』243～249頁）。

伊藤辞去首相一职后就回到了大矶，吹吹海风，听听海浪，休养生息。无论遭受再大的打击，伊藤也不会一直消沉，在经过一段时间的休养之后，很快就可以调整好。这是伊藤性格中最可圈可点之处。起先，伊藤还相当担心大隈内阁的运行，但7月看到宪政党在地方支部建设方面有条不紊，也就放心了。

7月13日，伊藤从大矶出发，返回东京下榻帝国饭店，与大隈首相见面，第二天与板垣内相也见了面。此外，伊藤还告诉记者，自己准备游历清国，从北部南下到长江流域（『東京日日新聞』1898年7月15日）。

伊藤游历清国的目的有两个：一是想对被列强分割的清国进行实地考察，了解清国内政动向。6月11日，清国年轻的光绪皇帝颁布变法自强的诏书，国政重大改革由此启动。二是为了写诗，汉诗是伊藤为数不多的爱好之一，他想行走在中国大地上，为下一次执政养精蓄锐。跟随伊藤前往清国的人员很少，精通中文和英语的翻译各一人，汉诗诗人森泰二郎（泰次郎、槐南）也与他结伴而行。森夫人曾回忆说，从1885年伊藤第一次就任首相之后，森泰二郎就经常陪伴在伊藤左右（『東京日日新聞』1909年10月28日）。

7月26日，伊藤从大矶出发，经京阪地区，于8月16日抵达神户港上船。18日到达长崎，经过韩国仁川后，25日进入汉城（『伊藤博文伝』下卷、394～395頁）。

/ 460

其间，伊藤还游览了避暑胜地——岐阜县的养老溪谷，以及京都的宇治、岚山等著名景点。那年夏天天气特别炎热，伊藤在给夫人梅子的信中写道，感觉比他两年前去台湾时更热。他到长崎后，在邮政公司的安排下，观摩了新船的试运行，结束后还参加了一个规模在50人左右的宴会。

韩国方面特意派了一位皇族在仁川迎接伊藤，又在汉城日夜举办酒宴盛情款待。伊藤在给夫人梅子的信中写道，韩国也非常热，"汗如雨下，所幸不感疲乏，天天到处走"；又是招待会又是晚宴，韩国国王和韩国政府对他的款待可谓是此前其他人从未享受过的（末松谦澄『孝子伊藤公』345～348页）。

伊藤在各地受到的欢迎和款待满足了他的自尊心，让他逐渐忘却政变之辱，心情也开始好了起来。

9月8日，伊藤从韩国仁川出发，11日抵达清国的天津，14日进入北京。29日离开北京，10月5日抵达上海，巡游汉口、南京之后，22日又回到上海。

在天津，伊藤也受到了清国上上下下的欢迎和款待，其盛情"难以用笔墨写尽"。日日夜夜，宴会不断，来拜访的中国人也络绎不绝，纷纷恳请伊藤尽力帮助中国。

在北京，9月20日伊藤获准觐见光绪皇帝，受到了史无前例的友好待遇。然而21日发生了政变，慈禧太后掌权，下台的李鸿章又回到了权力中枢。后来，伊藤还受邀参加了英国公使馆与清国政府举办的晚宴。

在上海，拜访和宴请伊藤的不仅有清国官吏，还有不少学者和商人。伊藤将这些情况以及清国的政治状况都写入了给夫人梅子的信中（同前、348～354页）。

由此可见，伊藤领导体制虽然在日本国内已经崩溃，但是他作为明治维新以来的近代国家改革领袖以及日本领导人已经名扬天下，所以清国、韩国对他抱有很高的期待。在汉城的酷暑之中，伊藤日夜享受宴会之乐，可见他已经恢复了健康和自信。此外，伊藤在写给夫人梅子的信中还谈及政务，可见他并没有把梅子仅仅当作料理家务的妻子，而是作为深层心灵沟通的伙伴来对待。

然而，在第一次大隈内阁（隈板内阁）中，执政党宪政党内部的原进步党系和原自由党系的矛盾激化。原自由党系的星亨递交了辞去驻美大使的辞呈，8月中旬回国，与板垣退助内相等人联合，率领原自由党系于 10 月上旬开始了倒阁行动。

　　星亨的目标是与山县系官员合作，成立山县内阁，原自由党系成为执政党，由此革新原自由党系政党并扩大势力范围。星亨认为，与其同原进步党系联手维持一个不完善的政党内阁，不如成立山县内阁，反倒可以早日实现政党政治。先是板垣等原自由党系阁僚提出了辞呈，10 月 31 日大隈首相以及原进步党系阁僚也不得不提出了辞呈（伊藤之雄『立憲国家の確立と伊藤博文』246 ～ 259 頁）。

　　10 月末，由于大隈内阁、宪政党内的矛盾愈演愈烈，天皇命令德大寺侍从长发电报给在上海的伊藤，让其尽快回国。伊藤接到电报后，就立即从上海启程返回日本。

/ "宪法试验"取得"优异成果"

大隈首相等人提出辞呈后，天皇向黑田清隆枢密院议长询问善后之策。黑田、松方正义、西乡从道、大山岩这四大元老都希望由山县有朋来组阁。他们担心伊藤回国后对此有异议，所以希望天皇能迅速下令让山县组阁。

天皇也清楚元老等藩阀官员对于山县的期待，不等伊藤回国，就于1898年（明治三十一年）11月5日命令山县组阁。11月7日，伊藤虽已到达长崎，但对此也无计可施。在伊藤的强硬提议之下诞生的第一次大隈内阁，在没有任何成果的情况下仅维持了4个月就因内部矛盾倒台了。所以伊藤对于下任首相人选的发言权大幅缩减。

11月8日，60岁的山县完成了第二次内阁的组阁。新内阁成员主要有：元老山县（首相，长州藩出身）、松方（藏相，萨摩藩出身）、西乡（内相，萨摩藩出身），山县系官员桂太郎（留任陆相，长州藩出身）、清浦奎吾（法相）、青木周藏（外相，长州藩出身）等五人，以及藩阀官员山本权兵卫（海相，萨摩藩出身）等人。

星亨率领原自由党系创立了全新的宪政党，11月29日宣布与山县内阁开展合作。从美国回到日本的星亨表现出新的志向，他没有像以往那样要求进入内阁，而是提出了铁道国有化、扩大选举权等政策性要求。

山县内阁的首要任务，就是要让作为政府财源的地租增征法案在11月7日召集召开的第十三届议会（1899年3月闭会）上获得通过。众议院各党派议员中，拥有131名议员的第一大党宪政本党（原进步党系）为在野党，执政党包括宪政党（原自由党系）的 113 名议员和国民协会（藩阀系）的 18 名议员等，执政党在人数上占优。

起先，山县内阁提出要将地租从地价的 2.5% 提升到 4%（1.6 倍）。但是，如果赞成这个突然的增税计划，有可能引发以地主阶层为首的选区的农民反抗，就连宪政党内部对此都无法统一意见。于是，宪政党干部提出将地租从地价的 2.5% 提升到 3.3%（1.32 倍），并将增税时间限定在 1899 年到 1903 年的 5 年内，党内意见终于得到了统一。

就这样，1898 年 12 月 20 日，加征地租法案在宪政党、国民协会以及无所属议员的推动下，以 155 票赞成、15 票反对的结果在众议院获得通过（宪政本党退场，没有参加表决）。该法案于 12 月 27 日在藩阀系居多的贵族院也获得通过，由此正式生效（伊藤之雄『立憲国家と日露戦争』30 ～ 34 頁）。

/ 464

加征地租法案之所以能够获得通过，一是因为半年前伊藤提出把政权交给大隈和板垣，隈板内阁得以成立。由于隈板内阁倒台，以及进步党与自由党未能成功合并为宪政党，原自由党系决定不再与原进步党系合作。从首届议会之后，政府与自由党、改进党（后来的进步党）一直摸索的民党（政党）联合路线已经不切实际了。

二是因为与伊藤相比，山县首相对自己的能力有着更为清晰的认识，所以认真对待议会讨论，并为回报加征地租法案获得通过，努力实现宪政党要求的地方制度改革。地方选举制度原为复选制，享有府县议员、郡议员选举权的只有市会、町会、村会等议员，市町村民不享有；而且，规定 1/3 的郡议员要由拥有地价 1 万日元以上的大地主互选产生。通过改革，府县议员和郡议员选举变为直接选举（伊藤之雄『山県有朋』308 ～ 309 頁）。

就在第十三届议会召开的 1899 年 2 月 11 日，举行了宪法颁布 10 周年的庆典。伊藤在帝国饭店举行的庆典演讲中特别赞赏了山县首相，他说第一届议会和这届议会召开时，都是山县担任首相，"从现在的情况来看，已经没有解散议会的必要，山县首相履行了职责"。

伊藤还说，从 1889 年至此的整整 10 年可谓"宪法试验"的时期，并可以毫不夸张地"断言"，"宪法试验取得了优异的成果"，对"宪法政治"给予了高度的评价（『伊藤公演説全集』334 ～ 335 頁）。这是因为，在宪政党（原自由党系）的合作之下，加征地租法案在第十三届议会上获得了通过。

由于第十二届特别议会导致伊藤的第三次内阁倒台，伊藤曾对政党极其失望，并对宪法政治的前途感到极度不安。在自己的任期内未能获得通过的加征地租法案，却借由山县之手轻松实现。对此，伊藤并没有妒忌，而是为"宪法政治"的真正扎根感到欣喜。

除此以外，5 年前与英国缔结的新条约于 1899 年 7 月 17 日正式开始施行。建立立宪国家、修订条约并施行，这些明治维新后的目标得以逐步实现，伊藤感到非常高兴。

伊藤真心为第二次山县内阁加征地租法案的通过和实施而感到高兴。这是因为他切身感受到宪政党的变化为实现宪法政治创造了良好的条件；新条约的正式施行，使日本可以有资格与列强并驾齐驱。接下来，要完成宪法政治目标，就要组建自己理想的政党。

第三次伊藤内阁倒台时，伊藤的心腹之一西园寺公望文相，就曾向他强烈提议希望将来能一起组建新党。正在神奈川县的叶山静养的西园寺，得知伊藤内阁倒台的消息后，十分震惊，但经过深思熟虑之后，他认为伊藤的决定是"卓见"，反对派惊慌失色的样子反而可笑。

有人力推伊藤与板垣（原自由党系）、大隈（旧改进党系、进步党）组成三角同盟，但西园寺认为这完全没有考虑的价值，并在信中写道，伊藤一直抱有将"勋位显爵〔勋章、位阶、爵位〕"返还给天皇的愿望，这会在日本国民中产生极大的反响，虽然困难重重，但希望他一定要付诸实践（**伊藤之雄『元老　西園寺公望』101頁**）。

／ 466

天皇把臣子中的最高勋章等许多恩典给了伊藤。伊藤曾告诉西园寺，自己想把这些恩典全部奉还，变为一介"平民"，组织新党。由伊藤率领新党参加大选，如能组阁，就能在很大程度上改变日本的宪政面貌。

因倒阁而失意万分的伊藤，收到西园寺正中下怀的提议，定是感慨万分。

就在第二次山县内阁成立那天，西园寺给刚从清国游历回国的伊藤写信，告知原自由党系和原进步党系希望能由伊藤统率，但两派是否能遵从伊藤的政策目前尚且不得而知。然而，遇难成祥，虽有不顺，但大势所趋，"有条有理、经纶天下"的内阁定会受到欢迎，他期待能出现适合伊藤建党执政的良好环境（同前、102～103页）。

如前文所述，伊藤在宪法颁布10周年庆典上的演讲背后，是西园寺和伊藤所期待的环境逐渐形成，伊藤也确信时机已到。

就在伊藤发表演讲的同一天，宪政党领袖星亨在宪政党祝贺会上公开表示，希望组建政党内阁。星亨领导下的宪政党关东团的准机关报也委婉呼吁伊藤加入宪政党，为政党改革尽力，也欢迎贵族院议员、工商业者入党（『日刊人民』1899年3月16日、17日、19日、5月27日）。

2月底，伊藤在横滨偶遇西园寺，于是邀请西园寺去大矶"沧浪阁"，西园寺当晚就住在伊藤家。57岁的伊藤与49岁的西园寺一下子关系密切了起来。此后，在伊藤的介绍下，西园寺在"沧浪阁"隔壁购买了土地，11月别墅竣工（伊藤之雄『元老西園寺公望』103页）。

前文曾经提到，两年前，陆奥在精神上摆脱伊藤的数月之后病死，此事让伊藤非常难过失望。就像填补陆奥的空白一样，陆奥的心腹之一西园寺与伊藤迅速接近，并成为伊藤衣钵的第一继承人。

加征地租法案获得通过后，1899 年（明治三十二年）2 月，第二次山县内阁向第十三届议会递交了选举法修改法案，其内容与第三次伊藤内阁向第十二届议会递交的选举法修改法案基本相同。

当然，其中也包括了山县以及山县系官员并不乐意实施的内容，如大幅扩大选举权（将拥有选举权的条件由原来的应缴地租 15 日元以上降低至 5 日元以上），大幅增加城市选区议员名额所占比例（由原来的 5.7% 增加到 22%）等。

山县首相等人为了避免与伊藤博文等人发生正面冲突，将该法案先递交贵族院进行修改后再递交众议院。贵族院委员会由山县系会派领导，他们做出了比较保守的修改，即将拥有选举权的资格改为应缴地租 10 日元以上，并将城市选区议员名额所占比例调整为 14.3%（伊藤之雄『立憲国家と日露戦争』34 ~ 36 页）。

/ 468

但是，这种修改对于计划创立新党、改良政党的伊藤来说是无法接受的。在 3 月 9 日召开的贵族院大会上，平时不出席会议的侯爵议员伊藤，也以一介议员的身份参加，并发表了拥护政府方案的演讲。

伊藤在演讲中强调，日本虽有 4000 多万人口，但拥有参政权的不过 40 余万，由此可见，众议院无法充分发挥国民代表的作用。所以，如将地租资格限制降至 5 日元，拥有选举权的人将增至 170 万 ~ 180 万。而且，要与列强为伍，就必须增加工商业界代表的人数。演讲之后，通过伊藤心腹末松谦澄（前递相、伊藤女儿生子的丈夫）等人的努力，大家纷纷提出恢复政府原案的要求，最终，与政府原案内容相近的修正案在贵族院大会上获得通过（『帝国議会貴族院議事速記録』十五巻下、714～716頁）。

虽然山县系官员的势力在贵族院不断发展，但提出合理建议的伊藤的影响力也非常巨大。伊藤对于在贵族院取得的这一成果应该颇为满意。

然而，众议院没有通过贵族院的修改案，选举法修改法案没能成立。虽然政党方面有很多人都赞成扩大选举权，但大多数议员都是以农村为基础才得以当选的，所以自然反对增加城市选区议员名额的比例。

/ 469

第十三届议会一结束，同年4月10日，伊藤就前往长野市，发表了创立新政党的演讲，随后在全国各大城市进行游说。6月前，伊藤就走访了大阪、神户、下关、大分、福冈、山口、广岛、名古屋等各大城市，受到了来自地方政府和当地人民两方面的热烈欢迎，并就经济、外交、教育等领域问题发表了20多次演讲。伊藤在各大城市大受欢迎的原因在于，伊藤向大家展现了重视城市地区工商业者的新姿态。

/ 再次提议宫中改革

伊藤为创设新政党而到处游说，他也清楚地知道，要真正实现"宪法政治"，就必须加大力度进行宫中改革。其中的问题之一，就是皇太子（东宫）嘉仁亲王的教育进展缓慢，几乎样样都有所延迟。

1899 年（明治三十二年）4 月 23 日，皇太子的宾友有栖川宫威仁亲王召集伊藤博文等皇太子伺候，商量皇太子的教育方法问题。伊藤认为，教育必须保持统一，即便是天皇也应该尽可能地不去介入皇太子的教育问题，把权限全部交给负责人。伊藤还推荐了有栖川宫作为负责人。所有人都对伊藤的建议表示同意（『明治天皇纪』九卷、641 ～ 645 页）。

明治天皇平时几乎不与皇太子接触，却非常想由自己来掌控皇太子的教育问题。这一方面是因为天皇对从小体弱多病的儿子的宠爱，另一方面则是因为天皇的责任感，他觉得在臣子面前要自制，避免父子之间的接触（伊藤之雄『明治天皇』362 ～ 369 页）。

天皇并没有理解和采纳伊藤的建议，直到有栖川宫催促，才表示了同意。5 月 8 日，东宫监督和东宫伺候这两个为皇太子教育而设立的职位被废除，取而代之的是，原为东宫宾友的有栖川宫被任命为东宫辅导，成为皇太子教育的最高负责人。除了星期日，有栖川宫每天都必须到东宫御所工作。

此外，伊藤、大山岩元帅、土方久元（前宫相，伊藤系）、田中光显宫相等五人被任命为东宫辅导顾问。

天皇在做出这些决定之前，派侍从长德大寺实则到大矶，将决定告知与有栖川宫在一起的伊藤，并再三强调要让伊藤和以往一样给皇太子上好政治课（『明治天皇紀』九卷、641～644 页）。

　　皇太子等皇室子女的教育，虽然具有公务性质，但也是天皇家族的内部问题，所以天皇频频介入，这不是君主机构说的行动规范能够完全制约的。在立宪君主制比日本发达的英国，君主对于皇室内部问题的介入同样也比外部问题多（伊藤之雄『明治天皇』242～244、273～280、362～371、422～426 页）。

　　出于对这些情况的考虑，天皇对伊藤的信赖以及两人之间的关系，其实早已超越了天皇与元老、体面与立场，倒是与友情更为接近。为了提高天皇作为明君的威信，伊藤的言外之意是天皇对皇太子教育问题的干涉往往很突然、没有系统性，反而产生副作用，所以应该控制自己，把皇太子的教育全部交给有栖川宫等人。能够对天皇提出如此建议的，也只有伊藤了。

　　8 月 24 日，天皇下令在宫中设立帝室制度调查局，对朝仪典礼，皇族、皇室财产，以及其他皇室相关事项开展调查和审议。同时，任命伊藤就任调查局总裁，并规定了 12 个调查项目。29 日，伊藤觐见天皇奏请批准副总裁等人选。

　　9 月 5 日，土方久元被任命为副总裁，伊东巳代治（前农商相、伊藤心腹）被任命为御用挂。

　　9 月 9 日，帝室制度调查局在位于赤坂灵南坂的伊藤办公地宫内省官舍内正式启动。帝室制度调查局的设置，是基于前一年（1898）2 月伊藤提出的宫中改革 10 项意见书，以及伊藤 12 月从清国游历回国后对意见书再次进行修改后形成的设置调查机构的建议（『明治天皇紀』九卷、695 页。『伊藤博文伝』下卷、417～426 页）。虽然《皇室典范》与明治宪法同时制定完成，但内容仅停留在大纲程度。所以，调查局的任务就是要对 12 个调查项目进行探讨，明确细节。

日俄战争结束后，帝室制度调查局希望制定一个称为《公式令》的法令，让首相代理行使宪法条文规定的天皇主要权限。伊藤想通过这个法令来控制日俄战争结束后的陆海军，尤其是陆军势力的崛起和自立。但在 1899 年这一时间点上，此类项目并没有单独立项。这些都将在后文进行具体阐述。

/ 日俄协商路线的动摇

正当伊藤为组建新党而到全国各大城市进行游说，并因皇太子教育体制不完善而再次建议改革之时，1899 年（明治三十二年）5 月，俄国海军开始企图在朝鲜半岛南岸的马山浦建立基地。1898 年 10 月，巴普洛夫就任俄国驻韩公使之后，就开始为扩大俄国的势力范围，以马山浦、木浦等朝鲜半岛南岸的优良港口为目标开展活动。即使从帝国主义时代的标准来看，巴普洛夫也是一个不折不扣的强硬派阴谋家。

巴普洛夫的行为，对日俄在韩国保持政治关系对等的《罗森－西协议》精神构成了威胁。6 月，田村怡与造大佐（参谋本部第一部部长），从陆军作战计划部门负责人的立场出发，表示相当担忧俄国占领马山浦一事，因为日本对此无计可施。田村真正担心的是，如果日俄战争爆发，被俄国占领的马山浦会成为日军在朝鲜半岛登陆作战时的障碍（Ian Nish, *The Origins of The Russo-Japanese War*, pp.60–61）。

同年 10 月 11 日，山县首相也递交了相同的意见书，认为不可无视这一情况。山县的意见书认为，应重新考虑日清战争结束后伊藤与山县等人联手建立的日俄协商路线，根据情况甚至可以与俄国对决。然而，伊藤希望能继续维持日俄协商路线，其意见与山县不同（大山梓編『山県有朋意見書』254 ～ 255 頁）。

陆海军和外务省高官中，有不少人对俄国的不信任感比山县更为强烈，他们认为俄国一直企图南下，想要从中国满洲对朝鲜半岛进行控制。然而，现实主义者伊藤却有自己的一套道理。他认为不用对一些琐事反应过度，当事情具体化之后，再与当事国俄国进行协商也不迟，如果无法和平解决，到时候再做最后决断。

从 1899 年（明治三十二年）开始，清国山东省的义和团势力逐渐扩大；1900 年 6 月，甚至发展到将北京孤立，切断其与天津、保定等地联系的程度。6 月 20 日，义和团杀了德国公使，并与清兵一起攻击滞留北京城内的列强各国公使馆员、士兵和外国侨民。由各国公使馆卫兵和外国侨民组成的义勇兵总共也不到 500 人。

列强都决定向清国派送援兵，但远水救不了近火，时间和人员都不够。7 月 5 日，英国驻日代理公使怀特黑德（John Whitehead）受索尔兹伯里首相之命请求日本向清国派遣救援部队，而且其他列强也都不反对（『日本外交文書』三十三卷、716～718 頁）。

元老伊藤认为事态非同小可，召集山县首相、西乡内相、松方藏相三位元老，以及青木外相、桂陆相、山本海相等主要内阁成员，在首相官邸开会讨论。伊藤认为，由于目前局势还不明朗，所以不应消耗国力，走过场即可。各位大臣也都同意。尤其山本海相对事情的经过进行了详细介绍，并认为伊藤的意见符合事实，应该全面支持（伊藤博文「清国事件に関し大命を奉したる以来の事歴」）。

伊藤虽是元老之一，但并没有身居山县内阁阁僚或枢密院议长等特定要职。但这次，伊藤召集并主持了由主要内阁成员参加的会议，目的是让他们理解必须慎重对待义和团问题。虽然伊藤领导体制已经崩溃，但明治天皇对他的信任丝毫不变，所以伊藤依旧享有第一元老的特殊地位。

义和团运动，有可能在很大程度上改变清国秩序及西方列强

/ 474

在清国的势力范围。7 月 5 日清晨，山县觐见明治天皇，天皇命他与元老伊藤商讨清国问题。随后，天皇召伊藤进宫，傍晚 5 点伊藤觐见天皇，天皇就如何解决清国问题征询伊藤的意见，并命令他向阁僚提出建议（伊藤之雄『立憲国家と日露戦争』48 頁）。

日本派出了由 22000 人组成的军队，数量为列强之首；俄国位列第二，派出了 4000 名士兵，此外又有其他派遣，8 月起从北方开始占领满洲。8 月 14 日，包括日本在内的八国联军进入北京，实现了联军出兵的目标。除满洲地区以外，日本派遣的兵力为列强之首，存在感骤增。

看到联军占领了北京，8 月 22 日伊藤认为出兵目的已经完成，建议山县首相和青木外相率先撤兵。伊藤指出，出兵清国的日军在形式上受德国总指挥调配，这种统率方式存在问题（伊藤博文「清国事件に関し大命を奉したる以来の事歴」）。可以说，伊藤强调统率方式的问题，是为了敦促神经质的山县首相尽快撤兵。

山县、青木在表面上看似接受了伊藤的劝告，但实际到 31 日也没有付诸行动，结果反倒是俄国方面首先提出了从北京撤兵的建议。而且，山县内阁对俄方建议也没有立即做出答复。伊藤对此感到非常气愤，因为日本不仅失去了作为撤兵建议人的地位和名誉，甚至没有做到及时答复撤兵，于是上奏天皇说明情况并且致歉（伊藤博文「清国事件に関し大命を奉したる以来の事歴」）。

山县首相等人所考虑的是，在北京周边驻兵，不仅可以增加日本的发言权，甚至有机会扩大日本在中国的势力范围。虽有天皇之命，但伊藤对山县等人的影响力已经微乎其微，伊藤尝到了现实的严峻滋味。

7 月中旬，俄国驻日公使伊兹沃利斯基（Александр

Петрович Извольский）、俄国驻韩公使巴普洛夫向元老伊藤和日本驻韩公使建议，如果义和团运动波及满洲地区和韩国，日俄需要在韩国国内划分势力范围。对此，伊藤和井上馨两位元老想与俄方进行交涉，但是山县首相的目标是用满洲换取韩国，将整个韩国划入日本的势力范围，所以反对在韩国划分日俄势力范围。青木外相则更为强硬，甚至提出不惜与俄国开战。结果，因为义和团运动没有扩大到韩国，所以日俄在韩划分势力范围一事也就没有进展（小林道彦『日本の大陸政策』36～37页）。

8月下旬还发生了厦门事件。台湾总督儿玉源太郎（山县系官员、陆军军人）等人策划乘义和团运动之乱，烧毁位于台湾对岸的厦门日本本愿寺布教所，企图以此为由占领厦门。因为台湾与福建之间的人员和物资均可自由往来，所以儿玉等人认为，为稳定对台湾的统治，有必要将台湾对岸的福建也收入囊中。

伊藤起先完全不知此事真相，估计山县首相也一样。山县内阁一开始并没有想将事态扩大化，但当儿玉提出出兵请求后，山县内阁批准占领厦门，并决定派遣一个步兵大队（数百人）的较小兵力。此事也获得了天皇的许可，日本派两支海军陆战队登陆厦门。

然而，英国等列强要求日军从厦门撤兵。儿玉等人坚持占领厦门，但得知事件真相后的伊藤强烈要求撤兵。山县内阁以及军部中央也做出了回应，同意撤兵（斋藤圣二『北清事変と日本軍』第五章）。

与对待义和团运动时的情况不同，这次伊藤与山县的意见达成一致，所以日本得以迅速撤兵。与伊藤相比，山县在协调列强关系、处理清国问题上显得较为薄弱，但他尽可能避免与列强产生重大分歧。这一点让伊藤松了一口气，但他也清楚地认识到，山县内阁无法与列强协调，创造东亚新秩序。

第十九章

体力衰退与"宪法政治"理想
——创建立宪政友会、第四次伊藤内阁

　　回过头来看日本的国内问题。在星亨的领导下，原自由党系的宪政党与第二次山县有朋内阁保持了一年多的合作。为回报宪政党支持加征地租法案的通过，政府废除了复选制、大地主议员，并在府县选举和郡选举制度方面扩大了参政权（见本书第十八章）。同时，1899 年（明治三十二年）秋，宪政党通过府县议会扩大了势力范围，巩固了政党的基础。

　　但是，星亨等人作为宪政党的领导人与山县内阁合作，是其实现政党政治的一个步骤，如果自己的党员无人进入内阁，这种合作是无法继续的。而且，1900 年 5 月 19 日，山县内阁决定对陆军省和海军省的官制进行修改，陆军和海军大臣必须是现役大将或中将。其实从来就没有军部大臣是从文官中诞生的，但这次官制改革从法律层面对此进行了明文规定，也可以说是对宪政党的一种挑战。

　　1900 年 5 月 31 日，星亨等人向山县首相提出，让山县内阁的阁僚加入宪政党，或是让宪政党员进入内阁。星亨等人想要决定今后的方向，要么迫使山县做出大幅让步来保持合作，要么请伊藤出任宪政党党首。

　　山县在担任首相期间取得了不少成果，觉得差不多是时候急流勇退了。5 月 24 日，山县向天皇表示希望辞去首相职务。当然，讨厌政党的山县是不会答应星亨要求的（伊藤之雄『山县有朋』319 ～ 325 頁）。

　　6 月 1 日，星亨等人拜访伊藤，请他出任宪政党党首，伊藤却告诉他们自己想成立新党。自一年多以前，星亨就希望能与伊藤联手实现政党内阁，一听伊藤这个提议欣然答应加入伊藤的新党。就这样，伊藤创建新党立宪政友会（后文简称政友会）的构想一下子具体化。

伊藤也征求了山县等人的意见，山县既没有强烈反对，也没有积极支持。其实，山县是反对伊藤创建新党的，但没有明确表示。

对此，伊藤也是知晓的。7月，伊藤与心腹伊东巳代治、星亨等人商量新党的组织关系。为使政府和商界人士易于加入新党，伊藤希望形成类似俱乐部那样本部与地方组织之间较为松散的组织关系，但是星亨和伊东表示反对，认为那样无法管理，最终将其定为较为紧密的总部和支部关系。

1893年4月，根据天皇发布的《和协诏敕》，《集会及政社法》经过修改后施行，政社（政党）因此可以设置支社（支部）。原自由党系和原改进党系都据此重组支部，党员人数也大幅增加。向拥有政党支部活动经验的人建议不设支部，可见伊藤对时局的判断能力有所下降。

/ 479

8月25日，伊藤在东京芝公园的"红叶馆"召集西园寺公望等13人，发表了创建新党的宗旨和纲领，并设立了建党委员会。但是，伊东巳代治认为伊藤对自己不够器重，渐生嫌隙，于是没有参加建党委员会。

大约2年8个月前，第三次伊藤内阁组阁之际，伊东巳代治也曾令伊藤大怒，两人差一点断绝关系。其实也不是什么大事，伊藤在组阁时征询伊东意见，提出让他当递信大臣，但实际伊东接到任命时才发现是农商务大臣的职位，结果拒绝入阁。

这一次，伊藤年纪大了，情绪更不稳定，结果伊东巳代治从政友会筹备时就离开了（伊藤之雄『立憲国家と日露戦争』512、106页。升味準之助『日本政党史論』二卷、345～358页。山本四郎『初期政友会の研究』29 ～ 57 頁）。

9 月 13 日，宪政党解散，所有党员自动加入新党政友会。两天后的 9 月 15 日，政友会在帝国饭店举行了建党仪式，共有 1400 多人出席，伊藤就任总裁。帝国饭店是伊藤离开大矶前往东京时固定下榻的地方。

伊藤创建政友会的目的，可以从 1900 年（明治三十三年）8 月 25 日伊藤发表的创建新党的宗旨演讲，以及 9 月 15 日的建党仪式上的演讲中知晓。

第一，以政友会为媒介，让更多地方上重要人物的意见在政治上有所体现，实现立宪政府（"宪法政治"）（8 月 25 日的演讲）。

／ *480*

第二，伊藤认为政党发展尚不成熟，应尽量避免让政党参与内阁成员的任免和内阁政策的决策。为此，伊藤制定了赋予总裁强权的政友会会则（党章）。

会则没有明确总裁的任免和任期，但规定总裁拥有最高干部总务委员、负责庶务会计的干事长、干事等党内重要领导人的任免权。会则还规定，由总裁决定总务委员的人数，每年在东京召集召开一次党大会，议会开会期间根据需要也可以召集召开议员大会。

此外，伊藤还强调要避免让有武斗行径的无产者入党，要建立有秩序有纪律的政党（8 月 25 日的演讲）。

由此可见，伊藤希望创建具有政策立案和执政能力的真正近代政党。伊藤早在 1899 年 2 月就曾发表演说，要以英国"党派政府"（政党内阁）花了七八百年取得的政治变革成果为目标（「欧州選挙法の変遷と我が改正案」『伊藤公全集』二卷）。估计伊藤是想先创立政友会来作为政党的范例，然后将来再创立另外一个近代政党，形成类似英国的两大政党制度。

第三，伊藤期待政友会能熟悉列强的国际规范，成为他至此一手建立起来的协调外交、与国防相应的产业振兴等政策的支柱。①

在政友会的九条纲领之中有一条是关于外交的："重视外交，增进友邦之谊，以文明之政让远人倚安〔安心依靠〕，使法治国家名副其实。"意思是倡导与列强合作、遵守条约。还有一条提到了"完备国防"，"确保维护国权国利，始终与国力发展相伴而行"，强调要发展与国力相适应的国防。

---

① 伊藤非常重视产业振兴，他认为只要"宪法政治"发展成熟，就能制定合理的政策，有利于产业振兴。伊藤所说的"宪法政治"这个词，基本与"立宪政治"同义，但含义更为广泛，包括合理的政治制度改革、产业振兴等内容。伊藤对修改选举法的热情就是其中一例。

此外，第二次伊藤内阁有关设立官营八幡制铁所的预算在第九届议会上通过。1896 年 3 月 29 日，宣布了制铁所官制（4 月 1 日开始施行）。此后，伊藤在竣工前夕视察了八幡制铁所，并与干部们在第一高炉前合影留念（照片上的日期是 1900 年 11 月 30 日）。伊藤还挥毫写下了抒发制定宪法之感的汉诗"万机献替廿余年，典宪编成奏御前"，装裱成挂轴后赠予八幡制铁所（新日铁住金高见俱乐部所藏）。由此可见，"宪法政治"与"产业振兴"之间的关联。

伊藤总裁亲点了辅佐自己的 13 位总务委员作为党的最高干部，包括西园寺公望（前外相、前文相）、末松谦澄（前递相，伊藤女儿生子的丈夫）、金子坚太郎（前农商相）等 7 名伊藤系官员，后来成为第四次伊藤内阁倒阁导火索的渡边国武（前藏相、前递相）也在其中；政党方面有宪政党（原自由党）系的星亨（前驻美公使）、松田正久（前藏相）、林有造（前递相）3 人，以及尾崎行雄（前文相、原改进党、进步党系）等人。从党内决策效率来看，13 人这个人数过多，但为了尽可能地召集重要人物、创建强有力的政党，这也是无奈之举。

/ 482

此外还有一位重要人物，那就是原敬（前外务次官、驻朝公使），他在政友会创建大约一年后成为政友会领导人。原敬在陆奥死后，也与伊藤、井上馨保持联络，在两人的劝说下准备入党（『原敬日記』1914 年 9 月 17 日），但由于他辞去大阪每日新闻社社长之后的交接工作未能按预定时间结束，所以无法参加政友会的建党仪式。1900 年（明治三十三年）11 月下旬，原敬终于从大阪每日新闻社退职，12 月 19 日就任总务委员兼干事长（伊藤之雄『立憲国家と日露戦争』54 ～ 57 頁）。

当时干事长的地位并不高，无法与第二次世界大战结束后的自民党等政党的干事长相比。第四次伊藤内阁已经成立，但原敬无法入阁，原敬因此对伊藤非常不满（伊藤之雄「日本政党政治研究の課題」）。其实不看能力和自信，原敬在入党时就没有阁僚经历，而且他在伊藤系官员中也处于最低级别，所以伊藤只能这样安排。

此外，由于原宪政党员（原自由党系）自动加入政友会，要改造政党，就需要吸收原宪政党员以外的人员入党。于是，从8月26日开始，在举行建党仪式之前，政友会向许多重要人士广泛发送了入党邀请函。例如：无党派议员、无党派前议员、市长、市长助理、市参事会员、市议员、商业会议所所长、副所长，各大公司〔公司资本在5万日元以上（约为现在的7亿5000万日元）〕社长、高额纳税人，府县议员、郡议员，律师，银行（资本在10万日元以上）行长，以及各府县的名门望族。

政友会还向除皇族以外的贵族院议员也寄送了政友会宗旨，委婉表达了邀请入党之意。

宪政本党（原改进党、进步党系）与政友会并列成为众议院两大政党，政友会没有向其党员发送入党邀请函。因为如果请与宪政党对立的宪政本党党员加入宪政党，就会形成对宪政党核心党员的挑衅。

其实，伊藤为小范围瓦解宪政本党，也暗地里活动。他给宪政本党干部尾崎行雄1万日元（约为现在的1亿5000万日元）（伊东巳代治『翠雨庄日记』1901年10月6日），让他带领一批宪政本党党员加入政友会，但结果只有尾崎一人入党。

然而，坐拥山县系官员，与伊藤平起平坐的山县有朋在内心里是反对伊藤创建政党的。所以，三井、三菱、住友等大公司，为了不被卷入政治斗争，在伊藤和山县两者之间保持中立，几乎无人参加政友会。贵族院方面加入的人也很少，只有西园寺公望、金子坚太郎等几位伊藤系官员。

9月15日，政友会建党时共有152名众议院议员为政友会党员。这样政友会一党就在众议院300个议席中获得了超过半数的议席。但是，这152名众议院议员中的约73%，即111人来自原宪政党人。所以，政友会的核心可谓自由党到宪政党的延伸。

　　以和歌山市为例，地方城市的重要工商业者，由于选举法的修改，对伊藤重视工商业和城市的姿态产生共鸣，所以期待积极发展公共事业，大量加入政友会。与其他许多地方相同，和歌山县既没有贯穿本县的铁路，也没有真正的公路，和歌山港甚至没有像样的港口，所以各地对于基础设施建设的要求十分强烈（伊藤之雄『立憲国家と日露戦争』57～59頁、第二部第二章）。将政党的基础从地主阶层转变为实力工商业主，从这一点来看，伊藤的政党改造计划部分得以实现。

/ "敕许政党"政友会

立宪政友会的创建以及运营资金究竟是从哪里获得呢？

为创建政友会并就任总裁，1900 年（明治三十三年）9 月 2 日，伊藤提出了辞去帝室制度调查局总裁、东宫辅导顾问等皇室相关职务的辞呈，14 日得到批准。明治天皇赐予伊藤 2 万日元（约为现在的 3 亿日元）和红白缩缅绸缎各一匹（『德大寺实则日记』〔写〕1900 年 9 月 11 日）。

据负责天皇下赐事务的责任人田中光显宫相说，如果组建政党的费用来自天皇赏赐一事泄露，宫内省的政治中立性就会遭到怀疑，甚至可能连累皇室。所以，对外界公布的下赐理由是"优待功臣"。然而伊藤似乎对此毫不介意，甚至公然向政友会会员表示，今后如果有需要，无论要多少，宫内省都会出钱支持，暗示政友会受到天皇的期待，并对宫内省彰显自身的实力（伊東巳代治『伊東巳代治日記・記録　未刊翠雨荘日記　憲政史編纂会旧蔵』1901 年 10 月 6 日）。

田中宫相虽是山县系官员，却背着山县采取这样的措施，完全是因为天皇对伊藤创建新党的理解。隈板内阁成立前夕，伊藤表示想组建政党时，天皇持反对意见；直到 1898 年 6 月，天皇一直反对藩阀官员组建政党。但这次，47 岁的顽固天皇终于被伊藤说服了。

而且，由于创建新党对伊藤来说也是首次尝试，所以一向强势的伊藤也颇感不安。为了尽可能多地吸引大家入党，他甚至公开表示无论多少钱宫内省都会出，反倒说明了伊藤的焦虑。即便我们理解伊藤的这种心理，也可以看出伊藤领导体制的衰败和其近 59 岁的高龄，以及长年居于权力中心的地位让伊藤身心疲惫。

根据在政友会创建时负责与元老井上馨、星亨以及原敬联络的野崎广太所言，在财界人缘颇好的井上馨筹来了 30 万日元（约为现在的 45 亿日元）作为创建政友会的资金（野崎広太『らくがき』184 頁）。

伊藤建党约一个月后，即第四次伊藤内阁成立之后，天皇又赐予伊藤更多的政治资金。根据田中宫相所言，下赐金额为 20 万日元（约为现在的 30 亿日元）。伊藤给了星亨 1 万日元、尾崎行雄 1 万日元，渡边国武出国游历的费用为 1 万 5000 日元，用于政友会的不到 3 万日元。内阁倒台的时候，伊藤手头还留有约 15 万日元（伊東巳代治『伊東巳代治日記・記録　未刊翠雨荘日記　憲政史編纂会旧蔵』1901 年 10 月 6 日）。

/ 486

从明治天皇为伊藤创建新党、引领第四次伊藤内阁提供资金援助来看，政友会是具有"敕许"（天皇许可）性质的政党（伊藤之雄『立憲政友会創立期の議会』）。

/ 山县首相辞职

1900 年（明治三十三年）8 月末到 9 月初，清国的义和团运动被镇压下去，日本国内政友会正在筹备建党。就在那时，山县首相向伊藤表示自己想辞去首相职务，请他继任。但是，伊藤没有答应。山县看到伊藤正在筹备新党，打算在其准备稳妥之前将执政大权让出来，这样就可以让第四次伊藤内阁和新党遭遇失败。

这倒不是因为山县个人想要权力、打击伊藤，而是因为他认为强有力的政党对国家有害。伊藤则认为，要让"宪法政治"（立宪政治）健全发展，就需要具有真正意义的近代政党，所以亲自组建新党，避开山县拐弯抹角的攻击，想在认真做好筹备工作之后执掌政权（伊藤之雄『山县有朋』324 ～ 326 页）。第三次伊藤内阁只维持了不到半年的时间，所以一向自负的伊藤绝不希望再发生类似的情况。

天皇也猜透了伊藤的心思。山县首相执政近两年，解决了加征地租问题和义和团运动等问题之后，表示想要辞职。天皇也不可能一直挽留山县，而且由于义和团运动，俄国出兵满洲并继续驻兵，让伊藤当首相组阁的话，天皇对于外交事务的处理也更放心。总之，伊藤和山县两位大元老的想法发生了正面冲突。在元老制度无法正常运作的时候，天皇就不得不亲自决策了。

9 月 24 日，天皇下令让松方正义、井上馨两元老去说服伊藤继山县之后担任首相。26 日，山县听说井上去拜访伊藤之后，提出了辞呈。然而，伊藤依旧推辞组阁。天皇又让井上、岩仓具定侍从职干事（公爵，岩仓具视家的继承人）、松方等人去说服伊藤。10 月 6 日，伊藤终于答应组阁，出任首相。所以，伊藤是在还未充分掌握政友会、准备不充分的情况下不得已组阁的。

1900 年（明治三十三年）10 月 19 日，第四次伊藤内阁成立。陆相、海相及外相通常由专家担任，而不是政党党员，这基本已经形成惯例。内阁成员如下：首相伊藤、陆相桂太郎（留任）、海相山本权兵卫（留任）、外相加藤高明（前驻英公使、陆奥宗光的心腹）；政党方面进入内阁的有 3 人，即从原自由党进入宪政党的文相松田正久、农商相林有造、递相星亨。

加藤高明其实与大隈重信的关系更好，年仅 40 岁就被提拔担任外相这一要职，完全是出于伊藤的意思。伊藤十分看重加藤的耿直和外交手腕（奈良冈聰智『加藤高明と政党政治』36 ～ 62 頁）。因为伊藤认为日本的政治已经成熟，是时候引进英国模式了，所以从这一点来看，喜欢英国的加藤刚好合适。

/ *488*

伊藤系的内阁成员有 4 人：藏相渡边国武、内相末松谦澄（伊藤女儿生子的丈夫）、法相金子坚太郎，以及班列大臣西园寺公望。伊藤没有让西园寺就任特定阁僚职务，是出于培养他成为自己继承人的考虑。伊藤在组阁前就身体不适，10 月 27 日让西园寺担任首相临时代理，第二天 28 日就回大矶休养，11 月 3 日去了热海温泉。由于黑田清隆枢密院议长去世，西园寺在就任首相临时代理的同时，还兼任枢密院议长。

第四次伊藤内阁是藩阀官员中的一把手伊藤组建新党后成立的内阁，除陆相、海相、外相之外，阁僚均为政友会党员，所以从形式上来看，可以说是政党内阁。而且，内阁成立后，原宪政党员、伊藤系官员及其下属 14 名政友会党员分别担任中央要职，如内阁书记长官（现在的内阁官房长官）、总务长官（次官）、官房长、大臣秘书官。这与第一次大隈内阁时期共有 42 名党员分别就任中央要职、知事及地方长官相比，人数上要少得多（伊藤之雄『立憲国家と日露戦争』60〜61頁）。

然而，由于伊藤是在政友会创建不久后就无奈组阁，在组阁过程中就出现了党内不团结的问题。伊藤想让盟友井上馨出任藏相，但政友会创立委员长渡边国武（前藏相）以伊藤被星亨等人操控为由想要退党，并把此事泄露给了报纸。渡边这样做是为了当藏相。伊藤忠告渡边，"立宪要诀〔最为重要的〕在于让步"，如果不能团结一致，党的目标就无法实现（渡辺宛伊藤書状、1900 年 10 月 15 日、「渡辺国武文書」国立国会図書館憲政資料室所蔵）。

尽管政友会其他干部也都对渡边的乱来感到气愤，但伊藤在无奈的情况下还是让渡边当了藏相。他不希望在新党创建后不久，最高干部层就有人退党。然而，渡边的问题给伊藤内阁的未来投下了阴影（山本四郎『初期政友会の研究』80〜90頁）。

由于伊藤是首任贵族院议长，直到创建政友会之前，他在贵族院都具有相当大的影响力。但伊藤这次以政党为背景进行组阁，不仅引起山县系官员的反感，甚至让贵族院对伊藤、伊藤内阁以及政友会的抵触情绪也越来越大。

贵族院攻击的第一个对象，就是原宪政党系领导人——递信大臣星亨。此前就传闻星亨在横滨围海造田项目中受贿，1900年（明治三十三年）12月，东京市议会贪污事件曝光，于是执掌市议会实权的星亨的嫌疑顿时增大。

就在第十五届议会召集之前的12月17日，在山县系会派的领导下，贵族院核心六个会派的干部向伊藤首相提出了以下忠告：①如果让星亨继续担任递相，就很难确保内阁的威信，请伊藤采取对策；②慎重选任官吏、严肃官纪；③不要将国务和党务混同；等等。结果，12月22日，星亨辞去递相一职，由原敬继任。

/ 490

伊藤很看重原敬的能力，但是自己的内阁成员（星亨）被贵族院逼迫辞任，他感到十分耻辱。于是，1901年1月28日，伊藤在政友会议员大会上公开表示要对行政和财政进行整改，2月13日在贵族院也发表了内容同样的演讲。

伊藤在演讲中表示：①至此为止，在1885年冬到1886年期间进行过行政方面的大调整，后来只有枝枝叶叶方面的小调整，所以应该是时候进行根本性的大调整了；②从前一年就开始进行细致的调查，为行政改革做准备，希望能用半年至一年的时间完成改革，请各位鼎力协助；③同样，也希望进行财政改革等。

前文提到，伊藤曾在 1898 年计划对 1890 年制定的选举法进行大幅修改，同时也希望对 1885 ～ 1886 年制定的官员制度进行大改革。

伊藤考虑将财政改革交给盟友井上馨，行政改革则交给心腹伊东巳代治（枢密顾问官）。但由于伊藤内阁后来只持续了三个月，所以其行政和财政改革的具体内容就无法知晓了。然而同年 6 月，井上馨在第一次桂太郎内阁成立前后，就写了有关行政和财政整改的意见书（「井上伯财政整理意见」「井上馨文书」）。因此，可以从井上的这份意见书来大致了解伊藤当初的构想。

第一，井上认为通过对行政和财政进行整改，将剩余资金与原定的增税税金加在一起，用于修建铁路等积极政策，也就是说，不用依靠公债或新税。

第二，为此必须打破省与省之间、省内各局之间的本位主义，减少文官和武官数量，精心选才，切实提高行政效率。

第三，将军队相关工厂下放民营或是与民营企业合并，兵役缩短至 3 年，逐渐减少宪兵数量、废除地方上的幼童军校。对陆海军相关资料进行整理，对内务、司法、文部、外务、递信、农商务省等各省的组织制度进行改革。

对于伊藤的这一姿态，山县系官员似乎在伊藤 1901 年 1 月底公开表示要对财政和行政进行整改之前就已经察觉了。1900 年 12 月 22 日，山县的心腹清浦奎吾（贵族院议员、前法相）就写信给山县说他觉得伊藤可能会采取行动修改《文官任用令》和《分限令》①，并扩大人才的录用范围。

山县系官员和贵族院对伊藤及伊藤内阁的反感，从对星亨

---

① 为保障普通文官身份和职务的敕令。——译者注

的攻击开始，发展到对北清事变（义和团运动）处理费预算的攻击。伊藤内阁从军舰水雷艇补充基金中临时抽调了约2900万日元（约为现在的4350亿日元）用于北清事变。为弥补这些费用，在第十五届议会上提出了增加酒类税、海关税等税额的各类增税法案。这些法案虽然在众议院获得通过，但2月25日遭到贵族院特别委员会的否决。因为预计这些法案有可能在贵族院大会上被否决，所以内阁决定从2月27日到3月8日停止议会，后来停会又延长至13日。

停会期间，伊藤首相委托山县、松方、西乡、井上等元老协助调停，但并不奏效。于是，伊藤首相和其他元老决定请天皇颁诏来渡过难关。3月12日，天皇向贵族院下诏，"庙谟翼赞"（请诸位协助朝廷施政以助天皇）。此后，3月16日，贵族院终于通过了已在众议院通过的增税等各类法案（山本四郎『初期政友会の研究』96～134頁。『徳大寺実則日記』〔写〕1901年2月27日～3月14日）。

/ 492

/ 元老制度、枢密院、贵族院的改革构想

由于贵族院接连不断的无理取闹，1901 年（明治三十四年）3 月 2 日，伊藤向其他元老表示了要对贵族院进行改革的决心。伊藤起草了上奏天皇的草案，并得到了许多内阁成员的赞成。

伊藤的草案如下：①将枢密顾问官数量增至原来的 2 倍，达到 50 人左右，从贵族院议员中选任，仅在类似内阁更迭那样的大问题上征询枢密院的意见；②贵族院中有爵位的议员不变动，但对于 100 人左右的敕选议员人数以及任期做出规定，废除敕选议员终身制等（『原敬日记』1901 年 2 月 26 日、3 月 11 日）。

据说，伊藤在其第二次内阁倒台后，就在天皇征询其继任首相人选时提出了想要将枢密顾问官增至原定人数 2 倍的 50 人。而且，伊藤从 1899 年 11 月到 1900 年 7 月前后，就计划要削减贵族院议员的特权，修改《贵族院令》了（伊藤之雄『立宪国家と日露戦争』45 ～ 46、108 頁）。

这次贵族院的无理取闹，使枢密院、贵族院改革构想更为具体化，由此构成了对 1889 年及其后几年间形成的宪法体制进行大幅修订的契机。

第一，原来由元老负责的继任首相推荐工作，交由权限增强的枢密院执行，也就是要将作为惯例的元老制度法制化。

第二，继任首相不再由元老（最多 7 人）推荐决定，而是扩大到包括元老在内的 50 人决定，意在或多或少地接近英国议院内阁制下的继任首相选出制度。而且，通过限定枢密院功能，就可以相对提高议会的地位。这里面包含了伊藤的意愿，即让其创建的政友会成为理想的政党，在以众议院为中心的帝国议会中牢牢扎根。

第三，规定敕选议员的任期，不仅能加强内阁对敕选议员的控制，还可以防止山县系敕选议员集团对贵族院的控制。

敕选议员之所以在贵族院中占有重要地位，是因为他们由于任官的"功绩"，许多人都拥有伯、子、男等爵位，同时也拥有爵位相应的对贵族院议员选举的投票权。非敕选议员的伯、子、男三个爵位的拥有者，如果要成为贵族院议员，就需要参加所属爵位的选举才能当选。

所以，对于有爵位的议员来说，那些不用亲自出马参加贵族院议员选举的敕选议员的爵位所对应的选票非常重要，这也成为敕选议员集团对贵族院影响力增加的原因之一。

伊藤首相及不少内阁成员提出对贵族院进行改革的构想，与增税等法案的通过有关，这让贵族院里的山县系官员压力倍增。从 3 月 12 日天皇下诏，到 16 日增税案在贵族院获得通过来看，贵族院实际上向伊藤内阁屈服了。

但是，山县系官员十分警惕伊藤内阁的动向，并已察觉伊藤有可能对《文官任用令》《分限令》等进行行政改革。同样，伊藤提出的贵族院改革构想，使山县及山县系官员对其内阁的反感更为强烈，不合作的姿态更为鲜明。所以，在内阁内部产生意见分歧时，这些都将成为倒阁的重要因素。

也就是说，除了修改选举法、开展行政改革以外，还要对贵族院进行改革，伊藤想要对自 1885 年到 19 世纪 90 年代前半期形成的政治体制进行大幅度的修改。从最初的政治体制仅为一种摸索尝试、工业革命浪潮袭来，以及日清战争结束后形成的新局势等情况来考虑，伊藤的这一构想是具有时代眼光的合理构想。但是，在权力基础尚未牢固、召集支持者压倒反对派的准备工作尚不充分等情况下，一下子提出如此之多、困难重重、明显会招致反对的改革构想，反而削弱了伊藤的权力基础。当时，人们常说"人生五十年"，所以已经 59 岁的伊藤可谓年事已高，而且长年处于国家权力中枢，身心已经相当疲惫，最终他出于自负，急于完成"宪法政治"的理想而没有考虑后果。

/ 财政方针的混乱

1901 年（明治三十四年）3 月 24 日，第十五届议会顺利闭幕。虽然第二次山县内阁通过的加征地租法案从 1899 年度开始实施，但 1900 年的经济大萧条导致税收减少，政府陷入了极其严重的财政困难。

伊藤首相上奏天皇，除了已经提出的行政和财政整改之外，还考虑最晚在 1900 年 12 月引进外债。伊藤设想，派遣精通财政的元老松方正义和井上馨前往德国、英国、法国等国家，协商外债事宜（『德大寺实则日记』〔写〕1900 年 12 月 14 日）。但是，募集外债的措施未能具体化。

1901 年 4 月 9 日，伊藤首相写信向山县诉苦，即便取消铁路、炼铁厂、电话等各类项目，削减 2000 万日元，依旧有 7500 万日元（约为现在的 1 兆 1250 亿日元）的缺口，又无法募集公债，感觉内阁已经无法再继续维持下去了，他还计划与松方、西乡、井上三位元老商量此事（『山县有朋关係文書』一卷）。11 日，伊藤首相告诉山县等元老，除了向北清派遣军队的军事费用等以外，国内外仍有 3000 万日元（约为现在的 4500 亿日元）的财政缺口（伊東巳代治『翠雨荘日記』1901 年 4 月 12 日）。

此外，第十五届议会结束之后，渡边国武藏相向伊藤首相递交了取消 1901 年度以公债为财源的政府项目的意见书。进入政友会的许多党员，都非常期待政府实施公共土木工程等积极政策，渡边藏相的这份意见书与他们的意见完全相反。

然而，伊藤首相的继承人只有西园寺公望（班列大臣）一人，伊藤认为可以让井上馨替代渡边就任藏相（『原敬日記』1901 年 4 月 6 日），却没有采取明确的行动来否定渡边的意见。

伊藤对渡边的意见书采取了看似默认的态度，首先是因为他虽然提出了振兴公共事业的新理念来减少党员当官的现象，却没有充分认识到公共事业对于政友会发展的重要性。

可能是因为应对第十五届议会的疲劳，伊藤的健康状态不太好。山本海相希望伊藤能亲自就任行政整改委员会的总裁，但伊藤以"力不从心"为由拒绝（同前、1901 年 4 月 9 日）。如果是几年前全盛期的伊藤，就算在议会期间辛苦疲惫，也不可能不理解政友会的要求、不亲自负责重要项目。由于衰老，伊藤倾听政友会主要干部意见的日常意见报告、锁定目标、迅速应对的能力已经大幅下降。而且，即便能够采取行动，伊藤由于长期位居国家政治领导地位，自负也阻碍了其发展。

其次，因为在第十五届议会上，贵族院反对因北清事变增税，元老们从一开始就没有力挺伊藤。结果，伊藤在募集外债等财政问题上完全丧失了自信。

伊藤在自身体力衰退的情况下，没能调节好内心的自负与不安。

/ 活跃的原敬递相

批评渡边国武藏相的中心人物，是伊藤系官员原敬递信大臣。前文曾提到，前一年 12 月政党方面的领袖星亨辞去递相，原敬继任。1901 年（明治三十四年）4 月 7 日，内阁会议讨论倾向于取消公债项目，原敬为避免项目被取消，甚至暗示辞职，结果达成妥协，决定将该项目推迟到下一年度（『原敬日記』1901 年 4 月 5 日、7 日）。

4 月 9 日，伊藤首相向元老山县请求帮助，希望能与他商量如何确保国家存续，但山县没有积极回应。此后，由于财政困难，伊藤为了获得各位元老的协助，于 4 月 2 日请山县、井上、松方召开了元老会议。伊藤对政府财政困难进行了说明，并明确表示如果元老们无法分担国家重任的话，他也只能放弃内阁了。然而，无人积极响应（伊藤之雄『立憲国家と日露戦争』72 ~ 73 頁）。

伊藤失望至极。因此，4 月中旬之后，对于究竟是顺应政友会干部的提议、通过募集外债在下一年度继续公共事业，还是采用渡边藏相的意见、取消下一年度的公债项目，伊藤开始举棋不定。

4 月 7 日，内阁会议召开之后，渡边藏相向伊藤首相递交了否定 1902 年度公债项目的意见书，这是对推迟项目这一妥协决定的反对。4 月 15 日，伊藤在内阁会议开会前，叫来原敬，告诉他应该和其他阁僚一起反驳渡边的方针，可见当时伊藤对渡边采取的是批评态度。内阁会议上，由于伊藤首相反对渡边的意见，渡边撤回了意见书。然而，原敬对于渡边书面撤回意见书并不满意，还在会议上批评渡边藏相的财政方针暧昧，结果双方争得不可开交。

其间，政友会党内一些议员认为，应召开议员总会，就1901 年度项目事业费是否推迟进行表决，这在党内引起了很大的震动。于是，4 月 13 日，伊藤召开了党内最高干部会议总务委员会，决定由内阁会议开展调查，不召开总会。伊藤十分艰难地维持了其在党内的统率作用（『原敬日記』1901 年 4 月 15 日。『中央新聞』1901 年 4 月 16 日。『政友』1901 年 5 月 10 日）。

伊藤与其继承人西园寺公望（班列大臣）、原敬以及非内阁成员的星亨保持合作。但是，渡边藏相再次向伊藤首相递交了取消 1902 年度公债项目的意见书。4 月 25 日，原敬递相拜访伊藤首相时，伊藤认为不得不取消 1902 年度的公债项目，原敬立即表示反对，并在当天傍晚与西园寺、星亨见面，讨论决定，如果渡边不接受原敬等人的意见，他们宁可内阁总辞职也绝不让步。26 日之后，原敬等人获得了松田文相、加藤外相、林农商相、末松内相等人的支持，在内阁孤立渡边（『原敬日記』1901 年 4 月 16 日～4 月 30 日）。

此外，伊藤首相想让伊东巳代治出任行政改革总裁一事在内阁会议上遭到反对，于是 4 月下旬伊藤决定自己出任总裁，并让奥田义人法制局长官负责计划立案。伊藤在 4 月 27 日前曾就行政改革、财政改革事宜多次上奏天皇。奥田很快就向伊藤首相递交了行政和财政整改方案。内容包括：改革陆海军政，节约军费支出；对《文官任用令》和《分限令》进行适当删除和修改等（伊藤之雄『立憲国家と日露戦争』73 ～ 74 頁）。山县方面对奥田的行政改革方案究竟知道多少不得而知，但这一方案显然对山县及山县系官员形成了挑战。

具体哪月哪日不清楚，但伊藤曾向山县讲过在进行行政改革的时候，将对《文官任用令》《分限令》等进行修改。当时，山县并没有反对，但伊藤知道山县其实并不同意（『原敬日記』1901年 5 月 21 日）。伊藤如果要求山县等元老在募集外债、行政和财政改革方面进行协助的话，就不应该同时提出那么多的体制改革内容。

5 月 2 日，伊藤首相将阁僚的辞呈汇总后，以内阁意见不统一为由，向天皇递交了辞呈。但其实，如果仅仅是内阁意见不统一，只需要求渡边藏相辞职就可以了。伊藤真正的目的，是想通过辞职来获得其他元老的支持，重新组建伊藤内阁。

/ 不愿合作的元老们

伊藤首相递交辞呈之后，明治天皇表示，1901 年度预算已经在内阁会议上决定延迟，上奏之后也已经批准，所以执行方面是没有问题的。而且，关于 1902 年度预算计划，所谓的阁僚意见不统一，也就是渡边藏相一个人反对，只需免去渡边的职务，让其他人继任就可，如果没有合适人选，就让井上馨担任。对此，伊藤回答，因为井上不是政友会党员，所以不适合继任，这让天皇感到很奇怪。

于是，天皇终于明白伊藤辞职其实并非本意。伊藤暗自期待召开元老会议，因为无人继任首相，山县等所有元老都会主动提出帮助自己。这比天皇挽留自己，勉强维持内阁要好得多。所以，伊藤以不成理由的理由提出辞职，并谢绝了让井上就任藏相的"天皇好意"。

/ 500

5 月 4 日，天皇任命枢密院议长（班列大臣）西园寺担任临时首相代理，就继任首相事宜征询山县、松方、井上馨、西乡从道四位元老的意见。天皇知道山县等元老与伊藤的关系比较微妙，但为了能让伊藤的意见也能在元老会议上得以反映，于是让不是元老的西园寺以准元老的资格参加了这次元老会议。

5 月 5 日，元老们与西园寺在宫中参加了元老会议，决定劝说伊藤留任。但是，伊藤向使者表示绝不留任。

5 月 8 日，元老们和西园寺出席了在西乡从道府上召开的元老会议。除了井上馨言语闪烁地委婉表示可以出任首相之外，没有其他元老主动提出继任首相。他们对于伊藤辞职的真意持怀疑的态度，认为在没有确认伊藤意图之前，无法做出决定。

于是，西园寺将从其兄长德大寺实则侍从长兼内大臣（由于德大寺的资格还不够，无法正式出任内大臣）那里听来的情况告知元老们。那是德大寺以"个人身份"写信询问伊藤意见，如果他在任首相期间无法参加元老会议，辞职后是否可以请他参加。伊藤回信说，如果是天皇之意，自己可以参加元老们有关善后措施的审议。

山县听后认为，这不过是德大寺的"个人行为"，伊藤却将此当作天皇的"内敕"，山县对德大寺的独断专行表示不满。井上馨则对伊藤参加元老会议表示非常担忧，因为觉得伊藤可能会与山县发生很大的冲突（伊藤之雄『立憲国家と日露戦争』117～120頁）。

/ 501

这里有一点十分值得注意，最为理解伊藤，也一直帮助伊藤的井上，委婉表示想出任首相。当时，除去因兄长西乡隆盛的问题一直拒绝出任首相的西乡从道外，藩阀领导人中只有井上一人没有担任过首相。出于年龄的考虑，井上觉得这次恐怕是自己可以组阁的最后一次机会了。所以，自己应该得到这次机会，因而几乎没有站在伊藤那一边。

此外，德大寺侍从长写信一事，其实很明显是天皇的意思，但山县对德大寺此举十分不满。可见，山县非常不愿意让伊藤继续担任首相。山县对于伊藤组建政友会，开展行政和财政改革，想要削弱陆军、内务官员等山县系官员力量的举动相当警惕。

天皇依旧非常期待伊藤重新组阁，派德大寺 5 月 2 日拜访山县、14 日拜访松方，言外之意就是催促他们尽快召开元老会议，向天皇建议让伊藤重新组阁。

然而，元老会议没有表现出请伊藤重新组阁的一致姿态，反而推荐井上馨继任首相。16 日，井上接到天皇命其组阁的命令，但由于无法获得他所期待的内阁成员，23 日拒绝组阁。

/ 壮志未酬就倒阁

于是，1901 年（明治三十四年）5 月 25 日，元老会议决定推荐山县系官员桂太郎大将继任首相。桂太郎从 1898 年 1 月开始经历了 4 次内阁，担任过近 3 年的陆相，可以被看作山县的继承人。5 月 26 日，天皇命令桂太郎组阁（伊藤之雄『立憲国家と日露戦争』120 页）。

元老们力推桂太郎，也是为了完全消除伊藤重新组阁的可能性。此后，桂太郎也请求伊藤再次组阁，但由于不是元老们联合一致的请求，伊藤无法接受。就这样，5 月 30 日，天皇再次命令桂太郎组阁。6 月 2 日，第一次桂内阁正式成立。

桂内阁是以山县系官员为主的内阁。原敬在日记中写道，"山县、伊藤两个派系之间的鸿沟越来越明显"（『原敬日記』1901 年 6 月 2 日）。

主要内阁成员是：首相桂太郎、外相小村寿太郎（9 月 21日就任，前驻清公使）、藏相曾弥荒助（山县系，也与伊藤关系密切）、陆相儿玉源太郎（山县系）、海相山本权兵卫（萨摩派）、法相清浦奎吾（山县系）等。在 10 位内阁成员中，山县系占了 7 人，比第二次山县内阁还要多 1 人。

伊藤为实现"宪法政治"而满怀热情地创设政友会，然而第四次伊藤内阁在没有取得太大成果的情况下就不得不画上了句号。伊藤壮志未酬，极度沮丧。

第二十章

国际协调、政府与议会的协调
—— 避免日俄对立

/ 日俄协商，还是日英同盟？

前文曾提到，日清战争之后，当时担任首相的伊藤博文、外相陆奥宗光（外相临时代理西园寺公望）以及大将山县有朋等人齐心协力，制定了以日俄协商为中心的协商外交路线（见本书第十六章）。

第四次伊藤内阁期间，在义和团运动（北清事变）平息之后，负责外交的加藤高明外相，认为应该与清国以可能的条件签订议定书，日本与列强迅速撤兵，以避免清国的混乱和分割，伊藤首相对此表示赞同（伊藤之雄『立憲国家と日露戦争』75～82頁）。

但问题出在俄国的满洲撤兵上。因为义和团运动爆发，俄国在西伯利亚铁道（1891年开始施工）支线和正在施工的东清铁道上有人员和物资方面的损失。东清铁道是西伯利亚铁道的一条分支，南下满洲，直到旅顺。

帝国主义时代，列强之间对在他国遭受损失时如何处理形成了一种"惯例"。那就是从该国获得领土、利权或赔款，并得到今后不再发生类似事态的保证之后撤兵，或者获得一定的驻兵权。

俄国为了得到驻兵权，向清国政府施加压力，清国则向其他列强提出干预请求，让俄国收回要求。俄清谈判未有结果，俄国继续在满洲驻兵。

截至1901年（明治三十四年）2月，针对俄国驻兵满洲一事，日本带头联合英国、德国、美国等国，告诫清国不要接受俄国的要求。这其实是对俄国的间接性抗议，但俄国无动于衷。有关俄国驻兵满洲一事，日本与列强的合作也就到此为止。

这是因为对于英国、德国和美国来说，俄国占领满洲一事没有造成明显的利益冲突，而日本却不同，如果日本默许俄国占领满洲，俄国就有可能统治韩国，进而威胁到日本。

所以，日本从同年 3 月到 4 月，针对俄国想与清国签订俄清条约一事单独提出了两次抗议。该条约内容主要包括，清国允许俄国军队以保护铁路为主要目的，在满洲维持治安并拥有新的铁道权益，限制清国在满洲赋予俄国以外国家的权益，实质上就是确保俄国在满洲的实际统治。

结果，就在日本提出第二次抗议的前一天，俄国在其官方报纸上宣布撤回俄清条约，并在三天后通知了日本。这是因为俄国外相拉姆兹道尔夫（Vladimir Nikolaevich Lamzdorf）和财政大臣维特（Sergei Yulyevich Witte）担心会因此引发与日本的战争。尽管不了解俄国做出这一决定的内情，但俄国能够撤回条约，伊藤首相和明治天皇都感到十分满意。然而，俄国依旧在满洲驻兵。

1901 年开春之后，日本国内开始就应采取怎样的日俄外交政策开展了广泛的讨论：究竟是按照以往的日俄协商路线与俄国进行谈判，以缓和两国之间的紧张局势；还是与英国等国结盟共同对抗俄国，以求确保日本的安全。

如果采取日俄协商路线，那么在谈判的时候，俄国的可信度究竟有多少？俄国是否会从满洲出发，经由韩国继续南下？如果通过日俄协商，双方能达成妥协，确保势力均衡，就能避免日俄开战。元老伊藤和井上馨支持这个想法。而且，众议院第一大党政友会也对此表示理解。

俄国是一个可以通过谈判来解决利害关系的讲理的外交国家——伊藤等人的日俄外交构想就是建立在这种观念之上的。而且直觉告诉他们，满洲对于英国、德国来说并不是一个具有重要利害关系的地区，所以如果日俄开战，日本也很难真正获得英德等国的支援，有可能付出巨大的牺牲、产生沉重的负担。第四次伊藤内阁开展的外交活动，使伊藤等人更加确信了这一点。

认为应该抛弃日俄协商路线，不惜与俄国开战也必须缔结日英同盟的人，对俄国抱有强烈的不信任感，认定俄国志在南下，所以必须抛弃协商路线。日清战争刚结束的时候，由于日本国力微弱，英国根本就没有回应日本想要结成同盟的愿望。后来，日本的军事力量逐渐强大，在远东甚至可与俄国抗衡，所以有人期待英国开始考虑与日本结盟了。领导第一次桂太郎内阁外交工作的桂首相、小村寿太郎外相、山县有朋等元老（不包括伊藤和井上），以及陆海军将领都支持这种想法。

也就是说，围绕财政问题，山县等元老的不合作、政友会内部的不统一导致伊藤内阁倒台、桂太郎内阁成立，由此形成了日本外交路线从"日俄协商"向"日英同盟"转变的基础（伊藤之雄『立憲国家と日露戦争』75～130頁）。

1899 年（明治三十二年），英国的殖民地南非爆发了布尔战争，令英国付出了惨痛的牺牲和代价。因此，英国国内开始担忧并讨论是否应该改变以往的不结盟孤立政策。当时，英国虽然是世界第一强国，但从其国力相对衰退的现状来看，如果这样下去，有可能继续发生对英国造成巨大打击的事态。

1900 年 2 月，兰斯道恩侯爵（Henry Petty-Fitzmaurice, 5th Marquess of Lansdowne）就任英国外交大臣后，开始探讨究竟是与德国还是俄国协商或结盟。那时，德国在欧洲与英国对立，俄国在伊朗和印度与英国对立。如果能缓和与其中一国的紧张关系，就能比较容易地维护英国本土和殖民地的安全。

但是，对于英国提出的协商同盟谈判，俄、德两国态度并不积极，没有获得什么进展。于是，1901 年 8 月末，英国外交大臣兰斯道恩侯爵决定同意日本方面于 1901 年春提出的日英同盟谈判。

与英俄、英德协商或同盟相比，日英同盟的弱势在于如果英国遭遇欧洲危机或是伊朗、印度危机，日本无法发挥直接的作用。但是，日英结盟之后，通过与日本海军的合作，英国就可以沿用传统政策，维持足以与俄德两国海军抗衡的强大海军力量。这不仅在远东地区，甚至在更为重要的欧洲，都可以增强英国的地位。然而英国对于满洲毫不关心，无意在日英结盟后为迫使俄国从满洲撤兵采取行动（Keith Neilson, *Britain and the Lost Tsar*, pp.205-219）。

／ 507

因此，对于英国来说，日英同盟是无法达成英俄或英德协商、同盟时的次优选择。英国不想在远东地区卷入不必要的日俄之争。但英国方面的真正意图，包括伊藤在内，日本方面谁都没有料到。

1901年2月，德国驻英国大使馆参赞（代理公使）埃卡德施泰因（Baron Hermann von Eckardstein）向日本驻英国公使馆馆员表示，英国有意与日本结成同盟，如果此事成功，德国也想加入。这其实是埃卡德施泰因的个人行为，英国政府和德国政府完全不可能有这种想法，但是驻英公使林董对此表示出兴趣。

同年4月中旬，第四次伊藤内阁的加藤高明外相也命令林董公使在其个人责任范围内，向英国外相交大臣斯道恩侯爵等人确认英国的意向。而且，山县有朋元帅也对此事兴致勃勃，于4月下旬写信给伊藤，提议为防止俄国南下、避免开战，与英国、德国结成同盟为好。

此后，伊藤内阁倒台，桂太郎内阁成立。桂首相将缔结日英同盟的方针作为内阁重要支柱之一。8月4日，元老伊藤前往叶山拜访桂太郎首相，两人听取了结成日英同盟的经过说明，并进行了讨论。两人对于日英之间签订协议，在"立场"上达成一致（伊藤之雄『立憲国家と日露戦争』93～95、122～130頁）。

无论是修订条约还是与日清战争有关的外交指示，从伊藤一直以来的态度看，如果能与英国合作，他都不会反对（见本书第十五、十六章）。

第四次内阁倒台之后，伊藤的精神状况还不错，与其继承人西园寺公望（枢密院议长）、原敬等人一同管理政友会的党务。井上馨推荐原敬去大阪担任北浜银行行长，伊藤担心原敬去了大阪就不回来了，所以不太高兴。原敬知道此事后，前往大矶探望伊藤，告诉伊藤他希望能与银行谈妥，以时常去大阪出差的方式留在东京。

1901 年（明治三十四年）6 月 21 日下午 3 点前后，星亨遭人暗杀身亡。前一天，伊藤刚去了朋友在川崎的别墅，听到消息后，傍晚就立即赶到星亨家吊唁，并在 26 日的葬礼上致了悼词（『原敬日记』1901 年 6 月 21、22 日）。

第四次伊藤内阁时期，原敬一马当先批评渡边藏相的财政政策，甚至与首相伊藤也产生对立。但是，伊藤对作为政友会干部的原敬给予了极高的评价。从原敬任外交官的时候开始，伊藤就十分器重他。伊藤执政后期出现了渡边藏相问题，原敬以政友会发展理念为依据，领导全党发展。所以，对于既具备恪守外交规范的理念又拥有政党领袖才干的原敬，伊藤寄予其与西园寺相同的厚望。

/ 509

美国耶鲁大学为庆祝建校 200 周年，向各国著名人士赠予名誉博士称号。伊藤入选并受邀参加庆典活动。由此可见，伊藤在日本政治家中表现突出，享誉欧美。当时，人们都认为在舒适的季节乘船旅行、呼吸大海的空气有利于健康，所以伊藤决定借此机会游访美国。

井上馨听说此事后，于 8 月 26 日和桂首相一同前往大矶"沧浪阁"拜访伊藤，劝他不如放弃美国之行，改访俄国，举行首脑会谈。当天，桂太郎先走一步，井上留下来与伊藤继续讨论。傍晚，井上给桂太郎写信。

主要内容是：①目前得到的是日英德三国同盟的消息，但英国态度暧昧；②现在时机恰好，让日本高层访问俄国，互相了解彼此意向；③伊藤应该取消美国之行，不去耶鲁大学参加名誉学位的赠予仪式，而应从欧洲进入西伯利亚，以游历的名义前往俄国，并与俄国方面进行会谈；④政府必须在伊藤出发前决定方向，下月 7、8 日前后想办法让山县返回东京（「桂太郎文书」国立国会图书馆宪政资料室所藏）。

/ 510

1901 年 1 月，俄国外相拉姆兹道尔夫受财政大臣（事实上的首相）维特委托，通过俄国驻日公使向日本提议，希望通过列强联合保障，使韩国中立化。元老伊藤首相、井上馨等人对这个提议表示欢迎（森山茂德『近代日韓関係史研究』127～130 頁），因为两人都以现实主义为外交方针，认为"首先应该与问题当事国进行交涉"。

由此可见，1901 年 8 月下旬，井上提出应该优先考虑日俄交涉的意见其实反映的是伊藤的意向。围绕满洲地区和韩国问题，日俄矛盾加深。在未与俄国进行充分交涉的情况下，就急于与没有直接利害关系的英国结盟，这让伊藤也感到担忧。

桂太郎首相表面上向井上馨表示，既不赞同日英同盟，也不赞同日俄协商。伊藤也得知桂太郎的态度。于是，伊藤决定从美国进入欧洲，然后游历俄国。除了外交事务，伊藤还想探讨外债问题。然而，与桂太郎关系密切的儿玉源太郎陆相（长州人、山县系官员）告诉山县元帅，桂首相希望伊藤美欧之行的目的仅限于外债问题。

1901 年（明治三十四年）9 月 13 日，桂首相在自家私宅设宴为伊藤践行。但在宴席上，山县和桂太郎告诫伊藤在海外千万不要独断专行，伊藤听后十分不悦，结果井上馨不得不出来圆场。

其实两天前，伊藤与桂太郎已经达成了基本一致的意见，认为日本应该获得参与韩国政治的行动自由和专权。但是，其中究竟是否包括军事性的权利，俄国在满洲的权利究竟可以扩大到怎样的程度，等等，这些有关日俄交涉的基本条件却没有确定下来。更不可思议的是，甚至连伊藤此次美欧之行的作用也没有明确。山县和桂太郎希望模糊伊藤发挥的作用，通过外务省途径来推动日英同盟。

/ 511

9 月 18 日，伊藤在都筑馨六（前外务次官，其夫人是井上馨的女儿）的陪同下，乘坐"加贺丸号"从横滨港出发；10 月 2 日到达西雅图；20 日抵达华盛顿，会见了美国总统西奥多·罗斯福；23 日出席了耶鲁大学建校 200 周年庆典，并被授予名誉法学博士称号；11 月 4 日进入法国，与法国总统和外交部部长举行了会谈。

14 日，伊藤在巴黎听取了驻英公使林董有关日英同盟交涉经过的说明。此后，伊藤前往俄国，抵达圣彼得堡，28 日觐见了俄国沙皇尼古拉二世。12 月 2 日和 4 日，伊藤会见了外相拉姆兹道尔夫，3 日会见了财政大臣维特。伊藤在会谈时向俄方表示，在遵守不用作军事战略目的等若干限制条件的基础上，希望将韩国纳入日本的势力范围。作为回报，日方同意俄国为维护东清铁道安全驻军满洲，并可在一定程度上扩大在满洲的权益。就在伊藤认为日俄协商有成功可能的时候，日英同盟谈判在 10 月之后进展迅速。11 月 28 日，桂首相在内阁会议上决定了日本方面的修改方案，并获得了山县、西乡从道、松方等元老的同意。就这样，11 月 30 日，小村寿太郎外相向驻日英国公使馆传达了日本在英国方案的基础上进行小幅修改后表示同意的消息。伊藤听说此事后颇为不满，觉得桂内阁"过于心急，结盟为时尚早"。

井上馨没有对日英同盟表态，但在 12 月 7 日召开的元老会议上，接受了山县、松方、西乡等元老以及桂首相、小村外相所提出的促进日英同盟的观点。

然而就在第二天，12 月 8 日，日本方面收到了伊藤从柏林发来的电报。内容包括：①在不将韩国用作"军事战略目的"的条件下，俄国有可能允许日本在韩国"工业、商业、政治以及军事上"采取独占性自由行动（但是，军事性行动仅限于平息叛乱、骚乱）；②俄国方面要求在满洲可以实际采取自由行动；③日英同盟的缔结，应在确认能与俄国协调并且不会损害与德国的关系之后再决定。

12 月 9 日，天皇认可了 7 日元老会议的决定，但为了谨慎起见，命令桂首相就伊藤电报再次召开元老会议征询意见。10 日，松方、井上、桂首相、小村外相聚集到松方家，就伊藤电报一事召开了小元老会议，但结论与 7 日的元老会议相同。山县、西乡两位元老没有参加，可能是因为非常赞成原定的日英同盟。就这样，日英缔结同盟一事就完全确定下来。

12 月 14 日，伊藤在柏林从俄国驻德国大使那里收到了俄国外相拉姆兹道尔夫发来的有关日俄协商的书信。伊藤确信，只要启动日俄协商谈判，日本就可以得到包括细节在内的满意协定。12 月 17 日，伊藤给桂太郎首相发去电报汇报了此事。然而 12 月 28 日，伊藤在伦敦接到桂首相发来的电报，要求中断日俄交涉，日俄交涉因此取消。

就这样，伊藤力推的日俄协商交涉未见成果就结束了。由于英国对于日俄联手十分警惕，结果反而促成了日英同盟。

第一次《日英同盟条约》，于 1902 年 1 月 30 日在伦敦签署。2 月 12 日，除个别条款以外，通告各国（伊藤之雄『立憲国家と日露戦争』131 ～ 142 頁）。

/ 《日英同盟条约》的内容与效力

《日英同盟条约》的主要内容如下。

第一，关于日英两国的利益和防卫，日英任何一方如与列强发生战争，另一方必须严守中立；如有他国加入对同盟国作战时，其他同盟国应出手援助、协同作战（第二条、第三条）。意思就是，英国方面不愿被卷入在远东发生的战斗，日俄如果交战，英国没有义务参战。但该条款可以对于法国等国出手援助俄国起到威慑作用。

第二，根据英国政府的要求，同等对待韩国与清国，维护其"独立和领土完整"，可以让各国工商业获得均等的机会（前文）。

第三，由于英国主要在清国、日本则在清国以及韩国的"政治、商业以及工业上拥有特别的利益"，所以如果列强采取侵略性行动，清国或韩国国内发生骚乱，日英两国允许对方采取必要的措施（第一条）。也就是说，英国承认韩国属于日本的势力范围，日本在韩国的权益维持现状，其中还包括出兵权。而且，日本无须担心被卷入英国在欧洲、印度等地的战争。

俄国方面完全没有察觉日英同盟交涉，当收到日英同盟通告时，俄国外相拉姆兹道尔夫"大惊失色"。此后，由于日英同盟的压力，1902 年（明治三十五年）4 月 8 日，俄国签署了从满洲撤兵的俄清条约 ①。

然而，俄国方面在第一轮撤兵之后，却没有实施第二轮和第三轮撤兵。所以，迫使俄国从满洲撤兵，确保韩国被纳入日本势

---

① 即《交收东三省条约》。——译者注

力范围这一日英同盟最主要的目的并没有达到。

　　此外，为了避免日俄开战，日俄在 1903 年 8 月之后也进行了交涉。但俄国的态度基本与 1901 年 12 月财政大臣维特、外相拉姆兹道尔夫与伊藤开始交涉时一样强硬。所以，日英同盟对于日俄交涉并无效果（伊藤之雄『立憲国家と日露戦争』139 ～ 146 頁）。

/ 日俄协商的可能性

后文将提到，两年之后，日本与俄国之间发生了一对一的战争，日本虽然勉强获胜，但是损失极其惨重。而且，日俄战争结束后，日本经济萧条，背负着庞大的外债，濒临破产，直到第一次世界大战爆发，日本如获"天助"。

如果以日俄必有一战为前提来考虑，日英同盟是打赢战争的必要条件。但事实表明，俄国政府既傲慢又低效（不会主动发起进攻）。日俄战争其实是日本以为俄国会挑起战端而先发制人发动的战争。

如以一定程度的限制为条件，将满洲划归俄国的势力范围；同样，加以一定程度的限制，将韩国划归日本的势力范围——日俄能像伊藤希望的这样协商成功，就有可能避免日俄战争。而且，俄军当时在欧洲与德军对峙，在印度和伊朗与英军对峙。如果日俄能达成协议，日本只要在远东地区保持与俄军抗衡的兵力，俄国就不太可能将军力全部调动到远东，发起日俄战争。

由此可见，元老伊藤和井上馨希望实现的日俄协商路线被看作历史上的错误判断，这种观点是不正确的。相反，根据当时的国际规范，与争端当事国直接面对面寻求问题的解决方法，他们的这种姿态与方式应该得到高度评价。所以应该将这一事件看作伊藤为了作为元老公平行事而失去了国内领导权导致的失败。

从日英结盟的过程来看，英国方面老奸巨猾，先是与争端当事国谋求协商或结盟，在得知无法成功之后，才开始同意没有什么利害关系的日本提出的同盟请求。所以，伊藤和井上的外交姿态，可以说与英国的正统派外交更为接近。

再回到桂太郎内阁成立那年的内政问题。桂内阁为缓解财政困难，让藏相曾弥荒助负责行政和财政整改。第四次伊藤内阁的方案非常积极，提出对《文官任用令》《分限令》进行修订，但曾弥提出的方案不过是削减 350 万日元的支出，却仍然遭到各省官员的反对，甚至引起了山县系内阁成员之间的矛盾，以失败而告终。同样，桂内阁也像第四次伊藤内阁那样希望发行外债，并试探能否在美国发行 5800 万日元（约为现在的 8700 亿日元）。结果，1901 年（明治三十四年）11 月，募集外债的举措也失败了。

1901 年 9 月，由于行政和财政整改失败，外债募集也没有进展，桂太郎内阁陷入困境，于是决定推迟建设项目，利用在义和团运动中与清国签订《辛丑条约》获得的 5000 万日元赔款。桂内阁将这笔赔款债券以面额 80% 的价格卖给了大藏省存款部，由此获得 3800 万日元，制定了 1902 年度预算（国家岁入为 2 亿 7835 万日元，岁出为 2 亿 7575 万日元）（伊藤之雄『立憲国家と日露戦争』146 ～ 155 頁）。

桂内阁应对财政困难的对策，其实并不比第四次伊藤内阁高明多少，不过是推迟建设项目，利用北清事变赔款，勉强完成了预算的制定。如果伊藤在 1901 年 5 月不放弃执政，仅仅罢免渡边藏相的话，是可以将内阁维持下去的，而且也有可能达成新的日俄协商路线。

看到桂内阁在行政和财政整改、外债募集方面节节失败，原敬在伊藤总裁美欧之旅临行前夕，与伊藤和西园寺商讨推倒桂内阁，成立政友会内阁。那时，原敬已经和党人派的松田正久一起开始领导政友会了。

伊藤向原敬和松田表示,希望第十六届议会能够"平安无事"。但是,原敬等人表示:①如果行政和财政没有整改改革,就只能反对;②从上一次解散议会到翌年1902年正好4年,将举行议会大选,强调成立政友会内阁是上策(『原敬日記』1901年9月17日)。虽然第四次内阁以失败告终,但伊藤站在第一元老的立场上,还是对桂内阁表示体谅,希望原敬等人稳妥行事。

然而,伊藤一离开日本,政友会就在第十六届议会上围绕利用北清事变赔款制定预算等问题与桂内阁产生了对立。对此,伊东巳代治带领部分政友会议员,与桂内阁达成妥协,使预算在议会获得通过。桂内阁承诺一定会在翌年对行政和财政进行整改,但是原敬认为政友会在这次预算攻防战中完全失败(井上馨宛原敬書状、1901年12月26日、「井上馨文書」)。伊东巳代治的这次行动之所以能够成功,主要是因为伊藤、井上馨两位元老反对倒阁。

就这样,桂太郎内阁不仅缔结了日英同盟,还顺利通过了第十六届议会,威信大增。

第十六届议会时，桂内阁与政友会的妥协条件是对行政和财政进行整改。于是 1902 年（明治三十五年）3 月 15 日，桂内阁为进行行政整改，设立了政务调查委员会。桂首相亲自挂帅指挥，负责立案的中心人物是法制局长官奥田义人。

同年 7 月上旬，奥田提出了方案，计划大幅削减官员人数，甚至连天皇统帅权、陆海军省组织都被列入了整改项目，还包括放宽《文官任用令》限制，等等。

但是，奥田的这个方案遭到了桂太郎内阁成员的强烈反对。8 月，桂首相放弃了奥田方案。

在此期间，也就是同年 5 月中旬，桂首相为确保海军扩张计划的财政来源，想要将原本为期 5 年，即原定 1903 年结束的加征地税政策延长到 1904 年度之后。

同年 9 月，日本政府在伦敦成功发行了面额为 5000 万日元（约为现在的 7500 亿日元）的公债，暂时解决了财政的燃眉之急。

然而，桂内阁几乎没有履行在上届议会上承诺的行政和财政整改，却想在下一届议会上递交延长加征地租的法案，同年 9 月就遭到来自政友会的强烈批评。而且，政友会已经在 8 月 10 日举行的大选中获得了半数以上的议席。

10 月末，伊藤总裁和原敬对政友会在下一届议会上的方针达成了一致：由于桂内阁没有充分履行整顿行政和财政的承诺，所以反对继续加征地租，并反对以此为财源的第三期海军扩张计划。

10 月下旬，掌管海军的山本权兵卫海相确认，元老山县有朋也赞成海军扩张计划（桂宛山本権兵衛书状、1902 年 10 月 29 日、「桂太郎文书」）。

11 月末，众议院第二大党宪政本党（原进步党、大隈重信为实际党首）向政友会保证反对桂内阁，保持决议一致。

但是，由于日俄关系持续紧张，伊藤和政友会、大隈以及宪政本党其实都不反对海军扩张计划本身。尽管如此，众议院（立法府）与内阁（行政府）发生如此正面冲突，绝非伊藤总裁理想中的"宪法政治"。在帝国主义时代，也是出于避免日俄开战的考虑，伊藤希望通过确保一定的军备迫使俄国做出让步。

为实现第三期海军扩张计划，伊藤总裁再次开始寻找妥协之路。1902 年 12 月 16 日，众议院委员会否决继续加征地租法案之后，受桂首相之托，伊藤安排桂首相、山本海相、曾弥藏相于 1902 年 12 月 25 日与政友会的原敬、松田，以及宪政本党的犬养毅、大石正巳见面。桂内阁提出了继续加征地租的妥协方案，即将地租从地价的 3.3% 下调至 3%（如果不继续加征地租，地租就将恢复到地价的 2.5%），但遭到政党方面的拒绝（儿玉源太郎宛伊藤书状、1902 年 12 月 24 日、「伊藤博文文书」国立国会图书馆宪政资料室所藏。『原敬日記』1902 年 12 月 22～25 日）。

政友会一直以来的口号就是进行行政和财政整改，其中他们又最为注重行政整改，政府却在没有拿出整改方针的情况下还要继续加征地租，所以即便是总裁伊藤也无法妥协。12 月 28 日，众议院被解散。

1903 年 1 月 2 日，伊藤在叶山行宫拜见了皇太子之后，前往就在附近的桂太郎别墅，就妥协进行协商。1 月末之后，山县也开始参与妥协交涉。直到 2 月 24 日，伊藤与桂内阁之间的妥协密约完成了。主要内容包括：①桂内阁将在下一届临时议会上递交继续加征地租的法案，但会根据情况撤回；②行政整改后出现的 600 万日元（约为现在的 900 亿日元）余款将用于扩大海军，铁道建设费用则将通过募集公债筹集（『德大寺实则日记』〔写〕1903 年 2 月 24 日）。

伊藤甚至没有将这些内容告诉政友会干部。3 月 1 日大选之后，就在特别议会召开前夕的 4 月 25 日，伊藤才将妥协条件含含糊糊地告诉了政友会最高干部——总务委员，说是内阁不会坚持继续加征地租，也不会提出新税，会用其他方法获得海军扩张的财源。26 日，总务委员们决定接受妥协方案。这是因为党员干部认为，政友会需要伊藤总裁成为下一届首相候选人。

5 月 20 日，政友会决定与桂内阁妥协。妥协内容是，不继续加征地租来获取海军扩张财源，而是主要从铁路相关财源方面筹集，如将约 450 万日元的铁道建设计划延期、将铁道经费中的 550 万日元用于海军等。

/ 521

根据这个妥协方案，政府的行政整改只不过调集约 100 万日元，却要政友会积极行动，从必需的铁道财源中抽调约 1000 万日元（约为现在的 1500 亿日元），政友会方面向桂内阁做出的让步过大。因此，政友会内部反对妥协的气氛浓郁，从 5 月 19 日开始的紧张状态一直继续。

桂首相甚至怀疑伊藤在政友会的统率能力，考虑如果妥协方案破裂就再次解散议会（山县宛桂太郎書状、1903 年 5 月 19 日、『山県有朋関係文書』一卷）。再次解散议会，就可能造成连续解散议会的事态，因此可以说桂太郎甚至要考虑停止议会（宪法）。

伊藤总裁在迫使政友会接受妥协方面发挥了最为重要的作用。5 月 21 日，伊藤向党员暗示自己要辞去总裁一职，将反对妥协的势头压了下去。负责领导议会的原敬也不得不顺应伊藤之意，让政友会接受妥协。就这样，在5月24日召开的议员大会上，妥协案得以通过。

第二天，桂首相暗中恳请明治天皇，赏赐为妥协费心尽力的伊藤1万日元（约为现在的1亿5000万日元）。天皇在赏赐伊藤的同时，还传旨让他待在东京为国家尽力。

这笔赏赐中应该包含了为达成妥协而做议员工作的费用。因此，政友会与桂内阁的妥协也是天皇的意思。

然而，这次妥协降低了伊藤在政友会党内的威信，政友会不再由伊藤控制，而是由原敬和松田正久，尤其是原敬所掌握（伊藤之雄『立憲国家と日露戦争』177～178頁）。其实这次，伊藤并没有站在政友会总裁的立场上，而是根据自己第一元老的身份采取了行动。虽然达成了妥协，但实际付出的代价远远超出他的预料。

第二十一章

吾与陛下之事不容置喙
—— 日俄战争

/ 522

上一章讲到，围绕第三次海军扩张计划的预算，桂太郎内阁与政友会僵持不下。这时候，俄国方面则在重新讨论远东策略。沙皇尼古拉二世疑心重重，担心被人暗杀、被人夺权。他对财政大臣维特的得势感到不安，于是开始重用别佐布拉佐夫（Aleksandr Mikhailovich Bezobrazov）来压制维特。

维特是主张对日退让的，别佐布拉佐夫却抱有将满洲和朝鲜半岛一体化的野心（Andrew Malosemoff, *Rossian Far Eastern Policy, 1881-1904*, pp.182-207；Dominic Lieven, *Russia's Rulers Under the Old Regime*, pp.141-145）。所以，俄国没有在1903年（明治三十六年）4月8日如期履行第二轮撤兵，反而向清政府提出，限制清国在满洲的行政权以及其他国家在满洲的进出权等新要求。5月，俄国还收购了中国与韩国国境线上鸭绿江的韩方河口土地，并着手整地建房，出现准备在韩国设立据点的迹象。

对此，4月21日，元老山县、伊藤博文、桂太郎首相（陆军大将）、小村寿太郎外相四人聚集到山县有朋在京都的别墅"无隣庵"，商讨对俄方针。这次会议并没有决定要对俄开战，与日俄战争结束后加油添醋写成的《桂太郎自传》中的描述完全不同。会议仅得出以下结论：如果俄国不从满洲撤兵，则由日本提出交涉；在朝鲜半岛问题上，要让俄国承认日本在朝鲜半岛的特权等。

/ 523

直到4月末，桂首相、寺内正毅陆相、大山岩参谋总长、山本权兵卫海相以及陆海军将领等都对开战持谨慎的态度（海军中的长老级人物、元老西乡从道于1902年7月去世）。日本海军虽然在远东配备上较俄国海军略有优势，但如果将俄国在欧洲的舰队也算进去的话，俄国的兵力约为日本的近两倍，日本海军就会完全处于劣势。所以，对俄开战的话，日本几乎看不到什么胜算。

此后，俄国方面依旧没有撤兵的迹象。于是 6 月 17 日，桂首相前往大矶"沧浪阁"拜访伊藤，就日俄交涉的备忘录听取伊藤的意见。伊藤提议应该先召开由元老和内阁成员参加的御前会议（伊藤之雄『立憲国家と日露戦争』125 ～ 127、172 ～ 174 頁。『伊藤博文伝』下巻、583 ～ 589 頁）。

那时，在负责陆军作战计划的参谋总部的部长级军人（上至少将下至大佐）中对俄主战论高涨。大山岩参谋总长原本也对开战的态度十分消极，但就在御前会议召开的前一天，6 月 22 日，大山参谋总长以自己的名义向内阁递交了一份意见，说是现在日本正处于战略优势，是解决韩国问题的好时机。

/ 默许强硬的日俄谈判

1903 年（明治三十六年）6 月 23 日，召开了御前会议。出席会议的有：伊藤、山县、大山、松方正义、井上馨五位元老，以及桂首相、小村外相、寺内陆相、山本海相四位内阁主要成员。

小村外相事前与桂首相商量之后，在御前会议上递交了一份意见书。这份意见书的主要特点在于：第一，看似基于"满（州）韩（国）利益交换"的立场，实则将俄国在满洲的利益限定为铁道经营，而日本拥有对韩国内政改革的"专权"，其实质是纯粹强调日本在韩国的"优势利益"；第二，日本希望在满洲南部发展经济，要求俄国不得妨碍日本将朝鲜铁道延伸到满洲南部，与东清铁道、山海关—牛庄线相接等。

尽管外交谈判通常存在讨价还价的余地，但桂太郎和小村等人提出的方案过于强势，完全脱离了"满韩利益交换"的方针。

然而，除了井上提出理论上的异议以外，无人反对。这个方案居然在 23 日的御前会议上"顺利通过"了（伊藤之雄『立宪国家と日露战争』205 ～ 207 页）。

1901 年 12 月，伊藤在建议日俄协商时提出的方案是，规定日本在韩国拥有有限的势力范围，俄国在满洲的势力范围则限定在铁道权益以及几个新项目上。但为什么仅一年半之后，伊藤会默许如此强硬的谈判方案呢？

估计是在政友会与桂内阁妥协的问题上，伊藤未料到自己会无法掌控政友会，由此威信大失，让他一时间处于无能为力的状态。所以，在日俄谈判过程中，伊藤仅仅是向内阁建议妥协，暂时把问题搁置了。

此后，内阁会议基本完全通过了御前会议的方案。1903 年
8 月 12 日，驻俄公使栗野慎一郎正式向俄方提出了桂内阁的谈
判基本条件。为进一步加强日本在韩国的占有权，这份来自日方
的第一次建议，较御前会议和内阁会议进一步强调了以下两点。

第一点，明确了日本为协助韩国开展"改革"和"善政"而
提供建议和援助的"专权"也包括"军事性援助"。

第二点，日本内阁会议决定删除"两国互相保证，为使朝鲜
海峡保持完全自由的通航，必须拆除韩国沿岸有可能成为障碍的
军事设施"这一条款。然而，这个条件对于俄国方面来说是必不
可少的，因为这可以确保俄国方面的船只从旅顺港到符拉迪沃斯
托克军港的最短航程。于是，俄国外相拉姆兹道尔夫向栗野公使
提出，如果日方想设定条件的话，就必须把这条加进去（『日本
外交文书』三十六卷第一册、2 ～ 14 页）。

由此可见，桂首相、小村外相在日俄开始谈判之前，就采取
了相当强硬的态度，这让俄方感到非常不安，开始考虑如何避免
日俄冲突。

/ 辞去政友会总裁

1903 年（明治三十六年）6 月 23 日的御前会议，确定了日俄谈判条件的大体框架。8 月 12 日，日方向俄方提出了较之更为强硬的方案。而在此期间，对于伊藤个人来说，发生了一件大事情。那就是，他不得不辞去政友会总裁一职。

前文曾提到，在伊藤的帮助之下，桂太郎首相与政友会实现妥协，顺利通过了第十八届议会。不料 6 月初，以桂首相为首，山县系官员及他们的盟主山县有朋开始秘密行动，想方设法要让伊藤辞去政友会总裁之职，瓦解政友会。

伊藤在 6 月 23 日御前会议召开前夕得知了他们的这一动作。那天，桂首相向伊藤提出希望第二天能与他见面，但伊藤断然拒绝，并怒斥说，自己早就知道他们的阴谋了，"绝不会上当的"。山县在隔壁房间见到伊藤时也劝他说，不过是见个面，就见见吧。但伊藤根本不听，走出了房间。受桂首相之命，山本权兵卫海相也请求与伊藤见面，但伊藤明确告诉山本，自己绝不会如桂太郎所愿退出政友会（井上馨宛都筑馨六书状、1903 年 6 月 25 日、「井上馨文書」）。

结果，以山县和山本海相在场见证为条件，伊藤终于答应与桂首相见面。第二天，6 月 24 日，两人在首相官邸举行了会谈。桂首相向伊藤表示，由于贵族院的态度，自己与伊藤的对立不利于内阁在众议院的处境，自己准备放弃执政。那时，桂太郎还没有明确表示他放弃执政的条件是伊藤退出政友会。

对此，伊藤和山县两人认为，桂太郎不存在辞职的理由，所以不同意，会议在未达成一致的情况下结束了。实际上桂太郎知道由于之前的妥协问题，伊藤在政友会中威信降低、阵脚不稳，看准伊藤不会接受组阁执政之邀，因而故意摆出自己想要辞任的姿态。

6月30日，元老山县在觐见天皇时说，虽然桂内阁要继续维持下去的确存在困难，但预计伊藤不会取而代之组阁执政，因为伊藤或许希望天皇下谕旨任命他为枢密院议长。如果伊藤被任命为枢密院议长，按照以往惯例，他就必须辞去政友会总裁之职。对于桂首相和山县来说，这是瓦解政友会的一个好机会。

7月1日，桂首相以生病为由，向天皇提出辞呈，其他阁僚继续任职。由于伊藤与山县这两位顶级元老产生对立，元老会议无法正常运作，这样下去的话，就需要明治天皇亲自判断了。

7月2日，天皇认为，国家正处于准备同俄国围绕满洲和韩国问题进行谈判的困难时期，就没有批准桂首相的辞呈，而让其静养，也没有批准其他内阁成员的辞呈。

估计，山县是在7月2日前上奏天皇，请求让伊藤就任枢密院议长的。7月3日，德大寺实则侍从长在给山县的书信中写道，天皇正在为是否要把伊藤与政友会分离犹豫不决。为实现"宪法政治"，伊藤倾尽全力创建并培养政友会。天皇心里非常清楚伊藤对于政友会的感情。

但是7月4日，山县向德大寺侍从长施加压力，说是如果天皇不迅速决断就会失去良机，有可能导致事态一发不可收拾。于是，德大寺侍从长当天就劝说天皇做出决定，天皇终于点头同意了。

/ **528**

7月5日是星期天，所以伊藤是7月6日接到天皇召见命令的。天皇告知伊藤：①马上就要开始与俄国就满洲和韩国问题进行交涉，接下去的谈判事关重大；②所以想任命伊藤担任枢密院议长，以便征询意见。伊藤恳请天皇给他几天时间好好考虑之后再做回复。

伊藤非常担心政友会的前途，所以并不想当枢密院议长。走出皇宫之后，伊藤"深陷忧虑"，只与接班人西园寺公望商量了此事。西园寺劝他推辞就任枢密院议长。从西园寺那里听说此事的原敬，在7日也表达了相同的意见。

然而7月8日，伊藤以桂内阁不再提出辞呈为条件，非正式地同意就任枢密院议长。围绕这一问题，陆海军、元老松方正义、元老山县、桂首相、山县系官员等人与元老伊藤、井上馨、原敬以及政友会方面形成了两大对立势力。伊藤之所以接受枢密院议长之职，是因为天皇出于多方考虑，希望伊藤执掌枢密院。

"吾与陛下之事不容置喙"，伊藤拒绝听从松方和盟友井上馨两位元老有关此事的意见。

/ 529

7月13日，伊藤就任枢密院议长。同一天，山县、松方两位元老也被任命为枢密顾问官，形式上位居伊藤之下。7月8日天皇给伊藤下达敕语（谕旨），13日给山县和松方两人下达敕语，相较而言后者的内容要简略许多。对于不得不辞去政友会总裁、就任枢密院议长的伊藤，天皇希望能尽可能地给予他心灵安慰。

7月15日，在伊藤的推荐之下，西园寺公望就任第二代政友会总裁。出乎桂首相和山县等人预想的是，在7月20日前后，政友会因为伊藤辞去总裁一事而解体的可能性基本消除了（伊藤之雄『立憲国家と日露戦争』180～185頁）。

　　再回过头来看日俄谈判。1903年（明治三十六年）8月12日，日方提出强硬的第一次提案时，俄国的别佐布拉佐夫和维特都在8月下台了。这是因为沙皇尼古拉二世猜疑心重，总是担心自己的部下会拥有超过自己的权力，所以说换人就换人。

　　其实，尼古拉二世是希望实现"满韩利益交换"的。也就是说，俄国承认日本在韩国的利益，日本承认俄国在满洲的利益。但是，俄国不希望向日本示弱。

　　所以，日方的第一次提案，使俄方感到十分愤怒。但俄方直到50天后才回复日方，倒并非故意拖延时间，南下韩国为战争做准备，而是因为俄国办事效率实在太低，做出决策需要花很长的时间。一直等到9月末，就连一向慎重的山县有朋也沉不住气了，对于日俄谈判开始持悲观态度。

/ 530

　　10月3日，驻日俄国公使终于向日方做出了第一次答复，但与日方的第一次提案要求相距甚远。俄国希望将满洲置于日俄谈判范围之外，而且只承认日本在韩国民政上的指导权；此外，还要求把韩国北部三分之一的地区划为中立地带，让其脱离日本的势力范围。日本对于俄方的这一答复非常不满意。

　　然而，对于俄方的这一答复，伊藤并没有马上与山县等人商量对策，而是于10月5日离开了东京，回到大矶"沧浪阁"。其理由是他在9月10日之后一直待在东京，希望能有四五天的时间回到大矶（山县有朋宛伊藤书状、1903年10月5日、『山县有朋関係文书』一卷）。其实那时，伊藤的母亲琴子病情恶化，于10月7日去世，享年84岁。伊藤为服丧又继续在大矶待了一段时间。从伊藤不急不躁的样子来看，他对于日俄关系并不悲观。

另一方面，小村外相和驻日俄国公使进行会谈之后，桂首相认为日方如果只提有关韩国的条件，就有可能达成妥协。10月30日，日本第二次向俄方提案，同意放弃有关发展满洲南部经济的要求，希望俄方承认日本对于韩国拥有军事和民生两方面的支配权。

俄方的第二次答复依旧非常缓慢，经过日方数次催促之后，才于12月11日做出了答复。俄方的态度加重了日方的疑心，认定俄国是故意拖延时间，为战争做准备。但实际原因是皇后生病，俄国政府方面无法向心念家人的沙皇尼古拉二世开口讲此事，结果导致俄方决策效率低下。

俄国方面的第二次答复，内容与第一次基本相同，但把"满洲及其沿岸地区不属于日本利益范围"这条十分强势的内容删除了。由此可见，尼古拉二世及俄方政府第一次显示出了让步，他们开始担心日本真的会与俄国开战。英国外交大臣兰斯道恩侯爵注意到了俄方的这一变化。

/ 断然决定向俄宣战

然而，桂首相以及伊藤等元老们完全没有注意到俄国方面的这一让步，反而大失所望。因为日本无法摆脱与大国俄国开战的危机感。

1903 年（明治三十六年）12 月 16 日，元老以及主要内阁成员在首相官邸召开了会议。桂首相、小村外相等人认为，先请俄国重新考虑，如果不行的话用"满韩利益交换"来进行最后的交涉。山县元帅则认为，如果最后交涉也不能成功的话，就必须开战了。

在桂首相、小村外相与山县之间协调意见的是伊藤。12 月 20 日，伊藤给山县写信说，儿玉源太郎参谋本部次长（长州藩出身）希望在与俄国断交之前，争取时间为战争做准备，所以日本可以假装犹豫不决，在陆海军联手准备稳妥之后，立即开始行动。

/ 532

明治天皇一直对日俄开战持慎重的态度，此后的日俄谈判也都由桂首相和小村外相主导负责。12 月 23 日，日本第三次向俄国提案。1904 年 1 月 6 日，俄国方面对此做出答复，与第二次相同，要求在韩国北部广大地区设置中立地带。对此，日本于当日做出了最后一次提案，再次要求俄国承认整个韩国都在日本的势力范围之内。其实那时，日本并没有取胜的自信。

但是，俄国对此一直不做答复。2 月 4 日，伊藤等五位元老，以及桂首相、小村外相等主要阁僚聚集，天皇莅临召开御前会议，决定对俄开战。2 月 5 日，日本下达了战时动员命令，8 日开始进攻，10 日正式向俄国宣战（伊藤之雄『立憲国家と日露戦争』207 ～ 226 頁。同『山県有朋』336 ～ 343 頁）。

俄国认定日本会对俄发动战争，也逐渐感受到日本开始为战争做准备的紧张气氛。于是，原本就不希望打仗的尼古拉二世和内阁的态度开始软化。

1904 年 1 月 28 日，俄国决定了第四次答复内容，删除设立中立地带，只要求日本不将韩国领土用作军事目的。这样一来，就基本可以满足日方所要求的"满韩利益交换"。但是，驻日俄国公使接到尼古拉二世批准的这个答复时已经是 2 月 7 日了。8 日，战斗已经打响，结果俄方的这一答复没能交到日方手上。

如果日本能在 2 月 4 日的御前会议前得到俄国方面的第四次答复，伊藤和井上馨两位元老定会主张接受，元老山县也会支持。即便桂首相、小村外相等人以不信任俄国为由主张开战，明治天皇的决定也很有可能避免这场战争（伊藤之雄『立憲国家と日露戦争』224 ～ 226 页。同『山県有朋』342 ～ 343 页 ）。

如果这样，日本只需维持在远东与俄国抗衡的军力，在没有日俄战争的情况下，迎来第一次世界大战。在这场日俄战争中，日军伤亡惨重，8.4 万人死亡，44 万人受伤。而且由于战争疲惫，第一次世界大战爆发时，日本经济低迷，被迫偿还外债，濒临破产。

在考虑这些情况的时候，伊藤没有过于不信任俄国，而是认为通过交涉俄国有可能让步。而且，从现实主义外交观点来看，最重要的是先与近邻对立国家达成协议，避免战争。所以今日回头来看，在缔结日英同盟之前，伊藤努力尝试与俄国协商一事具有十分重要的意义。

1904 年（明治三十七年）2 月 4 日，御前会议决定对俄开战后，伊藤叫来心腹、贵族院议员金子坚太郎（前农商相、前法相），让他前往美国活动，让美国舆论支持日本。美国总统西奥多·罗斯福与金子是哈佛大学的同窗。

同时，伊藤也让自己的另一个心腹、贵族院议员末松谦澄（前递相、前内相、伊藤的女婿）前往英国、法国活动。末松曾在英国剑桥大学留学。

金子和末松的任务，是要消除德国皇帝威廉二世散布的"黄祸论"（松村正義『日露戦争と金子堅太郎』。同『ポーツマスへの道』）。"黄祸论"认为，将来黄色人种国家会联合起来，对白色人种国家造成威胁。

金子和末松对此进行了反驳：日本人如能将清国人"教育"成"文明之民"，不仅对日本有利，而且对在远东地区拥有利益的西方各国也有利。通过他们的努力，1905 年 4 月初前后，"黄祸论"基本失去了影响力（伊藤之雄『立憲国家と日露戦争』250 ～ 252 頁）。清国、韩国在日本的"帮助"下走向现代化，贸易往来增加，对于日本和西方列强都有利，这其实也是伊藤的想法。

2 月 12 日，日本设置作为日俄战争最高指挥部的大本营，成员均为军人：参谋总长、陆相、海军军令部部长、海相等。与日清战争时不同，文官伊藤博文枢密院议长这次未能进入大本营。因为日本宪法第十一条规定了统帅权的独立原则，陆军、海军拥有独立的统帅权。

/ 受命担任韩国特派大使

伊藤虽未能进入对俄作战的大本营，但另有任务：让韩国理解日本的方针，协助日本采取行动。

韩国方面的情况如下。首先，1904年（明治三十七年）2月9日，驻韩公使林权助使韩国政府同意让日本的军队进入韩国。然后，同月23日，林公使与韩国政府签订了《日韩议定书》。内容表面上是日本确保韩国的独立和领土完整，但实质目的是允许日本在与俄国发生战争时，为达到军事目的而征用韩国土地。

3月7日，伊藤受命就任慰问韩国皇室的特派大使；13日，伊藤从东京出发，抵达神户后乘坐伪装巡洋舰"香港丸"，17日从仁川进入汉城；18日和20日，觐见了韩国皇帝（高宗李熙）。

伊藤向高宗阐述了以下几点：①维护东洋和平的意义，就在于自立主义，日本和清国、韩国三个国家，应该发展各自的"文明"，与欧美各国走相同的道路；②维护东洋和平、确保自立，并非排除不同人种和宗教、同种合并，并非与"欧美文明对立"；③要实现国家存立，即便是各自原有的"风俗习惯"对国家存立有害，也应"改良"或是摈弃；④日本在这"30余年"间奠定了自立的基础；⑤清国、韩国两国如果与日本同样谋求自立，就不应与欧美文明对立，而应互相帮助、协调并立，走"自强之路"，使"东洋人民"生存下去；⑥如果违背上述道理，坚持把"固有的顽固排外主义"作为国家方针，那么无论隶属东洋还是西洋，都会亡国（『伊藤博文传』下卷、639～643页）。

伊藤向韩国高宗建议，实施日本明治维新以来开展的近代化改革和日本援助方案，这样韩国和清国都能保持独立；而且强调，不应狭义地以人种、宗教的不同来排除异己，不应与欧美文明对立。

伊藤的观点并非日本吞并韩国，将日本文明强加于韩国，而是在尊重韩国、清国两国人种、宗教的同时，实施已经在日本经过实践的西欧近代化模式。

估计伊藤的理想是以日本为主导，与步入近代化的韩国、清国开展联合。但这种联合并不排除与西欧诸国开展贸易等，是一种松散的地区联合。

此外，伊藤还暗示，如果韩国否定日本的提案，不走近代化道路，国家将会走向灭亡。因为帝国主义时代弱肉强食，如果不发展近代化，就有可能被其他国家吞并。

韩国高宗李熙表面上接纳了伊藤的提案，并为感谢伊藤远道而来授予其大勋位金尺大绶章。3月26日，伊藤离开汉城，从仁川再次乘坐"香港丸"，29日抵达佐世保，视察了日本海军重要军事基地之一的佐世保镇守府。4月1日返回东京后，伊藤立即进宫觐见明治天皇，汇报了觐见韩国高宗的事宜。

/ "对韩方针"

1904 年（明治三十七年）5 月 1 日，日军渡过韩国与中国在满洲（中国东北）的国境线鸭绿江，占领了九连城。这一胜利在海外被报道之后，日本终于可以在英国发行外债了。日本初战告捷，原因在前文已经提到，其实是因为俄国方面并没有想到日俄战争会成为现实，未能做好充分的准备。

此后，8 月 10 日日本获得黄海海战的胜利，9 月 4 日占领辽阳，10 月 10 日到 14 日取得沙河会战胜利。1904 年 12 月中旬，日军从陆上向驻留旅顺港的俄国舰队发起炮击，俄军遭到重创。1905 年 1 月 1 日，旅顺俄军宣布投降。至此，一定程度上可以预估，日本将会取得日俄战争的胜利。

其间，日本方面于 1904 年 5 月 30 日召开了由伊藤等人参加的元老会议，31 日召开了内阁会议，决定了"对韩方针"。方针开头就明确了日本对韩国在政治及军事上拥有"保护实权"，在经济上应进一步发展日本的"利权"。

此外，方针还阐述了韩国政治和人心已经腐败，"很明显终究无法永远维持其独立"；并认为，日本由于韩国问题与俄国开战，是为了确立日本在韩国的地位，杜绝将来再次发生纠纷而不得不采取的"自卫手段"（外務省編『日本外交年表並主要文書』上卷、「文書」224～225 頁）。①

---

① 传统观点认为，日本当时根据这一"对韩方针"，决定吞并韩国（山边健太郎『日韩併合小史』等）。而且，这也是现在韩国大众的普通想法。但实际上，"对韩方针"中的内容仅限于上文提到的那些。日本接下来有两种选择：①将韩国作为保护国，对其自立加以限制，但依旧维持其独立；②为吞并韩国开始做准备。而且，即便决定选择①，如果在实施过程中发现行不通的话，则也有可能变为②。总之，日本并非以该"对韩方针"为依据，　（转下页注）

根据"对韩方针",日本与韩国于 1904 年 8 月 22 日签署了《第一次日韩协约》。韩国政府雇佣一名由日本政府推荐的日本人担任财务顾问、一名由日本政府推荐的外国人担任外交顾问。财务顾问目贺田种太郎(大藏省主税局局长)于 10 月走马上任。

在缔结日英同盟时,日本就希望在军事方面也能将整个韩国纳入自己的势力范围。所以,桂内阁将韩国列为保护国的方针可以说是这一点的扩展。

这个方针也获得了美国的支持。美国一直主张满洲门户开放、机会均等。所以最晚在 6 月下旬,美国总统西奥多·罗斯福就考虑日本无需拘泥于战前的要求,而是可以将整个韩国纳入日本的势力范围,8 月正式承认韩国成为日本的保护国(Raymond A.Esthus, *Theodore Roosevelt and Japan*, pp.42–46)。

(接上页注①)在 1904 年 5 月决定吞并韩国的。韩国人方光锡撰写的《明治政府的韩国支配政策与伊藤博文》,可以反映目前韩国学术界的通说。文中认为,就任韩国统监后的伊藤博文所采取的对韩政策,并没有脱离日本政府的方针,始终存在吞并韩国的可能。

/ 伊藤未能在战争中发挥积极作用

1904 年（明治三十七年）11 月，伊藤考虑在日俄战争结束后让满洲中立。美国总统西奥多·罗斯福也希望满洲中立，由在列强指导下的清国人总督统治满洲。但是，到了 7 月，小村外相递交了一份意见书，反对满洲中立，认为应把重点放在扩张满洲利权之上。

1905 年 3 月 1 日到 10 日的奉天会战，是日俄战争中规模最大的陆地战。虽然以日军的胜利告终，但是日本也无力追击败走的俄军，给予其致命的打击。参谋总长、元老山县有朋，以及满洲军总司令官大山岩等最高军事将领认为应该结束战争，枢密院议长、第一元老伊藤也向桂首相和小村外相建议讲和。

于是 4 月 17 日，桂首相、小村外相、山本海相、寺内陆相商量了讲和条件之后，于 19 日再请伊藤、山县等四位元老一同开会审议。21 日，内阁会议通过讲和方案之后，获得了天皇的许可。

讲和的必要条件包括日本原来就提出的获得韩国自由处置权、获得辽东半岛租借权、俄军从满洲撤军三点，再加上俄国将东清铁道哈尔滨支线让给日本这一点（其实在《朴次茅斯和约》中，哈尔滨到长春的铁路并没有被让给日本）。此外，如果可能，日本还希望俄方赔偿日方军费、割让库页岛等。

3 月奉天会战的胜利，瞬间使日方手握有力的讲和条件，元老伊藤也无法再坚持以前主张的满洲中立了。而且，从决定讲和条件的过程来看，主导权掌握在以桂首相、小村外相为中心的四位内阁成员手中。

但是，俄国方面并不希望立即进入和谈，俄国沙皇尼古拉二世寄予厚望的波罗的海舰队，从印度洋穿越新加坡海域，向日本方向驶来。5月27日到28日，日本海军与波罗的海舰队在日本海交战。日方没有损失一艘主力舰，而俄军八艘主力战舰不是被日军击沉就是被擒获，日本获得了出乎意料的大胜。

波罗的海舰队全军覆没后，日俄迅速进入了讲和进程。6月，俄国方面接受美国总统西奥多·罗斯福介入讲和。决定在美国东海岸的朴次茅斯召开讲和会议之后，桂首相等人希望伊藤能作为日本方面的全权代表出席，但遭到了政友会实权者原敬的反对。因为即便伊藤去参加会议，讲和条件也不会非常有利于日本。而且，即便讲和条件不利，政友会也不得不赞成由政友会前总裁伊藤缔结的讲和条约，这样一来，政友会就会失去与桂内阁交易的重要筹码。结果，元老们和主要内阁成员提议由伊藤和小村外相两人担任全权大使，但伊藤没有答应。于是6月20日，政府决定派遣小村一人作为全权大使前往美国。估计伊藤也感觉到了自己能力的极限，于是听从原敬的决策，期待战后政友会的成长，而拒绝担任全权大使。此外，日俄战争在外交上是由桂首相、小村外相掌握主导权的，所以伊藤也心存必须由他们负责到底的念头（伊藤之雄『立憲国家と日露戦争』247～261页）。7月3日，外相小村寿太郎和驻美公使高平小五郎被正式任命为讲和条约的全权大使。

/541

9月5日，日俄在朴次茅斯签订了《日俄讲和条约》（即《朴次茅斯和约》），10月15日获得批准，于次日公布。根据条约，日本获得了韩国的保护权、辽东半岛的租借权、库页岛北纬50度以南地区、东清铁道长春—旅顺口一段、沿海州的渔业权等，基本满足了元老伊藤以及日本政府首脑所希望的条件。

/ 见证西园寺公望内阁的成立

前文曾提到，日俄战争对于日本来说，是一场以大国俄国为对手的苦战。从与俄国和列强的关系来看，日本即便获胜，也很有可能无法获得国民所希望的赔偿金等讲和条件，而且桂内阁也有可能失去对日本政权的掌控。

所以，就在日军即将歼灭驻留旅顺的俄国舰队，取得较大程度的获胜可能之时，1904 年（明治三十七年）12 月 8 日，桂首相与众议院第一大党政友会领导人原敬、松田正久、西园寺公望总裁之间秘密约定，在日俄战争结束后，将政权让与西园寺。作为回报，政友会必须支持当时执政的桂内阁。这个秘密约定，其他政友会干部不得而知，桂内阁方面也只有桂首相、曾弥藏相和山本海相三人知道，并没有告诉桂内阁的后援元老山县有朋。

/ 542

但是，政友会的原敬在 12 月就把这个密约告诉了元老伊藤博文和井上馨，目的是防止桂太郎毁约。

由于桂内阁和政友会最高干部之间缔结了这一密约，第二十一届议会进行得非常顺利，17 日就一次通过了增税案和政府预算。

就在朴次茅斯召开日俄讲和会议期间，1905 年 8 月 14 日，桂首相会见原敬并与其约定，作为让西园寺继任首相的交换条件，无论讲和内容如何，讲和条约缔结之后，政友会必须率先表示赞成。8 月 22 日，桂首相告知原敬，他已经在为西园寺内阁做准备，与山县系官员和内阁进行协调。

《朴次茅斯和约》的内容发表之后，9 月 5 日到 6 日，东京及周边地区发生了反对讲和的暴动，政府实施戒严令之后才平息了此次骚乱。从 8 月 31 日开始的约一个月内，日本各地举行的反对讲和集会多达 165 次。日本国民只知道战胜报道，却不知日本的艰苦内情，所以对于讲和条件给予了过高的期望。众议院第二大党宪政本党（原改进党、进步党系）积极参与了这次反对讲和运动，但众议院第一大党政友会的最高干部姿态克制，所以政友会没有积极参与。

结果，在没有召开元老会议的情况下，由西园寺组阁一事就已决定下来。1906 年 1 月 7 日，西园寺内阁正式成立。

在第一次西园寺内阁中，政友会方面有三人入阁，分别为西园寺（首相）、原敬（内相）和松田正久（法相）。在伊藤的推荐下，阪谷芳郎（前大藏次官）入阁担任藏相这一重要职位。寺内正毅（山县系官员）留任陆相，在山本权兵卫的推荐下，斋藤实就任海相。考虑元老山县有朋、松方正义方面，其他阁僚则根据桂太郎的推荐逐一决定（伊藤之雄『立憲国家と日露戦争』264 ～ 267 頁）。

/ 543

西园寺内阁的成立，意味着以政友会为中心的内阁诞生，实权者原敬就任内相这一要职也意义重大。就这样，政友会离开伊藤，实现了真正的自立。

第六部　老境篇

第二十二章

统治韩国的理想
—— 伊藤就任韩国统监

/ 签署《第二次日韩协约》

上一章讲到，在美国、英国等国事实承认日本成为韩国的宗主国之后，根据《朴次茅斯和约》，俄国也认可了日本对韩国拥有保护国的权力。

因此，日本需要与韩国签署有关这一内容的条约。外相小村寿太郎等人前往大矶"沧浪阁"拜访伊藤，请他就任韩国特派大使，伊藤爽快地答应了。

1905 年（明治三十八年）11 月 5 日，伊藤出发前往汉城。就在出发当日清晨，伊藤写信给元老松方正义，告诉他有关韩国事宜，只要自己能尽其微力，都会尽量"平稳处理"，因为韩国政情不稳，有可能发生难以预料的事情，那时会与元老和政府商量（松方宛伊藤書状、1905 年 11 月 5 日、「牧野伸顕文書」国立国会図書館憲政資料室所蔵）。伊藤希望日韩能平稳缔结条约，在韩国近代化问题上尽可能不与韩国人产生对立，但同时也考虑到了事与愿违、最为糟糕的情况。

11 月 10 日，伊藤抵达汉城；11 日、15 日，觐见了韩国皇帝（高宗）；15 日，递交了《第二次日韩协约》草案，要求将韩国的外交权委任给日本。

高宗表示反对，他认为如果把外交权交给日本，日韩关系就会像奥地利和匈牙利的关系（奥地利皇帝兼任匈牙利国王）一样，或者等同于欧洲列强与非洲的关系，韩国就会沦为最劣等国家。对此，伊藤反驳说，日韩两国各有君主，保持各自独立，韩国与被奥地利吞并的匈牙利、沦为列强殖民地的非洲是不同的。

而且，伊藤认为韩国人十分"幼稚"，不懂外交，不知"世界大势"，一部分人煽动国民对日本进行无益的反抗，虽未点破这部分人包括皇帝，却对韩国的现状进行了批评（『伊藤博文伝』下卷、680～690頁）。伊藤接受并遵循那个时代的国际外交规范，以保存本国独立、谋求国家富强为信念。所以从伊藤的标准来看，他认为包括皇帝在内的韩国人，行为都相当幼稚。①

当天，韩国方面决定延期签署新协约。11月17日，日本方面开始对韩国施加压力。伊藤随同韩国驻屯军司令长谷川好道一起进宫参见高宗，努力劝说韩国大臣与日本签约。结果，伊藤认可了韩方提出的条件，在条约中加入：日本保证维护韩国皇室的"安泰与尊严"，以及在该文之前加入"直到确认韩国实现富强之时"，以示条约期限。就这样，伊藤于18日半夜0点20分退出皇宫后，当日凌晨1点和日本驻韩特命全权公使林权助一同，与韩国外务大臣朴齐纯签署了《第二次日韩协约》。

主要内容如下。第一，韩国外交交由东京的日本外务省负责，日本的公使、领事等负责保护在外国的韩国人及其利益等，韩国的外交权由日本行使（第一条、第二条）。

/ 548

第二，在韩国设置一名日方代表"统监"（Resident General），统监"专管外交事务"，驻在汉城，有权非正式地谒见韩国皇帝。在韩国各开埠地以及日本政府认为有必要的地区设置理事官（Resident），理事官行使以往日本驻韩领事职能（第三条）。

此外，该协约还包括了韩国政府所要求的确保维护"韩国皇室的安泰与尊严"的内容（第五条）。

---

① 此处作者是从伊藤的立场出发进行的论述，有为侵略、殖民辩解之嫌。——译者注

　　《第二次日韩协约》的内容以日本行使韩国外交权为主。但其实，条文同时还规定了统监也可以管辖外交以外的事务。

　　日韩签署条约之后的 1905 年（明治三十八年）11 月 22 日，伊藤在游猎水原八达山的归途中所乘坐的火车遭到投石，玻璃窗被砸坏，伊藤身负轻伤。可见，韩国人对《第二次日韩协约》相当反感（『伊藤博文伝』下卷、702 頁）。

　　同月 28 日，伊藤在出席汉城、仁川的日本人官民欢迎会上致辞，解释并强调了日韩协约的精神：①虽然韩国人"尚未开化"，但日本人不得侮辱、"欺瞒"前者，因为这与天皇"大御心"相悖；②日本人应该指导韩国人，让其奋发图强，由于"列强各国均瞩目日韩"，所以一旦出现侮辱韩国人的行径，将会立即有损日本"国威"，对日本非常不利；③自己对于新条约的实施毫不迟疑，但与此同时，对于韩国人的境遇心存"万斛"之泪（『伊藤公演説全集』277 ～ 278 頁）。

　　所以，可以认为在那时，伊藤就已经下定决心要出任第一代韩国统监了。伊藤那时 64 岁，前文也曾提到，他的身体从几年前就开始逐渐衰弱。虽然伊藤年事已高，但枢密院议长一职也是可以胜任的荣耀之职，而且与前往冬季寒冷的韩国相比，留在日本对他来说其实更加轻松舒服。但是，估计伊藤认为唯有自己才能实现上述理想，而不是山县系官员等陆军军人。

　　11 月 29 日，伊藤离开汉城，从仁川乘坐军舰回国；12 月 3 日抵达下关，出席了当地为他举行的欢迎会，并就日韩关系发表了演讲。

　　演讲内容与此前在汉城、仁川欢迎会的内容相同，伊藤对于将"外交权和国防权"交与日本、韩国独立有名无实以及韩国国民的心情表示了同情。此外，他还强调不应将韩国人与非洲的黑人、美国的"原住民"、"南洋马来人种"等同等看待，因为韩国拥有"三千年来"的文化，在文学上颇有造诣。他还希望马关（下关）市民能亲切对待韩国民众，与其友好往来，"共同发展，共享文明的恩泽"（同前、278 ～ 281 頁）。由于这次演讲是伊藤访韩回国之后首次发表的演讲，所以他知道各大报刊会刊载演讲内容并传遍全国。

545

次日，伊藤离开下关，5 日返回大矶，8 日进宫觐见天皇，详细汇报了情况。

/ 550

/ 就任第一代韩国统监

　　1905 年（明治三十八年）12 月 21 日，伊藤就任第一代韩国统监。第二年 1 月 14 日，明治天皇召见寺内正毅陆相和大山岩参谋总长，亲手将谕旨交给寺内和大山。因为要把韩国守备军的使用权限交给统监，所以天皇命令两人在制定国防用兵计划时不要产生矛盾（『明治天皇纪』二卷、435～461 頁）。对于陆军要听命于文官统监，陆军省和参谋本部内都出现了不满的声音。天皇此举也是为了压制这些不和谐之音。

　　由此可见，天皇积极地协助统监伊藤治理韩国。

　　本书前文曾提到，在以往的太政官制下，大久保利通和伊藤博文两位文官参议曾经在西南战争中制定作战计划。明治宪法制定后一直到日清战争期间，伊藤也都列席战争指挥中心大本营会议，并参与军部主要人事决策（见第六章至第十六章）。这一方面是来自天皇的绝对信任，另一方面是伊藤希望利用自己的特殊立场实现理想，履行职责，治理韩国。

　　伊藤作为统监，被授予驻韩国日本陆军的命令权，① 所以平时就可以从驻韩宪兵队那里获得治安方面的情报。1908 年 2 月之后，伊藤不在韩国的时候，统监代理收到的治安情报也都转送到伊藤手中（古谷久纲宛明石元二郎書状、1908 年 2 月 18 日、「古谷久綱文書」東京大学大学院法学政治学研究科付属近代日本

---

① 在韩国南岸的镇海湾开设军港之后，斋藤实海相向伊藤统监确认，能否让宫冈直记少将兼任镇海防备队司令官。伊藤向宫冈本人征询意见，宫冈说听从斋藤海相调配。1907 年 6 月 8 日，伊藤写信回复斋藤海相，任命宫冈"恰当至极"，请随时实施（斎藤宛伊藤書状、1907 年 6 月 9 日、「斎藤実文書」国立国会図書館憲政資料室所蔵）。同年 9 月 9 日，宫冈被任命为司令官。由此可见，只要事关韩国，伊藤统监也参与海军人事的决策。

法政史料センター原資料部所蔵）。

　　关于伊藤统监的权力，在韩国的日本报刊曾这样报道，即便伊藤不在韩国，副统监及下属也都要发电报给伊藤报批，否则什么事情都决定不了（『朝鮮新報』1908 年 4 月 16 日、9 月 14 日）。由此可见，伊藤在统监府内拥有绝对的权力。

/ 伊藤的统治构想

就在政友会作为执政党、第一次西园寺公望内阁起步约两个月后的 1906 年（明治三十九年）3 月 2 日，伊藤作为韩国统监抵达汉城。伊藤已经在以下两个场合中宣布了统治韩国的大体框架：① 1905 年 11 月 18 日，觐见韩国皇帝时；②就任统监后首次面向日本媒体举行的新闻发布会上。

此外，伊藤到汉城赴任后，又多次进行阐述，分别是在：③ 3 月 9 日，觐见韩国高宗时；④ 3 月 13 日，召集韩国阁僚举行的统监与大臣会议上（关于韩国施政的第一次协议会）；⑤ 3 月 21 日，统监与大臣会议上（关于韩国施政的第二次协议会）（『日韓外交資料集成』六卷上、121 ～ 162 頁）。

/ 552

具体内容如下。第一，日本在韩国驻扎军队需要经费，对韩国进行"施政改善"也需要经费，所以应该尽可能由韩国自己承担这些费用（②）。第二，伊藤认为，作为应急措施，需要用相当数额的贷款来解决目前的资金问题（③），他估算约需 1000 万日元（约为现在的 1300 亿日元）贷款。伊藤统监和财政顾问目贺田种太郎考虑用韩国的关税收入作为贷款担保，同时也做好了即便担保额度不足，也要对韩贷款（④）。

伊藤希望韩国人为实现本国的近代化自行负担费用，但是，他也考虑到了当前需要的资金还是应由日本负责解决。伊藤为确保统治韩国的财源，在 1907 年度预算确定之前，让书记官带着自己的亲笔信前往东京拜访藏相阪谷芳郎给其施加压力，信中写道：书记官会向您说明韩国统治的预算情况，请多多关照（阪谷宛伊藤書状、1906 年 10 月 6 日、「阪谷芳郎文書」国立国会図書館憲政資料室所蔵）。就这样，第一元老伊藤凭借其强大的影响力，确保了统治韩国所需的财政来源。

　　然而到了 1906 年 11 月，为确保税收，需要对在韩外国人征税，但由于治外法权的存在，政府无法对在韩外国人征税。于是，1907 年入秋之后，伊藤就积极对韩国的司法制度进行改革，废除治外法权也是改革目标之一。这也意味着在韩国的日本人也将不再享有特权。

/ 553

　　第三，伊藤认为，贷款资金应最先用于改善农业、建设道路、排水、灌溉、植树造林等方面，以提高农业生产力，让农民获利。由于韩国工业尚未进入成熟阶段，所以应将有限的资金投入农业方面，这样会更加有效（④）。

　　第四，贷款资金应该用于初级教育（②）。伊藤认为，教育必须从幼年开始实施，但需要大量的时间和经费。所以当务之急，必须在大村落建设学校，这样一来，就需要建设费、师资以及教科书等。然而目前韩国还无法像日本那样，由中央政府、地方政府以及民众联合负担教育相关费用，所以只能先由政府出资建设学校，然后逐步推广。伊藤认为，通过教育，可以让孩子们从小理解为什么国民必须缴纳税金（④）。

　　从第三点和第四点可以看出，伊藤认为在韩国应该最先发展农业和初级教育，而不是工业和高等教育。

　　第五，扩充警力，维护治安。伊藤认为日本军队主要负责国防，平时应注重训练以备不测；而日常社会治安，应由警察负责。①

　　第六，修改治外法权下的领事裁判制度和监狱制度，在减

---

①　有关统监府时期到殖民地时期警察方面的研究，近年成果丰硕。其中，松田利彦撰写的《1905～1945 年日本的朝鲜殖民地支配和警察》（『日本の朝鮮植民地支配と警察 1950～1945 年』）就是其中最具代表的成果之一。

轻韩国负担的同时，向西方列强的司法制度靠近。例如，以往有关日本领事裁判的上诉申请，必须向长崎控诉院（现在的高等法院）提出。《第二次日韩协约》签订后，领事制度不复存在。伊藤设想修改制度，如要对取代领事裁判的理事厅判决提出上诉，应向设在汉城的统监府法务院提交申请（④）。要建立近代司法制度和监狱制度，就必须废除治外法权。可见伊藤从一开始就将废除治外法权纳入了视野范围。[①]

此外，伊藤还主张要区别韩国皇室和政府，明确地方官员权限，将地方官员俸禄调整到正常水平，严格规定官吏纪律（①⑤）。19世纪80年代，伊藤在日本建立了将宫中（皇室）和府中（政府）区分开来的制度，并对明治天皇开展了君主机构说的教育，颇见成效（见本书第九章至第十一章）。所以，伊藤希望能在韩国实施宫中制度，对高宗的权力进行限制。

伊藤还想对韩国发展到一定程度的城市开展城市改造，实现近代化。例如，对作为汉城贸易港的仁川实施水道改建工程，力求发展卫生事业和工商业。因为城市是行政和流通的中心，所以如果霍乱等传染性疾病流行，就有可能使整个城市功能瘫痪。

伊藤非常清楚，对于以上近代化事业，定会有韩国人心存不满。但他坚信，三年至五年之后，当实际效果显现之时，他们也定会明白（④）。

1907年5月30日，伊藤面向李完用新内阁的演讲，非常直

[①] 有关统监府时期的韩国司法制度改革和治外法权废除的研究，近年也获得了不少成果。主要有：浅野豊美·松田利彦编『植民地帝国日本の法的構造』第Ⅲ部、李英美『韓国司法制度と梅謙二郎』、浅野豊美『帝国日本の植民地法制——法域統合と帝国秩序』第Ⅱ編、伊藤之雄·李盛煥編著『伊藤博文と韓国統治——初代韓国統監をめぐる百年目の検証』第Ⅱ部，等等。

接并鲜明地表达了他对于韩国近代化所持的理念与自己的心境。

> 无论哪个国家，都不会为他国提供本国财力和国民生命。如果提供的话，其首要目的是本国，其次才是他国。如果一个国家自己没有想要独立的要素，而一味地想要依赖他国，这个国家是无法存续下去的。就如同今日，韩国如果继续这么走下去，那么使韩国灭亡的不是他国，而是韩国自身。
>
> （林外相宛伊藤統監通報、1907 年 6 月 4 日、『日本外交文書』四十卷第一册、563 頁）

这段话的意思是，关于韩国的近代化，伊藤首先考虑的是对日本有利，但他也坚信这会对韩国有利。他很清楚韩国人的反对，但决定坚持下去（伊藤之雄「伊藤博文の韓国統治」）。

/ 担忧满洲问题

日俄战争之后，朴次茅斯和谈结束后的第二年，日本陆军依旧占领清国领土南满洲。考虑到与列强和清国的关系，伊藤对于此事一直放心不下。

于是，就在他被任命为统监后，准备离开大矶前往汉城的四天前，即 1906 年（明治三十九年）2 月 16 日，伊藤在百忙之中邀请山县、井上馨两位元老，西园寺首相、加藤高明外相、大山岩元帅（前满洲军总司令官）、儿玉源太郎大将（前满洲军总参谋长）聚到大矶"沧浪阁"家中，商讨南满洲的驻军问题。

3 月 31 日，驻日英国大使向伊藤统监反映，南满洲的日本驻军对欧美人采取了比俄国占领满洲时更为严格的封锁行动，要求伊藤妥善解决。那时，伊藤正在汉城召开有关韩国施政的协议会等会议，探讨韩国近代化的具体政策。清国方面也对日本继续驻军表示强烈不满（栗原健编著『对满蒙政策史の一面』12 ～ 14 页）。

4 月 30 日，预定在青山练兵场举行陆军凯旋大阅兵。明治天皇特别召见伊藤统监让他陪同自己阅兵。阅兵仪式十分盛大，共有 3 万多名将士参加（『明治天皇纪』二卷、538 ～ 541 页）。估计天皇一方面是想慰劳并感谢年事已高的伊藤身为统监为韩国尽心效力，另一方面也想提高伊藤在军队中的威信。

伊藤为出席阅兵仪式，于 4 月 21 日离开汉城，从仁川乘坐军舰"浪速号"抵达神户，24 日返回大矶。

伊藤一回到日本，就立即命令外务省起草解决满洲问题的方案。5 月 22 日，元老伊藤统监让西园寺首相召集召开了"有关满洲问题的讨论会"。共有 13 人出席会议：伊藤、西园寺，元老山县有朋、松方正义、井上馨、大山岩元帅，寺内正毅陆相、斋藤实海相、阪谷芳郎藏相、林董外相、桂太郎大将（前首相）、儿玉源太郎参谋总长以及海军长老山本权兵卫（前海相）。

伊藤在此次会议上，发挥了比西园寺首相更强的主导作用。会议决定，将南满洲的军政中心关东总督改为平时性机构，然后废除军政署等。西园寺内阁借助元老伊藤等人的力量，废除了南满洲的军政体制，缓和了来自列强和清国方面的不满。

6月20日，伊藤统监离开大矶，23日抵达汉城后，在韩国待了5个月。此后，为了在日本过新年，11月21日离开汉城返回日本。下面，我们将看看伊藤在就任统监的第一年是如何具体统治韩国的。

/ 统治韩国第一年的进展

统监府让韩国与日本兴业银行缔结了1000万日元（约为现在的1300亿日元）的贷款协议，一半贷款立即到账，另一半则在他日需要之时贷给韩国政府。除去利息之外，到手的约为900万日元。此外，韩国政府于1905年（明治三十八年）向第一银行和日本政府发行了650万日元的国债。加上从日本兴业银行贷款获得的一半金额500万日元，1906年年末，韩国的国债总额高达1150万日元。这个金额十分庞大，相当于1906年韩国政府入账租税（地租、关税等）560万日元的约2倍（度支部「韩国财政概况」〔1908年2月1日调查〕、「胜田家文书」70册、财务省财务史室所藏）。

1906年，韩国仅使用了其中的约125万日元。主要用于补助农工银行约100万日元、充实学校教育约10万日元、建设仁川水道约10万日元。尽管伊藤统监意气风发，但第一年虽有财源，却无法利用国债开展实际业务。因为要开展工作，就必须进行现状调查、制订计划等，所需时间要比设想的更多。

1907年，政府则动用了约291万日元，为1906年的两三倍。主要用于：治理仁川水道约45万日元、补助农工银行约43万日元、道路工程约35万日元、扩大教育约35万日元等。1906年8月颁布了《普通学校〔即韩国的小学〕令》等，在教育上投入50万日元，其中34万日元计划用于新建、改建小学。伊藤十分重视的初级教育改革由此启动。

提高警力方面，第一期从1906年6月开始。日本韩国统监在13个道观察府所在地开设警务顾问支部、配备警视，在全国开设26个分遣所、122个分派所，配备日本警官；韩国方面，除了在 13 个道设置警务署以外，还设了 26 个警务分署、122 个分派所。

但即便如此，韩国全国平均约 20 平方里 [①] 只有一个日本巡查、4 平方里一个韩国巡检。1906 年秋义兵起义爆发，警力就明显不足了（『日韓外交資料集成』八卷、137 ~ 139、176 ~ 177 頁。松田利彦『日本の朝鮮植民地支配と警察』第一部第一章）。

区分皇室和政府方面，高宗听从排日主义儒者的建议，令伊藤统监非常不快。于是，1906 年 7 月 7 日，伊藤颁布了宫禁令，在皇宫六宫配备日本巡查，控制人员出入。同年 12 月，日本人宫内府顾问开始对韩国皇室财产和国有财产、宫内府冗员进行调查整理（『日韓外交資料集成』六卷上、242 ~ 244 頁，同八卷、123 ~ 133 頁）。

地方制度方面，1906 年韩国政府听从伊藤统监的指示和日本警视的建议，制定了改革方案，于 10 月 1 日开始实施新的官僚制度。新制度的特色是，拥有观察使（全国共设 13 个道，相当于日本知事）任命权的主体由皇帝变为内阁会议，拥有郡守（全国共设 333 个郡）任命权的主体则由内阁会议变为内部大臣。其目的在于削弱专制君主皇帝的权限，将政府变为责任内阁制，增强政府的监督权。

此外，伊藤还提高了观察使、郡守的俸禄。韩国的观察使不仅拥有行政权，还拥有审判权，同样郡守在拥有行政权的同时也拥有一定程度的审判权，所以拥有审判权是产生"腐败"的原因。

征税，一直都是郡守的任务，郡守手下有 20 ~ 60 名世袭制

---

① 又作"方里"，是指一里见方的面积。里是东亚地区传统的长度单位，在不同时期不同地区所代指的具体长度均有不同。——译者注

的征税承包人。1906 年 10 月，租税征收规定颁布后，郡守不再负责征税，税要向日本通信管理局所管的邮局缴付。那些失去工作的各郡征税承包人，怒斥日本人把韩国人的税金都拿到日本去了，这多少助长了"排日思想"（韓国駐箚軍司令部「韓国暴動ノ景況」1908 年 1 月、防衛省防衛研究所戦史研究センター史料室所蔵）。

1906 年 11 月 16 日，伊藤统监返回日本之前，召开了第十二次施政改善协议会，强调不应满足目前的成绩，应该进一步开展税制改革、增加税收、提高关税收入、削减不必要的开支。伊藤展现了改革的决心，认为韩国的近代化发展所需的财源必须尽快由韩国自身解决。

/ 目标在于"吞并韩国"?

1907年（明治四十年）3月20日，伊藤统监在日本过完新年之后，时隔4个月回到了汉城。很快，伊藤就知道韩国政情发生了变化。

韩国团体自强会、教育会、青年会、西友会，以及两三家韩语报刊、英国人主办的《大韩每日新闻》等，在各处攻击韩国内阁。他们借攻击政府之名，开展排日运动（『日本外交文书』四十卷第一册、556～561页）。

为返还伊藤统监筹措的国债，国债报偿会在各地开展募捐活动（李盛焕「伊藤博文の韓国統治と韓国ナショナリズム」）。

伊藤返回日本期间，韩国国内出现（抗日）义兵，但只要派十几名日本警察过去，他们就会立即四散逃走，所以不过是些"盗财穷民""小野心家"在"模仿政治运动"，没有什么危险。但是，伊藤也知道韩国是一个长期独立的国家，国家观念强、国民"猜疑心重"，很多人都怀疑日本企图吞并韩国（『朝鮮新報』1907年2月2日、7日、8日）。

/ 561

伊藤对于韩国的统治，需要建立在韩国人信任伊藤、理解他的设想和计划、主动合作的基础上。但是，这个基础没有建立起来，排日气氛反而越发浓郁，这令伊藤感到非常不安。后文也将提到，伊藤因此也开始考虑在不得已的情况下采取吞并手段。

那时，第一次日俄协商谈判刚刚开始。4月13日，伊藤给林外相发送电报指出，在谈及日本与韩国"未来发展"时，明确使用包括"合并"在内的用语会对日本"最为有利"。而且他还建议，按照韩国目前的局势来看，时间拖得越长，就越难实施"合并"。所以，现在就应该表明日本政府的态度，早日获得俄国方面的认可（『日本外交文書』四十卷第一册、124 页）。

这份电报也可以被解释为伊藤对于日本吞并韩国的态度积极。[1]但是，直到两年后的 1909 年 4 月 10 日，伊藤才同意桂首相、小村外相提出的吞并韩国（见本书第二十三章）。至今为止，并没有发现在 1909 年 4 月之前反映伊藤对于吞并韩国态度积极的史料。

---

[1] 森山茂德『日韓併合』（106～108、121～131 頁）、海野福寿『伊藤博文と日韓併合』（103、106、173～174 頁）、小川原宏幸「伊藤博文の韓国併合構造と第三次日韓協約体制の形成」等。森山茂德认为，伊藤虽然在 1907 年 4 月决定吞并韩国，但未能取得俄国方面的同意；同年 7 月，在签署掌握整个韩国内政的《第三次日韩协约》时，放弃了"吞并这一形式性目标"。但森山认为该协约表明日本已经完成了对韩国"实质性的吞并"（『日韓併合』140 頁）。

持这一观点的人，完全没有对 1909 年 4 月 10 日之前，桂首相和小村外相认为伊藤反对吞并韩国一事做出任何解释。

1908 年，伊藤和桂太郎两人在韩国统治问题上保持良好合作，经常沟通（伊藤之雄『伊藤博文の韓国統治と日韓併合』）。小村外相也掌握着外务省的情报。如果伊藤真的在 1907 年 4 月就决心吞并韩国，那么桂太郎和小村误解伊藤真意一事就会显得很不自然。

此外，如果伊藤在 1907 年 4 月就已经决定吞并韩国，那他为什么没有执行？关于这一点的说明并不充分。森山的解释是因为未能获得俄国方面的同意，小川原的解释是因为会增加日本的财政负担。但是，后来在 1909 年 4 月，伊藤同意了桂首相等人提出的吞并韩国的方针，那时日本依旧没有获得俄国方面的同意，日本的财政状况也没有特别好转。对此，森山和小川原两位都没有进行说明。可以这么说，伊藤不希望吞并韩国的最主要原因，并非如他们两位的解释那样，而是由于其他条件无法实现之后，伊藤才同意吞并韩国的。这里所谓的其他条件，就是本书所提到的伊藤对于韩国民众的期待，他期待韩国人能逐渐理解自己的设想和计划，自发性地支持他。

/ 使用"合并"的理由

从伊藤使用"合并"这个词来看,他已经对韩国国内情况甚/ 562
为担忧,所以与以往相比,认为日本吞并韩国的可能性更高了。
但是,在此后的两年里,伊藤一直没有点头同意,可见伊藤并没
有把吞并韩国定为必须实现的目标。①

那么,伊藤究竟为什么要指示外相要使用"合并"一词,并/ 564

---

① 这一章节是在我 2009 年撰写的论文《伊藤博文的韩国统治》的基础上写成
的。我在该文中提到,小川原宏幸认为,伊藤博文虽在 1907 年 4 月前后就决
心吞并韩国,但由于担心增加日本的财政负担而没有立即实施(请参照上一
小节内容)。对此,小川原进行了反驳,"伊藤之雄认为我〔小川原〕仅将避
免增加日本财政负担作为伊藤博文在 1907 年没有吞并韩国的理由","这是非
常明显的误读。我〔小川原〕早就指出过,伊藤在重视财政自立的同时,也
很注重获得朝鲜社会对于日本统治的支持"(小川原宏幸「伊藤博文の韓国統
治と朝鮮社会——皇帝巡幸をめぐって」)。但是,我仔细阅读了小川原的论文
《伊藤博文的日韩合并构想与第三次日韩协约体制的形成》,文中并没有出现
伊藤并未实施吞并韩国的重要原因是"伊藤注重获得朝鲜社会对于日本统治
的支持"或类似词句。反而,小川原在其论文中强调,"伊藤尤为在意的是吞
并韩国会给日本增加负担"(89 页),"伊藤吞并韩国构想的意义,是为实现
财政健全化的'过渡性'统治,也就是说保护国这个定位不过是一个为实现
吞并的过渡阶段"(同前,91 页)。小川原在其论文最后的"结语"中,再次
强调了财政独立(财政负担)问题:"正如本文所探讨的,该体制〔第三次日
韩协约体制〕提出的日韩合并方针,旨在基于财政独立的实现,将来形成自
治殖民地,实现日本帝国吞并韩国。'财政独立',就是其中重要的政策支柱
……"小川原在 2005 年发表的该论文中特别强调了财政负担问题,在 2010
年发表的论文中,首次开始出现"注重获得朝鲜社会对于日本统治的支持"
等语句。2009 年,我对小川原 2005 年发表的论文提出了异议,但小川原在
其 2010 年发表的论文中批评我漏掉了他的观点,而那个观点是他第一次在该
文(2010 年论文)中提出的,所以这种批评是不正确的。他在我的论文和书
籍发表出版之后,再对自己的观点进行修改,并在自己的论文中批评我"明
显误读",把自己的观点正当化,这种行径违背了研究者应有的品格。本书将
在下文具体阐述,伊藤在 1909 年 4 月之前并不赞成吞并韩国。

要事前取得俄国的认可呢？其目的是想把陆军以及驻英大使小村寿太郎（前外相）等人的视线锁定在韩国以及满洲南部地区。

陆军和小村大使等人认为，如果日本同意把蒙古划入俄国的势力范围，就可以迫使俄国同意将整个满洲划入日本的势力范围。但是，俄国方面希望把日本的势力范围限定在满洲南部和韩国。在指出"合并"这一用语的该电报中，伊藤提出，对于日本来说"当务之急是彻底解决韩国问题"，建议"蒙古问题应尽可能地迎合俄国方面的要求"。

伊藤是为了压制日本领导人根深蒂固的大陆膨胀欲望，维持日本与俄国之间的平衡，避免与其对决，才要求在表述韩国时使用"合并"一词的（伊藤之雄「伊藤博文の韓国統治と韓国併合」）。

前文曾提到，1907 年（明治四十年）开春之后，韩国国内反政府、排日的气氛越发浓郁，朴齐纯参政（首相）三番五次地向伊藤统监提出辞职。于是，伊藤决定起用学部大臣李完用组阁，并与以韩国人为主的亲日团体一进会合作，推动前一年开始的"施政改善"。

李完用学部大臣，在 1905 年 11 月伊藤作为大使签署《第二次日韩协约》时，在"万不得已"的情况下，接受了伊藤提出的将韩国外交权交与日本的要求。此后，伊藤就将李完用视作韩国方面的合作对象。

同时，伊藤考虑以韩国原有的精英层"两班"为中心，获得广泛的儒教阶层的支持；而且，他不希望让新兴派别一进会的代表立即入阁。

然而，期待成为参政（首相）的李完用却向伊藤提出，让一进会的会长的宋秉畯当农商工部大臣。

伊藤没有同意，并于 5 月 22 日上奏高宗，提出让李完用担任首相，但高宗拒绝了。于是，伊藤翻出底牌，指出高宗在背后动用重金，派人前往荷兰海牙，想在和平会议上开展恢复韩国国权的运动，这明显违反了日韩协约，并威胁要追究其责任。高宗显得"颇为狼狈"，努力辩解，最终同意由李完用组阁。

但是，由于宋秉畯将被任命为农商工部大臣的传言已经广为人知。伊藤考虑到宋秉畯和一进会的面子，也就不得不同意其进入内阁。5 月 25 日，李完用内阁正式启动（伊藤之雄「伊藤博文の韓国統治と韓国併合」）。

5 月 30 日，伊藤请李完用新内阁的成员到统监官舍，发表了演讲。讲话内容如下。

第一，"正如今日，韩国如不进步，终究会自我毁灭"，暗示韩国存在被吞并的危险。并强调，为使韩国继续存在，目前最为紧要的方针就是要诚心诚意地与日本保持友好，决心与日本共存亡。

第二，"只要自己不欺骗任何人，就不会被任何人欺骗"，伊藤强调了自己的诚实，言外之意是对高宗两面派行为的强烈批评。

第三，在韩日本人中如有人形迹恶劣，则让其离开韩国或是进行处罚，表达了公平处置的决心。伊藤还警告农商工部相宋秉畯，绝不允许他利用一进会的势力，采取威胁内阁的任何行动（『日本外交文書』四十卷第一册、561～565页）。

从伊藤的这些发言和姿态也可以看出，他并没有将吞并韩国作为目的或前提，而是希望韩国人能自发地努力合作，尽可能减少日本的经费支出，有效地实现韩国的近代化。因为伊藤坚信，这么做首先有利于日本，然后也有利于韩国。

　　1906 年（明治三十九年）4 月 1 日，伊藤博文统监（长州藩出身）与山县有朋元帅（长州藩出身）、大山岩元帅（萨摩藩出身）一同被授予了大勋位菊花章颈饰。这是天皇在 19 世纪 90 年代中期以后授予德国皇帝威廉二世等列强元首，以及 1900 年 5 月 10 日授予即将成婚的皇太子嘉仁亲王（后来的大正天皇）的最高勋章，这次是首次授予臣子。

/ 567

　　1907 年 9 月 21 日，伊藤还与山县、大山两位元帅一起晋升为公爵。这些措施都是为了表彰他们三人为日俄战争所做的贡献。1904 年 3 月，伊藤作为特派大使前往韩国，第二年 11 月，成功签署了《第二次日韩协约》，所以以上措施也是对其在日俄战争之后的扫尾工作、统治韩国方面所做功绩的褒奖。

　　早在 1895 年 8 月，伊藤就被授予了大勋位菊花大绶章，比山县、大山等人早了近 7 年，而且他出自身份卑微的底层武士阶层，是"足轻"中首位获此殊荣者。伊藤在 1895 年 8 月 5 日与山县、大山等人同时被授予侯爵爵位。举行仪式时的宫中席位序列，需要根据勋章决定。所以，伊藤的宫中席位序列始终在山县和大山之上（伊藤之雄「山県系官僚閥と天皇・元老・宮中」）。

　　但从勋章来看，日俄战争之后，伊藤的荣耀被山县和大山追了上来。山县权势大增，1900 年前后就开始与伊藤基本持平了。而且，日清战争之后，陆海军也开始独立于内阁。大久保利通死后，与萨摩派相比，长州派始终占有优势。但萨摩派执掌海军，并在陆军中也拥有一定的影响力，所以天皇也必须考虑到萨摩派的感受。这些都反映在大山岩荣获的恩典之中，同时也说明了伊藤体制的崩溃。

/ 伊藤晚年的身体状况和家庭情况

伊藤体魄强健，但1899年（明治三十二年）前后，肠胃不佳，开始出现脑贫血（末松谦澄『孝子伊藤公』42页）。

伊藤原本相当嗜酒，尤其喜欢喝日本酒，但是由于健康原因开始控制酒量。1899年5月，伊藤在旅行途中给夫人梅子写信报告说，到此为止自己还没有喝过一滴日本酒。尽管如此，从1901年秋到第二年3月，与伊藤同行前往欧洲探寻日俄协商可能性的医生，从伦敦发来报告说，伊藤虽然目前没有生病，但与三四年前相比没什么精神（同前、340～341、355页）。

在60岁前夕，伊藤的整体健康状况不如从前了。前文曾提到，1898年第三次伊藤内阁之后，伊藤政治能力衰退，原因之一就是健康问题。

尽管存在健康问题，但要让伊藤戒日本酒实在是难上加难。根据伊藤在日俄战争之前就开始宠幸的大阪艺妓小吉回忆，伊藤洋酒、日本酒都喝，但主要还是喝日本酒；吃的方面，洋食喜欢吃"口味重的"，日本料理则喜欢吃鳗鱼（樋田千穗〔小吉〕『草もみぢ』71页）。

然而，伊藤在自己家中吃得相当简单，最喜欢番茶和梅子干，还爱吃放了盐的茶泡饭。伊藤常说，自己再穷也不会苦恼吃什么。晚年，伊藤肠胃不佳，经常以茶泡饭代替米粥，还爱吃汤豆腐①、"鲫鱼背越"。"背越"是一种烹饪法，指将新鲜的鲫鱼等斜切成片，加酱油、醋、味淋②调味。根据伊藤家以前的厨师

---

① 将豆腐与海带等一起炖煮的菜式。——译者注
② 又叫"甜日本酒""日式甜煮酒"等，属于料酒的一种，以米为主原料，加上糖、盐等的发酵调味料。——译者注

说，家里也常做西餐，伊藤尤其喜欢吃法餐。

此外，伊藤家总是门庭若市，无论公务私事，访客络绎不绝，晚年尤其多。也有不少人被拒绝会面，但伊藤见的人非常多，以普通人的体力和气力根本是坚持不下去的。据伊藤女儿生子的丈夫末松谦澄（前内相）回忆，尽管相当辛苦，但伊藤还是欣然与人见面、侃侃而谈（『孝子伊藤公』333、409～410頁。『東京日日新聞』1909年10月29日）。

与山县不同，伊藤在生命的最后10年，尽管身体衰弱，体力消耗也大，但一直坚持与许多来访者见面。60多岁的他在家里吃得简单、清淡，但在外面也爱吃"重口"的食物。

日俄战争结束后，1906年伊藤前往韩国就任统监，梅子夫人经常写信告诉他家中的情况，伊藤也常在百忙之中抽空给夫人回信。

例如，在1906年，梅子在进入9月后的18天内就给伊藤写了3封信。伊藤也在9月18～27日的10天之内，给梅子写了3封信。梅子在信中告诉伊藤一些家里的琐事，比如真一（伊藤与新桥艺妓歌所生的儿子）在学校的顺利生活，以及寄洋梨的事情等。

1907年4月26日，伊藤给梅子写信，提到了朝鲜局势及自己对朝鲜的失望，"朝鲜总是一片混乱，常有暗杀骚动，弄得人心惶惶，这是这个国家的老毛病，真没办法"，还告诉梅子他托人带了一点紫花地丁给她，不知是否收到（『孝子伊藤公』380～383頁）。

/ 570

有一次，伊藤心腹小松绿（历任统监府书记官、同外务部外国课课长等）问伊藤，在当代的人物中他最敬重谁，伊藤立即回答说"当然是天子"。小松绿又问，除了天子以外最敬重谁呢？伊藤沉思片刻后说，"应该就是夫人了"，"除了她以外，现在没有其他值得敬重的人了"（小松緑『春畝公と含雪公』29～31頁）。

由此可见，伊藤和梅子两人直到晚年感情也相当好，互为对方的精神寄托。

其实，伊藤在家（"沧浪阁"）的时候住的是洋馆，而夫人梅子住在另外一栋日式房子里，两人是分开住的。这不仅是由于梅子体弱多病，还因为伊藤的日常起居极其没有规则。

日俄战争期间，进入东京帝国大学学习的文吉（伊藤与礼仪见习生的儿子）回忆说，梅子曾经抱怨，伊藤是不管时间、地点，随时都可以倒头就睡的，但是"家里人"做不到，很是为难。伊藤的睡眠时间极其不规律，几乎每天都睡得很晚，经常弄到凌晨两三点，但早上又起得非常早，而且也不困（伊藤文吉「父博文の私生活」『中央公論』617号、1939年2月号）。

/ 571

文吉和真一，都不是在大矶的伊藤家长大的，直到1904年日俄战争期间才跨进伊藤家门（伊藤真一「父・博文を語る」『日本文化を考える〈村松剛　対談集〉』30～39頁）。后来，两人也参加了1908年11月举办的梅子夫人六十大寿的寿宴，并与伊藤所有家人一起拍了团圆照（『伊藤博文伝』下卷、写真50）。由此可见，伊藤和其他女子生的儿子得以跨进伊藤家门，是因为梅子点头同意。

1907年1月17日，明治天皇将原临时皇宫的御会食所建筑和2.1万日元的移建费赐予伊藤。枢密院对于宪法制定的审议工作就是在那里完成的，所以对于天皇和伊藤来说，这栋建筑充满了往昔的回忆。为迎接皇太子的入住，赤坂皇居正好在改建，于是天皇就将其中的这一栋赐给了伊藤。

伊藤在东京大井村①（位于现在的品川区）购置了土地，将原御会食所移建到那里，取名为"恩赐馆"，并且修建了包括"恩赐馆"在内的住宅，作为自己和嗣子博邦（勇吉）的别邸（稻协和也「伊藤博文の大井别邸について」）。"恩赐馆"曾经举办过不少庆祝活动，如1908年2月的宪法颁布20周年宴会（『孝子伊藤公』418～420頁），同年11月梅子夫人的六十大寿寿宴。

后来，博邦在1917年6月将"恩赐馆"捐赠给明治神宫奉赞会，作为宪法纪念馆②。别邸则于2001年移建到萩市（萩市歴史まちづくり部文化財保護課柏元秋生「伊藤博文別邸移築に係る経緯」。稻协和也「伊藤博文の大井别邸について」）。

---

① 伊藤的女婿末松谦澄撰写的《孝子伊藤公》中，将"恩赐馆"的移建地写作"大森"（第420页）。也有报刊将"恩赐馆"所在地写为"大森"的（『報知新聞』1909年8月29日）。可见，当时也存在这种通称。
② 现为明治纪念馆。——译者注

/ 晚年宠爱的艺妓

日俄战争前后，伊藤已经 65 岁左右了，有几个宠爱的艺妓：大阪的小吉（生于 1878 年）、文公（安藤照述『お鯉物語』中的文香），以及广岛的光菊等。

小吉比伊藤小 37 岁。伊藤也曾把小吉带回"沧浪阁"，甚至让她见夫人梅子。梅子笑着向小吉行礼，说"官人公务繁忙、十分辛劳，你来就是最好的安慰，能让他好好休息。官人非常喜欢你，你要经常来啊"。这让小吉受宠若惊。

/ 573

小吉住在"沧浪阁"的时候，基本不会与梅子夫人打照面，她也知道夫人一直非常关心照顾她。但这反而让年轻的小吉感到压力，拜访"沧浪阁"的时候总会有些不自在。

每次小吉要回去的时候，梅子夫人总会来送她，向她道谢，还会送点礼物。小吉第一次去"沧浪阁"的时候，梅子夫人送给她一个雕有水仙的金色腰带扣，小吉一直珍爱如宝。

几十年后，小吉在回忆伊藤的时候说，"那时，他身着黑色和服，外套家纹羽织，下面穿的是仙台平绢织袴，手里夹着卷烟，温柔地看着我。每次想到他，我总会产生错觉，仿佛又回到了从前，与'官人'相依相伴"（樋田千穂『草もみぢ』65 ～ 71 頁）。

/ 与井上馨的交情

在伊藤的一生里，与他相处时间最长、关系最好的就数井上馨了。井上比伊藤年长近 6 岁。

1908 年（明治四十一年）8 月末，伊藤听说井上病情突然恶化，就立即赶往静冈县兴津，十几天一直待在那里照顾井上。看到井上有所好转之后，他才离开。第二年 5 月，井上在自家东京市内田山举行康复游园会，伊藤在致辞的时候回顾了自己与井上的交情：

/ 574

我与井上 50 年前〔安政六年〕就认识了，那时我 18 岁〔虚岁 19 岁〕，刚来江户。这 50 年间，尝尽世事变迁、世态炎凉，但我们两人之间的情谊丝毫没有变化。

偷渡伦敦回国后，我接到"井上被砍死了"的急报后，立即"日以继夜"地从下关〔马关〕赶到山口。井上身受重伤、奄奄一息，但他对我说"如果我们两个人都死了，长州就会陷入茫茫黑夜。所以你无论如何也要活下去。山口太危险了，刻不容缓，你赶快回马关"。

这 50 年，井上和我之间不知道大吵过多少次，甚至也考虑过绝交。但是，那都是出于对国政的意见分歧，而我们两人私下一直是"亲密无间的好友"。

去年，井上身患重病，就连医生都说没希望了。今天，能在这里看到他康复，我的喜悦无以言表。与我自己的生死相比，能在这里听到他一如既往的声音、看到他一如既往的模样，我感到"百感交集，思绪万千"。

　　伊藤说到这里就停下了，席间静谧无声。此时，大家发现伊藤哽咽了，一行泪水顺着他的脸颊落下（伊藤博文述『伊藤公直話』283～288頁）。5个月后，伊藤遭暗杀身亡。

山县有朋和大隈重信（佐贺藩出身）都比伊藤年长 3 岁。前文曾经提到，伊藤曾 3 次救山县于危难之中。

伊藤是文官，在借助井上馨力量的同时，通过山县等人统制陆军，由此形成了伊藤领导体制。然而，从 1888 年（明治二十一年）2 月伊藤让大隈重信就任外相进入内阁开始，围绕政党问题，伊藤和山县的关系出现了裂缝。自第一届议会召开的 1890 年以后，两人之间的隔阂逐渐加深。

但是，山县性格诚实，对于曾经多次救自己于危难的伊藤深怀感激，所以两人从来没有发生过正面冲突，也没有互相仇恨。

伊藤的生日换算成阳历应该是 10 月 16 日，但每年的寿宴都在 10 月下旬举行。1902 年 10 月 25 日，伊藤在"沧浪阁"庆祝六十大寿，也邀请山县参加，山县还在寿宴上致了贺词，对伊藤给予了高度的评价。

他说，伊藤在英国听闻长州藩与列强炮火相交，立即与井上馨一起赶回日本，论述"世界大局"，主张"不可轻举妄动"，为日后开国奠定了基础，可谓"功不可没"。他还说，伊藤在起草宪法、修订条约、日清战争等方面也功绩卓著，几十年来为皇室和国家倾尽全力（『伊藤博文传』下卷、567 ～ 570 页）。

尽管山县与伊藤有时也会发生矛盾，但他对于伊藤在日本的近代化发展、与列强抗衡等方面给予了积极的肯定，并认为如果没有伊藤，维新难以实现。

伊藤和大隈重信两人晚年的关系颇有意思。前文曾经提及，伊藤与大隈从明治初年就开始支持木户孝允、大久保利通，积极推动近代化发展。大隈来自佐贺，比伊藤年长 3 岁，也先于伊藤当上参议，所以一开始大隈的地位在伊藤之上。然而，从 1875 年前后开始，伊藤开始作为大久保的代理，并替代生病的木户成为长州派的一把手，其权力开始超过大隈。

1881 年，大隈在没有与伊藤商量的情况下，就擅自上奏天皇，提出应在两年后开设国会、采取政党内阁制的建议书。伊藤得知此事之后，认为大隈背叛了自己，将大隈及其一派赶出了政府。这就是明治十四年的政变。大约 6 年之后，伊藤让大隈就任外相进入内阁，负责修订条约，并希望以此怀柔大隈派的在野势力。黑田内阁的时候，大隈也作为外相为修订条约竭尽全力。但是，由于大隈提出的修订条约方案存在诸多问题，遭到舆论的强烈批评，伊藤和井上馨也忠告大隈应该中止进行修订条约的谈判。不料，大隈外相将忠告当作耳旁风，甚至采取了以废除条约威胁列强的危险手段，想强行继续谈判。于是，伊藤提出辞去枢密院议长职务，导致大隈不得不辞职，黑田内阁倒台，修订条约的谈判由此中止。

经历这两次激烈冲突之后，伊藤是否一直对大隈采取不信任的态度呢？其实并非如此。例如，1898 年 6 月，在问及后继首相人选的时候，伊藤向天皇推荐了大隈重信和板垣退助两人，第一次大隈内阁因此成立。

此外，东京专门学校改名为早稻田大学 ①，并于 1902 年 10 月 19 日举行开学仪式的时候，伊藤就受邀出席并发表了演讲，对于该校 20 年来在没有接受政府任何补助的情况下自食其力、发展壮大的历程给予了高度评价（『伊藤博文伝』下卷、559～566 頁）。

---

① 大隈重信是早稻田大学的创始人。——译者注

伊藤在去世 50 天前，曾经接受记者野依秀一的采访。野依问及大隈，伊藤答道："你是说大隈吗？他可是个人物啊！其实也用不着我来说，大隈是一个能说会道的人，听他说话可有意思了。"可见，伊藤对大隈评价还不错（野依秀一『単刀直入録』143 頁）。伊藤从现实主义角度出发，对大隈的改革构想提出过批评，但对其构想还是持赞成意见的。

伊藤死后大约两个月后，大隈在谈及伊藤的时候略带批评之意。

他指出，"要干大事，先要定规矩正道理，秩序井然之后开始。但是，从开始到结束，是否能始终坚持原定的大道呢？伊藤有时也会在云中迷失方向，不知所措"（「我輩の伊藤井上両友比較論」『実業の日本』。『大隈重信は語る——古今東西人物評論』86 ～ 87 頁）。

由于在明治十四年的政变中遭到罢免，努力推动的条约修订又被中止等，伊藤留给大隈不少痛苦的回忆。所以，大隈对于伊藤的评价，就没有伊藤对他的评价那么率直。

对于桂太郎，伊藤心存余悸。伊藤在第四次组阁时，雄心勃勃地想要大刀阔斧地进行体制改革，结果因为元老们的不合作，被后来者桂太郎夺走了内阁。1902 年 12 月到 1903 年 5 月，在伊藤的努力下，政友会与桂内阁达成了妥协；但到了 1903 年 7 月，桂首相就联合山县，让伊藤就任枢密院议长，令他不得不辞去了政友会总裁之职（见本书第十九章、第二十一章）。

/ *578*

然而，本章前面提到，日俄战争之后，伊藤就任韩国统监，桂太郎作为首相和陆军长老为求自立，不再依靠山县元帅，而是接近伊藤并协助他统治韩国。

桂太郎有一个爱妾名叫小鲤，住在东京的榎坂。伊藤的做法独特又奇妙，既去拜访桂太郎，又常去找小鲤。

先是新桥的两三个年轻艺妓给小鲤打电话，说是"昨晚伊藤先生来我们这里玩了，明天去你那里玩，他让我们也一起去，可好啊？"小鲤原本就是新桥的艺妓，但伊藤本人既没有通知桂太郎，也没有通知小鲤。

第二天，小鲤早早地做好了准备。不久，伊藤带着一大帮艺妓来到小鲤家。桂太郎和小鲤到门口迎接，伊藤却故作姿态地说："我没说过要到你家啊，这是怎么回事呀？"桂太郎回答"是我的鼻子灵光啊"，小鲤出来圆场道，"没有提前打招呼的客人，那就请多多包涵我们的准备不周。来来，先请进屋吧"。

/ 579

"要是提前打招呼的话，就会有个姓桂的老爷跑出来，那多没意思"，伊藤还没进门就开始开桂太郎玩笑，进门坐下之后又问"哎，洗澡水有没有烧好啊？"（安藤照述『お鲤物語』454～456頁）

就这样，装模作样地小小刁难桂太郎和小鲤，是伊藤的一大乐事。可能伊藤就是用这种方法寻求心理平衡，淡化与桂太郎之间的过节。

从维新到明治前半期，伊藤对于自己曾经跟随并一同为国效力的四位前辈——三条实美、岩仓具视、木户孝允、大久保利通——深怀敬仰和感激之情。尤其对木户和大久保两人的"伟大人格"尤为敬重。古谷久纲从 1900 年（明治三十三年）开始就跟随伊藤，在近 10 年里历任伊藤首相秘书、韩国统监秘书、枢密院议长秘书等职务。据他回忆，伊藤认为"自己终究无法与木户和大久保前辈相提并论，所以唯有竭尽微薄之力，努力不违背两位的遗志"。

古谷认为伊藤十分伟大，因为他从来不去指责前辈的弱点，而是一直赞美他们的优点，并谦逊地认为自己远远不及他们（古谷久纲『藤公余影』169 ～ 170 页）。年轻的时候血气方刚、性情急躁的伊藤在近 60 岁的时候，开始深刻理解在明治维新前后时局动荡的年代，前辈们所经历的辛劳和隐忍，所以能发自内心地赞扬他们。可能伊藤自身经历的第三次、第四次内阁的失败和其他挫折，也使伊藤颇有感悟。

同为长州人的木户，可以说是伊藤的恩人，由于在向台湾出兵等问题上的意见分歧而离开了政府。伊藤也因此与暮年的木户产生了隔阂，开始跟随萨摩派的大久保。这是因为直率的伊藤认为，坚持留在政府中忍辱负重的大久保的做法正确。也正是伊藤的这一判断，建立了其大久保继承人的地位，并在 1878 年 5 月大久保遭暗杀后，成为政府的核心（见本书第五章至第七章）。

/ *580*

然而，伊藤在其生命的最后 10 年，反倒觉得木户更为亲切，可能是因为对自己在木户暮年接近大久保的做法感到一丝悔意。

据古谷秘书回忆，自从跟随伊藤之后，伊藤每次去京都，都会先去祭扫位于东山的木户墓，祭拜木户夫人松子（以前当过艺妓，名叫"几松"）之墓，然后下坡，祭扫久坂玄瑞等在明治维新前死于京都的几十位长州藩友人之墓。

大概是 1902 年 7 月到 10 月间，伊藤在大矶家中作了这么一首诗（末松謙澄『増補 藤公詩存』）。

/ 581

> 醉中天地阔，世事且相忘。
> 不问沧浪水，功名梦一场。

那时，日英缔结同盟，4 月俄国与清国签订了从东三省（满洲）撤军的条约，日俄关系有所缓解。从这首诗来看，伊藤对于"宪法政治"的逐步实现感到十分欣慰，并如梦般地回忆了往事，这也说明伊藤确已步入老境。

伊藤在"沧浪阁"中的洋馆起居，起初三条、岩仓、木户和大久保的肖像是挂在客厅里的。1903 年，伊藤在"沧浪阁"靠海一边的庭院东部梅林中，特意建造了一座"四贤堂"，堂内东西两面高高悬挂着四位贤人的肖像，南面则高悬皇太子嘉仁亲王所书的匾额"四贤堂"。

四贤堂里有一张桌子和一把椅子，桌子上摆放着花瓶，用来供奉榊枝（红淡比），每月 1 日和 15 日换上新叶。伊藤住在"沧浪阁"的时候，经常手里夹着一支烟走入堂内，悠然地坐在椅子上，面朝四贤像，陷入沉思。

伊藤死后，梅子夫人在位于东京市大井家宅的四贤堂内，祭祀伊藤之灵，早晚供奉神馔。这样，加上伊藤，四贤堂变成了五贤堂（古谷久綱『藤公余影』203 ～ 208 頁）。

第二十三章

"沧浪阁"之梦
—— 韩国民众与大矶町的民众

/ 海牙密使事件

1907 年（明治四十年）6 月下旬，韩国皇帝高宗派遣密使前往荷兰，企图在海牙召开的第二届万国和平会议上让欧美列强认定《日韩保护条约》无效。但是，会议主办方拒绝承认密使为韩国的正式代表。7 月 2 日，日本外务省将此事告知了伊藤统监。

其实伊藤早就知道高宗派遣密使的计划（见本书第二十二章），并曾经警告高宗，但高宗仍然将其付诸行动。伊藤因此变得相当情绪化。7 月 3 日，伊藤在发给林董外相的电报中提议，如果高宗亲命密使前往海牙的情况属实，就可以借此机会夺取韩国的税权、兵权以及裁判权。

此后，密使公开宣布持有高宗的委任状，并在报刊上批评日本对韩国采取的行动。伊藤在 7 月 7 日给西园寺首相的信中写道，与内政有关的所有权利转让、缔约等事宜都要与元老和大臣们商量，在获得明治天皇认可之后，将训示寄送给他。伊藤当时也开始考虑让高宗让位。

根据伊藤的要求，7 月 10 日，山县元帅等元老和准元老桂太郎，以及西园寺公望首相、原敬内相、林外相、寺内正毅陆相等重要的内阁成员一起举行了会议。

根据原内相回忆，会议决定：①让日本掌握朝鲜内政实权；②如果无法实现，让日本人进入内阁，或者内阁成员任免事宜均需经统监同意；③其他事宜均交给伊藤根据基本方针具体行事。

原敬认为，如有必要可以让高宗让位，"最终目的在韩国成为日本保护国时就已经决定"，用此暧昧措辞来强调应将此事完全交与伊藤处理。原敬此话可以被解读为吞并韩国是获得一致同意的，但除此之外并没有其他史料依据，所以应该将其解读为一种帮伊藤说话的修饰性措辞。

山县和寺内陆相认为，应该让韩国皇帝将皇位让给日本天皇，但目前无法立即执行（『原敬日記』1907 年 7 月 10 日）。由此可见，山县和山县系的官员已经在考虑吞并韩国的具体措施，但对伊藤仍有所顾忌。

高宗让位一事在韩国内阁中审议通过后，7 月 16 日李完用首相亲自将此事上奏高宗。高宗没有立即接受，直到 19 日终于同意让位。

根据小川平吉（对外强硬派众议院议员）回忆说，就在高宗让位的次日，7 月 20 日他与伊藤见了面，两人当时谈话内容大致如下。

> 小川对吞并韩国态度坚决，但伊藤认为"如果一定要吞并也不是不可以，因为如今与各国列强关系方面没有什么麻烦，倒是可以执行，而且让韩国把主权全部交给日本，也并非难事。但是说起来容易，一旦真要执行，首先面临的就是大量经费问题"。此外，伊藤还说，朝鲜自古以来就是独立国家，"如果操之过急、做法极端，很有可能埋下祸根"。
>
> （小川平吉文書研究会編『小川平吉関係文書』
>
> 一卷、555 頁）

/ 584

从该史料来看，不实施吞并的话，日本的国库支出就可以少很多，但也可以解读为这是伊藤不主张吞并韩国的理由。

然而，1909 年 4 月，伊藤对桂首相和小村外相提出的吞并方针表示同意时，日本的经济状况并没有好转。所以，以小川与伊藤的对话为依据，认为伊藤虽然已经下定决心，但因财政负担过重而不愿吞并的推断并不正确。

伊藤不希望吞并韩国的真正目的在于降低统治成本，但为了避免与主张吞并的小川等人发生对立，他故意提出了上述借口。

／ **585**

／ **586**

／　签署《第三次日韩协约》

　　为处理海牙密使事件，1907 年（明治四十年）7 月 24 日，在伊藤博文统监的推动下，日韩签署了《第三次日韩协约》。主要内容是：①皇帝诏书需提前咨询统监意见；②需在统监的指导下开展"施政改革"；③法律法规的制定以及重要的行政处理决策，需提前获得统监的"认可"；④将司法事务与普通行政事务进行区分；⑤官员的任免，须经统监"同意"；⑥任命统监推荐的日本人在韩国为官；⑦未经统监同意，不得擅自"聘用"外国人；等等。此外，在有关该协约规定执行的备忘录中，还决定解散韩国军队。

　　这些内容不仅剥夺了韩国的外交权、内政权，而且削弱了韩国皇帝的权力，以便韩国在伊藤的强力领导下完成司法和行政分离等"施政改革"的任务。

　　就在海牙密使事件发生前，伊藤向小川平吉坦白，"直至今日，才知道自己当初的想法是错误的"（『小川平吉関係文書』一卷、550 頁）。

　　高宗让位后，其子纯宗（李坧）即位。但《第三次日韩协约》签署之后，伊藤依旧焦躁不安。7 月 29 日，伊藤在京城日本人俱乐部接受新闻记者采访时，对韩国的儒者表示不满，他说："世人吹捧我是总监，但要在韩国施政，绝非易事。所以我也觉得差不多可以告辞了。"（『伊藤公演説全集』223 頁）

　　从高宗让位、8 月 1 日韩国军队解散开始，韩国各地爆发了抗日游击战，也就是"义兵运动"，这让伊藤伤透了脑筋。对于究竟应如何统治韩国，伊藤越发焦虑了。8 月 30 日，伊藤在元老和西园寺内阁成员出席的会议上发表了韩国统治策略，他认为

应充实韩国政府的财政来源，将日韩两国的财政区分开（「韓国
経営ニ関スル元老大臣会議ニ於ケル伊藤統監演説要領」『牧野伸
伸顕文書』）。

此后，义兵运动大约持续了近一年，1908 年 7 月达至顶峰。
在日本军队和警察的强力镇压下，到了 1909 年年初，抗日游击
队基本只在全罗南北道、京畿道、黄海道等特定区域活动，同年
年中基本平息（韓国駐箚憲兵隊「賊徒ノ近況」防衛省防衛研究所
戦史研究センター史料室所蔵）。

伊藤身为韩国统监，为统治韩国、加强日本与列强间的关系"尽心尽力"，但与此同时，日本国内却有一件事让他十分担忧。那就是日本的陆军和海军，尤其是陆军在日清战争结束后就开始出现希望独立于内阁的倾向，日俄战争结束后这种倾向越发明显。关于从满洲撤军一事，伊藤早就催促过西园寺公望首相，但直到1906年（明治三十九年）5月，政府才召开了"满洲问题协议会"，终于结束了军政体制（见本书第二十二章）。

估计伊藤最希望的就是修改宪法，将陆军和海军置于内阁的掌控之下。前文曾提到，1900年前后，伊藤曾慎重措辞，提出在无法改变君主（天皇）系统这一点上，日本与英国是不同的，但言外之意则表现出他对英国政党政治十分感兴趣（见本书第十九章）。

／ 587

《大日本帝国宪法》第七十三条是关于改宪的规定。根据这条规定，要修改宪法，首先需要天皇下令将宪法修改议案提交帝国议会审议；然后，必须在参众两院均有2/3以上议员出席的情况下召开议会，并需在两院获得出席会议议员2/3以上的赞成票才可修宪。

在伊藤博文的指导下，明治天皇对君主机构说有了充分的理解，并在宪法制定后也依据君主机构说行事。因此，仅靠天皇的个人意愿，是不可能将修改宪法议案提交帝国议会的。由于日俄战争结束后，政党开始崛起。如要以此为由修改宪法，首先要由伊藤等一位或多位元老向天皇提议修宪。然后，天皇就此事咨询元老，由当时还在世的五位元老——伊藤博文、山县有朋、井上馨、松方正义和大山岩进行讨论，汇总修宪意见后再上奏天皇。

如果所有元老意见一致，提出修宪方案，天皇就可以将此交与帝国议会讨论。这是修改宪法的预想流程。

然而，日俄战争结束后，元老之首伊藤博文与山县有朋（自1900年前后起地位与伊藤基本相同）对于政党、陆军、海军在国家中所处地位的问题，暗地里出现了矛盾。所以，修改宪法一事在元老会议上很难获得一致意见，这样天皇也就无法将修宪一事交与帝国议会讨论。而且，即便修宪方案在众议院获得2/3以上议员的赞成，也很难在由山县系官员主导的贵族院获得2/3以上的赞成票。所以，日俄战争结束后的这一时期，要修宪是不现实的。

于是，伊藤想通过制定新的法令对宪法进行补充，以增强首相的权限。这样一来，即便是以政党为背景的内阁，也可以加强对陆海军，尤其是受山县系官员控制的陆军的管理。

伊藤同时还担任帝室制度调查局的总裁，所以他命令副总裁伊东巳代治准备制定规定"敕令"文书格式的《公式令》。"敕令"是为对帝国议会已经通过的法律进行补充，由天皇下令颁布的法令。《公式令》于1907年2月1日颁布。

根据《公式令》的规定，以往敕令只需要天皇署名、负责的大臣进行"副署"（签在天皇署名的左边）即可，而此后变更为还需要首相进行副署。这样一来，陆海军方面的相关敕令，也需要首相签名。所以即便首相是文官，也可以用拒绝署名的威胁方式来加强对陆海军的控制。在日清战争结束前，日本文官对陆海军有相当大的发言权，这次则是对文官掌控陆海军的再次肯定。

《公式令》经明治天皇许可后颁布，而且对于此事，天皇没有特别征求山县等军部相关人员的意见。可以说，天皇十分清楚伊藤的意图并默默地支持他。

不可思议的是，一开始元老山县有朋元帅、寺内正毅陆相等山县系官员都没有意识到《公式令》的真正目的。直到颁布3个月之后，也就是5月中旬左右，山县才向寺内陆相提出，首相不应在军令性质的敕令上署名，如果首相也要署名，则很有可能导致统帅系统错乱，彻底破坏军政基础。

于是，山县等人另行制定了代替军事相关敕令的"军令"。"军令"无需首相副署，只需负责大臣（陆相或海相）副署即可。《公式令》的颁布反而导致矛盾产生，这令天皇也十分心痛。然而，伊藤和山县这两大元老发生对立，天皇也不便介入，唯有双方达成妥协才可解决。天皇就这一问题询问了伊藤和山县两位元老的意见。

9月2日，伊藤与山县见面之后，两人基本达成了妥协。山县让寺内陆相负责处理有关军令的具体细节。同年9月12日，颁布了第一号军令。军令制度的形成，导致让首相也可掌控军事的《公式令》有名无实。

前文提到，身为韩国统监的伊藤，以海牙密使事件为由逼高宗退位，签署《第三次日韩协约》后，抗日义兵运动四起，令其甚为烦恼。8月2日，伊藤离开汉城，16日回到大矶，但9月又必须回韩国继续工作（9月26日从大矶出发，10月3日回到汉城）。

因为镇压义兵运动离不开山县元帅和陆军的全面合作。估计因此伊藤才在《公式令》问题上向山县及陆军方面做出让步、认可军令（伊藤之雄『山県有朋』357～358页）。如果没有发生海牙密使事件，如果伊藤不是韩国统监，恐怕军令系统就无法形成，首相就可以通过《公式令》加强对陆海军的掌控，形成新明治宪法体制。

/ 590

根据《第三次日韩协约》，伊藤制定了统监专制体制，对韩国的宫中（皇室）和府中（政府）进行区分，同时正式开始对宫中进行改革以缩小其规模。第一步，1907 年（明治四十年）12月 1 日，通过宫内府官制改革，韩国人官吏中除敕任 18 人、奏任 81 人留任以外，共罢免了 4400 人（「李王職財産整理大要」1925 年、「斎藤実文書」国立国会図書館憲政資料室所蔵），任用10 名日本人为高等官员。日本人高等官员的人数规定为 25 名，所以之后还会逐步增加。

与此同时，伊藤还设立了帝室财产整理局，任命 2 名日本人对韩国帝室财产进行整理。12 月，还将 1899 年以来由宫内府管辖的“开城人参专卖”（年均收入为 22 万多日元）移交政府管辖。次年 1908 年 6 月，将帝室财产中的宫殿、大庙、陵墓等中心部分以外的建筑（价值约 2700 多万日元）移交给政府。此外，将原本每年宫中举行的 1500 ～ 1600 次仪式减少到 300 次左右，还对祭祀等仪式进行了简化，削减祭官 5000 余人。

1907 年 11 月 13 日，让皇帝纯宗和皇太子（李垠）迁至昌德宫，昌德宫同样也在汉城市内，但可以远离住在庆运宫（后改称德寿宫）的太皇帝（高宗）。伊藤还以新旧两位皇帝分开居住为契机，规定了太皇帝每年经费限额为 30 万日元。通过这些举措，伊藤削弱了太皇帝的影响力，将国家财政和宫中财政区分开来，并大幅削减了宫中财政支出。

/ 591

此外，伊藤统监还在获得韩国纯宗皇帝和日本天皇的许可下，于 1907 年 10 月成功安排了日本皇太子嘉仁亲王（后来的大正天皇）的韩国访问。伊藤统监为迎接嘉仁亲王做准备，于

1907 年 9 月 26 日从大矶的自己家出发，10 月 3 日回到汉城。

当时抗日义兵运动十分活跃，不知何时就会有炸弹飞到嘉仁亲王头上。可以说，伊藤迎接嘉仁亲王访问韩国，是一件脑袋悬在刀子上的大事。此举也表达了伊藤希望获得更多韩国民众的支持，实现韩国近代化的强烈愿望。

10 月 10 日，嘉仁亲王从东京出发，在宇品港（广岛市）乘坐"香取号"军舰，16 日抵达仁川，下榻汉城的统监官舍。陪同皇太子访韩的有深受天皇信赖的有栖川宫威仁亲王（「金子子爵謹話」『「明治天皇紀」談話記録集成』四卷、26 頁），以及桂太郎大将、日本海海战英雄东乡平八郎大将等。17 日，嘉仁亲王觐见了韩国皇帝纯宗、皇后以及皇太子（李垠），并与他们共进午餐。嘉仁亲王还去觐见了太皇帝（高宗）。嘉仁亲王结束在汉城访问之后，20 日离开韩国，乘坐"香取号"于 24 日抵达长崎，随后视察了鹿儿岛、宫崎、大分和高知四县，11 月 14 日平安返回东京。皇太子出访海外，这在日本历史上尚属首次，也是因为伊藤深得明治天皇的信任才得以实现的（『伊藤博文伝』下卷、772 ～ 778 頁）。

嘉仁亲王访问韩国，与韩国皇太子李垠留学日本也有关系。同年春天，伊藤就开始考虑让李垠到日本留学。就在嘉仁亲王离开汉城约一个月后的 11 月 19 日，韩国皇帝纯宗就任命伊藤担任辅导皇太子的太子太师。

伊藤就任统监之后，为了避开韩国的严冬，回日本过正月，开春之后再回汉城。这不仅是出于健康方面的考虑，也是由于正值帝国议会召开期间，伊藤如能待在日本，在政治上也有一定的影响力。伊藤就任统监的第一年就是这样做的，第二年则于1907 年 12 月 5 日离开了汉城。

/ 592

这次，由于是陪同韩国皇太子李垠来到日本，伊藤乘坐了军舰"满洲丸"。伊藤认为，前任皇帝高宗的所作所为是日本对韩国进行统治的巨大障碍，所以希望李垠访日能成为日韩合作的象征。根据伊藤和明治天皇的指示，韩国皇太子李垠在日本受到的礼遇与日本皇太子嘉仁同级。

陪同李垠来到日本后，伊藤在接受采访时说，日本人在韩国虽然做了坏事，但日本的皇太子访问了韩国，因此可以将韩国理解为日本的"分家"（『報知新聞』1907 年 12 月 24 日）。日本的亲属关系中有"本家"和"分家"之分，"本家"的地位高于"分家"，并具有领导权，"分家"有服从"本家"的义务，但"分家"是独立的。而且，"本家"负有在"分家"没落时出手相助的义务，"本家"是不可能将"分家"强行收为己有的（伊藤之雄「伊藤博文の韓国統治と韓国併合」）。

/ 韩国的司法制度改革

《第三次日韩协约》对司法和行政的区分进行了明文规定，伊藤统监对韩国内政的干涉权限得以增强，在实施宫中改革、让皇太子李垠留学日本的同时，还加快了韩国司法制度改革的速度。其实，伊藤统监早在前一年的 6 月 25 日召开的第 6 次施政改善协议会上，就向韩方介绍了担任统监府法律顾问的梅谦次郎博士，梅博士负责法典的编纂准备工作（李英美『韓国司法制度と梅謙次郎』第一章～第三章）。

/ 593

1907 年（明治四十年）9 月，东京控诉院检事长仓富勇三郎就任韩国法部次官。完善法典、司法权独立于行政权、废除治外法权，都是《第三次日韩协约》签订后，新体制下的内阁目标（浅野豊美『帝国日本の植民地法制』第 II 編）。

1907 年 12 月，颁布了《法院构成法》《法院施行法》《法院设置法》，1908 年 1 月开始施行，韩国的司法制度框架基本成形。韩国的法院制度大致以日本为范本，由大审院（现在的最高法院）、控诉院（现在的高等法院）、地方法院以及区法院构成。但是，《法院构成法》等在实际实施过程中困难重重，大审院、控诉院、所有地方法院以及 112 家区法院中的 16 家，直到同年 8 月 1 日才开始正式办公（李英美『韓国司法制度と梅謙次郎』104 ～ 131 頁）。

20 年后，法部次官仓富回忆说，当时伊藤统监为改善韩国司法事务向日本政府要求大量经费，阪谷芳郎藏相虽然觉得无此必要，但后来还是同意了伊藤的要求（「倉富勇三郎日記」1928 年 8 月 6 日、「倉富勇三郎文書」国立国会図書館憲政資料室所蔵。）伊藤向西园寺内阁的阪谷藏相要求获得用于韩国司法制度改革的经费，其目的是废除治外法权，让外国人也纳税，这样就能为韩国近代化增加一定的财政来源。西园寺首相是伊藤的继承人，元老伊藤是西园寺内阁最大的支持者，估计是这个原因使阪谷点头同意。

此外，前文也曾提到，伊藤在就任韩国统监之后，一直非常重视增加韩国政府的租税收入。1907 年的租税收入为 894 万日元，是 1906 年的 1.6 倍，增加了 334 万日元（度支部「韓国财政概况」〔1908 年 2 月 1 日調查〕、「勝田家文書」70 册、财務省財務史室所蔵）。由此可见，伊藤在增加韩国租税方面的计划有所进展。

但最令伊藤头疼的问题是许多韩国民众对他的不信任，他们不支持他的改革。

/ 与桂太郎联手

　　海牙密使事件后，元老山县元帅和寺内陆相对吞并韩国持支持意见。伊藤统监对此虽不否定，但还是希望能不吞并就尽可能不要吞并。

　　伊藤深受明治天皇的信赖，也有西园寺首相、原敬内相等政友会方面的支持，但不清楚西园寺内阁究竟能坚持多久。所以，他必须在日本寻求政友会以外的支持。而且那时，尽管伊藤拥有日本驻韩国军队的特别指挥权，但是对内地陆军中枢机构的影响力几乎为零。

　　与此同时，山县系官员桂太郎大将的地位和实力上升，基本与山县有朋平起平坐了。但是，围绕如何应对日俄战争结束后出现的新情况，桂太郎对山县的不满越发强烈，与山县的关系也逐渐恶化。1907年（明治四十年）5月，他甚至向原敬内相发泄对山县的不满（『原敬日記』1907年5月26日。伊藤之雄『山県有朋』第十二章。小林道彦『桂太郎』第五章）。

/ 595

　　桂太郎也开始考虑获得元老伊藤以及政友会的支援，提高自己在山县系官员里的地位。西园寺内阁之后，桂太郎被认为是最有希望组阁的候选人，如果能获得伊藤以及政友会的支持，自己组阁一事基本就成为定局。伊藤统监认为如能加强与桂太郎的合作，就可以在财政等方面获得日本政府的稳定支持，这会对统治韩国十分有利；而且他还期待通过桂太郎对陆军的影响力，让陆军方面提供合作。就这样，1908年伊藤与桂太郎也开始联手统治韩国。

　　第一步，设立拓殖会社（东洋拓殖会社的前身）。该公司设立的目的在于开发韩国农业等。

　　因为桂太郎也是东洋协会会长，设立拓殖会社是由他提出的。1907年10月，在陪同皇太子嘉仁亲王访问韩国的时候，桂太郎就向伊藤统监提了这件事，但当时伊藤不置可否，只是说应该需要吧。此后12月，大藏省提出方案。1908年1月10日，伊藤向日本政府要求，该公司的出资人、董事中也要有韩国人，由日韩两国颁布《东拓法》，公司由日韩共同管理。这是因为伊藤认为，如果无法获得韩国政府以及韩国普通民众的"同情与合作"，公司的目的是无法实现的（黒瀬郁二『東洋拓殖会社』17～50頁）。曾弥荒助副统监也认为，拓殖会社应该根据韩国法律设立。

　　桂太郎接受了伊藤和曾弥的大部分意见，将以下内容汇总成备忘录后递交大藏省：①副总裁应由日本和韩国各出1人；②理事人数为日本2人、韩国1人；③5名监事中，应有2名韩国人；④资本金由日韩双方筹集，允许韩国用土地出资；等等。

　　同年2月，创立调查委员会根据反映伊藤等人要求的桂太郎备忘录意见，撰写了报告。该报告提出让韩国人也能积极参与公司运营，可见伊藤统监强大的个人权力。然而制定大藏省方案的并不是山县系官员，而是帝国大学毕业的普通官员，他们在制定方案时不可能对韩国和韩国人多加考虑。1907年年末，日本国内蔑视韩国和韩国人的情况有所加重（「伊藤博文の韓国統治と韓国併合」）。

　　1908年3月，东拓法案递交帝国议会审议。伊藤对于修改后的方案也不满意。3月10日，他向桂太郎提出了以下三点：①该法案未将韩国政府和韩国民众放在眼里；②该法案实际不会给韩国民众带去利益；③日韩两国在政治关系上与其他国家不同，但在土地所有权（个人的权利义务）关系上没有不同，所以如果仅允许日本人拥有土地所有权，他国民众如果提出相同的要

求，该如何处理？（桂太郎宛伊藤書状、1908 年 3 月 10 日、「桂太郎文書」国立国会図書館憲政資料室所蔵）

但是法案没有如伊藤所愿，经稍许修改后就获得了议会的通过，8 月《东拓法》正式颁布。根据伊藤等人的要求，当初的大藏省方案已经做了大幅修改。伊藤统监虽有权势，但也要考虑与桂太郎和西园寺内阁的合作，如果强行要求继续修改，就很有可能破坏与他们之间的关系。而且，伊藤已入老境，前一年 12 月回到日本之后就病倒了，恢复缓慢，一直处于静养状态，所以没有足够的精神和体力在政界活动、修改法案。

那时，在伊藤的要求下，贝尔兹（前东京帝大医科教授）医生时隔两年半来日本给皇太子嘉仁亲王看病。根据贝尔兹回忆，1908 年 3 月 26 日他见到了伊藤，对于伊藤的变化相当吃惊。"伊藤公明显老了许多，尤其说话时发音不清，就像完全没牙的人，很难听清楚。"（『ベルツ日本再訪／日記篇』1907 年 3 月 15 日、1908 年 3 月 26 日）

1908 年 11 月 1 日，东洋拓殖会社开始招股。12 月举行了创立大会，陆军预备役中将宇佐川一正（长州人、山县系官员）就任第一任总裁。曾弥副统监与桂太郎关系甚好，他向桂太郎首相推荐了吉原三郎（前内务次官），吉原就任副总裁（桂宛曾禰書状、1908 年 10 月 27 日、「桂太郎文書」）。

此外，在镇压抗日义兵方面，由于伊藤统监与桂首相（大将）联手应对，增强并维持了兵力，这一问题终于得以解决。与伊藤统监关系不太好的韩国驻扎军司令官（山县系官员）长谷川好道，则于 1908 年 12 月 21 日被解任。对于后任司令官的人选问题，桂太郎也亲自参与，并尊重伊藤意见，选择不具"威压"的人担任新司令官（伊藤之雄「伊藤博文の韓国統治と韓国併合」）。

/ 伊藤统监心怀辞意

1908 年（明治四十一年）6 月 12 日，伊藤统监在招待韩国驻扎军陆军军官的宴席上发表了演讲，主要内容是：①"韩国暴徒"绝非内乱，不过是地方性"骚乱"，所以镇压的时候，不得加害于"良民"；②"普通国民"的"脑子里多少留有排日思想，但不会拿起武器反抗日本"；③"要爱护良民，让他们心悦诚服，我们有责任让他们感受到陛下的恩德"（「陸軍将校招待席上伊藤統監演説要領筆記」1908 年 6 月 12 日、「倉富勇三郎文書」）。

伊藤就任韩国统监已有两年之久，但普通韩国民众仍然留有排日思想。对于这一点，伊藤自己也不得不承认，但他并没有放弃希望，认为他们会逐渐变得对日本友好。

/ 599

同年 7 月 5 日前后，伊藤统监突然对韩国驻扎军司令官长谷川表达了辞职意向，并希望让曾弥副统监接替他。长谷川立即将此事向寺内陆相汇报，寺内又迅速告知山县元帅。伊藤想辞任的理由有二：一是同年冬天到春天身体一直不适，往返奔波于日本与韩国的生活，使年老的伊藤感到无法再支撑下去；二是同年 7 月之后，抗日义兵运动逐渐平息，伊藤觉得自己是时候引退了。

1908 年夏秋，伊藤在回国期间（7 月 21 日～11 月 14 日）提出了辞去韩国统监职务的请求。但是，萨摩派的山本权兵卫（前海相）首先表示反对，桂首相和小村外相也希望伊藤留任。此外，山县也希望伊藤留任，他提出如果伊藤辞去统监返回日本，就将枢密院议长之职让出来给伊藤。于是伊藤在没有撤回辞职申请的情况下，又回到韩国继续工作。

从伊藤此后采取的行动来看，他辞职并不是因为不想统治韩国。因为即便辞去统监之职，伊藤依旧是元老，深得明治天皇的信任，并会与桂太郎和西园寺等人合作一同支持下一任统监，他希望能切实实施自己一直为之努力的韩国统治政策。

同年 11 月 25 日，伊藤回到汉城后集中精力工作，在一个月内出席了 4 次施政改善协议会，还对韩国内阁成员进行指导等。在 12 月 8 日召开的第 63 次施政改善协议会上，伊藤提出了逐步减少日本警察、增加韩国巡查（警员）的方针。

/ 600

这是因为从日本调派警察，就需要增加工资和津贴等经费，"三年后日本如果不再提供补助"，韩国将会深陷财政危机。针对韩国巡查有可能"迫害人民"的担忧，伊藤进行了反驳，他认为在不久的将来，当铁路、通信、邮政等发达之后，无论日本人还是韩国人，只要出现违规行为马上就会为众人所知（『日韓外交資料集成』六卷下、129 ～ 223 頁）。

/ 韩国皇帝南北巡幸

1909 年（明治四十二年）元旦，伊藤博文在汉城迎来了新年，这是伊藤就任统监后第一次在韩国过年。年老体衰的伊藤没有在温暖的大矶与家人共迎新年，却选择在极其寒冷的汉城度过正月。这是因为当时抗日义兵运动已基本平息，伊藤希望韩国人能转而支持他提出的韩国统治政策，而且期待韩国纯宗皇帝能带头发挥作用。

1909 年 1 月 2 日，伊藤统监请李完用首相来府上议事，他提到日本天皇曾在明治初年巡幸全国，所以希望纯宗皇帝能效仿，前往韩国各地巡幸，他自己也会一路陪同。李完用觉得伊藤的提议不错，于是奏请纯宗皇帝，皇帝也同意了。于是 1 月 4 日，皇帝颁布了巡幸诏敕。

皇帝巡幸的第一站是南韩地区，从 1 月 7 日到 13 日，皇帝一行从汉城出发，途径大邱、釜山、马山等地时，分别约有 5 万人、7 万人、3 万人夹道欢迎，附近还有数千人奉迎。

/ 601

皇帝本人已经剪短头发，而且纯宗向大田的文人领导阶层两班贵族等发出过敕谕，伊藤统监对此也有过训戒，所以剪短发者颇多。韩国国内有一部分人担忧纯宗皇帝会去日本，也有一部分人对史无前例的皇帝巡幸持批评意见。但是从整体上来看，没有特别突出的反日迹象（「南韓巡幸の部」、松田利彦監修『韓国「併合」期警察資料』）。

伊藤统监因此心情大好，于是又奏请皇帝前往北韩（西韩）巡幸，并获得了批准。第二站巡幸时间为 1 月 27 日到 2 月 3 日。在此前的 1 月 25 日，伊藤在给桂首相的信中写道：韩国皇帝精力充沛、气色红润，与以前大不相同。他很高兴，说是可以从气色上看出皇帝对于日本的真正信赖，尽管还不十分清楚此次南北巡幸的效果，但是"希望韩国南北民众都能知晓，除了信赖我们日本以外别无他法"，期待能有更多的韩国民众支持他的政策（「桂太郎文書」国立国会図書館憲政資料室所蔵）。

其实，也有日本人对纯宗南北巡幸持批评态度，例如，亲日团体一进会的顾问内田良平（统监府签约雇员）。由于一进会遭到韩国普通民众的厌恶，伊藤统监在 1908 年 12 月就想将其解散，并通知了内田（杉山茂丸宛内田良平書状、1908 年 12 月 9 日、『内田良平関係文書』一卷）。所以对于内田来说，不依靠一进会却依靠韩国人来巩固并扩大社会基础的南北巡幸非常无趣。

内田在给一名支持者的信中写道：民众在大邱迎接皇帝和统监的时候都大呼万岁；但在欢送的时候，只听到大家欢呼"皇帝万岁"，而无人欢呼"统监万岁"（杉山茂丸宛内田良平書状、1909 年 1 月 20 日、『内田良平関係文書』一卷）。

北韩巡幸期间，皇帝访问平壤、新义州、开城等地。尽管戒备森严，但出现了炸弹爆炸骚乱、企图暗杀伊藤统监等抗日运动。而且，统监府下达指示，让学生们拿着日韩两国国旗夹道欢迎，但也有不少地方出现韩国人不拿日本国旗、日本人不拿韩国国旗的情况；皇帝行幸过后，韩国人只把韩国国旗带回家，却把日本国旗扔在地上的情况也屡有发生（「西韓巡幸の部」、「公立普通学校教監の西南韓巡幸ニ対スル民情及教育ニ対スル影響調査」、松田利彦監修『韓国「併合」期警察資料』）。

从北韩巡幸多少可以看出韩国人对于日本统治的反感。与南韩巡幸相比，北韩巡幸时局势不稳，这在韩国的日文报刊中都有所报道。伊藤统监陪同皇帝巡幸北韩之后，于 2 月 10 日离开汉城，17 日回到大矶。估计是因为北韩巡幸，伊藤再次感到韩国民众对其统治的抵触情绪，而不得不考虑吞并韩国（「伊藤博文の韓国統治と韓国併合」）。

1909 年（明治四十二年）3 月 30 日，小村寿太郎外相向桂太郎首相递交了有关吞并韩国的方针。4 月 10 日，桂首相与小村外相前去拜访伊藤统监，向其征求有关吞并韩国的意见，"出乎意料的是"伊藤居然没有提出异议。如果伊藤同意吞并韩国，就会与他以往的言论发生矛盾，所以他必须辞去统监之职。

伊藤最晚是在 4 月 14 日之前再次向桂首相提出了辞去统监职务的请求。桂首相同意，并告诉伊藤，他觉得寺内陆相是最合适的继任人选，但寺内是内阁成员中唯一能与自己商量事情的人，所以无法放手让寺内去韩国（『原敬日記』1909 年 4 月 14 日）。

就在 10 月伊藤遭到暗杀之前，桂太郎首相的地位和权力已经完全与山县不相上下了。寺内虽是山县的心腹，但也对权势日益强大的桂太郎毕恭毕敬，因此获得了桂太郎的信任。

桂首相在获得寺内陆相、小村外相等人同意之后，4 月 17 日就吞并韩国、伊藤辞去统监之职、曾弥继任统监等事宜与山县商量。第二天，山县写信回复桂太郎，他认为伊藤辞职理所当然，并同意曾弥继任（桂太郎宛山県書状、1909 年 4 月 18 日、「桂太郎文書」）。

在桂首相的支持下，包括山县在内，大家都同意了伊藤自前一年 7 月以来提出让曾弥继任的建议。两个月后，也就是 6 月 14 日，伊藤辞任统监，曾弥副统监升任统监。只要伊藤与桂太郎联手，在大多普通政务方面，山县是无法与他们两人抗衡的。

伊藤在韩国担任统监大约三年半，就连原先围绕韩国统治与伊藤持不同观点的大隈重信派系报刊都从各方面对伊藤表示了肯定。例如，韩国没有像殖民地台湾那样出现官员腐败现象（『報知新聞』1909 年 7 月 17 日）。这是因为伊藤不仅严于律己，也对统监府的官员要求甚严。7 月 6 日，桂太郎内阁召开内阁会议，决定了吞并韩国的方针，并于当天获得了明治天皇的同意。

方针主要内容包括：在时机成熟时"坚决吞并韩国"；在时机成熟之前，要根据"吞并方针"，充分掌控"保护国实权"，增强实力等。方针有关吞并的时间和方式表述暧昧，没有明确究竟是尽快强行吞并（实际吞并时间是 1910 年 8 月），还是做好充分准备，给韩国人一定程度的"自治"之后再吞并。这其实是由于伊藤和山县两大巨头存在意见分歧，具体情况将在下文详细叙述。

/ 另一种吞并方式

日本吞并韩国的方针确定之后，1909 年（明治四十二年）8 月 19 日，伊藤在山形市发表演讲时指出，如今朝鲜①已全然与日本亲和，如同"一家"（『伊藤公演説全集』317 頁）。伊藤个性直白，保持韩国独立的言辞已不复存在。

尽管伊藤同意吞并，但并不说明他放弃了此前自己对统治韩国的所有理想。以吞并韩国为前提，伊藤提出了以下统治新构想：①从韩国 8 道各选出 10 位议员，组成"众议院"；②文武两班贵族用互选方式选出 50 名"元老"，组成"上院"；③"韩国政府大臣"由韩国人自行决定，组成"责任内阁"；④政府隶属于"副王"（『公刊明治天皇御紀編修委員会史料・末松子爵家所蔵文書』下卷、389 頁）。

/ 605

此后，伊藤还指出了以吞并韩国为前提的三项内容："完全吞并后，就无需协商，宣言足矣"；"应如何处理韩国皇室"；"应如何对待各国反应"。

④中的"副王"是指由日本人担任的"总督"。这是因为伊藤擅长英语，对英国的殖民地统治相当了解，在参考英国对印度统治等先例之后，将总督称为副王。这份演讲内容以吞并为前提，所以应是 1909 年 4 月之后写成的。②

同意吞并韩国之后，伊藤仍然希望能给韩国一定的地方"自

---

① 日本吞并韩国后设立朝鲜总督府，故而吞并后韩国再次改称朝鲜，直到 1945 年 9 月 9 日朝鲜总督府签署投降文书为止。——译者注

② 海野福寿的《伊藤博文与日韩合并》（第 173～174 页）、小川原宏幸的《伊藤博文的日韩合并构想与第三次日韩协约体制的形成》都认为伊藤同意吞并韩国的时间较早，为 1907 年 4 月到 7 月前后，所以推断该史料应该是 1907 年 12 月至 1908 年 4 月伊藤临时回国时或 1907 年 7 月前后写成的，（转下页注）

治权"，如由其自行成立"责任内阁"、设置殖民地议会等，尽可能地缓和韩国人对吞并的反感。

伊藤的这一想法，与其在任统监时的构想基本一致。当时，他就希望在不吞并的前提下，获得韩国国民的主动合作。伊藤认为吞并之后，需要花时间筹备建立类似殖民地议会、韩国人拥有一定"自治权"的制度，所以1910年8月的迅速吞并，根本是不可能做到的。

直到十几年后的20世纪20年代前期，朝鲜总督府的内务局局长大冢常三郎开始探讨是否可以在朝鲜施行《众议院议员选举法》。大冢提议有必要设置殖民地议会即朝鲜议会，但由于担心出现英国爱尔兰人团结建党之后要求独立的现象，决定不给朝鲜人参政权（大塚内務局長私案「朝鮮議会（参議院）要綱」、「斎藤実文書」）。

估计伊藤的设想是，先给予朝鲜地方自治的参政权，然后再给予国政参政权。伊藤对于英国历史、爱尔兰等殖民地的情况也相当了解，所以在日本他是最早具体考虑尽快设置朝鲜殖民地议会的人，他甚至有可能设想过将来让朝鲜人参与日本国政。然而，伊藤遇刺身亡之后，朝鲜就连殖民地议会都没有实现。

（接上页注①）比本书所推测的时间要早1年至1年9个月左右。但正如本书所论证的，伊藤是在1909年4月才同意吞并朝鲜的，所以海野福寿和小川原宏幸的推断并不正确。

针对该史料的真实性，甚至有人论述该史料为杜撰的可能性极高，因为其中所述完全不像伊藤的"构想"，令人十分怀疑这究竟是不是伊藤所写（水野直樹「伊藤博文の『メモ』は『韓国統治構想』といえるものか——伊藤之雄氏の所説への疑問」『日本史研究』602号、2012年10月）。对此，我进行了详细反驳（伊藤之雄「伊藤博文の『メモ』は真筆の『メモ』の翻刻だ——水野直樹氏の所説への反論」『日本史研究』611号、2013年7月）。

1909 年（明治四十二年）6 月 14 日，元老伊藤辞任统监之后，山县把枢密院议长的位子让给了他，自己则降级为普通的枢密顾问官。然而，伊藤的活动范围远远超出了枢密院。

伊藤开始为把韩国的司法权交给日本到处活动。日本政府想要代替韩国行使司法权，但从韩国方面来看，日本要把自己的司法权夺走。伊藤原本希望让韩国制定其自身的法典，但 1909 年 2 月回国之后就放弃了这个想法。原因就是前文所讲，伊藤在"不得已"的情况下同意吞并韩国。

7 月 3 日，伊藤告诉桂首相和小村外相，他估计韩国政府不会轻易将司法权委托给日本。而且，万一韩国拖拖拉拉一直不回答，就以宣言的方式告知韩国无论他们是否答应，日本都会坚决执行（桂・小村宛伊藤書状、1909 年 7 月 3 日、「桂太郎文書」）。

大约两个星期后，也就是 7 月 17 日，伊藤对日本记者说，韩国如将司法权委托给日本，就能顺理成章地废除治外法权。

伊藤虽然同意吞并韩国，但他最为担忧的事情之一，就是韩国与列强之间签订的不平等条约会持续很长时间。吞并之后，要以伊藤所希望的方式来管理韩国殖民地，就需要大量的费用。所以为确保这一财政来源，韩国（日韩合并后更名为"朝鲜"）就应尽快废除治外法权，向在韩国的外国人征税。

／ *608*

韩国如果不实现司法制度的近代化，以强行废除治外法权的方式通知列强的话，就会导致关系恶化。如要使日本的司法制度也适用于居住在韩国的外国人，就必须加速完善法院制度、培养懂法的司法人员等。

为此，伊藤相当焦急。因为必须使用更为强硬的手段尽快完善韩国司法制度，获得列强的认可。

以交接统监工作为名，7月4日伊藤从下关出发，第二天抵达汉城。7月12日，伊藤成功地使统监府与韩国政府签订了《有关韩国司法及监狱事务委托的备忘录》。韩国的司法权由此交与日本代为执行。

当时，汉城正值盛夏，伊藤不顾酷暑到处活动，接受来自各方面的邀请，就韩国发展发表各类演说。其中有一两次，伊藤提及自己与曾弥统监的关系就像是"养父与养子"（『報知新聞』1909年7月17日），也就是公开表示他今后也将继续关心韩国事务。7月14日，伊藤离开汉城，返回日本。

根据伊藤心腹小松绿的书信，伊藤回到日本之后，如同"大风之后，平静无事"。尤其是外务部事务告一段落，"闲散至极"（古谷久綱宛小松書状、1909年8月16日、「古谷久綱文書」東京大学大学院法学政治学研究科付属近代日本法政史料センター原資料部所蔵）。

伊藤回到日本之后，不顾酷暑炎热，8月1日到23日一直陪同韩国皇太子李垠等人考察日本东北地区和北海道。这不仅是为了开阔李垠的眼界，也是通过伊藤这位深受明治天皇信赖的政界大人物热情接待韩国皇太子，向日本各地国民展现吞并韩国之后日韩相处融洽。

李垠受到了基本与日本皇太子嘉仁亲王级别相同的待遇。例如，1909年10月李垠12岁生日时，皇太子嘉仁亲王和皇室成员等都前往李垠下榻的东京市鸟居坂庆贺。餐厅里生日宴席的座次也相当讲究，皇太子嘉仁位居中央，李垠就坐在仅次于嘉仁的左边，接下来才是东久迩宫、竹田宫。朝香宫、北白川宫则依次坐在皇太子嘉仁的右边（『報知新聞』1909年10月21日）。

　　1895 年（明治二十八年），伊藤首相在陆奥外相的推荐下，在大矶西端的小矶开始建造别墅，第二年竣工。伊藤将清国大臣李鸿章题赠的、原来放在小田原的"沧浪阁"三字匾额移到了新别墅，将新家命名为"沧浪阁"。5 月 13 日，他大摆宴席庆祝新别墅落成，也就是从那时开始，伊藤将"沧浪阁"作为主要生活的新家（正宅）（末松謙澄『孝子伊藤公』332 ～ 333 頁）。

　　1897 年 10 月 1 日，伊藤将户籍从东京迁到了大矶町，并告诉町长宫代谦吉，他今后会为大矶町尽心出力，今后如果有什么需要帮忙的尽管开口（進藤玄敬『明治の元勲伊藤博文公と我大磯』10 頁）。13 个月前，伊藤就已经辞去第二次内阁首相之职。56 岁的他，希望今后能在气候宜人的大矶舒心生活、静心参政。

/ 610

　　后来，大矶小学要从北本町迁到东小矶町，并进行扩建，需要大笔资金。大矶町缺钱，宫代町长就去找伊藤商量，伊藤第一个在捐款芳名簿上签名，带头捐了 500 日元（约为现在的 800 万日元），还亲自拜访居住在大矶的名人雅士，请他们也帮忙。别墅区的人都捐了不少钱，例如三井、三菱各捐赠了 1000 日元。就这样，1901 年大矶小学建成了当时日本可堪模范的漂亮的二层校舍。

　　从大矶站通往"沧浪阁"所在的小矶海岸的道路狭窄不便，在伊藤的努力之下，道路也得以拓宽。宫代町长将这条路命名为"统监道"，至今依旧车来人往。此外，伊藤还为大矶町的公共事业捐赠了大笔钱款。

　　1904 年 5 月，当时日俄战争还未结束，伊藤觉得应该培养孩子们的储蓄习惯，就给大矶小学的全校学生每人做了一本邮政储蓄存折，每本里面存有 10 钱（约为现在的 1500 日元），他亲自拿到学校送给学生们。后来，凡是自己遇到什么可喜可贺的事情，伊藤也多次向学校捐款。

大矶小学的学生们也会到伊藤的"沧浪阁"参观交流。每年4月前后，小学低年级学生就会在老师们的带领下访问"沧浪阁"。学生们穿过挂有"沧浪阁"细长匾额的大门，可以从屋外参观伊藤的起居室，看到室内摆放的武士甲冑、明治天皇赐与伊藤的八幡太郎义家攻打奥州的移门画。

此外，伊藤每次获得天皇或皇族赏赐的贺酒，就会邀请大矶的一些重要人物来"沧浪阁"，与夫人梅子一起款待大家。每次小矶过传统节日的时候，伊藤总会拿出四斗樽好酒请来当地民众，与聚到家门口松树林的小矶渔夫们一同敲开酒樽，开怀畅饮，夫人梅子也会加入其中，与渔夫们一起唱歌舞蹈，欢声笑语不断（『明治の元勲伊藤博文公と我大磯』11～12頁。高橋光『ふるさと大磯探訪』95～98頁。古谷久綱『藤公余影』251～253頁）。

这些与大矶当地民众的交流，多少让伊藤缓解了一些在国家政治中的种种愤懑、韩国民众不支持他统治的焦虑。"沧浪阁"里有夫人梅子相伴，有庭园美景，还可望见平静的太平洋。所以可以想象，伊藤在回到大矶的瞬间，心情就会无比舒畅。

然而，伊藤遭到暗杀身亡后，梅子夫人继续在"沧浪阁"住了一段时间，后来"沧浪阁"被赠送给李王世子（李垠）（『東京朝日新聞』1924年4月16日）。此举是因为夫人根据伊藤遗志，希望韩国皇太子李垠能成为日韩融洽的象征。

由于"沧浪阁"在1923年关东大地震中受损严重，1924李垠对其进行了重新修建。第二次世界大战结束后，"沧浪阁"为王子酒店所有，1992年进行了大规模的改建，还使用了伊藤时代的木材（美泽荣三谈话）。

伊藤博文最后一次回到出生地束荷村，是庆应元年
（1865），他成为长州本藩派往岩国支藩的使者，途中在母亲琴
子的娘家（秋山家）住了一晚。当时伊藤23岁，因为两年前就
已经获得了与"准士"相近的身份，骑着马得意扬扬地返回家
乡。当晚，村里人都聚到伊藤外婆家，想听他讲讲西洋的事情，
于是伊藤就给大家讲了伦敦动物园饲养狮子的事情。

/ 612

嘉永二年（1849）三月，7岁的伊藤离开了第二故乡萩，后
来也仅在维新之后回去过两次左右（『藤公余影』36～38頁。中
尾定市『伊藤博文公と夫人梅子』19～20、78頁）。

根据伊藤的回忆，一次是1899年（明治三十二年），他为
创建新政党（就是后来的立宪政友会），到全国各地游说，曾于
6月2日到萩町参加欢迎会并发表过演说；更早的一次就是明治
维新之后，为建造毛利忠正公（毛利敬亲的谥号）铜像回去过
（『伊藤公演説全集』794頁）。

伊藤成为国家最高政治领袖之后，为什么不返回这两个故乡
呢？一般认为有以下几个原因：①忙于实现日本的近代化；②维
新之后，由于萩发生了前原一诚领导的叛乱，反中央政府和攘夷
气氛浓郁，如果回去，不仅会心神不安，甚至会有生命危险；③
伊藤本来身份就不高，维新之后即便回到故里也不会受到尊重，
没什么意思。

①是事实，伊藤自己也在距离萩町和出生地束荷村最近的
柳井津欢迎会上提到了这一点。但是，他去下关或山口等地的时
候，顺路回家乡看看，其实并不件难事。关于②，19世纪80年
代之后，日本近代化指日可待，也基本不存在什么攘夷了。原本

由于废藩置县，士族阶层逐渐没落，当地人多少还留有怨念。直到最近，仍然有人以家人或先祖参加过"萩之乱"而引以为豪。但是，在公开场合当地人还是非常欢迎伊藤的，所以这并不能充分解释伊藤一生与故乡缘分淡薄的原因。

关于③，伊藤出身低微这件事，全国世人皆知，但他在日本各地都享有极高的威信。山口县也绝非例外。例如，德山藩下级士族出身的仲小路廉（后来成为山县系官员，曾任农商务大臣），在虚岁 10 ~ 11 岁的时候（1875 ~ 1876 年前后）就常听母亲教导，说伊藤原本也"出身低微"，但就在和他差不多年龄的时候，就立志发奋图强（仲小路廉『新旧一新』410 ~ 411 頁）。可见，35 岁前后就成为参议进入内阁的伊藤，是当地人崇拜的偶像。

1899 年 6 月 9 日，在山口县德山町举行的欢迎会上，伊藤表示因为日本还面临着许多需要解决的问题，自己"完全没有衣锦还乡的感觉"，但是"各位的盛情款待就如同给自己披上了漂亮的锦衣"，以表对当地的感谢。同一天，伊藤在柳井津举行的欢迎会上，也对"三郡有识之士"发表了演讲，"因为我就生于这三郡之一，所以对这三郡的人们感到最为亲切"（『伊藤公演説全集』806 ~ 817 頁）。

明治维新，是一个以下克上的时代，以家庭地位论高低的想法在那时已经被认为落伍了。维新之后，社会秩序逐渐稳定，伊藤没有返回故里的真正原因，恐怕是担心中央政府内部仍然存在长州派与萨摩派的对立，民权派和政党方面会对萨摩、长州藩阀进行批判。如果伊藤频繁返回束荷村、萩町这两个故乡，就会进一步增强其为长州派成员的印象，而这正是伊藤想竭力避免的。

他希望尽可能地消除长州与萨摩以及藩阀之间的区别，共同努力创建全新的近代国家。1893年，伊藤在其第二次组阁后颁布了《文官任用令》和《文官考试规则》，这可谓其想法的实践。如果要升任高级官员奏任官，就必须通过这项考试，这样一来就完全切断了利用藩阀等人脉关系来延续自身派系的道路。

但是，到了19世纪90年代后半期，萨摩派势力逐渐衰退，政党开始崛起，藩阀问题也就相对小了很多。伊藤当时也已接近60，开始步入老境。包括日清战争在内，伊藤内阁坚持了4年，完成了许多工作，也有了不少成就感，思乡之情因此越发强烈起来了。

/ 思乡之情

1896 年（明治二十九年）①9 月 12 日，伊藤写信给同村的
亲戚林文太郎，告诉他同意在出生地束荷村购买老宅院的条件。
林文太郎受伊藤之托，帮其购买宅子（末松謙澄『孝子伊藤公』
422 ～ 423 頁）。

/ 615

1899 年，伊藤顺道去了萩，为把父亲十藏收为养子的伊藤
直右卫门夫妇及其子女重新修了墓。直右卫门夫妇的墓原本位于
萩町报恩寺墓地里面，重修后被移到了大殿左前方一个比较显眼
的位置，墓碑也换得更气派了（伊藤博文公記念事業執行委員会
事務局萩市企画科「伊藤博文公没後 100 年記念 伊藤公建立の
伊藤家先祖の墓碑の修復について」）。

1906 年 2 月，伊藤在作为统监第一次前往韩国赴任途中，
就在位于出生地束荷村以东约 12 公里处的柳井津站看到当地的
小学生列队整齐为他送行。伊藤给了校长一张面值为 100 日元的
纸币，让他用作孩子们的储蓄基金（『藤公余影』188 ～ 191 頁）。
可见，伊藤心里一直思念着家乡。

1909 年，伊藤陪同韩国皇帝巡幸南北之后，2 月 17 日一回
到大矶就病倒了，复命之后，得假静养。3 月 2 日，离开大矶前
往爱媛县的道后温泉，在那里待了大约 20 天，其间寻访祖先河
野氏的遗迹并有所收获（『伊藤博文伝』下卷、813 頁）。河野氏
是伊藤祖上林淡路守通起的先祖。67 岁的伊藤，一边忙于统治
韩国的些许遗留工作，一边还惦记着自己的先祖。

---

① 《孝子伊藤公》中所引用的 9 月 12 日伊藤写给林文太郎的书信中没有年份。
但文中提到"我上个月末承蒙圣上许可辞去了官职，无所事事，闲散至极"，
可以推测时间应该是 1896 年 8 月 31 日第二次内阁总辞职之后。

同年 3 月 1 日，伊藤在出生地束荷村及其周边开始动工兴建占地面积为 44 坪（约 145 平方米）的两层西洋建筑。伊藤在此处兴建别邸，是因为 1910 年正值远祖林淡路守通起逝世 300 周年，这个宅子可以用作林氏家族和伊藤家族联合举办纪念活动的场所，而在 300 周年纪念活动结束后，则可被用于当地的图书馆等公共设施。

/ 616

两位设计师根据伊藤的构想进行设计，山口县知事渡边融等人负责监督工程。清水店（现在的清水建设公司）负责施工，总工费约 21300 日元（约为现在的 3 亿 3000 万日元）。1909 年 10 月 23 日，举行了上梁仪式。但三天之后，伊藤就在哈尔滨遭到暗杀（山口県熊毛郡大和町『旧伊藤博文邸　保存修理工事報告書』1 ～ 2、101 頁）。

日俄战争结束后，在帝国大学学习法律等专业知识的官员开始取代藩阀官员，逐渐升任各省的局长、次官，藩阀势力更为有限，所以伊藤加深与乡里的关系，也不会有人认为他是为了长州派。也正是考虑到以上情况，伊藤才会在晚年将自己的思乡之情，以纪念先祖林淡路守逝世 300 周年的方式具体化。

如果伊藤没有遭到暗杀，能再活 10 年的话，可能他与束荷村、萩町，以及山口县的关系就能与大矶町一样深厚了。

伊藤遭到暗杀身亡之后，其嗣子伊藤博邦（勇吉）继承了他的遗志，别邸于 1910 年 5 月竣工，11 月 13 日举行了林淡路守逝世 300 周年纪念活动。

此后，1912 年 1 月 13 日，博邦将别邸的土地和建筑都捐赠给山口县。如今，那里作为伊藤博文故居向公众开放。同样位于石城山县立自然公园内的，还有 1919 年复原的伊藤博文诞生地等。

/ 前往京都祭扫木户孝允之墓

1909 年（明治四十二年）5 月 26 日，位于东京的木户孝正公爵府举行了木户孝允逝世 33 周年纪念活动。在此前的 4 月下旬，木户家人已经在京都市东山灵山的木户墓举行了墓前祭扫活动。

但是，伊藤、井上馨、杉孙七郎（长州藩出身，枢密顾问官）等人没有出席东京的纪念活动，而是在同一天前往京都灵山给木户扫墓。井上馨身着日本传统黑色羽织袴，脚穿白色分趾鞋袜；与此相对，伊藤则身着统监正装，佩戴日韩勋章，在古谷秘书等人的陪同下，来到木户墓前。

本愿寺的僧人诵经之后，伊藤等人分别在木户墓前烧香祭拜。结束后，他们一行三三两两来到在禁门之变中身亡的旧友入江九一、久坂玄瑞、寺岛忠三郎、有吉熊次郎等人墓前，一一恭敬祭拜。当天，木户家人借用高台寺方丈的房间作为祭拜者休息室，还拿出木户孝允的遗物等给大家看（『京都日出新聞』1909 年 5 月 14 日、26 日、27 日）。

如前文所述，伊藤 4 月 10 日同意吞并韩国之后，6 月 14 日就辞去了统监之职。他这次特意身着统监正装并佩戴日韩勋章来到木户墓前，其目的是告诉木户他在韩国进行统治的情况，希望木户在天之灵能保佑他。

第二十四章

暗　杀

/ 关心远东问题与满洲行

/ 618

1909 年（明治四十二年）8 月，桂太郎内阁的后藤新平递相向伊藤建议，如果能去游访欧洲、与相关列强领导人会晤，就能使他们了解日本的真意。而且此前，后藤也曾向伊藤建议，希望他能会见俄国东洋事务主管，即俄国最为重要的内阁成员——财政大臣科科夫佐夫（Vladimir Kokovtsov），向其提前暗示日本对于远东问题尤其是韩国问题的处理方针。

伊藤表示同意，于是后藤通过外务省进行协调，决定 10 月下旬伊藤与科科夫佐夫在哈尔滨进行会谈。9 月底，伊藤也征得了桂首相、小村外相等人的同意。

10 月 11 日，伊藤去灵南坂山县有朋元帅府上拜访，两人谈及后事。那天晚上，在桂太郎首相主持的晚餐会上，伊藤接受英国记者采访时回答：①无论何时自己都有生命危险；②以前是完全不惜性命，现在是生命所剩无几，任何时候都能喜于为国捐躯；③放心不下的最后一个问题就是韩国问题，只要这个问题能解决自己也就放心了（『伊藤博文伝』下卷、855～864 頁）。

/ 619

伊藤唯一放心不下的就是韩国问题。因为伊藤为实现"宪法政治"（立宪政治）这一目标倾尽全力，为实现理想而创建的政党立宪政友会曾多次遭遇危机，但也都化险为夷，并在总裁西园寺公望、执掌党务的原敬等人的领导下顺利发展。日俄战争结束后，第一次西园寺内阁执政时间长达两年半以上。继任的第二次桂太郎内阁，虽然是以山县系官员为背景的内阁，但认可政友会的实力，与政友会联手执政。

由此可见，"宪法政治"已逐渐在日本扎根。1909 年 10 月，除了需要制定掌控军部的法律制度以外，没有什么特别麻烦的问题。因此对于伊藤来说，内政方面并没有值得特别担忧的。伊藤说他担心韩国问题，最后一直担任伊藤秘书的古谷久纲回忆说，如果伊藤不被人暗杀，能有数月性命，"相信他的下一个计划一定是要去北京了"（古谷久纲『藤公余影』277 页）。伊藤也曾对亲信室田义文说过，"明年，会作为清国顾问去北京"，还让他一起去（『室田義文翁譚』257 页）。

推测伊藤想去北京的原因如下。因为同年 8 月 28 日，伊藤在自家大井町（现在的品川区）的"恩赐馆"设午宴为清国的考察宪政大臣李家驹送行。李家驹结束了在日本的宪政调查，即将回国。枢密顾问官伊东巳代治、穗积八束博士（东京帝大法科教授）、有贺长雄博士等人作为伊藤的代理，协助李家驹进行了宪政调查（『報知新聞』1909 年 8 月 29 日）。

/ 620

在日俄战争进入议和阶段的 1905 年 7 月，清国就为引进立宪制度向海外派遣了考察团。1905 年 12 月，以载泽为首的海外政府考察团来到日本。1906 年 1 月 4 日，伊藤与团长载泽进行了会谈。

伊藤告诉载泽，虽然日本天皇拥有大权，但实际行政责任在于内阁，他还建议清国应该与日本一样，先让君主降低君主权，建设拥有强大行政权的国家。而且，清国的政治考察大臣们都抱有 10～15 年后建立立宪国家的设想。

由此可见，就在伊藤担任韩国统监的时候，清国开始关心如何向君主立宪制的转型。伊藤原本计划到 1910 年让伊东巳代治和自己一起去清国的（曽田三郎『立憲国家中国への始動』29～86 页）。

出席李家驹送别午宴的，除了伊藤博文、伊东巳代治、穗积八束、有贺长雄以外，还有桂太郎首相、寺内陆相、小村外相。

在伊藤致辞之后，李家驹对伊藤在宪法方面对他的指导等表示了感谢。

送别午宴结束后，伊藤请李家驹到别室说话，桂首相与伊东巳代治在一旁列席。伊藤讲了许多清国在实施宪政时需要特别注意的事项。李家驹对伊藤的细心提醒，表示了衷心的感谢（『报知新聞』1909 年 8 月 29 日）。

同年 8 月 19 日和 20 日，伊藤发表演说时谈及清国出现的"改革论"和"立宪政体论"，他认为清国过于庞大，交通、税收、地方自治等尚不发达，如果发生"内攻内乱"，整个世界都会受其影响，所以前途不容乐观。伊藤还强调，日本不可采取"隔岸观火"的态度，但不能让列强产生怀疑，以为日本无视他们的利益（『伊藤公演説全集』316 ~ 325 页）。

大约两年以后，辛亥革命爆发。1912 年 2 月 12 日，清朝灭亡。

伊藤曾经考虑介入清朝的宪政改革；在同意吞并韩国后希望能在那里成立"责任内阁"和殖民地议会。

但是，在介入清国内政时必须谨慎行事，否则有可能招致列强的怀疑。于是，伊藤计划前往欧洲，与相关列强的领导人进行会谈并说明情况。

/ 满洲有感

1909 年（明治四十二年）10 月 14 日，元老伊藤博文枢密院议长，与室田义文（贵族院议员）、村田惇中将（筑城本部长、前韩国统监府付）、古谷久纲（枢密院议长秘书），以及医师小山善、汉诗诗人森槐南（泰二郎，宫内大臣秘书）等人一同乘坐火车从大矶出发，15 日抵达马关（下关）下榻春帆楼，第二天 16 日在门司（现在的北九州市门司）乘船（『伊藤博文伝』下卷、864 頁。『藤公余影』280 頁）。

/ 622

18 日，一行人抵达大连。这是伊藤第一次来到满洲。第二天 19 日，伊藤在大连的官民欢迎会上发表演说：

> 最近清国终于启动"锐意文明之治"。我"热切希望清国的各种改革获得成功"。如果不幸以失败而告终，"将会对远东的和平产生巨大的影响"。日本政府如果无法直接协助清国成功改革，也应该提供间接性的帮助。
>
> （『伊藤公演説全集』867 ～ 868 頁）

伊藤在抵达满洲之后，再次表达了希望协助清国引进立宪制度、进行改革的愿望。

20 日，伊藤前往旅顺走访战争遗迹，有感而发，作了三首汉诗（『藤公余影』283 頁）。一首以日俄战争中发生激战的"二百三高地"① 为题。

————————

① 即大连 203 高地。——译者注

久闻二百三高地，一万八千埋骨山。

今日登临无限感，空看岭上白云还。

伊藤的这首诗充满了对为攻占 203 高地而捐躯的 18000 位日本将士的哀思。

另一首诗是关于曾发生激战的"二龙山"的，"残壁犹存攻守迹，血痕和土土斑斑"。第三首诗咏的是，向"俄国忠魂碑"献花，他想到数万不知名的俄国将士在日俄战争中阵亡而不禁落泪，表达了伊藤对战争的虚无、对日本将士以及敌方俄国将士的牺牲感到万分悲痛。

当天，伊藤出席了旅顺官民欢迎会并发表演说，表示如果战争频繁发生，不仅不利于国家，也无益于人道。他还强调，在和平时期，最应努力的就是为"国家昌盛"进行必要的基础设施建设。目前，世界上虽然在讲和平，但实际在开展军备竞赛以求"国运发达"，这样就无法避免"武装性的和平"，国民也将会负担"大笔军事资金"（『伊藤公演说全集』868 页）。

10 月 21 日，伊藤从旅顺乘车出发，途经辽阳、奉天、抚顺之后，于 25 日晚上 7 点抵达长春。那天，伊藤透过车窗观望满洲一路风景，写下了这首成其绝笔的汉诗。

万里平原南满洲，风光阔远一天秋。

当年战迹留余愤，更使行人牵暗愁。

因为第二天伊藤就要会见俄国财政大臣科科夫佐夫，所以那天伊藤也想到了日俄战争造成的巨大牺牲，希望不再重蹈覆辙。

/ 10月26日上午的哈尔滨站

俄国财政大臣科科夫佐夫比伊藤早一些，在1909年（明治四十二年）10月24日就抵达了哈尔滨。26日上午9点，当伊藤乘坐的火车到达哈尔滨站时，科科夫佐夫立即就上车迎接伊藤，两人初次见面，互致问候。

随后，两人下车走到站台。根据科科夫佐夫的安排，伊藤一行先检阅了俄国军守备队，然后与排好队列的各国领事一一握手（『伊藤博文伝』下卷、870～872页）。接下去，伊藤等人就要走到日本队列前，看到军队和欢迎人群在他们的右手方，就往前走了两三步，但只有走在最前面的伊藤一人转头走了回来。

就在那时，上午9点30分，军队一侧的后方突然冲出一个年轻人，他迅速接近伊藤，连开数枪。那人就是安重根。① 三颗

/ 625

---

① 关于暗杀伊藤，也有说法是现场有安重根以外的枪手射杀伊藤。根据随行室田义文的回忆，他看到有一把法国马枪从车站二楼食堂伸出、朝斜下方射击（『室田義文翁譚』）。此外，上垣外宪一认为，暗杀主谋是反对伊藤与列强采取协调政策的右翼分子杉山茂丸和明石元二郎（韩国驻扎军参谋长）等人，寺内正毅陆相、田中义一大佐（陆军省军事课长）等人也知道此事（『暗殺・伊藤博文』）。大野芳则认为，杉山茂丸与后藤新平是暗杀主谋（『伊藤博文暗殺事件』）。对于这些观点，海野福寿认为，上垣外和大野所著的两本书，从日本的权力犯罪角度，为揭开双重狙击事实真相提供了线索，"因为能从伊藤之死获得好处的是山县、桂太郎、寺内、明石等日韩合并推进派和大陆侵略派"（『伊藤博文の韓国統治と日韓併合』144页）。
"有一名小个子男人〔安重根〕，就像是从俄国大兵的两腿之间钻了出来一样，拿出手枪"，"向伊藤开枪的不是这个小个子男人，而是一把从车站二楼食堂向斜下方伸出方射击的法兰西马枪。那才是暗杀伊藤的真凶"（『室田義文翁譚』270～271页）。上述几种说法，都不过是以室田义文近30年后回忆整理而成的《室田义文翁谭》为前提，根据室田所说的子弹射入角度倾斜的证词（1909年11月20日，事件发生近一个月后）为依据，寻找安重根以外的"真凶"罢了。事件发生后，当天下午6点，伊藤的随行秘书　　　（转下页注）

子弹从右侧击中伊藤，随行秘书森泰二郎、总领事川上俊彦以及满铁理事田中清二郎三人从左侧各中了一枪。伊藤立即被抬入火车，主治医生小山善与到车站迎接的俄国医生一起对其进行了紧急抢救。但是，有两颗致命的子弹穿透了伊藤的肺部。上午10点，伊藤死亡，① 享年 68。

其他三人仅仅是手腕、肩部和腿部中枪，没有生命危险（小山善谈「臨終の光景」『伊藤公全集』三卷、292～293頁。古谷久綱『藤公余影』288～294頁）。

/ 627

俄国警察对犯人进行审讯之后，科科夫佐夫向古谷久纲秘书报告了以下情况。①"犯人"（安重根）"行凶"的目的是，伊藤使"韩国政治名誉受损"，所以杀死伊藤多少可以恢复韩国名

（接上页注①）古谷就给桂太郎首相发了电报，内容是小山医师的诊断和古谷对事件的证明。据此可知，一青年接近伊藤开枪射击，子弹水平射入伊藤体内（『藤公余影』287～294頁）。伊藤随行医师小山和随行秘书古谷在事件刚发生后所做的报告，要比室田的回忆可信得多。而且，射入伊藤体内的子弹看似不是来自同一方向，是因为伊藤中弹倒下的时候姿势发生了变化。提出凶犯为数人观点的人完全没有理解本书阐述的日本权力结构图：①伊藤与桂太郎彼此合作；②伊藤虽然与山县在日韩合并问题上意见有所分歧，但伊藤曾三次出手救山县于危难，山县是一个认真的人，就算与伊藤有分歧，彼此之间也仍然是理解互补的关系；③所以，山县或桂太郎身边的人，是绝不会去暗杀伊藤的。而且万一失败，他们自己将失去一切，因此完全不可能制订这样的计划。提出这些说法的人，眼睛只盯着韩国问题来寻找暗杀伊藤的"真凶"，却没有认真阅读查证伊藤与山县、桂太郎、寺内等人之间的书信等一手史料。

① 伊藤博文遭到暗杀时穿着的带血衬衣和日式内衣现在都还保存在山口县立山口博物馆。由于放置这些衣物的木箱盖子内侧有室田义文书写的"1936年7月"，导致有人误解这原本属于室田。其实，这些衣物原本为伊藤之子文吉所有，他是伊藤葬礼时的代理丧主。文吉去世大约一年之后，1952年3月22日，在山口县知事田中龙夫等人的协调下，伊藤家将这些衣物捐赠给了山口博物馆（伊藤博昭谈话、山口县立山口博物馆的藏品名录）。

誉。②犯人个人对伊藤没有任何"怨恨"，但其朋友中有数人因伊藤而被判重刑。③"犯人"说自己与任何政党都没有关系，暗杀完全是自己的个人行为，没有与他人合谋，但此话并不可信。昨夜晚间接到报告说，在距离当地以南几里地的蔡家沟站，抓到两名韩国人，他们身上均带有"手枪"。④"犯人"是"天主教徒"，身上戴有十字架，将他拉到检察官前的时候，他跪了下来，说是目的达到，要感谢"上帝"（桂太郎首相宛古谷久綱電報〔写〕、1909 年 10 月 26 日午後 5 点 50 分長春発、「故枢密院議長公爵伊藤博文国葬書類」下、1909 年、国立公文書館所蔵）。由此可见，安重根在暗杀伊藤之后十分冷静，可以说是一个意志坚定的确信犯罪者①。

此外，科科夫佐夫报告中还称，"犯人"的国籍明确为韩国，应该经由日本引渡给韩国，并告诉古谷该报告会转给日本的总领事（同前）。

---

① 确信犯又叫信仰犯，是指基于道德、宗教、政治上的信仰而实行的犯罪。——译者注

/ 伊藤之死带来的冲击

/ 628

　　10 月 26 日上午 10 点，伊藤的随行秘书古谷久纲，向桂太郎首相和住在大矶的伊藤夫人梅子发送了电报，内容是伊藤在哈尔滨站身中韩国人所开数枪，"无生命迹象"；然后又在上午 10 点 30 分，向桂首相发送电报，告知伊藤 10 点死亡、一行人立即返回长春等事宜；给伊藤夫人梅子发送电报，只告知伊藤死亡和返回事宜（古谷久綱『藤公余影』284 ～ 285 页）。

　　梅子夫人在一个月前，因全身的皮肤病而卧病在床 20 多日，非常痛苦，就在病情终于好转的时候，告知伊藤死讯的电报送到了大矶"沧浪阁"。当时，为探望母亲梅子，嫁给末松谦澄的女儿生子正好也在"沧浪阁"。据说梅子夫人在接到伊藤被暗杀的第一封电报时顿时不知所措。

　　但据医生岩井祯三回忆，晚上 7 点多，他和西源四郎（伊藤女儿朝子的丈夫）一起抵达"沧浪阁"的时候，看见梅子夫人镇定自若地与前来吊唁的元老井上馨等人商讨后事。岩井对夫人那种"比男子还要坚强的气概"敬佩不已，甚至都没有给梅子夫人把脉。

　　伊藤的嗣子博邦（勇吉、宫内省式部次长）与夫人玉子、儿子博精（10 岁）等 6 个孩子，住在东京大井町的"恩赐馆"，但博邦因宫中事务前往欧洲出差，刚刚抵达意大利的热那亚。

/ 629

　　伊藤的另一个儿子文吉，前一年从东京帝国大学法律专业毕业后，在农商务省工作，与桂太郎首相的女儿寿满子订婚（『報知新聞』1909 年 10 月 27 日、28 日）。

　　10 月 26 日，伊藤被授予从一位①。27 日，政府决定为伊藤

---

① 日本官制品秩之一。——译者注

举行国葬。伊藤死后，地位与从一位的岩仓具视（前右大臣）、长州藩藩主毛利元德公爵相同。在伊藤之前举行国葬的，首先是岩仓具视，然后是有栖川宫炽仁、北白川宫能久、小松宫彰仁、三条实美（前太政大臣）、岛津久光（前左大臣）、毛利元德公爵等人，他们都是皇室、最高级别的贵族，以及萨摩、长州的诸侯。作为侍奉诸侯的陪臣，伊藤是第一个破格享受国葬待遇的人。这恐怕与明治天皇对伊藤的评价极高有关。而且，桂太郎首相虽为山县系官员，但与伊藤关系很好，也对伊藤非常崇敬，这也是决定为他举行国葬的原因。

伊藤之死，令桂太郎深受打击，他甚至在回答新闻记者提问时说自己会继承伊藤的遗志（『報知新聞』1909 年 10 月 31 日、「桂侯の宣言」）。这个发言使山县对桂太郎加强了戒心。

伊藤的遗体用特别专列运到大连后，由军舰"秋津洲号"于 11 月 1 日运抵横须贺港。不仅末松谦澄（前内相、伊藤女婿）、伊藤文吉、西源四郎等与伊藤关系亲近之人到横须贺港迎接，就连桂太郎首相、斋藤海相等阁僚也亲自相迎。

当天，明治天皇和皇后还为表彰伊藤生前功勋，在让嗣子博邦继承公爵爵位之前，特别授予文吉男爵爵位。

/ 国葬

　　伊藤的国葬定于 1909 年（明治四十二年）11 月 4 日在日比谷公园举行，由国库拨款 45000 日元（约为现在的 5 亿 9000 万日元）。葬礼执行委员长是同为长州出身的伊藤好友——枢密院顾问官杉孙七郎（「故枢密院議長伊藤博文国葬書類」上、1909年）。由于嗣子博邦无法赶回日本，丧主由文吉代替。前一天（11 月 3 日）是明治天皇的生日"天长节"。万里无云、秋高气爽，老天爷为天皇庆祝 57 岁的生日。然而，11 月 4 日一大早就乌云密布，风吟寂寥，仿佛老天爷也在为伊藤之死而悲伤。

　　上午 9 点，载有伊藤棺枢的灵车，从灵南坂宫内省官邸出发。陆海军军乐队、近卫步兵一连队、第一师团步兵二连队、海军枪队二大队等陆海军数千人，有的在灵车前后随行，有的在中途列队送行。10 点过后，灵车列队开始进入日比谷公园。

　　当写有"枢密院议长从一位公爵伊藤公枢"的 14 字铭旗来到在葬礼会场等候的遗族面前时，伊藤的女儿末松生子泪如雨下，始终用手绢捂着眼睛；伊藤夫人梅子面不改色，双唇紧闭，毅然站立（『報知新聞』1909 年 11 月 5 日）。伊藤最为疼爱的女儿生子，想到无法再次见到亲爱的父亲，悲痛欲绝。

　　随后，灵枢由 50 名與丁缓缓抬入，生子无法控制情绪、掩面痛哭，梅子夫人也落泪不已。嗣子博邦的夫人玉子、伊藤的另一个女儿西朝子也泪流满面。

　　11 点 10 分，葬礼正式开始。明治天皇派侍从作为敕使前往葬礼现场，皇后也派其宫内官员代为拜祭并献上玉串。12 点 10 分，葬礼结束。顷刻间，瓢泼大雨就从云间落了下来（同前）。

　　根据伊藤之子真一的回忆，许多出席葬礼的人和围观群众都争先恐后地逃到附近的帐篷或屋檐下，身着军装的乃木希典大将却一动不动地屹立在大雨之中，他那严肃真挚的态度令人肃然起敬，仿若"军神"（中尾定市『伊藤博文公と夫人梅子』77页）。推崇近代化与理性主义的伊藤，其思想与乃木大将大相径庭，然而伊藤那强大的精神魅力也令乃木敬佩。

下午1点，灵柩从日比谷公园出发，2点40分抵达大井町谷垂墓地（占地面积4600多平方米）。诵经之后，家属们与伊藤做了最后的告别，灵柩下葬。傍晚4点，葬礼结束。

东京市民对伊藤葬礼的关切程度相当高。例如，从灵柩出发地灵南坂官邸到榎坂、溜池、葵桥方向，早上5点前后人群就开始聚集，人山人海，相当混乱，甚至有评论说其混乱程度超出了日俄战争的"大凯旋"。从日比谷公园到大井町的墓地，一路上中小学学生、大学生、职校学生、消防队、居委会等列队相送。墓地内摆满了民众赠送的无数鲜花、假花。沿道各处小店兜售伊藤画像明信片，上午10点前就都卖得一张不剩了（『報知新聞』1909年11月5日。『東京日日新聞』1909年11月5日）。

/ 632

从伊藤的葬礼可以看出，伊藤不仅深得天皇、高官等的信赖与敬重，而且是一位深受日本国民喜爱的政治家。正如本书前言所述，尤其是在日俄战争之后，各界对伊藤的评价越来越高。

/ 伊藤遭到暗杀后的影响

受伊藤之死影响最大的，就是日本吞并朝鲜的方式和时间。

就在伊藤遭暗杀的一个半月前，桂太郎首相、杉山茂丸、一进会顾问内田良平就开始协商亲日团体一进会、大韩协会、西北学会这三个韩国政派的联合。但是，各人各政派都有各自的想法，三派联合并不意味着与"屯并""合邦"直接挂钩。而且，桂太郎虽然属于山县系，但正在采取行动谋求自立。

1909 年（明治四十二年）10 月 26 日，伊藤被暗杀身亡。大约一个月后，一进会想向日本政府提出日韩"合邦"的请愿书，这件事导致其与同为韩国政派的大韩协会、西北学会的矛盾激化。利用这个机会，李完用内阁从维持现状的立场出发，决定进一步压制一进会。由副统监升任统监的曾弥荒助，出于一进会在韩国声誉不佳的考虑，也没有帮其说话。

对此，一进会顾问内田良平等人，向元老山县有朋元帅提出支持一进会的请求。山县向曾弥统监发出指示，让其与山县系官员寺内正毅陆相合作，支持一进会的"合邦"请愿。12 月 3 日，曾弥接到了山县的指示，但是他与想从山县系独立出来的桂太郎首相联手，试图避开山县的指示。曾弥在获得桂首相"拒绝一进会请愿"的许可之后，让李完用内阁出面拒绝了请愿。

在伊藤生前，山县因为对伊藤心存顾忌，所以没有直接干涉韩国的统治政策。伊藤与山县之间虽然没有就吞并韩国的统治政策框架达成一致，但他与桂首相等合作在其中发挥着主导作用。

然而，伊藤被暗杀之后，山县加强了对寺内的指示。寺内也放弃了原来保持在山县与桂太郎之间的中立态度，开始听从山县的指示。这样一来，围绕一进会提出的日韩"合邦"请愿，日本领导层内部关于韩国统治政策产生了对立，一方是山县、寺内陆相，另一方是桂首相、曾弥统监。

于是，山县决定在 1909 年 12 月 10 日前，以获得寺内陆相的支持为前提，协助一进会提出的日韩"合邦"，甚至提出根据情况可以让曾弥统监辞职。那时，韩国政策的主导权已经开始由山县和寺内掌握了。

因此，伊藤原本对于日韩合并之后的构想——设置朝鲜公选制殖民地议会，承认朝鲜人拥有一定的"自治"权，由朝鲜人自行组织"责任内阁"，日本进行间接性统治等——不可能实现了。山县等人强势推动高压性快速吞并路线。

1910 年 1 月初，山县元帅与寺内陆相决定，日韩合并无需特别考虑一进会等韩国政派或居住在韩国的日本人意见，日本政府应根据韩国现状采取单独判断并执行；同时，还决定了尽可能解散一进会等韩国政派以及汉城日本记者团等方针（大久保春野宛寺内正毅书状、1909 年 1 月 3 日〔推定〕、「寺内正毅文書」国立国会図書館県政資料室所蔵。伊藤之雄「伊藤博文の韓国統治と韓国併合」）。

/ 634

桂首相和曾弥统监对山县 - 寺内路线表示不满，希望能获得明治天皇的帮助以对抗他们。

由于希望快速吞并韩国，从 1910 年 1 月到 2 月，山县元帅与寺内陆相十分关注韩国局势。另一方面，从入冬到开春，曾弥统监的病情恶化，这成为桂太郎 - 曾弥路线的决定性败因。

4 月，山县指示更换统监。5 月 30 日，寺内就任统监（兼任陆相），山县的养嗣子、前递相山县伊三郎就任副统监。在这一全新领导体制之下，8 月 29 日，日本吞并了朝鲜。朝鲜总督府仅通过官僚机构对朝鲜殖民地进行统治，这与伊藤的构想完全不

同（伊藤之雄「伊藤博文の韓国統治と韓国併合」）。

受伊藤之死影响较大的另一个问题，就是伊藤晚年所考虑的协助清国引进"宪法政治"、稳定远东秩序、维护和平。假设伊藤没有被暗杀，而是亲自前往北京或指示派遣日本顾问团向清国提供建议，那么又会有什么不同呢？由于清国过于巨大，无法彻底转变，两年后可能依旧会爆发辛亥革命，导致清朝灭亡。然而，有关清国（中国）的发展方向，如果伊藤能够推动清国与相关列强加强对话，辛亥革命之后，日本也能对中国的政策发展产生重大影响的话，那么从一战爆发到一战结束，日中关系，以及中国与欧美列强的关系，可能会更加良好。

此外，由于生活起居习惯等原因，明治天皇在日俄战争结束后，身体一直不佳。再加上伊藤被暗杀身亡，天皇情绪十分低落，身体状况进一步恶化（伊藤之雄『明治天皇』第七章）。1912年7月29日夜（官方发布时间为7月30日）明治天皇因尿毒症引发心肌梗死驾崩，享年59岁，比伊藤去世时还小9岁。

制定《大日本帝国宪法》（明治宪法）的伊藤和明治天皇都驾鹤西去，也就无人能推动修宪了。此外，由于日本在日清、日俄两次战争中获胜，明治天皇死后，由其颁布的伟大宪法的权威性进一步增强，如果有谁想修改宪法，政治性灾难就会降临。

伊藤意识到明治宪法存在缺陷，所以想在日俄战争结束后用《公式令》来增强首相的权限，压制陆海军大臣（见本书第二十三章）。但是，在明治宪法与其他法令未能得到修改的情况下，日本就进入了昭和时代。

日本宪法问题未能得到解决，也是导致满洲事变、卢沟桥事变发生，中日战争及太平洋战争爆发的原因之一（伊藤之雄『昭和天皇と立憲君主制の崩壊』第一部）。

政党内阁和议会政治之父

正如本书前言所述，日本二战战败之后，伊藤博文成为批判的对象。人们认为他是一个保守主义者，由他制定的德国式宪法是战争起因之一；还认为他是一个殖民主义者，因为他是第一代韩国统监。

其实，早在庆应三年（1867）年初，伊藤就已经摈弃了藩阀意识。在第二年也就是明治元年（1868），最早提出了废藩置县的建议。而且，他在明治初年就对英国的君主立宪制、美国的共和制表示出强烈的关注。所以说当时，伊藤是对欧美社会最为了解的日本人之一。

为什么这么说呢？一是伊藤曾偷渡英国，在伦敦待了大约半年，后来又作为大藏省的官员于明治三年（1870）秋到第二年春，到美国出差大约半年。这两次海外之行加起来不过一年，对于想要透彻地理解欧美来说，时间并不算长。但其间，伊藤与帕克斯公使、萨道义等英国公使馆官员，以及哥拉巴等商人交往密切。

而且，从偷渡英国到明治四年（1871）春从美国回到日本，包括阅读能力在内，伊藤的英语水平大增。

然而，伊藤作为岩仓使节团成员从明治四年十一月起访问西欧，对日本与西方的差距有了清晰的认识。1880 年前后，他就认为如果只是对西欧宪法条款进行表面效仿，那种宪法在日本也是无法发挥作用的。事实表明，至今谁都没有认识到，在当时的日本人中，伊藤是唯一注意到这一点的日本人。

让伊藤感到气愤的是，不仅是一味推崇英国式宪法的大隈重信、福泽谕吉和民权派，甚至连推崇德国式宪法的岩仓具视、法制官员井上毅等人，也像要求两年后就开设国会的大隈重信那样，觉得制定宪法是一件十分简单的事情。

伊藤认为，不仅要制定宪法的条款，而且要让宪法真正发挥作用，所以就需要同时提高国民意识，对官员制度、教育制度、地方制度等各方面进行改革。而且他不仅意识到了制定制度的困难，还意识到了实际运作时可能会遇到的困难，尤其需要谨慎探讨天皇在宪法中扮演何种角色，因为天皇肩负着日本的历史与传统。

1881 年发生了明治十四年政变，伊藤政府不得不承诺在1890 年开设国会。于是，从 1882 年到 1883 年，伊藤前往德国等地对宪法进行了大约一年半的考察。伊藤主要在奥地利向施泰因学习了控制君主权的君主机构说，此后又前往英国开展了两个月的调查。所以说，伊藤并没有一味坚持议会权限较弱的德国模式，而是将议会权限较强的英国模式也纳入将来的考虑范围。

1889 年，《大日本帝国宪法》（明治宪法）正式颁布。伊藤与理解他的明治天皇一起努力，多次挽救宪法停止危机，使宪法正常运转。1899 年，伊藤所希望的"宪法政治"（立宪政治）终于迎来了实施 10 周年纪念。于是，伊藤在第二年创立了他理想中的政党立宪政友会。在宪法颁布 20 周年后，政府由伊藤衣钵的继承人西园寺公望、政友会、山县系的桂太郎（长州藩人）以及山县系官员交替执政。政友会势力不断增强，"宪法政治"也得以不断发展。

就连德国也一度停止宪法，所以英国等西欧各国对伊藤的评价一直很高。

从学习到创造国际秩序

从本书可以得知，对于国际秩序，伊藤不仅持有现实主义外交观，还是一个理想主义者。

十七八岁的时候，伊藤就开始对欧美感兴趣。万延元年（1860）十二月，他在写给恩师——长州藩士来原良藏的信中表示，自己去年开始就"希望学习英国方面的知识"。21岁时偷渡英国，在伦敦待了半年回国。伊藤原来是一个攘夷主义者，但他看到了英国无比强大的国力之后，为了说服长州藩摈弃攘夷论，拼命赶回了日本。

但是，从幕府末期到明治维新后的几年，伊藤的列强观、外交观并不成熟。例如在幕府末期，他曾向木户孝允（桂小五郎）提议，如果幕府要第二次征讨长州，可以让英国军舰镇守马关（即下关）。他当时还没有意识到让列强介入幕府与长州之战的危险性。明治四年（1871）十一月，伊藤作为岩仓使节团副使被派往西欧，他们这些西欧通一开始也都幼稚地认为，修订不平等条约的谈判很久就会有结果。

/ **639**

通过岩仓使节团的这一段经历，包括伊藤在内的日本政府要人，不仅认识到日本与西欧各国之间存在的巨大国力差距，也懂得了与列强进行外交谈判绝非易事。

佩里舰队来到日本后，日本人一开始觉得欧洲列强很可怕，但后来在与西欧各国接触的过程中发现，西欧有"万国公法"（国际法），觉得只要以正确的方式与西欧各国打交道，"万国公法"是会保护日本的。甚至岩仓使节团也曾希望美国能在修订条约方面帮助日本。日本方面当时完全没有察觉，欧美列强想让日本尽可能长时间地处于不平等条约之下，由此可以从贸易方面获得更多的利益。

1881 年，发生了明治十四年政变。从 1882 年 3 月到 1883 年 8 月，伊藤前往德国等国开展宪法调查。其间，他不仅对欧洲宪法有了一定的了解，还认识到西欧虽然信仰基督教，但并非所有国家都想统治不属于基督教世界的东亚，由此消除了参加岩仓使节团后对列强产生的不信任感。

从伊藤偷渡英国，到他终于认识到只有在完善法制、实现日本近代化的基础上，遵守欧美列强的规则、与他们进行耐心合理的谈判，才有可能实现修订条约这个道理，花了近 20 年的时间。由此可见，就连精通英语又善于与西欧人打交道的伊藤，真正理解西欧的国际规则，也需要花费这么长的时间。

此外，伊藤在 19 世纪 80 年代之后，将修订条约事宜交给盟友井上馨参议（曾任外务卿、外相，长州藩人）、大隈重信外相（佐贺藩人）等人负责，但在任用外国法官问题上，遭到了在野党以及来自政府内部的攻击，两次都自行退让。

伊藤第二次组阁后，将修订条约谈判事宜交给心腹陆奥宗光外相（和歌山藩人）。就在 1894 年日清战争爆发前夕，日本成功修订了与英国签订的条约，废除治外法权，增加关税。在处理日清战争、三国干预等问题上，伊藤与陆奥外相紧密合作，以现实主义手法开展外交工作。

1905 年，日本在日俄战争中获得，在列强的认可下成为韩国的保护国。于是，伊藤主动请缨并被任命为第一代韩国统监。从当时"人生五十年"的说法来看，64 岁的伊藤年事已高，但他为什么要求去冬季严寒的韩国赴任，统治其他民族，选择这么一条无比艰辛的道路呢？

由于各国列强在韩国都设有公使馆，伊藤为了防止山县系陆军军人和官员无视国际规则，在韩国与列强发生利害冲突，同时为保护日本的利益、谋求与韩国的共同利益，主动请缨前往韩国，用他所希望的方式实施统治。伊藤坚定地认为，即便利用武力使领土得以扩张，也不过是一时之事，因为如果无法获得列强的认可，就无法长久保有得到的领土。

伊藤希望对日本在韩国驻扎的军队进行有效控制。日清战争结束后，文官就无法担任军队统帅，也无法参与军队人事了，唯有伊藤统监被赋予了日本在韩国的驻军的指挥权。

伊藤希望韩国能有序地走上近代化之路。但由于日韩文化差异、彼此难以理解，许多韩国人对伊藤十分警惕，甚至非常反感，因为他们认为伊藤对韩国的统治，是日本为吞并韩国所下的一步棋。结果，一直希望避免吞并韩国的伊藤，也于1909年4月同意吞并，并于6月辞去统监之职。

尽管如此，伊藤仍然希望在吞并之后，在殖民地朝鲜建立朝鲜人内阁和地方议会（殖民地议会）。

然而，10月26日，伊藤在哈尔滨遭安重根暗杀致死，导致日本将吞并朝鲜的时间提前到了1910年8月。日本殖民地朝鲜，由山县系军人和官员等下令新设的总督府直接统治。

此前伊藤第一次访问满洲，在前往哈尔滨的途中，就对两国在日俄战争中所付出的牺牲进行了深刻的反省，并思考必须摆脱当时欧美列强之间的"武装和平"，希望清国等国也能实现"宪法政治"、迈向近代化，与俄罗斯建立起真正的和平。这其实与第一次世界大战后的国际和平思想相仿。

此外，伊藤之所以能推动上文提到的政治改革，并在学习国际规范后成功修订条约，与1881~1896年连续15年的伊藤领导体制，即伊藤掌权，密不可分。而且伊藤为发展"宪法政治"，在明知会降低自己在藩阀官员中威信和权力的情况，认可政党的崛起与发展。

"刚强正直"的一生

本书否定了"圆滑肤浅"这一世人对伊藤博文的普遍看法，肯定了木户孝允对伊藤所做的评价——"刚强正直"。

伊藤性格刚强，实际事例数不胜数。例如，他好不容易偷渡到伦敦，但为了阻止长州藩攘夷，与井上馨一同从伦敦冒着杀头的危险赶回日本；为了打倒"俗论派"，他第一个响应高杉晋作举兵的呼吁；他甚至不顾被长州藩自己人反对，明治元年（1868）最早提出"废藩"建议；明治四年，他强烈要求进行大藏省改革，结果与大久保利通反目；征韩论政变时，他为了阻止向朝鲜派遣使节，直接顶撞一向以倔强出名的岩仓具视，强制执行后，岩仓反过来感谢他；没有追随因出兵台湾而辞去参议的木户；1881年，政府内外都认为应该迅速制定宪法，唯有他坚持认为制定宪法绝不是一件简单的事情。

伊藤这种与生俱来的刚强可能与他儿时的经历有关，父亲破产后一步步努力走出深渊给了他留下了深刻的印象。后来，他又得到严师来原良藏的锤炼，亲历吉田松阴被幕府处斩的悲愤，尝尽偷渡英国的苦难。还有一点十分重要，伊藤在海外的经历以及在日本与西方人的接触，使他对自己的理想和现实构想充满信心。

此外，伊藤觉得自己有责任去完成起那些在明治维新中倒下的志士们的心愿。1889年，明治宪法正式颁布。在宪法制定

遇到困难的时候，伊藤总会提及一定要继承明治维新所取得的成果，意思就是要继承志士们的遗愿。这些在本书中都有提及。

伊藤博文与安重根

对于评价伊藤的著作，即便列举的都是经过考证的事实，仍然会有许多韩国人心存怀疑。被安重根暗杀的伊藤，一直被当作率先推动吞并韩国的殖民主义者而受到批判。如果不这么做的话，就等于贬低韩国独立运动的英雄、韩国民族主义的基石——安重根。

于是，韩国人满足于颂扬安重根、批判伊藤博文，而许多日本人则因伊藤和日本近代历史遭受韩国人的批判而感到不满。同时，韩国人认为日本人对安重根这么一个崇尚"东洋和平"、富有正义感的知识青年没有充分的认识，因而感到不满。

重要的是，即便安重根是在没有充分理解伊藤理想目标的情况下对伊藤实施暗杀，也不会使其作为独立运动活动家的评价下降。通常，不同文化之间的相互理解，是一件非常困难的事情。独立运动活动家安重根，无法理解统治国最高掌权者伊藤的想法和个性，这是很正常的。

关于安重根暗杀伊藤的动机，"是为了报复因统监府之令被打压、被处决的国人"等，这种报道相对客观。但有关安重根的描述，报刊常用"凶汉"等来做标题（『東京日日新聞』1909 年 10 月 28 日、11 月 1 ～ 3 日、5 日ぉど）。

/ 644

我认为在 2009 年伊藤逝世 100 周年之际，尽可能以史料为依据，对包括其殖民地统治在内的一生，进行实证性的整体描述；然后在 2010 年安重根逝世 100 周年之际，对其进行同样的研究，是非常重要的。然后在此基础上，日韩两国国民应该加深对伊藤博文和安重根的理解，思考两人在帝国主义时代、殖民地统治和被统治关系中的人生意义。

　　有意思的是，我在撰写伊藤传记的过程中，逐渐了解了安重根的为人，发现尽管彼此立场不同，但他其实是一个富有正义感、意志坚强的人，这些特征与伊藤颇为相似。所以，我甚至对暗杀伊藤的安重根有了些许亲近感，因为他与伊藤博文一样，都是为信念而生的人。

　　希望本书能使大家对伊藤博文和日本近代化历程有所了解，也希望能有助于日韩以及东亚地区的相互理解与长久合作。

　　我是从 20 年前开始对伊藤博文感兴趣的。此前的一两年，我正好着手研究一个新主题，内容包括从第一届议会到日俄战争时期政党的发展和议会政治的逐步稳定，以及与之相关的近代外交。当时已有的研究资料中，没有那个时期有关伊藤的明确描述。我觉得很奇怪，伊藤分明是主角，却被赶到了一个配角位置，而且关于伊藤这个大政治家，居然没有一本运用一手史料撰写的正式传记。

　　1994 年，我从名古屋大学文学系（负责日本近代史）转到京都大学研究生院法学研究科（负责日本政治外交史）执教，因此有机会与宪法学等法律专业的老师们进行交流，自己也进一步深入学习了《大日本帝国宪法》等法律。这就是我本身想写有关伊藤的传记并且答应撰写的理由之一。

　　此后，我每年都会在法学部的课程中，将伊藤博文作为一个重要主题来讲解。而且，在研究生院的教学中，我会列举各类文字资料，讲述伊藤的生平、以其为中心的明治国家从诞生到战败的历史，以及改革，等等。此外，我将当时还未出版的《山县有朋相关文书》，以及现在仍未出版的《桂太郎相关文书》《寺内正毅相关文书》《陆奥宗光相关文书》等行草体书信讲给研究生院的同学们听，与他们一同探讨伊藤和明治国家的课题。泷井一博（现在担任国际日本文化研究中心准教授）就是当时的第一批学生，他后来发表了许多具有跨时代意义的伊藤博文研究成果。

/ 646

　　与此同时，我还前往国立国会图书馆等各地的文书馆，收集与伊藤博文相关的史料。几年后，虽然出版了与上述新内容相关的研究书籍，但一想到伊藤的人生无比丰富、波澜起伏，总是无法下定决心撰写伊藤传记。

那时，我参加了京都大学的同事——宪法学教授大石真先生在京都发起的"宪法史研究会"，在与大家讨论的过程中，我开始逐渐有信心来讲述伊藤是如何制定宪法的。

同一时期，我的好友高桥秀直（时任京都大学研究生院文学研究科助教授）开始不断发表有关幕府末期和明治维新时期的研究著作。通过与他的讨论，我也逐渐熟悉幕府末期和明治维新时期的历史。但非常遗憾的是，高桥因病于2006年1月22日去世，年仅51岁。

对其遗著《幕末维新的政治与天皇》（『幕末維新の政治と天皇』吉川弘文館、2007年）的整理工作就落在了我的肩上。当时我在大学里的本职工作极其繁重，为能赶在高桥一周年忌日前完成该书的整理，那些日子过得非常辛苦，心力交瘁。然而，在对高桥大作进行整理的过程中，我也阅读了大量相关文献，逐渐对幕府末期和明治维新时期有了自己的见解。

另外，我也回想起自己30岁左右的时候，曾与坂野润治先生（现任东京大学名誉教授）、御厨贵先生（现任东京大学尖端科学技术研究中心教授）、三谷博先生（现任东京大学研究生院综合文化研究科教授）等人，就明治前期政治史开展的讨论。

幸运的是，我获得了2006～2008年度的科学研究经费，与韩国的李盛焕先生（韩国启明大学校国际学部教授）一同，围绕"伊藤博文与韩国统治"开展了为期3年的合作研究，并出版了合著的研究成果（『伊藤博文と韓国統治』ミネルヴァ書房、2009年），这也成为我鼓起勇气撰写伊藤传记的重要原因之一。当时负责部分研究并兼管研究会秘书处事务的奈良冈聪智先生（现任京都大学大学院法学研究科准教授）也广泛收集了与伊藤相关的史料，并为我提供了他个人收集的部分史料。

此外，饭冢一幸先生（现任大阪大学大学院文学研究科准教授）转任大阪大学后，重新参加了"吉田清成相关文书研究会"，也为本书做了不少贡献。通过与饭冢教授对明治前期政治史的讨论，自己对伊藤博文所做判断的信心进一步增强。

综上所述，本书的准备时间相当长。然而，一提笔开始写作，却遇到了许多与写作毫无关系、莫名其妙的问题。当时，最能够鼓励我坚持下去的人，正是通过阅读史料在我心中形成的伊藤博文。

由于明治十四年政变，伊藤不得不向国民承诺：在 1890 年之前制定宪法、开设国会。这使得"刚强正直"的伊藤，在去欧洲对宪法进行调查之前十分焦虑，患上了神经衰弱。

/ 648

这是由于只有伊藤一个人认识到，日本与西欧的历史文化完全不同，要让西欧式的宪法真正扎根于日本会无比艰难。推崇英国式宪法的大隈重信、福泽谕吉等人，推崇德国式宪法的岩仓具视、盟友井上毅等人，都以为只要完成宪法制定，依据宪法执政是一件简单的事情。所以，孤独无助的感觉和强烈的责任心几乎压垮了伊藤。当我意识到这一点之后，就觉得自己所遭遇的困难算不了什么，决心走出困境，坚持写下去。

伊藤具有的领袖资质：①学识扎实，高瞻远瞩；②对日本当时所面临的严峻现实有清醒的认识；③不畏艰难，乐观向上，以坚强的决心和意志，用现实可行的方法一步一步地解决问题。

回顾伊藤博文的人生与日本近代的发展，当代日本政治家等领袖人物以及我们这些普通人，在面对严峻局势、开展改革的过程中，可以从中获得不少人生启迪。

/ 后 记 /

最后，我要向讲谈社和精心编辑此书的阿佐信一先生致以衷心的感谢。从最近出版的传记来看，本书部头不小，讲谈社在写作上给予了我很大的自由。另外，我也要向妻子表示由衷的感谢，她经常帮助解读我的手写稿，24 小时全天候地支持我，直到本书成形。

2009 年 9 月

沉浸于萩市"纪念伊藤博文逝世 100 年论坛"余韵之中

伊藤之雄

首先，我想对 2009 年 2 月这本《伊藤博文——近代日本奠基人》出版后，日韩两国对于伊藤博文的评价以及世人对于伊藤博文看法的变化，联系本书相关部分，进行一下回顾。

拙作属于传记，描述了伊藤的整个人生轨迹，包括其制定宪法、对于外交和内政的构想、政治活动以及个人生活。而泷井一博于 2010 年 4 月出版的专著《伊藤博文——知性政治家》(『伊藤博文——知の政治家』中公新書)，主要从制定宪法、《公式令》等角度来论述伊藤在奠定日本近代基础方面的作为。我以伊藤的"知性"为前提，更加重视其"刚强正直"的个性；而泷井则强调伊藤作为"知性政治家"的一面。

泷井是我在京都大学大学院法学研究科里最早的一个学生，《伊藤博文——知性政治家》出版后，他升任国际日本文化研究中心教授。从读研究生的时候开始，泷井就与我一同探寻真正的伊藤博文形象，我们对伊藤的基本评价也是一样的，希望大家也能读一下泷井的著作。

／ **650**

2010 年，还有一件与伊藤有关的喜事。我和李盛焕编纂的《伊藤博文与韩国统治》一书的韩文版被韩国文化体育观光部选为优秀学术图书，这是包括泷井在内的 10 名日本学者和 5 名韩国学者共同研究的成果。

也正是由于这个缘分，为了向韩国读者讲述伊藤博文的理想和他的一生，我开始提笔撰写新的伊藤博文传记。这本《伊藤博文》由此前的研究会中心成员李盛焕教授翻译成韩文，于 2014 年 12 月由韩国的先仁出版社出版。

此外，围绕我与泷井提出的全新伊藤博文论，我们与研究韩

国统治的部分日本殖民地史研究者之间发生了争论。对于他们的观点，请参考我撰写的《围绕伊藤博文的日韩关系——韩国统治的梦想与挫折 1905～1921》(『伊藤博文をめぐる日韓関係——韓国統治の夢と挫折 1905～1921』ミネルヴァ書房、2011年)以及《伊藤博文的"笔记"是其"真迹"的翻刻——针对水野直树所言之反驳》(「伊藤博文の『メモ』は真筆の『メモ』の翻刻だ——水野直樹氏の所説への反論」『日本史研究』611号、2013年7月)。

在此期间，司马辽太郎创作的《坂上之云》(『坂の上の雲』)被日本放送协会（NHK）改编成电视连续剧，剧中由加藤刚饰演的伊藤博文，为避免日俄战争，呕心沥血地与俄国进行谈判。在以往的电视剧中，伊藤博文大多以肤浅草率的形象出现，然而这部由 NHK 精心制作的历史大片，间接地吸取了我们心中的伊藤形象，对此我感到非常高兴。

最后，我想讲一下伊藤夙愿——"宪法政治"的后话。1909年伊藤遭暗杀身亡，他的外交、内政理想都未能实现。但是，原敬继承了他的遗志，于 1918 年正式组建了政党内阁。第一次世界大战之后，由于美国成为全球霸主，原敬将原来以国际法和国际规范为准则的国际协调外交调整为以美国为中心的外交。此外，以原敬为首相的内阁，实现了英国式的立宪政治，控制了包括陆军、宫中及宫内省在内的政治和行政，并顺应国际环境的变化开展了内政改革。我围绕原敬的一生，以及他与伊藤博文的关系撰写的传记(『原敬——外交と政治の理想』上・下卷、講談社選書メチエ)于 2014 年 12 月正式出版。

这次，在此书文库版出版之际，我又追加了一些内容，回想在此书首次出版以来的种种经历，觉得自己终于可以为伊藤博文传记画上一个完整的句号了。

2015 年 1 月

伊藤之雄

主要参考文献

史料

（『日本外交文書』や外務省外交史料館、国立国会図書館憲政資料室および防衛省防衛研究所図書館所蔵史料など、私の著書や論文で使用し、本書で直接言及しなかったものもある）

【未出版的史料】

青木周蔵外相「条約改正記事」（『陸奥宗光関係文書』の「関係」を省略して表記）所収　国立国会図書館憲政資料室所蔵

「伊東伯爵家文書・朝鮮王妃事件関係資料」（『憲政史編纂会収集文書』所収）国立国会図書館憲政資料室所蔵

伊藤博文「清国事件に関し大命を奉したる以来の事歴」（『伊藤博文関係文書』所収）国立国会図書館憲政資料室所蔵

『伊藤博文遺書』一八九八年、伊藤博昭氏所蔵

『伊藤博文遺書』一九〇七年、伊藤博雅氏所蔵

『伊藤博文書状』伊藤公資料館所蔵

「伊藤文書書状」萩博物館所蔵

『伊藤博文関係文書』国立国会図書館憲政資料室所蔵

「伊東巳代治関係文書」国立国会図書館憲政資料室所蔵

「井上馨関係文書」国立国会図書館憲政資料室所蔵

「井上伯財政整理意見」（『井上馨関係文書』所収）国立国会図書館憲政資料室所蔵

「岩倉具視関係文書」（写）〈川崎本〉マイクロフィルム、国立国会図書館憲政資料室所蔵

「岩倉具視関係文書」（写）〈岩倉公旧蹟保存会対岳文庫所蔵〉マイクロフィルム、国立国会図書館憲政資料室所蔵（本文中では、「岩倉具視文書」〈対岳〉と省略）

「大江卓関係文書」国立国会図書館憲政資料室所蔵

「大木喬任関係文書」国立国会図書館憲政資料室所蔵

「大山巌関係文書」国立国会図書館憲政資料室寄託

「桂太郎関係文書」国立国会図書館憲政資料室所蔵

韓国駐箚軍司令部「韓国暴動ノ景況」防衛省防衛研究所戦史研究センター史料室所蔵

韓国駐箚憲兵隊「賊徒ノ近況」防衛省防衛研究所戦史研究センター史料室所蔵

「倉富勇三郎関係文書」国立国会図書館憲政資料室所蔵

「黒田清隆関係文書」国立国会図書館憲政資料室所蔵

「故枢密院議長公爵伊藤博文国葬書類」上・下、国立公文書館所蔵

「斎藤実関係文書」国立国会図書館憲政資料室所蔵

「阪谷芳郎関係文書」国立国会図書館憲政資料室所蔵

佐佐木高行「佐佐木高行日記」（写）〈「憲政史編纂会収集文書」所収〉国立国会図書館憲政資料室所蔵

「三条家文書」国立国会図書館憲政資料室所蔵

「杉孫七郎関係文書」国立国会図書館憲政資料室所蔵

「寺内正毅関係文書」国立国会図書館憲政資料室所蔵

「寺島宗則関係文書」国立国会図書館憲政資料室所蔵

「徳大寺実則日記」（写）〈旧渡辺文庫所蔵〉早稲田大学図書館所蔵

度支部「韓国財政概況」（〈勝田家文書〉所収）財務省財政史室所蔵

中田敬義記「条約改正事件日記」第一冊（「陸奥宗光関係文書」所収）国立国会図書館憲政資料室所蔵

「年度別書翰集」山口県文書館所蔵

「野村靖関係文書」国立国会図書館憲政資料室所蔵

平田東助「伊藤内閣交渉事情」（未定稿）〈憲政史編纂会収集文書」所収〉の「平田東助関係文書」国立国会図書館憲政資料室所蔵

平田東助「山県内閣」（未定稿）（「憲政史編纂会収集文書」所収）の「平田東助関係文書」国立国会図書館憲政資料室所蔵

「古谷久綱文書」東京大学大学院法学政治学研究科付属近代日本法政史料センター原資料部所蔵

「牧野伸顕関係文書」国立国会図書館憲政資料室所蔵

「松方家文書」（「憲政史編纂会収集文書」所収）国立国会図書館憲政資料室所蔵

「松方正義関係文書」国立国会図書館憲政資料室所蔵

「三島通庸関係文書」国立国会図書館憲政資料室所蔵

「陸奥宗光関係文書」国立国会図書館憲政資料室所蔵

「山本権兵衛関係文書」国立国会図書館憲政資料室所蔵

「吉井友実関係文書」国立国会図書館憲政資料室所蔵

「芳川顕正関係文書」国立国会図書館憲政資料室所蔵

「渡辺国武関係文書」国立国会図書館憲政資料室所蔵

【已出版的史料】

安在邦夫・望月雅士編『佐佐木高行日記・かざしの桜』（北泉社、二〇〇三年）

伊藤博邦監修、平塚篤編『続伊藤博文秘録』（原書房、一九八二年）（原本は春秋社、一九三〇年）

伊藤博文編『秘書類纂・兵政関係資料』（原書房、一九七〇年）

伊藤博文関係文書研究会編『伊藤博文関係文書』全九

巻（塙書房、一九七三～一九八一年）

伊東巳代治著、広瀬順晧監修・編『伊東巳代治日記・記録 未刊翠雨荘日記 憲政史編纂会旧蔵』全七巻（ゆまに書房、一九九九年）

伊東巳代治自筆「憲法第六十七条に関する井上毅子の意見」（『井上毅伝 史料篇』二巻、三三三～三三七頁）

伊東文書を読む会『伊東巳代治関係文書』所収伊藤博文書翰翻刻」上・下（『参考書誌研究』四七・四八号、一九九七年三月・一〇月）

井上馨関係文書講読会『井上馨関係文書』所収伊藤博文書翰翻刻——明治一五年三月から明治二六年四月まで）正・続（『参考書誌研究』五六・六八号、二〇〇二年三月・二〇〇八年三月）

井上馨談話・末松謙澄編『伊藤井上三元老直話 維新風雲録』（哲学書院、一九〇〇年）（復刻は、マツノ書店、一九九四年）

井上毅伝記編纂委員会『井上毅伝 史料篇』四・五巻（国学院大学図書館、一九七一年、一九七五年）

内田良平文書研究会編『内田良平関係文書』一巻（芙蓉書房、一九九四年）

エルヴィン・ベルツ著、若林操子監修・池上弘子訳『ベルツ日本再訪——草津・ビーティハイム遺稿／

日記篇』（東海大学出版会、二〇〇〇年）

大山梓編『山県有朋意見書』（原書房、一九六六年）

大山梓・稲生典太郎編『条約改正調書集成』上・下（原書房、一九九一年）

小川平吉文書研究会編『小川平吉関係文書』一巻（みすず書房、一九七三年）

外務省編『日本外交年表並主要文書』上（原書房、一九六五年）

我部政男他編『大津事件関係史料集』上・下（山梨学院大学社会科学研究所、一九九五、一九九九年）

神川彦松監修・金正明編『日韓外交資料集成』六巻 上・中・下、八巻（巌南堂書店、一九六四～一九六七年）

木戸孝允関係文書研究会『木戸孝允関係文書』一～四巻（東京大学出版会、二〇〇五～二〇〇九年）〔本文中では、『木戸孝允関係文書』〈東〉と省略〕

木戸公伝記編纂所編『木戸孝允日記』全三巻（日本史籍協会、一九三二～一九三三年）

慶応義塾編『福沢諭吉全集』全二一巻（岩波書店、一九五八～一九六四年）

小林龍夫編『翠雨荘日記』（原書房、一九六六年）

坂根義久校注『青木周蔵自伝』（平凡社、一九七〇年）

尚友倶楽部山県有朋関係文書編纂委員会『山県有朋関

係文書』全三巻（山川出版社、二〇〇五～二〇〇八年）

末松謙澄『増補　藤公詩存』（博文館、一九一二年）

妻木忠太編『木戸孝允文書』全八巻（日本史籍協会、一九二九～一九三一年）

東京大学史料編纂所編『保古飛呂比――佐佐木高行日記』四～一二巻（東京大学出版会、一九七三～一九七九年）

日本史籍協会編『大久保利通日記』全二巻（日本史籍協会、一九二七年）

日本史籍協会編『大久保利通文書』全一〇巻（日本史籍協会、一九二七～一九二九年）

日本史籍協会編『大隈重信関係文書』四巻（日本史籍協会、一九三四年）

沼田哲・元田竹彦編『元田永孚関係文書』（山川出版社、一九八五年）

野村治一良『米寿閑話――言論の自由と「二十六世紀」事件』（私家本、一九六三年）

原奎一郎（貢）編『原敬日記』全六巻（福村出版、一九六五～一九六七年）

原敬『山県侯爵との対話筆記』、「松方伯との対話要概」（原敬文書研究会『原敬関係文書』六巻、日本放送出版協会、一九八六年）

原田熊雄述『西園寺公と政局』全九巻（岩波書店、一九五〇～一九五六年）

堀口修監修・編集『明治天皇紀』談話記録集成』全九巻（ゆまに書房、二〇〇三年）

堀口修・西川誠監修・編集『公刊明治天皇御紀編修委員会史料・末松子爵家蔵文書』下（ゆまに書房、二〇〇三年）

松田利彦監修『松井茂博士記念文庫旧蔵　韓国「併合」期警察資料』3・5・8巻（ゆまに書房、二〇〇五年）

山川雄巳編注『児島惟謙　大津事件手記』（関西大学出版部、二〇〇三年）

山口県教育会編『吉田松陰全集』全一二巻（大和書房、一九七二～一九七四年）

立教大学日本史研究室編『大久保利通関係文書』全五巻（吉川弘文館、一九六五～一九七一年）〔本文中では、『大久保利通関係文書』〈立〉と省略〕

早稲田大学大学史資料センター編『大隈重信関係文書』一～五巻（みすず書房、二〇〇四～二〇〇九年）〔本文中では、『大隈重信関係文書』〈早〉と省略〕

【报纸杂志】

『大阪朝日新聞』／『大阪毎日新聞』／『時事新報』／『京都日出新聞・『日出新聞』／『東京朝日新聞』／『東京日日新聞』／『報知新聞』／『東京横浜毎日新聞』／『官報』／『国民新聞』／『日刊人民』／『中央新聞』／『朝鮮新報』／『朝鮮日報』／『実業の日本』／『太陽』／『中央公論』／『三十六世紀』／『日本』

与伊藤博文直接相关的文献

阿部眞之助『伊藤博文』(同『近代政治家評伝』文藝春秋新社、一九五三年)

『伊藤博文公』(『太陽』臨時増刊号一五巻一五号、一九〇九年一一月一〇日)

岡義武「初代首相・伊藤博文」(同『近代日本の政治家』旧版、文藝春秋新社、一九六〇年、新版は岩波書店、一九七九年、所収)

伊藤真一『父逝いて五十年』(伊藤博文追頌会、一九五九年)

伊藤真一「父・博文を語る」(村松剛他『日本文化を考える《村松剛対談集》』日本教文社、一九七九年)

内藤憲輔編『伊藤公演説全集』(博文館、一九一〇年)

伊藤博文述、小松緑編『伊藤公直話』(千倉書房、一九三六年)

伊藤文吉「父博文の私生活」(『中央公論』一九三九年二月号)

金子堅太郎述『伊藤公を語る』(興文社、一九三九年)

小松緑編『伊藤公全集』全三巻(昭和出版社、一九二八年)

春畝公追頌会編『伊藤博文伝』上・中・下巻(同会、一九四〇年)

末松謙澄『孝子伊藤公』(復刻版、マツノ書店、一九七七年、初版は、博文館、一九一一年)

鈴木安蔵『評伝伊藤博文』(昭和刊行会、一九四四年)

中村菊男『伊藤博文』(時事通信社、一九五八年)

馬場恒吾『伊藤博文』(潮文閣、一九四二年)

古谷久綱『藤公余影』(民友社、一九一〇年)

単行本

浅野豊美『帝国日本の植民地法制——法域統合と帝国秩序』(名古屋大学出版会、二〇〇八年)

浅野豊美・松田利彦編『植民地帝国日本の法的構造』(信山社、二〇〇四年)

有泉貞夫『星亨』(朝日新聞社、一九八三年)

安藤照述、小久江成子稿『お鯉物語』(福永書店、一九二七年)

李英美『韓国司法制度と梅謙次郎』(法政大学出版

局、二〇〇五年)

家永三郎・松永昌三・江村栄一編『新編　明治前期の憲法構想』(福村出版、二〇〇五年)

五百旗頭薫『大隈重信と政党政治——複数政党制の起源　明治十四年〜大正三年』(東京大学出版会、二〇〇三年)

石井孝『明治初期の国際関係』(吉川弘文館、一九七七年)

伊藤博文『憲法義解』(丸善、一八八九年)

『伊藤文吉』(吉野信次追悼録刊行会『吉野信次』同会、一九七四年)

『伊藤文吉君を偲ぶ』(日本鉱業株式会社、一九五二年)

伊藤之雄『立憲国家の確立と伊藤博文——内政と外交　一八八九〜一八九八』(吉川弘文館、一九九九年)

伊藤之雄『立憲国家と日露戦争——外交と内政　一八九八〜一九〇五』(木鐸社、二〇〇〇年)

伊藤之雄『昭和天皇と立憲君主制の崩壊——睦仁・嘉仁から裕仁へ』(名古屋大学出版会、二〇〇五年)

伊藤之雄『明治天皇——むら雲を吹く秋風にはれぞめて』(ミネルヴァ書房、二〇〇六年)

伊藤之雄『元老西園寺公望——古希からの挑戦』(文春新書、二〇〇七年)

伊藤之雄『山県有朋——愚直な権力者の生涯』(文春

新書、二〇〇九年)

伊藤之雄・李盛煥編著『伊藤博文と韓国統治——初代韓国統監をめぐる百年目の検証』(ミネルヴァ書房、二〇〇九年)

稲田正次『明治憲法成立史』上・下巻(有斐閣、一九六〇〜一九六二年)

井生典太郎『条約改正論の歴史的展開』(小峯書店、一九七六年)

井上馨侯伝記編纂会『世外井上公伝』全五巻(内外書籍、一九三三〜一九三四年)

井上勝生『幕末維新政治史の研究——日本近代国家の生成について』(塙書房、一九九四年)

井上光貞他編『日本歴史大系』四巻(山川出版社、一九八七年)

海原徹『高杉晋作』(ミネルヴァ書房、二〇〇七年)

梅渓昇『増補版　明治前期政治史の研究——明治軍隊の成立と明治国家の完成』(未来社、一九七八年)

海野福寿『伊藤博文と韓国併合』(青木書店、二〇〇四年)

大石一男『条約改正交渉史　一八八七〜一八九四』(思文閣出版、二〇〇八年)

大石眞『日本憲法史　第2版』(有斐閣、二〇〇五年)

大磯町教育委員会『伊藤博文と大磯町』(近去五十年に

650

当って）（大磯町教育委員会、一九五九年）

大谷正『近代日本の対外宣伝』（研文出版、一九九四年）

大津淳一郎『大日本憲政史』全一〇巻（宝文館、一九二七〜一九二八年）

大野芳『伊藤博文暗殺事件』（新潮社、二〇〇三年）

大庭みな子『津田梅子』（朝日新聞社、一九九〇年）

大橋昭夫『後藤象二郎と近代日本』（三一書房、一九九三年）

小川原正道『西南戦争』（中公新書、二〇〇七年）

笠原英彦『天皇親政——佐々木高行日記にみる明治政府と宮廷』（中公新書、一九九五年）

笠原英彦『明治国家と官僚制』（芦書房、一九九一年）

柏原宏紀『工部省の研究——明治初年の技術官僚と殖産興業政策』（慶応義塾大学出版会、二〇〇九年）

桂太郎著、宇野俊一校注『桂太郎自伝』（平凡社東洋文庫、一九九三年）

上垣外憲一『暗殺・伊藤博文』（ちくま新書、二〇〇〇年）

木戸公伝記編纂所編『松菊木戸公伝』上・下巻（明治書院、一九二七年）

木村毅監修『大隈重信は語る——古今東西人物評論』（早稲田大学出版部、一九六九年）

楠山永雄『伊藤博文公と金沢別邸』（金沢郷土史愛好会、二〇〇九年）

宮内庁編『明治天皇紀』全一三冊（吉川弘文館、一九六八〜一九七七年）

栗原健編著『対満蒙政策史の一面』（原書房、一九六六年）

黒瀬郁二『東洋拓殖会社——日本帝国主義とアジア太平洋』（日本経済評論社、二〇〇三年）

小林和幸『明治立憲政治と貴族院』（吉川弘文館、二〇〇二年）

小林道彦『日本の大陸政策　一八九五〜一九一四——桂太郎と後藤新平』（南窓社、一九九六年）

小林道彦『桂太郎——予が生命は政治である』（ミネルヴァ書房、二〇〇六年）

小松緑『春畝公と含雪公』（学而書院、一九三四年）

財団法人文化財建造物保存技術協会編『山口県指定有形文化財　旧伊藤博文邸　保存修理工事報告書』（山口県熊毛郡大和町、二〇〇四年）

斎藤聖二『北清事変と日本軍』（芙蓉書房出版、二〇〇六年）

坂根義久『明治外交と青木周蔵』（刀水書房、一九八五年）

坂本一登『伊藤博文と明治国家形成』（吉川弘文館、

一九九一年）

酒田正敏『近代日本における対外硬運動の研究』（東京大学出版会、一九七八年）

佐々木克『幕末政治と薩摩藩』（吉川弘文館、二〇〇四年）

佐々木隆『藩閥政府と立憲政治』（吉川弘文館、一九九二年）

佐々木隆『伊藤博文の情報戦略』（中公新書、一九九九年）

清水伸『明治憲法制定史』上・中・下（原書房、一九七一～一九七四年）

清水唯一朗『政党と官僚の近代――日本における立憲統治構造の相克』（藤原書店、二〇〇七年）

ジョージ・アキタ『明治立憲政と伊藤博文』（東京大学出版会、一九七一年）

進藤玄敬『明治の元勲伊藤博文公と我大磯』（私家本、一九三八年）

曽田三郎『立憲国家中国への始動――明治憲政と近代中国』（思文閣出版、二〇〇九年）

髙橋光『ふるさと大磯探訪』（郷土史研究会、一九九一年）

高橋秀直『日清戦争への道』（東京創元社、一九九五年）

高橋秀直『幕末維新の政治と天皇』（吉川弘文館、二〇〇七年）

瀧井一博『ドイツ国家学と明治国制――シュタイン国家学の軌跡』（ミネルヴァ書房、一九九九年）

瀧井一博『文明史のなかの明治憲法――この国のかたちと西洋体験』（講談社、二〇〇三年）

田中彰『岩倉使節団の歴史的研究』（岩波書店、二〇〇二年）

田谷広吉・山野辺義智編『室田義文翁譚』（常陽明治記念会東京支部、一九三八年）

徳富蘇峰『東西史論』（民友社、一九三三年）

内藤一成『貴族院と立憲政治』（思文閣出版、二〇〇五年）

中尾定市『伊藤博文公と梅子夫人』（亀山八幡宮社務所、一九九六年）

仲小路廉『新旧一新』（紅陽社、一九一九年）

中西洋『日本近代化の基礎過程――長崎造船所とその労資関係 一八五五～一九〇〇年』中（東京大学出版会、一九八三年）

中原邦平『井上伯伝』全三巻（マツノ書店、一九九四年）（原本は著者刊行、一九〇七年）

奈良岡聰智『加藤高明と政党政治――二大政党制への道』（山川出版社、二〇〇六年）

652

野崎広太『らくがき』（宝文館、一九三二年）

野依秀一『短刀直入録』（実業之世界社、一九一〇年）

萩原延壽『遠い崖──アーネスト・サトウ日記抄』一〜六巻（朝日新聞社、一九九八〜一九九九年）

坂野潤治『明治憲法体制の確立──富国強兵と民力休養』（東京大学出版会、一九七一年）

樋田千穂（小吉）『草もみぢ』（生活百科刊行会、一九五四年）

藤井宗哲編『自伝音三郎・貞奴』（三一書房、一九八四年）

藤田嗣雄『明治軍制（二）』（藤田嗣雄、一九六七年）

藤原明久『日本条約改正史の研究──井上・大隈の改正交渉と欧米列国』（雄松堂出版、二〇〇四年）

保谷徹『戊辰戦争』（吉川弘文館、二〇〇七年）

堀口修編著『明治立憲君主制とシュタイン講義──天皇、政府、議会をめぐる論議』（慈学社出版、二〇〇七年）

前田愛『幻景の明治』（朝日選書、一九七八年）

升味準之輔『日本政党史論』全七巻（東京大学出版会、一九六五〜一九八〇年）

松尾正人『木戸孝允』（吉川弘文館、二〇〇七年）

松田利彦『日本の朝鮮植民地支配と警察 一九〇五〜一九四五年』（校倉書房、二〇〇九年）

松村正義『日露戦争と金子堅太郎──広報外交の研究』（新有堂、一九八〇年）

松村正義『ポーツマスへの道』（原書房、一九八七年）

御厨貴『明治国家をつくる──地方経営と首都計画』（藤原書店、二〇〇七年）（原本は、同『明治国家形成と地方経営』東京大学出版会、一九八〇年）

宮地ゆう『密航留学生「長州ファイブ」を追って』（萩ものがたり、二〇〇五年）

室山義正『近代日本の軍事と財政──海軍拡張をめぐる政策形成過程』（東京大学出版会、一九八四年）

毛利敏彦『明治六年政変の研究』（有斐閣、一九七八年）

毛利敏彦『明治六年政変』（中公新書、一九七九年）

森山茂徳『日韓併合』（吉川弘文館、一九九二年）

森山茂徳『近代日韓関係史研究──朝鮮植民地化と国際関係』（東京大学出版会、一九八七年）

山口玲子『女優貞奴』（新潮社、一九八二年）

山辺健太郎『日韓併合小史』（岩波新書、一九六六年）

山本四郎『初期政友会の研究──伊藤総裁時代』（清文堂出版、一九七五年）

山本四郎『評伝原敬』上・下（東京創元社、一九九七年）

レズリー・ダウナー『マダム貞奴──世界に舞った芸者』（集英社、二〇〇七年）

Andrew Malozemoff, Russian Far Eastern Policy, 1881-1904, Octagon Books, New York, 1977

Dominic Lieven, Russia's Rulers Under the Old Regime, Yale University Press, 1991

Ian Nish, The Origins of the Russo-Japanese War, Longman, 1985

Keith Neilson, Britain and the Last Tsar: British Policy and Russia, 1894-1917, Oxford, 1995

Raymond A. Esthus, Theodore Roosevelt and Japan, University of Washington Press, 1967

論文、小冊子

李盛煥「伊藤博文の韓国統治と韓国ナショナリズム——愛国啓蒙運動と伊藤の挫折」（伊藤之雄・李盛煥編著『伊藤博文と韓国統治』ミネルヴァ書房、二〇〇九年）

伊藤博文公記念事業実行委員会事務局萩市企画課「伊藤博文公没後一〇〇年記念　伊藤公建立の伊藤家先祖の墓碑の修復について」（二〇〇九年九月）

伊藤之雄「元老の形成と変遷に関する若干の考察」（『史林』六〇巻二号、一九七七年三月）

伊藤之雄「立憲政友会創立期の議会」（古屋哲夫他編『日本議会史録』第一巻、第一法規出版、一九九一年二月）

伊藤之雄「日清戦後の自由党の改革と星亨」（『名古屋大学文学部研究論集・史学39』一一六号、一九九三年三月）

伊藤之雄「元老制度再考——伊藤博文・明治天皇・桂太郎」（『史林』七七巻一号、一九九四年一月）

伊藤之雄「山県系官僚閥と天皇・元老・宮中——近代君主制の日英比較」（『法学論叢』一四〇巻一・二号、一九九六年一一月）

伊藤之雄「韓国と伊藤博文」（『日本文化研究』一七輯、二〇〇六年一月【韓国】）

伊藤之雄「伊藤博文の韓国統治と韓国併合——ハーグ密使事件以降」（『法学論叢』一六四巻一～六号、二〇〇九年三月）

伊藤之雄「伊藤博文の韓国統治——ハーグ密使事件以前」（前掲、伊藤之雄・李盛煥編著『伊藤博文と韓国統治』）

伊藤之雄「伊藤博文の『メモ』は真筆の『メモ』の翻刻だ——水野直樹氏の所説への反論」（『日本史研究』六一一号、二〇一三年七月）

稲葉和也「伊藤博文公の大井別邸について」（萩市役所所蔵）

大石眞「井上の憲法私案について」（『国学院法学』一

九巻二号、一九八一年九月）

小川原宏幸「伊藤博文の韓国併合構想と第三次日韓協約体制の形成」（『青丘学術論集』二五集、二〇〇五年三月）

小川原宏幸「伊藤博文の韓国統治と朝鮮社会──皇帝巡行をめぐって」（『思想』一〇二九号、二〇一〇年一月）

川口雅昭「吉田松陰の天皇観」（『藝林』五八巻一号、二〇〇九年四月）

桐原健真「吉田松陰における『忠誠』の転回──幕末維新期における『家国』秩序の超克」（『日本思想史研究』三三号、二〇〇一年三月）

須賀博志「大津事件という『神話』（一）・（二）（『法学論叢』一四二巻三号、一四四巻一号、一九九七年一二月、一九九八年一〇月）

鈴木由子「慶応四年神戸事件の意味──備前藩と新政府」（『日本歴史』七三三号、二〇〇九年六月）

高橋秀直「廃藩政府論──クーデターから使節団へ」（『日本史研究』三五六号、一九九二年四月）

高橋秀直「征韓論政変の政治過程」（『史林』七六巻五号、一九九三年九月）

高橋秀直「防穀令事件と伊藤内閣」（朝尾直弘教授退官記念会編『日本国家の史的特質 近世・近代』思文閣出版、一九九五年）

奈良岡聰智「イギリスから見た伊藤博文統監と韓国統治」（前掲、伊藤之雄・李盛煥編著『伊藤博文と韓国統治』）

萩市歴史まちづくり部文化財保護課柏本秋生「伊藤博文別邸移築に係る経緯」（二〇〇九年六月）

方光錫「明治政府の韓国支配政策と伊藤博文」（前掲、伊藤之雄・李盛煥編著『伊藤博文と韓国統治』）

檜山幸夫「明治天皇と日清開戦」（『日本歴史』五三九号、一九九三年四月）

堀口修「侍従藤波言忠とシュタイン講義──明治天皇への進講に関連して」（『書陵部紀要』四六号、一九九四年）

水野直樹「植民地期朝鮮における伊藤博文の記憶」（前掲、伊藤之雄・李盛煥編著『伊藤博文と韓国統治』）

水野直樹「伊藤博文の『メモ』は『韓国統治構想』といえるものか──伊藤之雄氏の所説への疑問」（『日本史研究』六〇二号、二〇一二年一〇月）

（索引内的页码为原书页码，即本书页边码）

/ 译后记

在翻译这本书之前，我对伊藤博文了解不多，仅知道他是日本第一位首相，代表日本与李鸿章签署了《马关条约》，后在哈尔滨遇刺身亡。关于他早年的一些知识则来自一部电影《长州五杰》。

2006年，家住山口县的绫目义一先生给我寄来了一张电影票，说《长州五杰》是一部由他们当地企业和民众大力支持制作的一部电影，正好在东京上映，让我去看看。

电影讲述的是1853年佩里率领的美国黑船舰队进入浦贺，打破了江户三百年的太平。10年后的1863年，长州藩秘密派遣五位二十出头的藩士——井上闻多（馨）、伊藤俊辅（博文）、野村弥吉（井上胜）、远藤谨助、山尾庸三前往英国留学。江户幕府锁国，出国就是死罪。伊藤的恩师吉田松阴就是因此被斩首的，最后由伊藤等人为其收尸。杀异人、放火烧使馆的攘夷方式，是否能救得了面临亡国之危的日本？知己知彼，方可百战不殆。要攘夷就必须知夷，冒死也要偷渡。五人下定决心，断发舍弃武士身份，立志掌握先进技术，把自己铸炼成"活机器"。

从横滨出海、途经上海偷渡英国的海上长路无比艰辛。经历数月颠簸抵达英国之后，五人被英国发达的工业、军事、金融所震撼，摈弃了攘夷思想，如海绵吸水般拼命学习各类知识。半年后，伊藤博文和井上馨在英国听说日本国内发生的攘夷等冲突事件。为阻止日本与英法美荷四国联军开战，他俩于1864年冒死紧急回国调停，其他三人则多留了几年。回国后，这五个与死神多次擦肩而过的留学生改变了日本的命运，为日本的近代化道路奠定了基础，被后人称为"长州五杰"。本书的中心人物——

伊藤博文是日本第一位首相，领导制定了日本第一部宪法。井上馨、远藤谨助、山尾庸三、井上胜则分别成为日本外交、造币、工学、铁道领域的领袖。

伊藤博文出生于鸦片战争爆发后的 1841 年，成长在科学技术、东西方文明、体制思想、世界格局发生巨变的时代。被西方列强打开国门的日本如何面对列强？弱小的日本为什么能在极短的时间内崛起？君主制是如何转变为君主立宪制的？制定宪法、建立议会为什么会那么艰难？日本为什么要出兵台湾、吞并朝鲜？伊藤博文的本意究竟是什么？非名门出身的伊藤博文为什么能成为日本第一位首相？他的个人生活、家人又是怎样的？如果伊藤未遭暗杀，亚洲局势是否会发生些许改变？……

带着这些问号，在查阅资料、进行翻译的过程中，我时不时地会感叹世界太广阔，历史太复杂。不同时期、不同立场，正史野史、传记传闻，看到的会是历史人物的不同侧面。十分敬佩本书作者伊藤之雄的严谨态度，他查证了大量书信、日记、文书等一手史料，为大家展现了一个全面、立体、饱满的伊藤博文。

出于个人兴趣和工作关系，在翻译此书期间，我走访了与幕末明治时代相关的横滨外国人墓地、横滨开港资料馆、胜海舟纪念馆、德富苏峰纪念馆等。

此外，去年前往横滨野岛取景的时候，发现了一座与八景岛海岛乐园高 44 米的云霄飞车隔海相望大海的日式传统建筑，原来是建于 1898 年的伊藤博文金泽别墅。大正天皇、韩国皇太子等也都曾到访此地。伊藤博文选择金泽建别墅与其 1887 年在金泽洲崎的"东屋"旅馆起草明治宪法有关，现在距离别墅不远处还立有"明治宪法草创之碑"。

可能是冥冥之中的机缘，也是去年，与朋友走访东京大森的马达文士村（大正末期到昭和初期，尾崎士郎、川端康成、萩原朔太郎、室生犀星、小林古径、川端龙子等文学艺术家聚集居住区）。信步闲游，路过一个小学，名叫伊藤小学，校门附近的告示牌上写道，校名源自伊藤博文。该校学生每年都会去清扫伊藤墓所。除小学以外，附近还有伊藤保育园、伊藤幼稚园、伊藤中学等。伊藤博文曾在附近，即现品川区西大井三丁目居住，其墓地就在六丁目。于是，我立刻循着地图去找。伊藤博文墓所入口用的是原伊藤博文公宅的门柱和大门，墓前设有鸟居和水舍。伊藤墓高约 2 米，为日本古典"神式"圆形坟墓，旁边就是其夫人梅子的墓。伊藤博文墓所平日大门紧闭，每年只有 10 月 26 日伊藤忌日和 11 月数日开放。

本书也提到，伊藤特别喜欢买地建房，除横滨金泽、东京大井以外，晚年最主要的居住地是 1896 年建于神奈川大矶的"沧浪阁"。1887 年之后，随着东海道线、横须贺线等主要铁路干线的开通，各界名人纷纷在风景秀丽、气候温暖的相模湾沿岸地区建造宅院、别墅，如伊藤博文、山县有朋、原敬、大隈重信、西园寺公望、加藤高明、寺内正毅、吉田茂等八位日本首相，外务大臣林董、陆奥宗光、大藏大臣井上准之助、池田成彬、浅野总一郎、岩崎弥之助、三井高栋、古河市兵卫、根津嘉一郎、安田善次郎等商界巨头，以及画家安田靫彦、作家岛崎藤村等文化人士。

"沧浪阁"在伊藤死后转让给了朝鲜李王家，但在 1923 年的关东大地震中倒塌，于 1926 年再建。二战后通过增建，长期作为宾馆餐厅使用，直到 2007 年停业。2018 年，明治改元 150 周年之际，包括"沧浪阁"在内的一大片宅院、园林绿地作为"明治纪念大矶邸园"开始整修，预定 2024 年全面完工，目前只开放部分庭院。

今年是伊藤博文诞辰 180 周年，计划这个月先去"明治纪念大矶邸园"看一看。希望在疫情平息之后，走访山口县萩市的伊藤博文老宅、松下村塾，光市的伊藤公资料馆等。

张　颖

2021 年 6 月 11 日横滨

图书在版编目（CIP）数据

伊藤博文：近代日本奠基人 / （日）伊藤之雄著；
张颖译. -- 北京：社会科学文献出版社，2021.9
ISBN 978-7-5201-8246-1

Ⅰ.①伊…　Ⅱ.①伊…②张…　Ⅲ.①伊藤博文(
Ito Hirobumi 1841-1909)－传记　Ⅳ.①K833.137=43

中国版本图书馆CIP数据核字（2021）第067221号

伊藤博文：近代日本奠基人

著　　者 / ［日］伊藤之雄
译　　者 / 张　颖

出 版 人 / 王利民
组稿编辑 / 段其刚
责任编辑 / 周方茹
文稿编辑 / 沈　艺
责任印制 / 王京美

出　　版 / 社会科学文献出版社·联合出版中心（010）59367151
　　　　　　地址：北京市北三环中路甲29号院华龙大厦　邮编：100029
　　　　　　网址：www.ssap.com.cn
发　　行 / 市场营销中心（010）59367081　59367083
印　　装 / 北京盛通印刷股份有限公司

规　　格 / 开　本：787mm×1092mm　1/16
　　　　　　印　张：45　插　页：1　字　数：532千字
版　　次 / 2021年9月第1版　2021年9月第1次印刷
书　　号 / ISBN 978-7-5201-8246-1
著作权合同
登 记 号 / 图字01-2016-2560号
定　　价 / 168.00元

本书如有印装质量问题，请与读者服务中心（010-59367028）联系